marion grillparzer

salto vitale

der sprung in dein neues leben

HEYNE

Die Autorin

Marion Grillparzer, Jahrgang 1961, ist Diplom-Ökotrophologin und ausgebildete Journalistin. Sie lebt als freie Autorin in München und arbeitet für verschiedene Magazine. Seit vielen Jahren führt sie Interviews mit internationalen Experten zu ihren Schwerpunktthemen Ernährung und Gesundheit. In ihren Ratgebern übersetzt sie mit fröhlicher Feder trockene Wissenschaft in spannende Lektüre und motiviert den Leser, etwas zu ändern in seinem Leben: »Ich bin erst zufrieden, wenn man über mein Buch sagt: Das hab ich kapiert, das mach ich!«. Sie schrieb Bestseller wie die »GLYX-Diät«, »Die magische Kohlsuppe«, »Fatburner. So einfach schmilzt das Fett weg« und »KörperWissen«.

www.mariongrillparzer.de

marion grillparzer

salto vitale

der sprung in dein neues leben

mehr leichtigkeit und lebenslust

HEYNE ‹

Dieses Buch erschien in einer früheren Ausgabe
unter dem Titel *Salto Vitale. In 24 Stunden in ein neues Leben starten*,
im Gräfe und Unzer Verlag, München.

Verlagsgruppe Random House FSC-DEU-0100
Das für dieses Buch FSC®-zertifizierte Papier
Classic 95 liefert Stora Enso, Finnland.

Vollständig überarbeitete und ergänzte
Taschenbucherstausgabe 01/2011

Copyright © 2011 by Wilhelm Heyne Verlag, München,
in der Verlagsgruppe Random House GmbH
www.heyne.de
Printed in Germany 2010
Umschlaggestaltung: Eisele Grafik-Design, München
Umschlagfoto: © Kristiane Vey / jump fotoagentur
Fotos im Innenteil: Marion Grillparzer
Satz und Layout: Buch-Werkstatt GmbH, Bad Aibling
Druck und Bindung: GGP Media GmbH, Pößneck

ISBN 978-3-453-67024-2

Bildnachweis
Photos im Innenteil:
66: imago/Jochen Tack; **120**: Olivia Biemmi-Lazzeroni;
158: panthermedia/Sean Nel; **185**: Kieser-Training;
199: ddp images/Renate Forster; **242**: Kzenon – Fotolia.com;
268: panthermedia/Liane Matrisch; **372**: panthermedia/Günter Härtwig
Alle anderen: Marion Grillparzer

inhalt

Ein Wort zuvor	8
Salto-vitale-Gebrauchsanleitung	10

◎ Auf die Plätze, fertig, los ... 12

Ich will nicht so bleiben, wie ich bin	14
Verändern heißt Leben	15
Mehr Power im Leben, mehr Leichtigkeit im Sein	20
Verändern? (K)ein Problem	24
Kann man das Leben in 24 Stunden umkrempeln?	26
Diese Hürden nehmen Sie im Flug	28
Loslassen, starten, dranbleiben	31
Das Märchen vom richtigen Zeitpunkt	31
Die sieben Schritte, die Sie tun	32
Der Salto-vitale-Besorgungsplan	34
Die Rezepte	37
Verändern heißt Leben	40

◎ Ihr 1. Tag: Mehr Power im Leben
Das erste 12-Stunden-Programm 48

Lektion 1
Spülen Sie die Gifte raus 54

Test: Spurensuche	57
Know-how: Das simple Detox-Programm	59
Saltino vitale: Wissen, was man isst ...	71
Interview: Zellenputz mit Sesamöl und Ingwerwasser	76
Joker: Ama-Programm, Ölmassage, Kristallsalz, Weizengrassaft ...	83

Lektion 2
Machen Sie die Zelle fit 92

Test: Batteriecheck	95
Know-how: Ist die Zelle glücklich, freut sich der Mensch	101
Saltino vitale: Der Zellschutz-Cocktail für jeden Tag	118

Interview: Mit Biomedizin gegen Herzinfarkt & Co 122
Joker: Zellschutzprogramm für Einsteiger, Grapefruit, GLYX, Fett- und Eiweißgehalt ... 128

Lektion 3

Tanken Sie Kraft, Ausdauer, Selbstvertrauen 150

Test: Wie fit sind Sie? 153
Know-how: Auf die Beine, fertig, los ... 165
Saltino vitale: Fitte Schritte ins bewegte Leben 178
Interview: Die Seele der Muskeln 182
Joker: Fitness-Check, Treppenphilosophie, Grenzpulsformel, Dehnen ... 191

Lektion 4

Zum Glück gibt's sechs Sinne 202

Test: Genießen Sie die Sinnesfreuden? 205
Know-how: Der Weg zu mehr Sinnlichkeit 209
Saltino vitale: Der kleine Unterschied 227
Interview: Warum Manager Bäume umarmen 228
Joker: Mr-Bean-Therapie, Brotphilosophie, Slow Food, Kleine Musiktherapie ... 233

Kleine Abendlektion

Feiern Sie ein Fest der Sinne 242

Salto-vitale-Dinner für zwei 244

◎ Ihr 2. Tag: Mehr Leichtigkeit im Sein
Das zweite 12-Stunden-Programm 252

Lektion 5

Nur kein Stress! 258

Test: Machen Sie den Nerven-TÜV 261
Know-how: Die Kraft, die aus der Ruhe kommt 267

inhalt

Saltino vitale: Die Energie-Atemreise	278
Interview: Stress ist Typsache	282
Joker: Feinde aufspüren, Power-Nap, Basilikum, Es gibt so Tage …	286

Lektion 6
Vereinfachen Sie das Leben — 294

Test: Macht Ballast Ihr Leben schwer?	297
Know-how: Wachsen Sie zum Simplifyer	302
Saltino vitale: Die schnelle Ent-Sorgungs-Kur	312
Interview: Misten Sie Ihr Leben aus	314
Joker: Downshifting-Trend, Listen-Freiheit, Wo das Glück wohnt, Beitragsfrei …	321

Lektion 7
Vom Träumen zum Tun — 328

Test: Stehen Sie sich selbst im Weg?	331
Know-how: Der Lustpfad zum Erfolg	335
Saltino vitale: Schreiben Sie Ihr Lebensdrehbuch	347
Interview: Sind Sie sabotagesicher?	352
Joker: Die gute Tat, Das freie Kind, Glücksformel, Wüsten-Visionssuche …	359

Kleine Abendlektion
Mehr Zeit fürs Glück — 372
Der Schnellkurs von Prof. Lothar Seiwert
für ein besseres Lebenszeit-Management

Die Landung im Alltag …	382
Salto-vitale-Tagebuch	384

Zum Nachschlagen — 385

Bücher, Adressen und mehr …	385
Sachregister	390
Zu bestellen: Alles für einen Salto vitale	396

Ein Wort zuvor

Friedrich Hölderlin hat vor mehr als 150 Jahren gesagt: »Die Ungeduld, mit der man auf seine Ziele zueilt, ist die Klippe, an der die besten Menschen scheitern.« Seither ist der Mensch noch ungeduldiger geworden. Nichts geht ihm schnell genug. Ein lieber älterer Bekannter sagte kürzlich zu mir: »Der Mensch heute möchte einen Zehn-Euro-Schein in einen Automaten stecken, und dann soll Gesundheit rauskommen.« Nur: Diesen Automaten gibt es nicht. Und die Zeit, die Sie heute nicht in Ihre Gesundheit investieren, stecken Sie morgen in Ihre Krankheit.

Auch ich komme Ihnen – dem modernen, ungeduldigen Menschen – entgegen mit dem Versprechen, in 24 Stunden das Leben umzukrempeln. Aber tun müssen Sie es. Sie haben ein Wochenende lang, zweimal zwölf Stunden, einen Termin mit sich selbst. An dem Sie lesen, fühlen, tun. Und wenn Sie etwas davon mit in Ihren Alltag nehmen, dann, verspreche ich Ihnen, werden Sie gesünder, bewegter, fröhlicher, neugieriger, zufriedener …

Ein Spiel, das Sie spielen …

Der antike Philosoph Plutarch erkannte: »Der Gipfel der Weisheit ist, ernsthafte Ziele spielerisch zu verfolgen.« Der Salto vitale ist ein Spiel – das Gegenteil von Arbeit. Kein Ziel, das Sie mit höchstem Einsatz, mit zusammengekniffenen Lippen verfolgen sollten. Um auf halbem Wege zu scheitern. Nein. Ein Spiel ist eine Beschäftigung in der Muße. Es ist immer freiwillig und hat kein fixes Ziel. Sie brauchen einen gewissen Ernst, dür-

ein wort zuvor

fen sich ein wenig an Spielregeln halten, um kein Spielverderber zu sein – aber Ihnen bleiben genug Spiel-Räume, um Ihre Individualität auszuleben. Und diese sollten Sie unbedingt nutzen. Nicht jedem liegt die ayurvedische Entgiftungsmethode, die ich vorschlage. Nehmen Sie sie einfach als ein Beispiel. Wenn Sie lieber nach Buchinger fasten, wöchentlich einen Obsttag einlegen … dann tun Sie das. Hauptsache, Sie tun etwas gegen Ihre Gifte. Kümmern sich um Ihre Zelle, um Ihre Muskeln, um Ihre Sinne …

Gehen Sie mit allen Lektionen leicht-sinnig um, hören Sie auf Ihren Bauch, brechen Sie Regeln, lassen Sie sich Zeit, experimentieren Sie. Wie Sie auch künftig viel häufiger spielerisch leben sollten.

… und ein Ritual, das Sie feiern dürfen

»Ritual ist, wenn die Welt für eine Zeit lang zur Ruhe kommt und wir in ihr«, erklärt der Psychologe Heiko Ernst das Zelebrieren einer Handlung. Rituale dienen oft dazu, eine Veränderung oder einen neuen Lebensabschnitt einzuleiten. Ihr Salto vitale kann ein echter Schritt zur Veränderung in Ihrem Leben sein, der es verdient, gefeiert zu werden. Machen Sie ein Ritual daraus. Bereiten Sie es vor wie einen runden Geburtstag. Sehen Sie die Vorbereitungen schon als Teil eines besonderen Ereignisses und genießen Sie dieses Wochenende. Ihr Leben wird danach ein bisschen anders sein als vorher. Ich hoffe: ein bisschen bewusster, ein bisschen bewegter … darauf dürfen Sie sich heute schon freuen.

Und danach werden Sie fröhlich auf das Salto-vitale-Fest zurückschauen, das Ihnen ein Stück mehr Lebensfreude geschenkt hat. Viel Spaß dabei wünscht Ihnen

Ihre
Marion Grillparzer

Salto-vitale-Gebrauchsanleitung

Dieses Buch ist etwas ungewöhnlich. Sie lesen nicht nur. Sie testen auch, üben, tun und fühlen.

Lesen und Vorbereiten
→ Lesen Sie bitte vorab die Theorie ab Seite 14. Dann wissen Sie, was auf Sie zukommt.
→ Für Ihre Salto-vitale-Tage finden Sie einen Stundenplan (jeweils vor Kapitel 1 und Kapitel 2). Werfen Sie morgens und vor jeder Lektion einen Blick darauf.
→ Die beiden Tage sind gespickt mit Köstlichkeiten für Ihr kulinarisches Wohl. Die Rezepte finden Sie ab Seite 37.
→ Natürlich brauchen Sie ein paar Dinge, die Ihnen bei Ihrer Veränderung helfen. Der Einkaufszettel steht auf Seite 34. Den Einkauf erledigen Sie spätestens am Freitag.
→ Für den ersten Salto-vitale-Abend laden Sie sich einen lieben Menschen ein (ab 19 Uhr), mit dem Sie gemeinsam kochen (!) und genießen.
→ Am zweiten Abend gehen Sie mit einem lieben Menschen in Ihr Lieblingslokal.
→ Vielleicht möchten Sie ja das ganze Wochenende mit Freunden gestalten. Dann machen Sie ein Salto-vitale-Fest.
→ Übrigens: Auf www.glyx-diät.de finden Sie ein Forum, wo Sie sich mit Gleichgesinnten austauschen können.

Lektionen, die verändern
→ In diesem Buch finden Sie sieben Lektionen. Jede ist gleich aufgebaut: Sie testen erst einmal, wo Sie stehen. Ob es wirklich an der Zeit ist, einen Schritt in die Richtung Entgiftung, Zellschutz, Fitness, Leichtigkeit des Seins zu tun.
→ Dann eignen Sie sich im »Know-how« Wissen an.

→ Danach tun Sie mit dem »Saltino vitale« (dazu gleich mehr) Ihren ersten Schritt.
→ Diesen Schritt bestätigt anschließend ein Experte – im Interview. Das lesen Sie sofort – oder, wenn es Ihnen an Zeit mangelt, einfach an einem der nächsten Tage.
→ Die »Joker«, die Sie am Ende jeden Kapitels finden, spielen Sie danach im Alltag aus – sie liefern Informationen und Tipps, wie Sie Ihre neuen Gewohnheiten festigen können.

Ist ein ganzes Wochenende unmöglich?
→ Das ist ein Spiel. Sie müssen gar nichts. Sie können auch einfach immer mal wieder, wenn Sie zwei Stunden Zeit haben, eine Lektion machen. Oder: Reservieren Sie sich eben erst einmal nur einen Tag. Starten Sie mit den ersten vier Lektionen aus dem Kapitel »Mehr Power im Leben«. Und dann machen Sie am nächsten Wochenende den nächsten Tag. Wie Sie wollen. Wie Sie können.
→ Sie können mit Anleitungen nichts anfangen? Die einen Menschen wollen unter Anleitung Neues ausprobieren, andere können das nicht ausstehen. Auch gut. Lesen Sie einfach. Aber bitte machen Sie auch den einen oder anderen Saltino vitale, denn Lesen allein löst kein Gefühl aus – und nur wer spürt, dass ihm etwas guttut, ist bereit, etwas zu ändern.

Welche Schritte tun Sie?
→ Sie entgiften den Körper,
→ Sie stärken jede Körperzelle,
→ Sie entdecken, wie gut Ihnen Bewegung tut,
→ Sie starten in ein sinnvolles Abenteuer,
→ Sie tanken die Power der Entspannung,
→ Sie befreien sich von Ballast,
→ Sie kommen vom Träumen zum TUN …
… und klettern auf dem Stimmungsbarometer steil nach oben.

Einführung

Auf die Plätze, fertig, los ...

Reif für eine Veränderung?

Es langt. Punkt. Wunderbar!
Sie wollen etwas ändern.
Dafür ist es nie zu spät. Und
die beste Nachricht: Sie können
alles ändern. Ihr Aussehen, Ihre
Vitalität, Ihre Ausstrahlung. Nicht
mal die Persönlichkeit ist auf ewig
in Stein gemeißelt.
Sie müssen es nur tun.

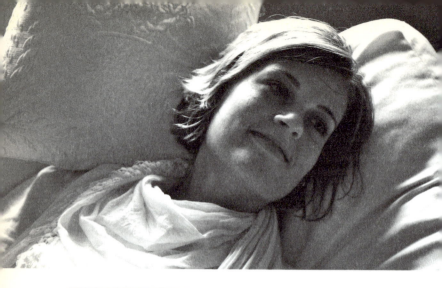

Einführung

Ich will nicht so bleiben, wie ich bin

Wir verändern uns. Jeden Tag. Wir träumen. Wir reisen nach Afrika, wir treffen die große Liebe, wir ziehen um, wir wechseln den Partner, wir kaufen einen Hund, wir kündigen den Job. Wir lesen ein Buch über Buddhismus, wir bringen ein Kind in den Kindergarten, wir bauen ein Haus. Wir träumen … Doch irgendwann bleibt jeder von uns stecken in einer Phase der Gleichtönigkeit – nichts verändert sich mehr. Täglich grüßt das Murmeltier. Die Träume verschwinden. Jeder Tag ist gleich. Und langsam breitet sich ein dumpfes Gefühl aus. Lähmt uns. Erstickt jede Energie. Dieses Gefühl heißt Unzufriedenheit. Was wir tun, macht uns nicht mehr glücklich, ja es langweilt uns – oder es macht uns sogar Angst. Angst, weil der Körper zeigt, dass wir Raubbau mit ihm betreiben. Angst, weil wir immer seltener lachen. Angst, weil wir uns einsam fühlen. Angst, weil wir keine Kraft, keinen Mut zur Veränderung haben.

Verändern heißt Leben

Eine wichtige Erkenntnis im Buddhismus lautet: Nichts bleibt so, wie es ist, alles bleibt im Fluss. Ohne Veränderung kein Leben. Das hat auch der griechische Philosoph Heraklit schon im 6./5. Jahrhundert v. Chr. erkannt: »Panta rhei« – alles fließt.

Es ist sinnvoll, etwas zu ändern. Leben. Dafür ist es nie zu spät. Sie können alles ändern.

Ihr Aussehen, Ihre Vitalität, Ihre Ausstrahlung. Nicht mal die Persönlichkeit ist in Stein gemeißelt. Wenn Sie Ihr Leben umkrempeln wollen, müssen Sie es nur wollen. Nur Sie. Wandeln können nur wir selbst uns. Ein anderer Mensch kann uns nicht dazu zwingen. Das ist gut so. Und wenn Sie wollen, dann müssen Sie es tun. Das heißt meist Loslassen. Eine Veränderung ist mitunter nicht leicht, denn man muss alte Gewohnheiten abstreifen. Abschied nehmen. Zu anderen Menschen »Nein!« sagen. Den knurrenden inneren Schweinehund an der Leine packen, bis er freudig wedelnd mitläuft.

Das Leben ist etwas so Wertvolles. Warum auch nur einen Tag verschwenden an die beiden Lebensfeinde, die da heißen Resignation und Depression? Verändern ist leicht, wenn man sich bewusst ist: Ich bin es mir wert, das Beste aus meinem Leben zu machen.

Filmschauspieler Theo Lingen hat seinerzeit gesagt: »Es gibt immer ein Stückchen Welt, das man verbessern kann – sich selbst.«

Das Verändern verändert sich im Laufe des Lebens

Es gab eine Zeit, da habe ich unter Verändern auch Friseur verstanden. Da hat sich dann wirklich was verändert: Ich war noch frustrierter. Einmal hatte ich sogar lila Haare, weil etwas mit der fuchsroten Farbe nicht gestimmt hat. Die Friseuse wollte in den Feierabend und hat gesagt: »Da kann man jetzt nichts mehr machen – da muss man drei Tage warten.« Die drei Tage – das Osterwochenende – bin ich zu meinen Eltern geflüchtet. Meine

Mutter hat mir kichernd eine Spur lila Eier durch die Wohnung gelegt. Mein Vater hat gesagt: »Das ist nicht meine Tochter.«

Neugierde auf Neues

Ein bisschen später war Verändern dann studieren, lernen und vor allem: etwas Neues ausprobieren – und daran wachsen. Die ideale Spielwiese: der Globus. Hatte keiner meiner Freunde Zeit, bin ich alleine in den Flieger gestiegen mit einem Rucksack und keinem Ziel außer dem Landeflughafen. Ich wollte keine Geschichten suchen, sondern die Geschichten mich finden lassen. So habe ich viele Abenteuer erlebt. Ich habe die Komodo-Warane besucht, die letzten Drachen in Indonesien, auf Sri Lanka eine Teufelsaustreibung gesehen, auf Bali ein brahmanisches Bestattungsritual, bin in Texas mit Cowboys durch die Wüste getreckt, mit dem Mountainbike durch Ecuador gefahren, habe in Afrika Safaris gemacht, bin auf Kamelen durch Rajasthan geritten …

Irgendwann vor ein paar Jahren habe ich beschlossen: Jetzt hast du das Schönste gesehen. Die Galapagosinseln. Das war für mich das siebte Weltwunder. Ich spielte mit jungen Seehunden im Wasser, tauchte neben Pinguinen ab, lachte über die schwimmflossenblauen Patschen des »blue-footed booby«. Und wusste: Es ist Zeit für etwas anderes.

Die fünfte und sechste Häutung

Es heißt, man mache alle sieben Jahre eine Häutung. Mit 35, der fünften, wurde ich ruhiger. Es trieb mich nicht mehr ständig in die Welt und auch nicht mehr von einem Umzug zum anderen. Insgesamt 18-mal bin ich umgezogen. Im Schnitt alle zwei Jahre. Mein Mann Wolf kriegt heute noch die Krise, wenn ich den Immobilienteil in der Hand halte. Fortan waren die Veränderungen anders. Nicht kleiner, aber stiller. Ich baute an meinem beruflichen Fundament – und ein Nest.

Mit meiner nächsten Häutung, mit 42, legte ich die Arbeitswut ab. Man muss nicht 12 bis 16 Stunden am Tag für den Beruf da sein. Es gibt noch andere wesentliche Dinge im Leben. Seither arbeite ich effektiver. Weil ich mir mehr Muße zum Wachsen gönne. Und mit 49 machte ich ein Sabbatical und entdeckte mit Feldenkrais, dass es ganz toll sein kann in einem Körper, den man liebt, älter zu werden.

Neugierde statt Gewohnheit

Im Grunde ist es doch so: Jeden Morgen, wenn man vor den Spiegel tritt, ist man ein etwas anderer Mensch. Wenn nicht, dann hat man 24 Stunden seines Lebens vertan. Jeder Tag schenkt einem die Möglichkeit, eine neue Erfahrung zu machen. Einen neuen Gedanken zu denken, durch eine neue Tat Zufriedenheit zu tanken. Oder einfach Sehnsucht zu fühlen. Und diese ist für jeden Menschen anders. Sie kann still sein, sie kann schrill sein. Manche Menschen finden ihre Zufriedenheit oben auf dem Mount Everest, andere zu Hause im Wohnzimmer unterm Kopfhörer.

Meine Sehnsüchte erfüllen meine kleine Welt. Ich hatte nie das Glück, Kinder zu haben. Dafür habe ich meine beiden Hunde Sammy und Fido, meine Kater Rudi und Felix, meine Pferde Moony und Kurti, meinen Garten, meine Freunde, meinen Beruf. Und Wolf.

Glücklich hält mich, ständig in Bewegung zu sein plus Neugierde. Die Gespräche mit Menschen, ein Drachen-Schnupperflug, ein Krimi, ein Weinseminar, die Powerfrauen auf dem Digital-Lifestyle-Day. Oder eine neue Sprache zu lernen – auch wenn das erstmal zäh geht. Das Wichtigste: Einfach reden, man muss sich nur trauen. Angst vor Blamage, Angst vor Veränderung lässt einen nicht wachsen, bremst das Leben aus. Der Schreiber und Denker Ernst Hauschka hat gesagt: »Auch Stolpersteine lassen sich zum Wiederaufbau verwenden.« Das Wichtigste ist: sich nicht von der Gewohnheit lähmen zu lassen.

> **INFO**
>
> ### SIND SIE REIF FÜR EINE VERÄNDERUNG?
>
> Das alles zeigt, dass Sie mit Ihrem Leben unzufrieden sind:
> - Sie verdrängen. Sie vermeiden, sich im Alltag mit bestimmten Themen auseinanderzusetzen.
> - Die immer gleichen Dinge machen Sie wütend.
> - Sie vergleichen Ihre Lebensform immer häufiger mit anderen.
> - Sie fühlen sich häufig abgespannt, ohne Energie und Antrieb.
> - Wann haben Sie das letzte Mal herzhaft gelacht? Da müssen Sie lange nachdenken.
> - Beim Gedanken, dass Ihr Leben in fünf Jahren noch genauso aussieht, wird Ihnen ganz anders.
>
> Trifft das auf Sie zu? Dann fürchten Sie sich nicht. Oscar Wilde sagte: »Unzufriedenheit ist der erste Weg zum Erfolg.«

Das Einschalten von Umgewöhnungen

Zurzeit höre ich im Auto den »Zauberberg« von Thomas Mann. Das heißt, ich höre nicht, ich bade in Wörtern. Eine Passage über den Zeitsinn hat mich fasziniert: »Gewöhnung ist ein Einschlafen oder doch ein Mattwerden des Zeitsinnes, und wenn die Jugendjahre langsam erlebt werden, das spätere Leben aber immer hurtiger abläuft und hineilt, so muss auch das auf Gewöhnung beruhen. Wir wissen wohl, dass das Einschalten von Umgewöhnung und Neugewöhnung das einzige Mittel ist, unser Leben zu halten, unseren Zeitsinn aufzufrischen, eine Verjüngung, Verstärkung, Verlangsamung unseres Zeiterlebnisses und damit die Erneuerung unseres Lebensgefühls überhaupt zu erzielen.«

Sehen Sie »Salto vitale« als das Einschalten von Umgewöhnen und Neugewöhnen. Den Zeitsinn auffrischen. Das Lebensgefühl erneuern. Ich hoffe, dieses Buch kann ein Stückchen dazu beitragen. Aber TUN müssen Sie.

Verändern heißt Glück

Wir wünschen viel Glück – den anderen und natürlich auch uns selbst. Was ist Glück? Das wissen wir nicht genau. Oder um es mit Albert Schweitzer auszudrücken: »Viele Menschen wissen, dass sie unglücklich sind. Aber noch mehr Menschen wissen nicht, dass sie glücklich sind.«

Was ist Glück? Reich zu sein und schön zu sein? Das mag wünschenswert sein, ist aber keine Garantie für das Glück. Forscher befragten amerikanische Multimillionäre, und es stellte sich heraus, dass 37 Prozent der Reichen und Schönen sich unglücklicher fühlen als der Durchschnitt der Bevölkerung. Freilich ist Armut keine gute Basis für Zufriedenheit. Trotzdem findet man in den ärmeren Ländern wie in Lateinamerika die glücklichsten Menschen.

Was ist Glück dann? Glücksforscher sagen: die Summe vieler Glücksmomente. Glück ist nicht der Lottogewinn. Glück ist nicht die Hochzeit. Nicht die Reise auf dem Nil. Glück ist nicht ein grandioses Ereignis, sondern die Summe vieler glücklicher Augenblicke. Wir müssen sie nur wiederfinden. Spüren. Genau das zeichnet den glücklichen Menschen aus. Er ist in der Lage, die vielen Glücksmomente zu genießen, die der Alltag bietet.

Entdecken Sie Ihr Talent zum Glück

◎ Ein glücklicher Mensch kennt keine Sinnlosigkeit, weil er mit allen Sinnen die Welt erlebt. Er lebt. Nicht in der Vergangenheit grübelnd, die Zukunft fürchtend, sondern den Augenblick genießend.

> **INFO**
>
> ### GIBT ES EIN GLÜCKS-GEN?
>
> »Das Glück liegt doch in den Genen«, sagen Sie jetzt vielleicht. Der Glückliche ist halt als Lebenskünstler geboren. Damit haben Sie nur halb Recht. Zwillingsstudien zeigen: Etwa zur Hälfte wird unser Lebensglück von den Genen bestimmt. Und die andere Hälfte? Ein bisschen Körperchemie plus ein bisschen Bewegung plus ein paar kleine Taktiken ...

◎ Ein glücklicher Mensch hat ein ausgeprägtes Selbstwertgefühl und ist optimistisch. Er ist extrovertiert und kontaktfreudig. Er fühlt sich nicht als Opfer äußeren Umständen ausgeliefert – er weiß, dass er sein Leben selbst gestalten kann. Auch daran kann man arbeiten, auch das kann man lernen.

◎ Ein glücklicher Mensch steckt in einem glücklichen, gut versorgten Körper. Jede Zelle schnurrt zufrieden. Weil sie sich nicht mit Giften plagen muss, weil sie Anspannung und Entspannung genießt. Weil sie Energie produziert. Weil sie ausreichend Mikronährstoffe zur Verfügung hat. Fehlen zum Beispiel B-Vitamine, Eiweiß, Selen oder essenzielle Fettsäuren, dann kann der Mensch nicht glücklich sein. Er kann keine Glücksstoffe, die Glücksgefühle auslösen, bilden.

Mehr Power im Leben, mehr Leichtigkeit im Sein

Jeanette isst Cornflakes zum Frühstück. Trinkt Multivitaminsaft und glaubt, dass Gummibärchen den Rest erledigen. Sie mag Schweinebraten mit Knödel. Ernährt sich mit Fertigprodukten aus der Tiefkühltruhe und Wiener Würstl. Sie wird täglich sichtbar älter, ist ständig depressiv, von allem überfordert, immer erkältet. Wenn sie was ändern will in ihrem Leben, geht sie zum Schönheitschirurgen und lässt sich beraten. Aber ändern tut sie nichts.

Christine isst Obstsalat zum Frühstück. Presst sich frische Früchte aus. Trinkt täglich ein Glas Gemüsesaft, mag Fisch mit Gemüse und einem kleinen Kartoffelchen. Liebt Salat und Gemüsestreifen. Sie wird von Tag zu Tag jünger. Ist ständig gut gelaunt, sprüht vor Vitalität und ist nur selten erkältet. Wenn sie etwas ändern will im Leben, geht sie zum Joggen und denkt darüber nach. Und ändert es.

Tochter und Mutter. Die beiden trennen nicht zwanzig Jahre Altersunterschied, sondern glückliche Zellen. Und die hat die Mutter. Die keine Cornflakes isst, sich ihre Multivitamine frisch auspresst – und zum Joggen geht.

Stimmungen wirken wie Filter

»Nun«, sagen Sie, »ich kann ja vielleicht lernen, ein bisschen mehr Bewegung in mein Leben einzubauen, ein bisschen besser zu essen, die eine oder andere Stresstechnik einzusetzen ... aber darum bin ich doch noch lange nicht besser drauf.«

Doch. Mir ging ein Licht auf, als ich vor Jahren in der Zeitschrift »Psychologie heute« über »Das Geheimnis unserer Stimmungen« las. Und das leuchtete mir so ein, dass für mich ein Lebensprinzip daraus wurde. Meine Mitmenschen profitierten auch davon. Denn unter schlechter Laune leiden andere auch.

Kurz der Hintergrund: Eine neue Forschungsrichtung der Psychologie in den USA beschäftigt sich damit, unsere Stimmungen zu entschlüsseln. Der Psychologe Heiko Ernst berichtete darüber folgendermaßen: Stimmungen und Launen wirken wie ein Filter im Leben. Sind wir guter Laune, können wir die guten Dinge genießen, Probleme mit links bewältigen. Schlechte Laune färbt alles grau ein, sogar die Dotterblume am Teich. Kleinigkeiten türmen sich zu unüberwindbaren Gebirgen auf. Einfach alles ärgert uns.

Heiko Ernst erklärt: »Stimmungen sind die Hintergrundmusik des Alltags: Sie geben den Ton unseres Sozialverhaltens vor, sie heben oder senken unsere Leistungsfähigkeit, und langfristig wirken sie sich auf unsere Gesundheit aus.«

So weit, so klar. Nun wird's interessant. Woher kommen denn diese guten oder schlechten Launen? Nicht etwa, weil gerade irgendetwas passiert ist, das Mittagessen angebrannt ist, der Chef gebrüllt hat, der Partner beim Friseur war ... Nein. Ob die Laus nun wirklich über die Leber läuft und dabei die Laune miesmacht, liegt daran, ob wir gut geschlafen haben, gut gegessen haben, wann wir uns zuletzt bewegt haben, ob wir unter Stress stehen.

Die Stimmung und die Energie

Unser Stimmungsbarometer lässt sich ganz einfach erklären durch unser Energiekonto – und unsere Fähigkeit, zu entspannen. Es gibt vier Zustände:

◎ **Nr. 1 Entspannt-energiegeladen:** Da geht's uns richtig gut. Wir haben ausgeschlafen, gesund gegessen, waren beim Joggen. Jede Zelle schnurrt zufrieden. Unser Energiekonto ist voll. Wir fühlen uns entspannt und konzentriert. Herz und Atmung arbeiten ruhig, aber engagiert. Wir spüren Kraft und Zuversicht. Mühelos werden uns auch größere Aufgaben gelingen. Es gibt keine Probleme, nur die Gelegenheit, kreativ zu sein.

◎ **Nr. 2 Entspannt-müde:** In diesen Zustand fließen wir langsam, wenn wir uns stark konzentrieren, viel arbeiten. Arbeitend heben wir von unserem Energiekonto ab. Ist es leer, fühlen wir uns wohlig müde, ruhig und entspannt. Nun müssen wir wieder Energie tanken, die Batterien füllen.

◎ **Nr. 3 Angespannt-energiegeladen:** In diesen Zustand rutschen wir direkt von Nr. 1, wenn es uns ein bisschen zu viel wird. Der typische Zustand in unserer hektischen Zeit. Wir fühlen uns zwar fit und leistungsfähig, aber der Druck sitzt uns im Nacken. Wir sind angespannt, die Muskeln verkrampfen sich, das Herz schlägt schneller. Die Konzentration lässt nach.

Nun kann die Stimmung ganz schnell kippen, wenn nämlich die Energie weniger wird und die Anspannung zunimmt. Dann fühlen wir uns gereizt, nervös und unruhig.

◎ **Nr. 4 Angespannt-müde:** Das ist der Zustand, wenn unsere Energietanks leer sind, wir aber nicht zur Ruhe kommen. Dann ist man schlecht drauf, nervös, erschöpft, deprimiert, ängstlich. Auf diesem Level gedeihen negative Gedanken wie die Bakterien in der Petrischale. Probleme scheinen unlösbar, menschliche Kontakte »zu viel«. Tagsüber kann man nicht entspannen und nachts nicht schlafen. Man bleibt im energetischen Minuszu-

> **TIPP**
>
> *PER SALTO VITALE ZUM NIVEAU ENTSPANNT-ENERGIEGELADEN*
>
> Was tut man, um möglichst häufig im Gute-Laune-Zustand Entspannt-energiegeladen zu sein? Manche greifen zur Schokolade, andere zur Zigarette, wieder andere zum Glas Wein. Hilft leider nur kurzfristig.
> Ich weiß was Besseres: Machen Sie einen Salto vitale. Spülen Sie mit ayurvedischer Weisheit die Gifte aus dem Körper. Lernen Sie vom Weltklasse-Leichtathleten Carl Lewis, der seine Batterien auflädt, weil er seinen Entsafter jeden Morgen mit frischem Obst und Gemüse füttert. Machen Sie sich mit Ihrer persönlichen Fitnessformel auf den Weg in ein bewegtes Leben. Schulen Sie Ihre Sinne, die das Leben bereichern. Lernen Sie mit einfachen Techniken, den Stress zu entwaffnen. Gehen Sie spielerisch mit der Trägheit um. Und werden Sie zum Simplyfyer, der nicht nur sein Wohnzimmer von Last befreit, sondern auch seine Seele. Kurzum: Orientieren Sie sich am Lebenskünstler. Gehen Sie spielerisch an das Leben ran, entdecken Sie das Kind in sich – und mit ihm die Leichtigkeit des Seins.

AUF DIE PLÄTZE, FERTIG, LOS ...

stand. Daraus entwickeln sich Burn-out, Chronische Müdigkeit, Depression.

Tanken Sie mehr Power im Leben, ernten Sie mehr Leichtigkeit des Seins. Und Sie katapultieren sich in den Zustand Nr. 1 Entspanntenergiegeladen. Und das garantiert: gute Laune, gute Leistung.

Verändern? (K)ein Problem

Wie viele Menschen halten ihre guten Vorsätze von Neujahr ein? Fünf Prozent. Der Volksmund sagt: »Der Vorsatz ist ein Gaul, der häufig gesattelt, aber selten geritten wird.« Was machen diese Menschen anders als die 95 Prozent, bei denen es nur beim Vorsatz bleibt? Manche tun es einfach. Sie nehmen 10 Kilo ab, kündigen den Job, erteilen der Einsamkeit eine Absage und loggen sich partnersuchend ins Dating-Café ein, sie gehen zum Training ins Fitnessstudio oder drücken die letzte Zigarette aus. Diese Menschen sind zu bewundern. Sie haben einen starken Willen. Und tun, sofort, was sie wollen. Aber das sind ganz, ganz wenige – von den fünf Prozent.

Nicht warten, bis es wehtut

Die meisten haben sich so lange in die Sackgassen des Lebens treiben lassen, bis der Leidensdruck unerträglich wurde. Bis es richtig wehtat. Sie kennen diese Geschichten: vom starken Raucher, der nach 35 Jahren Hüsteln und Ächzen die letzte angebrochene Zigarettenstange in den Müll wirft – und sich nie mehr wieder eine anzündet. Oder die von dem Mann aus dem Bekanntenkreis, den alle bemitleideten. Weil er jeden Morgen blass und gebückt zur Bushaltestelle schlich. Weil er immer Ärger im Büro hatte, weil ihn seine Frau terrorisierte. Bis er sich eines Abends aufmachte, um sich kurz eine Zeitung zu holen – und nie mehr wiederkam. Erst Jahre später flatterte bei Freunden eine Postkarte aus Brasilien ins Haus, mit dem Gruß: »Mir geht's super, Euer Gerd.«

Sicher haben auch Sie schon in unzähligen Zeitschriften

über spirituelle Läuterungen von Stars gelesen. New-Wave-Rocker Sting macht Yoga, Hollywood-Frauenliebling Richard Gere konvertierte zum Buddhismus. Und Leonard Cohen, der sanfte Poet der Sechziger, lebte von Zeit zu Zeit mit kahlgeschorenem Schädel in einem tibetischen Kloster.

Manchmal sieht der Salto vitale so aus, als ob man den Feuermelder einschlägt. Wenn's brennt. Lassen Sie es erst gar nicht so weit kommen. Machen Sie lieber jetzt schon kleine Salti (wir nennen sie im Buch Saltino) – und krempeln Sie in 24 Stunden Ihr Leben um. Ob das geht? Na klar. Probieren Sie es einfach aus.

DER TRICK DER SIEGER: »ICH GEWINNE!«

TIPP

Kennen Sie den bewährten Trick aus der Rauchstopp-Psychologie? Wer beim Umkrempeln immer nur den Verlust von über Jahre liebgewonnenen Gewohnheiten beweint, der schafft es nie. Sieger denken an das, was sie gewinnen. Ein Beispiel: Sie sterben für Ihre Marmeladensemmel, für die geliebte Wurst. Darauf sollen Sie in Zukunft verzichten. Klar, ein großer Verlust. Allerdings ein lächerliches Opfer, wenn Sie bedenken, was Sie gewinnen: nie wieder Völlegefühl, Blähungen, Sodbrennen nach dem Essen. Die Speckpolster auf den Hüften werden weniger, die Blutfette verbessern sich, Sie fühlen sich wohler. Und verlieben sich obendrein kulinarisch neu: in Früchtequark, gegrillte Forelle und Pasta mit Pesto. Anderes Beispiel: Sie wollen jeden Morgen eine halbe Stunde joggen. Und das bedeutet: jede Nacht eine halbe Stunde weniger Schlaf. Ziemlich hart für Sie als Morgenmuffel. Nur: Nach dem Laufen fühlen Sie sich den ganzen Tag über wie auf Wolke sieben, strotzen vor Energie und Kreativität und treffen sich nach Feierabend mit Freunden, wenn andere müde vor die Glotze kriechen.

AUF DIE PLÄTZE, FERTIG, LOS ...

Kann man das Leben in 24 Stunden umkrempeln?

In 24 Stunden das Leben einfach umkrempeln? Rausschlüpfen aus der Haut der Unzufriedenheit, rein in ein neues Gefühl? Ein rundum anderes. Gesünder, glücklicher, zufriedener, erfolgreicher, schlanker, fitter ... und was Ihnen sonst noch so einfällt. Ist das möglich? Freilich. »Jede große Reise beginnt mit dem ersten Schritt«, sagen die Chinesen. Salto vitale ist so eine Reise.

Wir haben alles mitbekommen für ein sinnvolles Leben

Sie und ich, wir sind ausstaffiert mit allem, was wir brauchen, um unser Leben so zu gestalten, dass es uns Freude macht. Wir haben alle Ressourcen in uns, die uns helfen, eine Veränderung einzuleiten – und sie beizubehalten. Wir müssen diese Kapazitäten oft nur freilegen. Bei dem einen erstickt sie die Routine des Alltags, beim anderen ist die Batterie leer. Kann man ändern.

Machen Sie einen Saltino vitale nach dem anderen

An diesem Wochenende tun Sie sieben Schritte, die ein Gefühl in Ihnen wecken, eine Vision oder einen Wunsch. Schritte, die Lust machen, etwas zu ändern – es gleich zu tun – und sofort zu spüren, dass das gar nicht schwer ist. Schritte, die Ihnen im Moment des Tuns zeigen, dass Sie auf dem richtigen Weg sind.

Diese Schritte nennen wir Saltino vitale, kleine einfache Sprünge ins pralle Leben. Dahinter stecken kleine Weisheiten, wissenschaftliche

Haben Sie Lust auf Veränderung? Jede große Reise beginnt mit dem ersten Schritt ...

Erkenntnisse, jahrtausendealte Erfahrung – oder einfach nur gesunder Menschenverstand. Diese Saltini haben eines gemeinsam, sie stehen unter dem Motto: Reduktion auf das Wesentliche. Jeder Saltino vitale ist etwas Wichtiges. Eine kleine Änderung, die Sie nicht viel kostet. Die Sie sofort, auf der Stelle ausführen können. Und die Sie in Siebenmeilenstiefeln Ihrem Ziel näher bringt.

Kommen Sie mit, machen Sie an dem nächsten Wochenende, das Sie nur für sich reservieren können, sieben kleine Schritte – und Sie krempeln Ihr Leben um.

Weniger ist mehr: Das Pareto-Prinzip

Der italienische Ökonom Vilfredo Pareto (1848–1923) stellte eine Formel auf, die noch heute das Leben erleichtert, die eine anstrengende Veränderung zum kleinen Vergnügen macht. Sie lautet: Mit 20 Prozent von dem, was man tut, kann man 80 Prozent der Ergebnisse erreichen. Klingt doch gut: 20 Prozent der Zeit einsetzen – und man hat mehr als drei Viertel der Miete. Das Pareto-Prinzip kennen Sie vielleicht vom morgendlichen Zeitungsgenuss: In 20 Prozent der Zeitung lesen Sie 80 Prozent dessen, was wirklich interessiert. Kluge kennen das auch am Schreibtisch:

20 Prozent der Arbeitszeit machen 80 Prozent des Erfolges. Das kann man auch auf Menschen anwenden: 20 Prozent der Beziehungen, die Sie haben, sind wirklich wichtig – und machen 80 Prozent Ihrer Lebensfreude aus.

Und nun stellen Sie sich vor: Sie wollen gesünder werden, fitter, fröhlicher – und schaffen das zu 80 Prozent mit einem winzigen Einsatz von 20 Prozent. Was heißt das de facto? Sie müssen sich nicht täglich an Kraftmaschinen abrackern. Zweimal die Woche eine halbe Stunde reicht. Sie müssen sich nicht den ganzen Tag Sorgen um Ihre Gesundheit machen, wenn Sie morgens ein Glas Zellschutz-Cocktail trinken. Mehr wird noch nicht verraten – nur eines: Dieses Buch bezieht, wann immer es möglich ist, das wichtige Prinzip von Vilfredo Pareto mit ein. Wenig Aufwand, viel Erfolg – und noch mehr Spaß.

Diese Hürden nehmen Sie im Flug

Mein Freund Harry war ein Schüsselschlappenträger, mit zerbeulten Jeans und im 27. Semester. Hatte nie Geld. Wollte nicht so richtig arbeiten, und glücklich war er auch nicht. Plötzlich, mit 42, gründete er seine eigene Firma – hat Spaß am Job. Und viel Geld.

Norbert ließ sich Jahre in einer Redaktion gängeln. 60-Stunden-Woche. Keine Freizeit. Pausenlos Stress. Viel Ärger. Eines Tages schritt er einfach durch die Tür – und war frei. Jetzt schreibt er das, wozu er Lust hat, hat zwar weniger Geld, dafür viel mehr Zeit. Martina legte mit 38 endlich das ab, was sie ihr Lebtag quälte: ihren 46-Kilo-Mantel aus Speck. Wolf rauchte vor fünfzehn Jahren ohne Nikotinpflaster seine letzte Zigarette. Am Anfang stand immer ein guter Vorsatz. Und den haben diese Menschen verwirklicht. Was lässt andere gute Vorsätze scheitern?

Das Falsche-Hoffnung-Syndrom

Ein guter Vorsatz hat leider nur selten die Chance, etwas anderes zu tun, als zu scheitern. Kennen Sie? Kennt jeder. Und beschäftigt auch Wissenschaftler. Janet Polivy und C. Peter Herman von der University of Toronto halten das False-Hope-Syndrome für schuldig, das Falsche-Hoffnung-Syndrom. Man steckt sein Ziel zu hoch, hegt überzogene Erwartungen und übersieht, dass auch kleine Erfolge durchaus wunderbar sind. Typisches Beispiel: Abnehmer möchten 40 Kilo weghaben. Freuen sich nicht über die erreichten sechs. Sondern stieren traurig auf die fehlenden 34. Und essen frustriert ein dickes Eis, eine Tüte Chips ...

Als ich mir mein Westernpferd Moony gekauft habe, um meinem Leben einen Sinn weitab der Computertastatur hinzuzufügen, dachte ich: »Na, das lernste schnell, das Reiten.« Was bin ich frustriert von dem Gaul gestiegen! Bis ich kapiert habe: Auch das funktioniert nur in ganz winzigen Schritten.

Dann freute ich mich über seinen Duft, die weichen Nüstern, das Vertrauen, das mir das große Tier entgegenbringt – und über jeden kleinen Fortschritt auf seinem Rücken. Nun bin ich jeden Tag dankbar über diese wunderbare Veränderung in meinem Leben.

Die sechs Stufen der Veränderung

Ich sage: Man muss nur wissen, warum und wie – und dann TUN. So verändert man sich. Die Psychologieprofessoren James O. Prochaska, John Norcross und Carlo DiClement haben in Studien mit Tausenden von Teilnehmern untersucht, wer Erfolg hat bei seinen Veränderungsabsichten. Sie entwickelten das »Transtheoretische Modell«. Und das sieht so aus: Wer in seinem Leben etwas verändern will, muss über sechs Stufen gehen.

◎ **1. Stufe: Abwehr.** Der dicke Bauch ist da. Aber der ist »gemütlich«. Der Mensch auf dieser Stufe sieht überhaupt keinen Grund, auch nur irgendetwas verändern zu wollen, zu müssen. Er denkt gar nicht dran.

◎ **2. Stufe: Bewusstwerdung.** Der Bauch ist ein Problem. Hat der Arzt gesagt. Die Blutwerte sind haarsträubend. Und die Prognose: in ein paar Jahren Herzinfarkt. Man weiß, man sollte eigentlich. Wägt ständig ab, was das alles für Nachteile bringt. »Dann darf ich ja sonntags meinen Schweinsbraten nicht mehr essen …«

◎ **3. Stufe: Vorbereiten.** Nun will man wirklich etwas ändern. Konzentriert sich nicht mehr so sehr auf das Problem, sondern sucht nach Lösungen. »Welche Methode hilft mir am besten dabei, meinen Bauch loszuwerden?« Der Entschluss steht fest. Man freut sich richtig. Erzählt es Freunden. Und malt sich die Zukunft vor dem geistigen Auge in schönen Farben: »Ich werde super aussehen. Ich bin viel vitaler.« Jetzt macht man sich einen Plan. Je konkreter der Plan, desto leichter führt er zur Handlung.

◎ **4. Stufe: Handeln.** Nun ist es so weit. Man verschenkt die letzten Tafeln Schokolade. Kauft sich ein Trampolin, liest ein Buch ... Macht einen Salto vitale.

◎ **5. Stufe: Dranbleiben.** Es macht natürlich nicht viel Sinn, wenn Sie ein Wochenende lang einen Salto vitale in ein neues Leben machen – und am Montag wieder beim letzten Freitag landen. Man muss schon dranbleiben am Verändern. Aber, wenn 20 Prozent Einsatz zu 80 Prozent Erfolg führen, ist das nicht so schwer. Sie wollen hundert Prozent? So viel vorab: Die Joker hinter jeder Lektion verhelfen Ihnen zu mehr ... Sie müssen sie nur im Alltagsleben ausspielen.

◎ **6. Stufe: Stabilisieren.** Das neue Verhalten – die gesündere Ernährung, die Lust auf Bewegung – sollte irgendwann wie selbstverständlich zum neuen Leben gehören.

INFO

ZU VIELE BAUSTELLEN?

Experten raten davon ab, viele Dinge auf einmal verändern zu wollen. Weil das zu viel Energie abverlangt. Nicht mit dem Rauchen aufhören und gleichzeitig eine Diät anfangen ...
Nun, in diesem Buch geht es nicht darum, eine Sucht zu verlieren, sondern darum, aufzuwachen. Müdigkeit und Trägheit abzustreifen, vitaler zu werden, unbelasteter, glücklicher, zufriedener. Und das ist im Grunde nicht anstrengend. Weil – wenn man es erst kapiert hat – das Spaß macht. In diesem Buch packen Sie viel an, Sie gehen sieben Schritte. Doch jeder Schritt, den Sie tun, zieht den nächsten wie selbstverständlich nach sich. Vergessen Sie nicht: Salto vitale ist ein Spiel (siehe Seite 8) – spielerisch, leicht-sinnig ...

Loslassen, starten, dranbleiben

Es ist ganz natürlich, dass wir Angst haben, in unserem Leben etwas zu ändern. Weil Veränderung auch immer Loslassen bedeutet. Loslassen von betonierten, oft liebgewonnenen Gewohnheiten. Loslassen von Friede, Freude, Eierkuchen. Loslassen von Sicherheit. Von Menschen. Wer aber loslässt, hat beide Hände frei – und kann viel, viel gewinnen.

Welche Gewohnheiten lassen Sie zuerst hinter sich?

Mit einem Salto vitale machen Sie sich auf eine kleine Reise aus dem grauen Alltag und streifen ein paar Dinge und Gewohnheiten ab, die Ihnen Lebensenergie rauben:

➔ Gifte, die Sie träge machen
➔ Bewegungsfaulheit
➔ Sinn-Losigkeit
➔ Stressfesseln
➔ Ballast
➔ Unzufriedenheit

Natürlich ist es nicht unbedingt leicht, diese Gewohnheiten aus Ihrem Alltag zu verbannen – aber es geht. Fangen Sie einfach an …

Das Märchen vom richtigen Zeitpunkt

Sie haben dieses Buch gekauft. Wollen also etwas in Ihrem Leben ändern. Nein, Sie »müssen« nicht. Sie wollen! Nun fragt sich nur: was und wann?

Sie denken, okay, ich starte am nächsten Wochenende. Dann kommt das Gefühl auf: »Ob ich das auch wirklich schaffe? Vielleicht ist jetzt nicht gerade der richtige Zeitpunkt?« Sie fürchten also einen Misserfolg. Und dieses leicht unangenehme Gefühl lässt Sie doch lieber mit der Freundin einen Termin fürs Kino ausmachen. Erst sind Sie erleichtert, weil Sie noch ein wenig im alten Leben verharren dürfen, den ersten Schritt in Ihr neues Leben ein Stückchen in die Zukunft geschoben haben.

AUF DIE PLÄTZE, FERTIG, LOS …

Am Montag ärgern Sie sich. Sie legen den Start auf das nächste Wochenende. Und dann sind Sie einfach nicht »in Stimmung«. Sie lenken sich mit anderen Tätigkeiten ab, putzen, kochen, Mama besuchen … Das Wochenende vergeht. Das negative Gefühl »Das schaff ich nicht« verstärkt sich von Verschieben zu Verschieben. Und weil immer jetzt nicht der richtige Zeitpunkt ist, verschwindet das Projekt irgendwann im Bücherschrank.

Just do it

Sie kennen diesen Teufelskreis mit all den Dingen, die Sie erledigen müssten: die Garage aufräumen, den Gesundheits-Check beim Arzt, endlich die Diät beginnen … Sie haben ein Vorhaben, lenken sich selbst davon ab, ernten kurze Erleichterung, doch die mündet in immer stärkeren negativen Gefühlen. Müde macht uns nur die Arbeit, die wir liegen lassen – nicht die, die wir tun. Denn der Berg des Ungetanen wird immer größer – und Nichtstun lähmt. Der Ausweg: Warten Sie nicht auf den richtigen Zeitpunkt. Er ist immer richtig. Jetzt. Machen Sie einen Termin mit sich selbst – denn ohne Termin keine Tat. Gucken Sie in Ihren Kalender, ob das nächste Wochenende (im Notfall das übernächste) als Ihr Salto-vitale-Wochenende infrage kommt. Sie sollten dafür ruhig auch andere Termine canceln. Nun geht es mal nur um Sie. Und Sie sind sich wichtig. Just do it.

Machen Sie einen Salto-vitale-Termin mit sich selbst: Tragen Sie ihn fest in Ihren Terminkalender ein.

Die sieben Schritte, die Sie tun

Sieben ist Kult. Schon immer. In Babylon, bei den Griechen, bei den Römern. Warum eigentlich? Arabische Gelehrte führten die »Heiligkeit« der Sieben auf die Mondphasen zurück, jede Mondphase hat sieben Tage. In sieben Tagen schuf Gott Himmel und Erde – am siebten Tag sollst du ruhen. Es gibt sieben Fürbitten, sieben Gaben des Heiligen Geistes, sieben Todsünden und sieben Sakramente. Rom und Konstantinopel wurden auf sieben Hügeln erbaut. Die Woche hat sieben Tage und die Welt sieben Kontinente – und sieben Wunder. Nach sieben mageren Jahren folgen sieben fette. Wir haben unsere Siebensachen beisammen. Im Märchen sind es nicht sechs Geißlein, sondern sieben, sieben Zwerge, sieben Raben, Siebenmeilenstiefel – und das tapfere Schneiderlein schafft »sieben auf einen Streich«. Weisen, Wochentage, Wunder … vieles wird auf die Zahl Sieben begrenzt. So ist es sicherlich auch okay, wenn wir hier den Salto vitale auf sieben Schritte begrenzen.

Ein dickes Dankeschön

An dieser Stelle möchte ich gerne den Experten danken, die Sie mit ihrem fundierten Wissen durch dieses Buch begleiten – allein hätte ich dieses Buch nie schreiben können. Ich habe sie alle im Laufe meiner journalistischen Recherchen kennen und schätzen gelernt. Es gibt auch hervorragende Bücher von ihnen, oder sie halten Seminare, mit denen Sie eine Lektion vertiefen können, wenn Sie wollen. Sie lesen die Interviews zu den Themen …

→ Veränderung: Ang Lee Seifert, Seite 40
→ Gifte: Dr. Ulrich Bauhofer, Seite 76
→ Zellschutz: Dr. Ulrich Strunz, Seite 122
→ Muskeln: Werner Kieser, Seite 182
→ Sinne & Intuition: Elvira Recke, Seite 228
→ Stress: Dr. Wilhelm Schmid-Bode, Seite 282
→ Simplifyer: Werner Tiki Küstenmacher, Seite 314
→ Motivation: Dr. Marco von Münchhausen, Seite 352
→ Zeitmanagement: Prof. Lothar Seiwert, Seite 372

Und den Fitnesstest auf Seite 153 entwickelten Prof. Dr. Ingo Froböse und sein Team von der Sporthochschule Köln.

Der Salto-vitale-Besorgungsplan

Die folgenden Dinge sollten Sie sich vor Ihrem Start ins Salto-vitale-Wochenende besorgen oder schauen, ob Sie sie zu Hause haben.

Utensilien für die Tests und Saltini vitali
- 2 große (Umzugs-)Kisten
- kleine Zettel + Klebeband (oder Post-its)
- etwas zum Schreiben
- Malkasten und Pinsel – oder Buntstifte
- einen Zeichenblock
- bequeme Kleidung
- Sportschuhe
- Uhr mit Sekundenzeiger oder Pulsuhr
- Küchenwaage
- Taschenrechner
- Wasserkaraffe oder -flasche

Das brauchen Sie für Ihr kulinarisches Wohl
Auf Seite 148 finden Sie einen »Salto-vitale-Einkaufskorb« mit empfehlenswerten Lebensmitteln. Wenn Sie Lust haben, werfen Sie vor Ihrem Einkauf schon mal einen Blick drauf.
Falls Sie gegen eines der folgenden Lebensmittel allergisch sind, kaufen Sie stattdessen ein ähnliches.

Obst und Gemüse
- Kernobst: 1 Apfel oder 1 Birne · 1 Handvoll Weintrauben
- Beeren: 300 g Erdbeeren · 125 g gemischte Tiefkühlbeeren
- Zitrusfrüchte: 1 rosa Grapefruit · 2 Orangen · 8 Zitronen · 1 Limette
- Wurzel-, Kohl- und Zwiebelgemüse: 1 Bund Möhren · 2 zarte Kohlrabi · 1 Bund Radieschen · 1 Bund Frühlingszwiebeln · 1 Schalotte · 1 Knolle Knoblauch · 2 große Stücke frischer Ingwer

ich will nicht so bleiben, wie ich bin

- Fruchtgemüse: 1 reife Avocado · 1 kleiner Zucchino · 2 rote Paprikaschoten · 1 Salatgurke · 100 g Kirschtomaten · 1 Biotomate* · 1 Tomate aus dem Supermarkt
- Pilze: 75 g kleine weiße Champignons · 5 Shiitake-Pilze
- Salate: 1 kleiner Radicchio · 30 g Rucola · 1 Handvoll Feldsalat

* Übrigens: Einige Lebensmittel bekommen Sie nur im Bioladen, Reformhaus oder im sehr gut sortierten Supermarkt. Sie sind mit einem Sternchen gekennzeichnet.

Kräuter und Gewürze
- Kräuter: Basilikum · Minze · eventuell Koriandergrün · 1 Stängel Zitronengras
- Gewürze: 1 Vanilleschote · Zimtpulver · Salz · schwarze Pfefferkörner (für die Mühle)

Milch- und Sojaprodukte
- 100 g Magerquark · 250 g Naturjoghurt oder Quarkcreme · 30 g Crème légère · 200 ml Sojamilch * · 125 g Sojajoghurt * · 100 g Tofu *

Fleisch und Fisch
- 300 g Lachsfilet ohne Haut oder 250 g Hähnchenfilet · 1 geräucherte Pfeffermakrele

Brot
- 1 Roggen-Vollkornbrötchen *

Sonstiges – falls Sie es nicht vorrätig haben
- Getränke: Tomatensaft · einen guten trockenen Wein · Mineralwasser

AUF DIE PLÄTZE, FERTIG, LOS …

Der Salto-vitale-Besorgungsplan

- Essig: Weißweinessig · Aceto balsamico
- Öl: Olivenöl (kaltgepresst) · Rapsöl * · Leinöl * (im Kühlschrank lagern) · 1 Liter Sesamöl *
- Würzen: Gemüsebrühe (gekörnt) · Hefeflocken * · Senf · Pesto (italienische Basilikumpaste) · helle Sojasauce · Fischsauce · Tabasco
- Kerne und Nüsse: gehobelte Mandeln · Sonnenblumenkerne · Sesamsamen *
- Getreideprodukte: Vollkornhaferflocken * · Naturreis (parboiled, im 125-g-Kochbeutel)
- Süßmittel: Honig · Sanddorn-Vollfrucht mit Honig * (im Kühlschrank aufbewahren) · Bitterschokolade (mind. 70 % Kakaoanteil)

Außerdem für den Saltino vitale auf Seite 71:
- 400-Gramm-Glas Nuss-Nugat-Creme – nehmen Sie eine aus dem Supermarkt · 200 g Zucker · 90 g Pflanzenöl (90 ml) · 60 g gemahlene Haselnüsse · 40 g Kakaopulver · 30 g Magermilchpulver * · Vanillin

Übrigens: Reste können Sie anderweitig verwenden. Beispielsweise Quarkcreme als Brotaufstrich. Crème légère zum Binden von Suppen und Saucen. Übrige Sojamilch und Tofu an den folgenden Tagen verwenden – oder portionsweise einfrieren.

Kleiner Tipp zum Schluss
→ Stellen Sie sich schon am Freitagabend ein großes Glas Wasser auf den Nachttisch. Warum, das lesen Sie auf Seite 62.

Die Rezepte

Diese Rezepte sorgen an beiden Tage für Ihr kulinarisches Wohl – und versorgen Ihre 70 Billionen Körperzellen. Falls Sie etwas nicht vertragen: nach Gusto austauschen.
Alle Rezepte sind für eine Person berechnet.

1. Tag

Frühstück: Kerniger Obstsalat

2 EL Vollkornhaferflocken · 125 g Sojajoghurt · 2 EL frisch gepressten Orangensaft · 250 g Obst (alles aus dem Obstkorb wie Apfel, Orange oder Mandarinen, Weintrauben, Erdbeeren – möglichst bunt gemischt) · Zimt zum Bestäuben

So viel Zeit muss sein: 10 Minuten

1 In einer großen Müslischale Flocken und 2 EL Joghurt vermischen, mit dem Orangensaft beträufeln und 5 Minuten quellen lassen.
2 Inzwischen Obst je nach Sorte schälen oder waschen, in kleine Stücke schnipseln (am besten auf einem Brett mit Rinne, um den austretenden Saft aufzufangen!) und auf dem Müsli verteilen. Übrigen Joghurt als Klecks obendrauf geben, mit Zimt bestäuben. Nach Belieben noch etwas abgeriebene Schale einer unbehandelten Orange darüber reiben, gleich servieren.

Zum Knabbern: Gemüsestreifen mit Ingwer-Dip

250 g gemischtes Gemüse (alles, was das Gemüsefach gerade bietet – Kohlrabi, Möhren, Paprika, Frühlingszwiebeln, Gurken) · 3 EL Naturjoghurt oder Quarkcreme · 1 TL Weißweinessig · ½ TL Honig · 2 TL helle Sojasauce · Salz, Pfeffer · 1 Stück frischer Ingwer (ca. 1 cm)

So viel Zeit muss sein: 12 Minuten

AUF DIE PLÄTZE, FERTIG, LOS …

1 Gemüse je nach Sorte schälen oder waschen und in feine, lange Streifen schneiden. Auf einem Teller dekorativ anrichten.

2 Für den Dip in einem Schälchen Joghurt oder Quarkcreme, Essig, Honig und Sojasauce verrühren. Mit wenig Salz und mit Pfeffer würzen. Ingwer schälen und fein dazureiben. Dip eventuell mit einigen Korianderblättchen bestreuen.

Mittags: Thai-Suppe mit Tofu

1 kleine rote Paprikaschote · 5 Shiitake-Pilze · 1 Frühlingszwiebel · 1 Stängel Zitronengras ·1 kleines Stück frischer Ingwer · 1 Knoblauchzehe · 100 g Tofu · 2 TL Olivenöl · 400 ml Gemüsebrühe · je 1 EL Soja- und Fischsauce ·1 EL Zitronensaft · Salz, Pfeffer

So viel Zeit muss sein: 20 Minuten

1 Paprika waschen, in Würfel oder Streifen schneiden. Die Shiitake-Pilze abreiben, Stiele rausschneiden und wegwerfen, Pilzhüte in Scheibchen schneiden. Frühlingszwiebel waschen, putzen und in Ringe fein aufschneiden. Vom Zitronengras nur die unteren 10 cm verwenden, harte Hüllblätter entfernen, das »Mark« in feine Röllchen schneiden. Ingwer und Knoblauchzehe schälen, ganz fein hacken. Den Tofu würfeln.

2 In einem kleinen Topf das Öl heiß werden lassen. Alle Zutaten hinein – Paprika, Pilze, Zwiebel, Zitronengras, Knoblauch und Ingwer –, immer kräftig rühren und nur 2 Minuten braten. Mit der Brühe ablöschen, aufkochen, Deckel drauf und etwa 5 Minuten köcheln lassen. Tofu dazu, nach etwa 2 Minuten kräftig mit Soja- und Fischsauce, Zitronensaft, Salz und Pfeffer abschmecken. Das riecht wunderbar asiatisch. Wer mag: noch einige frische Korianderblätter obendrauf streuen. Und jetzt: Her mit dem Suppenlöffel!

Übrigens: Kauen Sie vor dem Mittagessen drei kleine Scheiben Ingwer mit Salz. Das hilft dem Körper beim Entgiften und Verdauen.

Abends: Die Rezepte für den ersten Salto-vitale-Abend sind noch geheim (Seite 242).

2. Tag

Frühstück
Mixen Sie sich den Zellschutz-Cocktail von Seite 121.

Mittags: Blattsalate mit Räucherfisch

1 Handvoll Feldsalat · 3–4 Radicchioblätter · 1 Stück Gurke (ca. 100 g) · 4 Radieschen · 1 EL Weißweinessig · 2 TL Aceto balsamico · $\frac{1}{4}$ TL Senf · Salz, Pfeffer · 1 EL Olivenöl · 100 g geräucherte Pfeffermakrele

So viel Zeit muss sein: 15 Minuten

1 Feldsalat und Radicchio waschen, trockenschleudern, putzen und in mundgerechte Stücke zupfen. Gurke schälen, längs halbieren und in dünne Scheiben schneiden. Radieschen waschen, putzen und ebenfalls in Scheibchen schnippeln.
2 Weißwein- und Balsamessig, Senf, Salz, Pfeffer und Öl gut verrühren. Makrele enthäuten, in 1 cm breite Streifen schneiden.
3 Blattsalate, Radieschen und Gurken auf einem Teller anrichten, mit der Vinaigrette beträufeln. Makrelenstreifen darauf geben.
Dazu ½ Roggen-Vollkornbrötchen essen.

Abends: Machen Sie einen Termin mit einem lieben Menschen. Lassen Sie sich auf dem Lustpfad im Restaurant verwöhnen. Nach Joker-Anleitung Seite 369.

Verändern heißt Leben

Ang Lee Seifert, Psychotherapeutin und Transaktionsanalytikerin, rät: Nur nicht stehen bleiben. Jede Veränderung – und ist sie noch so klein – bringt Spannung ins Leben. Sie schrieb das Buch »Jetzt pack ich's an! Wie Sie Ihr Lebens-Skript entdecken, umschreiben und glücklich werden«.

Sie haben sich mit 63 Jahren einen neuen Vornamen zugelegt – warum das denn?
Weil Verändern guttut. Ich fand den Namen Angela ganz schön. Doch irgendwann habe ich gemerkt: Er hat nicht mehr die Energie, die in die Zukunft trägt. »la« geht mit der Betonung nach unten. »Ang« hat Power, das ist gut, und daran hing ich einfach ein neues Wort, »Lee«.

Und fühlten Sie sich anders?
Ja. Von Stund' an. Ich hatte mit dem neuen Namen auch eine neue Lebensenergie. Das war wirklich frappierend. Ich bekam jede Menge positive Rückmeldungen. Viele wollen es gerne nachmachen, trauen sich aber nicht.

Was ist so schwierig daran?
Da gibt es verschiedene Gründe. Der Vorname ist ja von den Eltern ausgesucht worden. Wie so vieles andere auch. Eltern wollen, dass ihr Kind auf eine bestimmte Weise ist. Und das vermitteln sie ihm: »Du bist still, oder: du bist lebhaft, oder: du bist brav, oder: du bist ängstlich ...« Der Heranwachsende passt sich

dem an. Er kennt nichts anderes. Was die Eltern vorgeben – vom Namen bis zur ganzen Lebenseinstellung – das ist man dann. So sucht man sich den Partner, seinen Freundeskreis, seinen Beruf usw. Irgendwann aber spürt man den Wunsch nach Veränderung, will aus der von anderen definierten Rolle ausbrechen. Doch dann kommen die Ängste: Was sagt der Partner, wie reagieren die Freunde, die Eltern? Ich habe Angst, herauszufallen aus dem Netz, dem Kreis, in dem ich bin.

Besteht die Gefahr real?
Natürlich. Mir wurden, nachdem ich meinen Vornamen geändert habe, auch Freundschaften aufgekündigt. Nach dem Motto: »Du spinnst. Wir wollen dich nur so, wie wir dich kennengelernt haben.« Aber das Leben ist ein ständiges Abschiednehmen. Wer Hermann Hesse liest, weiß: Jedem Anfang wohnt ein Zauber inne. Abschied nehmen heißt auch immer: Etwas Neues beginnt. Das macht das Leben spannend.

**Verändern heißt:
nicht stehen bleiben.**
Stillstand ist letztendlich Tod. Leben ist Bewegung. Der ganze Organismus ist ständig in Bewegung. Keine Zelle bleibt ständig wie sie ist. Das Herz klopft, der Magen verdaut, das Blut fließt. Heute wird großer Wert darauf gelegt, dass die Menschen sich mehr bewegen. Wer sich äußerlich nicht bewegt, mag sich auch innerlich nicht bewegen. Menschen setzen Fett an, weil sie sich vor einer Veränderung schützen wollen.

**Sich bewegen, gesund essen,
machen denn schon
so kleine Veränderungen Angst?**
Ja. Auch darauf reagiert die Umwelt. Vielen Menschen macht es Angst, das Gewohnte aufzugeben.

AUF DIE PLÄTZE, FERTIG, LOS ...

Auch wenn das Gewohnte quält?
Ja, oftmals auch dann. Untersuchungen zeigen: Kinder, die in schlechten sozialen Verhältnissen aufwachsen, dann zu einer Pflegefamilie kommen, wo sie es wirklich gut haben und gemocht werden, laufen manchmal weg, in die alte Umgebung – nicht weil es dort angenehm, sondern weil es gewohnt ist. Der Mensch ist ein Gewohnheitstier. Weil Gewohnheit auch Sicherheit bedeutet. Darum verbringen manche Menschen sogar ein Leben lang den Urlaub an dem Ort, an dem sie schon mit den Eltern gewesen sind.

Und so versäumen sie, zu leben.
Ja, und sich selbst zu entdecken. Sie versäumen, neue Erfahrungen zu machen, sich selbst besser kennenzulernen. In fremder Umgebung reagiert man anders und registriert etwa, dass man unsicher wird, oder schüchtern ist. Man entdeckt Wesenszüge neu, und die machen erst einmal Angst.

Deswegen behält man doch oft auch den Job, der einen langweilt, in dem man gemobbt wird ...
Man fürchtet sich davor, sich neu bewerben, eine neue Umgebung erobern zu müssen, und dabei zu versagen. Es existiert aber auch noch die andere Seite: Viele Menschen, so unwahrscheinlich das klingen mag, leiden gerne.

Das stimmt, immer wird über alles geklagt.
Die christliche Religion hat einen großen Teil dazu beigetragen, das Leiden auf sich zu nehmen, ein Märtyrer zu sein, wird in unserer Kultur großgeschrieben – wenn ich leide, bin ich ein höherer Mensch.

ich will nicht so bleiben, wie ich bin

interview

Mag man in unserer Spaßgesellschaft denn Menschen, die leiden?
Ja. Weil der, der trösten darf, der bemitleiden kann, eine Stufe über dem Leidenden steht.

Viele tappen ein Leben lang auf ihrem Leidensweg ...
Manchmal braucht es sogar einen Schicksalsschlag, und plötzlich sieht man: Es gibt auch etwas anderes. Man verliert den Job und merkt, dass das Leben mehr zu bieten hat als Überstunden. Das Leben ist bunt, bietet so viel. Man kann so viel erfahren, sich selbst erleben in verschiedenen Situationen, in einer anderen Umgebung. Nur wer sich selbst kennenlernt, kann sich selbst verwirklichen. Diese Chance wird vertan, wenn man sich zwingt, nach einem bestimmten Muster zu leben.

Muster wie: die perfekte Mutter, der Super-Chef, das gute Kind, die hilfsbereite Kollegin – im Grunde lauter Opferrollen, in denen oft die Unzufriedenheit wohnt.
Die Selbstliebe fehlt. Und diese zu entwickeln ist das Schwierigste. Ich bitte meine Klienten, Fotos aus der frühesten Kindheit mitzubringen. Schauen Sie sich einmal Fotos an, auf denen Sie zwei oder drei Jahre alt waren. Dieses Kind ist offen, unbefangen. Mit vier, fünf Jahren kann man das eigentliche Kind oft gar nicht mehr sehen, es ist schon angepasst. Waren Sie ein freundliches, lebhaftes, neugieriges Kind? Wer dieses freie Kind ins Herz schließt, eine gute Beziehung zu ihm aufbaut, findet leichter zur Selbstanerkennung und Selbstliebe.

Woran merkt man, dass man nicht sein Leben lebt?
Jeder Mensch muss eines Tages sterben. Nun fragt man sich: Wie verbringe ich meine Zeit zwischen Geburt und Tod, womit, mit wem? Wenn ich immer dasselbe tue, in der Routine steckenbleibe, immer derselben Arbeit nachgehe, das gleiche Hobby habe,

dieselben Menschen um mich, dann bin ich gefangen in einem Muster, in meinem Lebensdrehbuch. Bin ich aber in der Lage, spontan zu sein und offen für Neues, kann ich Nähe zulassen, dann kann ich mein Leben wirklich leben.

Warum spielt die Fähigkeit, Nähe zuzulassen, so eine große Rolle?

Wer Nähe zulassen kann, hat keine Angst, sich zu blamieren, etwas Falsches zu sagen. Er ist offen. Offen für Neues, für Menschen. Für Veränderungen. Manche Menschen werden zu Workaholics, arbeiten viel, weil sie nicht in die Verlegenheit kommen wollen, über sich selbst nachzudenken. Andere gehen überwiegend Vergnügungen nach, um die eigenen Defizite nicht zu spüren.

Wie erkennt man, ob man fähig ist, Nähe zu ertragen?

Schauen Sie einem Menschen zwei Minuten lang in die Augen und reden Sie nicht miteinander. Da passiert unheimlich viel. Das ist eine Öffnung. Die Augen sind das Tor zur Seele. Mit Reden wird die Nähe wieder genommen. Menschen, die viel reden, können keine Nähe und Offenheit zulassen. Schweigen ist Nähe, da kann man sich nicht verstecken. Die Fähigkeit, Nähe zuzulassen, wird übrigens im Säuglingsalter angelegt.

Fürs ganze Leben?

Wenn die Mutter das Kleine liebevoll anschaut und das Kind die Mutter, kann man spüren, wie zwischen den beiden Energie fließt, Nähe einfach da ist. Wer das als kleines Kind erlebt hat, wird es auch später zulassen. Das Kind ist auf den Blick der Mutter angewiesen. Fehlt er, überfällt es ein Verlassenheits- und Fremdheitsgefühl – das viele Menschen ein Leben lang begleitet.

ich will nicht so bleiben, wie ich bin

interview

Kann man lernen, sein Leben zu leben, das zu tun, was einem wirklich wichtig ist?

Alle Menschen können das. Es kommt darauf an, wie viel Angst sie haben, wie viel Sicherheitsbedürfnis, Selbstvertrauen, Selbstbewusstsein. Wer echtes Selbstvertrauen hat, wird sich leichter in unbekannte Situationen hineinbegeben. Das lässt sich trainieren. Mit winzigen Dingen anfangen. Mit kleinen Schritten. Nicht gleich die Arbeitsstelle oder Familie aufgeben, sondern kleine Veränderungen ins Leben einbauen. Statt immer nur ins Kino zu gehen, das Theater besuchen. Das Restaurant wechseln, dort etwas Unbekanntes bestellen. Ins Schuhgeschäft gehen, sich fünf Paar Schuhe bringen lassen – dann gehen, ohne eines zu kaufen. Es gibt so viele Menschen, die sich das nicht trauen. Angst baut man ab, indem man das tut, wovor man Angst hat, sich jeden Tag einmal vornimmt: Das probiere ich jetzt mal aus – das Unbekannte.

Haben Sie einen Tipp fürs Sofort-TUN?

Einfach das Fenster aufmachen – und laut singen, obwohl man denkt, man könne nicht singen. Und spüren, dass man die Beschämung aushalten kann. Ohne Bewegung geht es nicht weiter. Wenn Sie den ersten Schritt nicht tun, gibt es kein Weiter im Leben.

Warum schafft das Verändern meist Zufriedenheit?

Zuerst erlebt man Unsicherheit. Wenn die durchgestanden ist und der Betreffende merkt, »Ich hab' das geschafft. Ich hab' mich vielleicht blamiert, aber es ausgehalten«, dann fühlt er sich stärker. Alles, was man bewältigt hat, von dem man vorher glaubte, »Das kann ich nicht, das schaff ich nicht«, macht stark, hebt das Selbstwertgefühl. Darum laufen z.B. Menschen in Seminaren über glühende Kohlen. Das kann ein erster Schritt sein, sich zu beweisen: »Ich schaff das!« – der zu weiteren Schritten führt.

AUF DIE PLÄTZE, FERTIG, LOS ...

Warum scheitern gute Vorsätze so häufig?

An der Trägheit. Wolfgang Jung hat gesagt: »Die Trägheit und die Gewohnheit sind das größte Gift für die Menschen – aber auch seine Lieblingsbeschäftigung.« Trägheit hat mit Anziehungskraft zu tun. Wir können uns auf der Erde halten dank der Trägheit. Von jemandem, der etwas Außergewöhnliches wagt, sagen wir: Der hebt ab. Ihn bindet nicht mehr die starke Anziehungskraft der Materie. Der Trägheit kann man nicht entgehen. Sie steckt in uns allen. Immer wieder ist die Versuchung da: »Ich lass die Anstrengung, lege mich aufs Sofa, was sollen all die Übungen.« Das liegt in der Natur der Sache.

Aber wenn man weiterwill, muss man die Trägheit überwinden?

Da braucht es viel Power, und die kriegt man durch Treibstoff. Ein Flugzeug würde nie von der Erde abheben können, wenn es nicht Motoren und Treibstoff hätte. Auch wir müssen tanken. Schlaf, gesundes Essen. Die Kraft und die Ausdauer, durchzustarten und durchzuhalten, schenkt uns regelmäßige Bewegung. Der Zündfunke für den Start ist die Motivation.

Was kann mir so wichtig sein, dass es mich motiviert – von der Couch hebt?

Die Vision. Ich brauche ein Bild. Ein Bild von mir, wie ich sein könnte und wer ich sein könnte und wo ich hinwill. Und dann überlegt man sich, was man bereit ist, dafür zu tun. Ohne eine gewisse Anstrengung erreicht man meistens nicht viel. Es kann sein, dass man von der Vision »Vor meiner Villa steht ein Ferrari« abkommt – und feststellt: Nein, mir genügt mein alter VW, ein paar Apfelsinenkisten als Bücherregale in meiner Zwei-Zimmer-Wohnung. Ich will einfach nur weniger arbeiten. Mehr Zeit für Muße haben. Und meine anderen Talente ausbilden.

interview

Aus Ihrer Lebenserfahrung: Welche Joker würden Sie einem Menschen mitgeben, damit er sie im Leben ausspielt – um Glück zu tanken?

Jeden Tag etwas Neues ausprobieren. Jeden Tag etwas tun, was einem Vergnügen bereitet. Jeden Tag eine halbe Stunde meditieren oder spazieren gehen, loslassen. Schauen, wie die Natur es macht, sich immer wieder zu verändern. Ein Fastentag in der Woche. Ein Sabbatjahr, wenn man sich das leisten kann.

Und was sollte man sich fragen, bevor man eine Veränderung vornimmt?

Was will ich wirklich? Aber eigentlich sollte man nicht viel fragen. Sondern TUN. Erfahrungen machen. Aus Erfahrung klug werden.

AUF DIE PLÄTZE, FERTIG, LOS ...

1. Tag

MEHR POWER IM LEBEN

Das erste 12-Stunden-Programm

Herzlich willkommen zu Ihrem ersten Salto-vitale-Tag. In vier Schritten ernten Sie mehr Gesundheit, Vitalität, Energie, Mut und Selbstbewusstsein, Fröhlichkeit, Sinnesfreuden … Machen Sie eine Lektion nach der anderen. Viel Spaß!

Ihr 1. Tag: Mehr Power im Leben

So sieht Ihr erster Salto-vitale-Tag aus. An diesem Tag starten Sie mit vier Lektionen: Sie machen jeweils einen kleinen Test, lesen sich ein bisschen Wissen an – und dann TUN Sie. Danach lesen Sie das Experteninterview – wenn Sie Lust haben und Ihnen die Zeit reicht. Und werfen einen kurzen Über-Blick auf die Joker, die Sie in nächster Zeit ausspielen können.

Falls Sie mit einer Lektion früher fertig werden, können Sie eine Pause machen. Falls Sie länger brauchen – kein Problem. Es ist wirklich richtig viel Luft eingebaut. So dass Sie ruhig auch eine Stunde später aufstehen können.

8.00 Uhr — **Aufwachen, Wasser trinken ...**
→ Noch im Bett trinken Sie ein Glas Wasser, das auf dem Nachttisch wartet (Seite 36).
→ Nun lesen Sie, was auf dem Programm für heute steht.
Lassen Sie sich auf alle Fälle 10 Minuten Zeit, bevor Sie aufstehen.

8.10 Uhr — **Sitzung und Bad**
→ Theoretisch müsste Sie der gastrokolische Reflex jetzt aus dem Bett holen – wenn die Verdauung stimmt. In Zukunft wird das jedenfalls so sein (Seite 63). Sie haben heute 20 Minuten fürs Bad.

8.30 Uhr — **Honigwasser oder Frühstück**
→ 1 Liter Wasser zum Kochen bringen, auf 40 Grad abkühlen lassen (bisschen mehr als Körpertemperatur),

den Saft einer halben Zitrone und einen Teelöffel Honig darunterrühren – und genießen. Falls Sie kein Frühstück brauchen – gut so. Das unterstützt die Entgiftung, mit der dieser Tag beginnt.

→ Falls Sie Hunger haben, machen Sie den Obstsalat (Rezept Seite 37). Und genießen ihn in Ruhe – mit allen Sinnen. Erst danach die Zeitung lesen.

9.15 Uhr

Proviant für zwischendurch

→ Nun bereiten Sie noch Ihren Knabbersnack für zwischendurch zu: Gemüsestreifen mit Ingwer-Dip (Rezept Seite 37). Schnuppern Sie doch mal an den bunten Gemüsen.

→ Füllen Sie eine Karaffe mit Wasser, pressen Sie eine Zitrone hinein (Seite 62) oder geben Sie etwas Sanddornmarksaft dazu (Seite 119). Trinken Sie gleich ein Glas davon.

9.30 Uhr

Lektion 1
Spülen Sie die Gifte raus

→ Setzen Sie sich gemütlich an einen Tisch, die Karaffe mit Wasser neben sich. Starten Sie mit der ersten Lektion – nach dem Motto: Erst einmal Altlasten loswerden. Gifte im Körper machen müde, unkonzentriert, schlecht gelaunt – und irgendwann krank. Wie Sie Ihre Zellen putzen und so mehr Energie und Lebenszeit gewinnen, erfahren Sie ab Seite 54.

11.30 Uhr

Zeit für Thai-Suppe mit Tofu

→ Bereiten Sie in zwanzig Minuten Ihr Mittagessen vor (Seite 38).

→ Von der Ingwerwurzel drei Scheiben abschneiden, salzen und vor dem Essen kauen (und dann ausspucken).

→ Machen Sie nach dem Essen einen kleinen Spaziergang und tanken Sie frische Luft für den Kopf.

13.00 Uhr

Lektion 2

Machen Sie die Zelle fit

→ Sie finden sich wieder auf Ihrem »Arbeitsplatz« ein – mit der Thermoskanne voll Ingwerwasser oder einer Karaffe (Zitronen-)Wasser. Vergessen Sie nicht: Jede Stunde ein Glas trinken. Auf Seite 92 geht's weiter mit der zweiten Lektion und darum, wie Sie Ihre Zellen fit und glücklich machen können – und wozu das so wichtig ist. Heute mixen Sie Ihren ersten Zellschutz-Cocktail.

14.30 Uhr

Lektion 3

Tanken Sie Kraft, Ausdauer und Selbstvertrauen

→ Ab Seite 150 geht es um Ihre Fitness. Wie gut die richtige Dosis an Bewegung tut, erfahren Sie nicht nur theoretisch, sondern auch praktisch: mit Hilfe Ihrer persönlichen Fitnessformel.

→ Legen Sie eine kleine Kopf-Pause ein. Und knabbern Sie Gemüsestreifen.

17.00 Uhr

Lektion 4

Zum Glück gibt's sechs Sinne

→ In diesem Kapitel, ab Seite 202, beschäftigen Sie sich mit etwas sehr Sinn-vollem: mit Ihrer Intuition, Ihrer Kreativität, Ihren sechs Sinnen – als Einstieg in ein wacheres, lustvolleres Leben.

das erste 12-stunden-programm

19.00 Uhr | Kleine Abendlektion
Ein Fest der Sinne:
Salto-vitale-Dinner für zwei

Nun müsste es klingeln. Ihr Kochpartner kommt vorbei. Dieser Abend gehört den Sinnen – und der Freundschaft.
→ Bereiten Sie ein Drei-Gänge-Menü zu. Interaktiv. Die Anleitung finden Sie ab Seite 242. Genießen Sie das Essen, bei einem guten Glas Wein. Entspannen Sie sich.

→ Machen Sie noch einen kurzen Abendspaziergang (Joker Seite 293).
→ Stellen Sie Ihr Glas Wasser ans Bett – und legen Sie sich dieses Buch, einen Stift mit Zettel und eine Uhr mit Sekundenzeiger oder eine Pulsuhr dazu.

Schlafen Sie gut!

EHE SIE LOSLEGEN ...

Natürlich braucht so ein Wochenende ein bisschen Vorbereitung: Einen guten Überblick gibt Ihnen die »Salto-vitale-Gebrauchsanleitung« auf Seite 10. Lesen Sie bitte auf jeden Fall das erste Kapitel (Seite 12) vorab, damit Sie wissen worum es eigentlich geht. Auch die Einkäufe sollten Sie am Vortag erledigen (Seite 34). Dann steht Ihrem Erfolg nichts mehr im Wege.

MEHR POWER IM LEBEN ...

Lektion 1:
Spülen Sie die Gifte raus

Sie wollen fröhlich sein, sich rundum wohlfühlen, mehr Power haben? Dann beginnen Sie heute Ihr neues Leben damit, loszuwerden, was Sie daran hindert, sich gesund und gut gelaunt zu fühlen. Entgiften Sie Ihren Körper. Tut übrigens mein Freund Lothar auch. Er ist Zeitmanager und der Ansicht: »Meine Lebenszeit ist das kostbarste Gut, das ich habe.« Um ja keine Sekunde von seinem Mindesthaltbarkeitsdatum einzubüßen, entgiftet er einmal im Jahr in einer Fastenklinik und täglich mit Wasser und Sesamöl. Können Sie auch. Denn auch Sie speichern Gifte in Ihrem Körper. Im Gehirn, in den Nerven, in den Organen, im Bindegewebe, im Fettgewebe. Ist so. Formaldehyd, Nickel, PCB, Dioxin, DDT, Blei, Cadmium und Quecksilber. Diese Gifte im Körper machen müde, unkonzentriert, schlecht gelaunt, dick – und irgendwann krank. Sie nicht. Denn Gifte kann man auch loswerden. Damit starten Sie heute in dieser Lektion.

Erst einmal: Fett weg

Der größte Anteil an Gift, den Sie mit sich herumschleppen, heißt schlicht und einfach Fett. Aus zwei Gründen. Erstens: Fett ist ein hormonaktives Gewebe und selbst ein schleichendes Gift. Es macht Sie jedes Jahr kränker und kränker. Aber nur dann, wenn Sie keinen Sport treiben. Auf das Konto von Übergewicht plus Trägheit gehen: Bluthochdruck, Arterienverkalkung, Herzinfarkt und Schlaganfall, Diabetes, Osteoporose, Gicht, Gallensteine, Fettleber, Arthrose, Rückenbeschwerden, Impotenz, Krebs ... Zweitens speichert das Fett hervorragend Umweltgifte.

Was wir so alles schlucken

Kaufen Sie mal ein Schweineschnitzel aus dem Sonderangebot und tun Sie das in die Pfanne. Es schrumpft auf die Hälfte zusammen. Genauso wie Tomaten werden auch Tiere schnell produziert. Dabei helfen: Antibiotika und Hormone. Die haben Sie auf dem Teller. Mit Pech auch noch Thyreostatika, illegale Mittel, die die Schilddrüsenfunktion der Tiere blockieren, damit sie keine Energie verbrauchen und schnell dick werden. Dazu ein paar Tranquilizer, Psychopharmaka mit dämpfender Wirkung, damit die arme Sau dem Schlachtprozess ruhigen Auges entgegenblickt. Hinzu addieren sich krebserregende PAKs (polycyklische aromatische Kohlenwasserstoffe), die beim Räuchern entstehen – oder am Grill.

In der Beilage finden Sie Schwermetalle, Pestizide und Insektizide aus dem Gemüse. Greenpeace fand kürzlich heraus, dass über 60 Prozent der untersuchten Obst- und Gemüsesorten mit bis zu 52 Giften belastet waren. Zum Dessert gibt's krebserregende Transfettsäuren und Acrylamid aus dem Fertigprodukt. Das auch noch jede Menge E-Nummern liefert – von Geschmacksverstärkern bis Konservierungsstoffen, die nur ganz selten auf einem Baum wachsen. Mir wird schon beim Schreiben übel – Ihnen beim Lesen auch? Entschuldigung.

Und was machen diese Gifte?

Zum Beispiel Multiple Sklerose, Alzheimer, Parkinson, Gedächtnisstörungen, Depressionen, Nierenerkrankungen, Leukämie, Tumore, Gelenkerkrankungen, Schlaflosigkeit, Muskelschmerzen, Pilzerkrankungen im Darm, Allergien, Arthritis, Morbus Crohn, Migräne, Schilddrüsenprobleme …

Und wie wird man die Gifte los?

Das ist im Grunde relativ einfach:
- Bewegen und Fett abbauen
- Gifte rausspülen
- Gifte meiden

ZEITPLAN

SO WERDEN SIE DIE GIFTE LOS

Rechnen Sie für diese Lektion mit zwei Stunden.

Machen Sie den Giftetest auf der nächsten Seite. Sie brauchen 15 Minuten.

Erholen Sie sich 30 Minuten mit unserem Entgiftungs-Know-how ab Seite 59. Und spülen Sie die ersten Gifte raus.

Mit dem Saltino vitale auf Seite 71 werden Sie zum Lebensmittelexperten – und packen Ihre erste Kiste »Altes Leben«. Hier investieren Sie 60 Minuten.

Lesen Sie das Interview mit unserem Experten Dr. Ulrich Bauhofer auf Seite 76.

Die Joker, die Ihnen dabei helfen, dass Ihr neues Leben leichter und leichter wird, finden Sie ab Seite 83. Später lesen!

spülen sie die gifte raus

test

Spurensuche

Gifte machen sich schleichend bemerkbar. Erst sind Sie nur ein bisschen müde, weniger leistungsfähig, aber irgendwann werden Sie krank. Dem kann man vorbeugen: Der ayurvedische Arzt spricht vom »Ama«, das man beseitigen muss. Es zeigt sich seit Jahrtausenden mit den gleichen Symptomen:

	Ja	Nein
Zwicken Sie die Haut auf dem Handrücken mit Daumen und Zeigefinger zusammen, hochziehen, zehn Sekunden lang halten. Loslassen. Nach wie viel Sekunden verschwinden die Schrumpelspuren? Erst nach drei Sekunden?	☐	☐
Fühlen Sie sich häufiger müde, abgeschlagen und ohne Energie?	☐	☐
Leiden Sie unter Appetitlosigkeit?	☐	☐
Haben Sie häufig einen aufgeblähten Bauch?	☐	☐
Leiden Sie unter Verstopfung?	☐	☐
Haben Sie häufiger mal Sodbrennen?	☐	☐
Haben Sie öfters einen sauren, bitteren, süßen oder salzigen Geschmack auf der Zunge (ohne etwas zu essen!)?	☐	☐
Spüren Sie im Brustbereich ab und an ein Schweregefühl?	☐	☐

MEHR POWER IM LEBEN

	Ja	Nein
Leiden Sie unter Glieder- und Gelenkschmerzen?	☐	☐
Sieht Ihr Urin eher trüb als klar aus?	☐	☐
Sinkt Ihr Stuhl im Wasser, anstatt zu schwimmen?	☐	☐
Haben Sie einen Body-Mass-Index (BMI) größer als 25? BMI = Körpergewicht dividiert durch Körpergröße in Metern zum Quadrat kg : m² = kg : (m · m) = BMI	☐	☐
Ist/war Ihr Körper Giften ausgesetzt: etwa Amalgam (im Mund), Strahlen oder anderen Gefahrenstoffen am Arbeitsplatz (Asbest, Holzschutzmittel, Insektizide …)?	☐	☐

Die Auflösung

Jedes angekreuzte »Ja« könnte bedeuten, dass Ihr Körper im Kampf mit den Umweltgiften schon seine Reaktionen zeigt. Und das muss nicht sein. Unterstützen Sie Ihre Zellen bei der Entgiftungsarbeit. Indem Sie Gifte ausspülen, mit Wasser und Öl – und Gifte meiden. Mehr darüber lesen Sie auf den folgenden Seiten. Ab Seite 84 finden Sie auch einen Entgiftungs-Joker für die Zeit nach Ihrem Salto vitale, ein ayurvedisches Ama-Programm.

spülen sie die gifte raus

know-how

Das simple Detox-Programm

Gifte sind überall. Im Knäckebrot, im Steak, im Apfel. Ja sogar im Kondom – es gab bis vor kurzem einen mit Schokogeschmack, in dem 60-mal so viel krebserregende Nitrosamine steckten, wie das Lebensmittelgesetz erlaubt.

Inzwischen haben wir ja gelernt, E-Nummern gegenüber misstrauisch zu sein. Der neueste Trick: Man nennt sie bei ihrem vollen Namen. Der Orthomolekularmediziner Wolf-Dieter Bessing (siehe Joker Seite 130) erzählt die Geschichte vom Vitamin-E-Derivat: »Die schreiben Tocopherol-Derivat drauf, das kennen einige als Vitamin E. Denken: Das ist nicht schlimm. Das Derivat ist aber ein Abkömmling des Vitamins, das bei Überdosierung zu Fruchtbarkeitsstörungen und Thrombose führt.« Und die Geschichte vom Guarkernmehl. »Guarkernmehl klingt nach Öko ... Es handelt sich um das Verdickungsmittel E 412. Daraus hat man früher Zündschnüre hergestellt. Dann war nach dem Krieg so viel übrig, dass man nicht wusste, wohin damit. So hat man es halt überall ins Essen reingehauen. Enthält Blausäure. Die ist in kleinsten Spuren giftig.«

Gifte sind überall. Unser Experte Dr. Ulrich Bauhofer (siehe Interview Seite 76) erzählt: »Bei der internationalen Anmeldestelle für Chemikalien, dem Chemical Abstracts Service im amerikanischen Columbus, sind mittlerweile weit mehr als 13 Millionen künstliche Substanzen registriert. Mindestens 100 000 dieser Industriestoffe ballen sich zu einer Chemikalienfracht, vor der man sich nicht mehr schützen kann und die wir fortwährend über Luft, Haut und Nahrung in uns aufnehmen.«

Sie sehen: Giften können Sie im Grunde nicht entkommen. Aber Sie können sie minimieren und Ihren Körper dagegen feien. Fangen Sie bei dem an, was Sie essen und trinken – macht 30 000 Tonnen Nahrung und 50 000 Liter Flüssigkeit im Le-

MEHR POWER IM LEBEN

ben. Wenn Sie da ein wenig vorsichtig sind, müssen Sie die Nitrosamine auf dem Kondom nicht fürchten.

Entgiften mit Wasser & Öl

Wer sich's leisten kann, entgiftet in einem Ayurveda-Kurhaus oder in einer Fastenklinik (Adressen Seite 385). Entgiften kann man aber auch zu Hause, zum Beispiel mit der »Magischen Kohlsuppe« oder anderen Fasten-Büchern (Buchtipps Seite 385). Eine richtige Kur dauert zwei bis drei Wochen und macht Sie zum neuen Menschen. Klappt natürlich nicht an diesem Wochenende. Aber beginnen Sie einfach heute mit kleinen Schritten, mit einem Detox-Plan für den Alltag.

Starten wir damit, wie Sie Ihre Gifte loswerden. Denn das geht ganz einfach (wenn Sie noch nicht krank sind, denn dann sollten Sie zu einem Umweltmediziner gehen): mit Öl und Wasser – und Bewegung. Der zweite Schritt ist nicht ganz so leicht, denn da geht es darum, die Gifte zu meiden.

Zwei Elixiere gegen Gift

Gehen Sie bitte in die Küche, nehmen Sie das Buch mit und bereiten Sie zwei Elixiere zu: Sesamöl gegen wasserlösliche Gifte und heißes Wasser gegen die fettlöslichen Gifte, wenn es Ihnen schmeckt, mit Ingwer. Ausprobieren!

→ **»Gereiftes« Sesamöl:** Gießen Sie das Sesamöl, das Sie für Ihr Salto-vitale-Wochenende gekauft haben, in einen Topf und sofort ein paar Tropfen Wasser dazu (nicht später, sonst spritzt es gefährlich ins Gesicht!). Erhitzen, bis die Wassertropfen platzen, dann hat das Öl 100 °C. Bitte abkühlen lassen. Später können Sie das Öl dann wieder in die Flasche zurückfüllen. Sie brauchen es erst morgen früh.

→ **Heißes Wasser:** Gleichzeitig setzen Sie einen Topf mit heißem Wasser auf. Wenn Sie Lust haben, schneiden Sie ein paar Scheiben frischen Ingwer hinein. Wasser 10 Minuten kochen lassen und dann in eine Thermoskanne füllen. Trinken Sie während dieser Lektion heißes (Ingwer-)Wasser.

Während Sie darauf warten, dass Ihre Entgiftungsquellen heiß werden, lesen Sie weiter – einfach hier im Stehen. Ist ganz gut für den Körper, wenn Sie nicht nur sitzen.

Öl zieht die Gifte raus

Die meisten Gifte sind fettlöslich. Und reichern sich in unseren Fettgeweben an. In den Zellwänden, im Nervensystem, im Gehirn, auf der Hüfte. Ein wunderbares Mittel hat die ayurvedische Medizin. Sie reinigt den Körper mit Hilfe der Panchakarma-Kur und zieht die Gifte unter anderem mit Ölgüssen und Ölmassagen durch die Haut aus dem Körper. Das können Sie auch zu Hause machen.

→ Morgen früh nehmen Sie vom reifen Sesamöl unter der Dusche einen Schluck in den Mund (siehe Kasten). Und machen

DAS ÖLZIEHEN

→ Morgens noch vor dem Zähneputzen nehmen Sie 1 TL bis 1 EL gereiftes Sesamöl in den Mund. Und dann gehen Sie unter die Dusche. Das Öl derweil 5 bis 10 Minuten im Mund hin und her bewegen. Durch die Zähne ziehen, kauen. So lange, bis das Sesamöl weißlich wird. Ausspucken. Danach den Mund gut ausspülen und gründlich die Zähne putzen. Die Mundschleimhaut ist ein guter Ausleitungsort für Gifte. Das Öl holt Schwermetalle und andere Giftstoffe aus dem Körper. Sicher nicht in großen Mengen, aber immerhin. Kann man übrigens auch messen: Die Konzentration von Schwermetallen ist in dem gekauten weißlichen Öl höher. Zudem wirkt es heilend auf die Mundflora. Toller Nebeneffekt: macht weiße Zähne. Damit starten Sie morgen früh.

eine Sesamöl-Ganzkörpermassage, wie sie der Joker auf Seite 85 beschreibt.

Heute starten Sie mit den wasserlöslichen Giften. Die werden Sie leicht los: mit viel Wasser.

Wasser entschlackt

→ Später, so in sieben Minuten, trinken Sie Ihr erstes Glas heißes Ingwerwasser. Ayurvedische Entgiftungsmedizin (siehe Interview Seite 76). Probieren Sie es einfach aus. Wenn Sie kein heißes Wasser trinken, dann trinken Sie es eben kalt. Auch das ist gut. Hauptsache, Sie trinken. Jede Stunde ein Glas. Am besten mit Zitronensaft. Die Flavonoide der Zitrone und ihr Vitamin C unterstützen die Entgiftung. Damit spülen Sie Ihren Körper durch. Verlieren an Gewicht, sehen frisch und straff aus. Und fühlen sich auch viel besser.

◎ **Wer nicht trinkt, verstopft.** Unter Verstopfung leidet jeder zweite Deutsche. Dagegen gibt's ein einfaches Mittel: Morgens im Bett auf nüchternen Magen ein Glas Wasser trinken. Nach zehn Minuten wird man vom sogenannten gastrokolischen Reflex aus dem Bett getrieben. Man muss plötzlich ganz dringend. Überhaupt erleichtert viel zu trinken das morgendliche Sitzungsproblem.

◎ **Wer nicht trinkt, sieht aufgedunsen aus.** Mit Wasser spült man Gifte aus. Ist nicht genug Wasser da, versucht der Körper, die Gifte im Gewebewasser zu neutralisieren. Und das schwemmt auf. Trinken Sie regelmäßig, merkt Ihr Körper nach etwa zwei Wochen: Mensch, da kommt ja endlich genug. Und klammert nicht mehr an seinem Gewebewasser.

◎ **Wer nicht trinkt, wird dick.** Drei von vier Deutschen trinken zu wenig, sind dehydriert. Das verlangsamt den Stoffwechsel um drei Prozent. Ein langsamerer Stoffwechsel bedeutet: 2 Kilo Fett mehr auf den Hüften pro Jahr.

◎ **Wer zu wenig trinkt, ist müde.** Schon leichter Flüssigkeitsmangel vermindert die Leistungsfähigkeit des Gehirns. Es besteht zu 84 Prozent aus Wasser. Studien zeigen: Wer morgens 1,5 Liter trinkt, ist aktiver, leistet mehr.

◎ **Nicht trinken tut weh.** Wer acht bis zehn Gläser Wasser täglich trinkt, lindert Rücken-, Gelenk- und Kopfschmerzen.

◎ **Nicht trinken fördert Diabetes.** Durstige Zellen schrumpfen und reagieren mit Insulinresistenz, der Vorstufe von Altersdiabetes.

◎ **Nicht trinken macht sauer.** Unser Lebensstil drückt den Säure-Basen-Haushalt in Richtung sauer: Rotes Fleisch, Wurst, Zucker, Weißmehl, fetthaltige Käsesorten, Fertigprodukte, Limonaden, Kaffee, Alkohol, Nikotin, Medikamente, Stress und zu wenig Bewegung überfluten den Körper mit Säuren. Basenbildend wirken Gemüse, Salat, Obst, Milchprodukte, Kräutertees, Entspannung, Bewegung – und Wasser.

WENN DER KÖRPER ÜBERSÄUERT ...

... gibt es Schlacken. Schlacken sind Gifte, die der Körper nicht schnell genug entschärfen kann. Durch falsche Ernährung, Rauchen, Bewegungsmangel und Stress gerät der Säure-Basen-Haushalt aus dem Gleichgewicht. Der Körper übersäuert. Das heißt, Säuren lagern sich in Form von Salzen an Gelenken und im Gewebe ab, machen die Zellstrukturen kaputt. Andere Gifte wie Schwermetalle bunkert der Körper, weil er mit dem Entgiften nicht nachkommt. Er speichert zudem Wasser, das uns aufschwemmt. Dann sind Verdauung und Fettstoffwechsel gestört. Sie fühlen sich schlapp, haben Durchblutungsstörungen. Die Übersäuerung löst Rheuma, Gicht, Arthrose, Allergien und Migräne aus. Die Abwehrkräfte schwächeln, und die Gefäße verkalken. Die Folge: Schlaganfall und Herzinfarkt.

Pflegen Sie Ihre Entgiftungsorgane

Leber, Niere, Darm und Lymphe sind ziemlich effektive Entgiftungsorgane. Sehr lange Zeit gutmütig, nur wenn wir sie überlasten, machen sie nicht mehr mit.

◉ **Die Leber:** Zu viel Zucker, zu viel tierische Fette, zu viel Alkohol führen zur Leberverfettung. 85 Prozent der Deutschen sind betroffen. Die Folgen: Diabetes Typ 2 und Gicht.

◉ **Die Niere:** Die überlasten wir, indem wir neben Umweltschadstoffen, Zucker-Weißmehl-Kost auch noch zu wenig trinken. Die Niere kann aber ohne Sprit einfach nicht richtig arbeiten, übersieht Stoffwechselgifte und schickt sie wieder in den Kreislauf zurück. Unterstützen Sie sie mit dem stündlichen Glas Wasser.

◉ **Der Darm:** Darmzellen machen schlapp, wenn sie zu wenig zu arbeiten bekommen, also wenn Ballaststoffe aus Getreide, Obst und Gemüse fehlen. Alkohol schädigt zusätzlich die Darmschleimhaut. Und statt, dass die Gifte in der Kanalisation landen, wandern sie in unser Blut. Gönnen Sie Ihrem Darm den Ballaststoff-Joker von Seite 137. Dazu gehört: Wasser.

◉ **Die Lymphe:** Das Lymphsystem ist ein Netzwerk aus Gefäßen und Knoten, das Krankheitserreger filtert und Gifte, Schadstoffe und Stoffwechselprodukte aus dem Körper transportiert – und zwar über die Ausscheidungsorgane Niere, Leber, Darm. Die effizienteste Müllabfuhr, die wir haben. Nur: Fließt die Lymphe zu langsam, bleiben die Schadstoffe zu lange im Körper. Und fördern Entzündungen, treiben den Cholesterinspiegel hoch, lassen Arterien verkalken. Was lässt die Lymphe schneller fließen? Bewegung. Nun wissen Sie, warum Bewegung neben Wasser das wichtigste Entgiftungsmittel für Ihren Körper ist. Ideal ist übrigens das Trampolin – mit seinem Gravitationseffekt. Es bringt die Lymphe zum Fließen. (Joker Seite 193).

spülen sie die gifte raus
know-how

Stärken Sie Ihr Immunsystem

Kennen Sie die Studie mit den Hühnern und dem Nickel? Forscher haben einem Hühnervolk wunderbares Futter gegeben, dem anderen Hühnervolk nährstoffarmes Hühner-Fastfood. Und beiden Gruppen taten sie viel Nickel ins Futter. Nickel ist ein Spurenelement, das in hohen Dosen giftig ist, Krebs macht und Allergien auslöst.

Was kam bei dem Versuch heraus? Die gut genährten Hühner hatten kein Nickel im Fleisch, nur ganz wenig in den Entgiftungsorganen Leber und Niere. Die schlecht genährten waren hochgradig vergiftet. Was sagt uns das? Ganz einfach: Wer optimal mit allen Nährstoffen versorgt ist, dem können Umweltgifte nichts anhaben. Er eliminiert sie einfach.

Was braucht der Körper zum Entgiften?

- Aminosäuren, sprich Eiweiß, also Fisch, Hüttenkäse, den Joker auf Seite 142.
- Kräuter, starke Entgifter sind Koriander und Bärlauch, also den Joker Seite 87.
- Magnesium und die Spurenelemente Zink, Kupfer, Selen und Mangan – allesamt potenzielle Entgifter. Da lohnt sich sogar beim Arzt einmal zu messen, ob genug davon in Ihrem Körper Sie vor Umweltgiften feit. Stress pur! Siehe Joker Seite 130.
- Antioxidantien wie Vitamin C, E, Carotinoide und Selen schützen den Körper vor dem Angriff freier Radikale, beugen Krebs und Herzinfarkt vor. Nur: Heute wissen wir, eine falsch dosierte Vitaminpille mit Antioxidantien über lange Zeit eingenommen kann das Leben sogar verkürzen. Mehr in der nächsten Lektion.

Nun wissen Sie, wie Sie Ihre Gifte loswerden: mit Öl, mit Wasser, mit Bewegung und einem starken Immunsystem.

MEHR POWER IM LEBEN

→ Ihre beiden Entgiftungselixiere dürften nun fertig sein. Lassen Sie das Öl abkühlen. Füllen Sie das heiße Ingwerwasser in eine Thermoskanne und gießen Sie sich eine Tasse ein. Auf zum zweiten Schritt …

Gifte muss man meiden

Sie nehmen 30 Tonnen Nahrung in Ihrem Leben auf. Das ist die Hauptgiftquelle. Die größte Menge an Unverträglichkeitsstoff für den Körper heißt:

Zucker und Weißmehl

Zucker ist ein Gift? Na das hört die Industrie gar nicht gerne. Ist er auch nicht, solange Sie ihn in homöopathischen Dosen zuführen. Das Löffelchen im Cappuccino ist Glück für den Gaumen, Glück für die Seele – schadet auch Ihrer Zelle nicht.

Nun werfen Sie einfach mal beim nächsten Einkauf einen Blick auf das Etikett der Fertigprodukte. Da steht überall Zucker drauf, auch unter dem Namen Sacharose, Glukosesirup, Maissirup … Und noch schlimmer als Zucker ist Weißmehl. Sie entlasten Ihren Körper immens, wenn Sie Zucker und

Fertigprodukte schenken zwar momentan Zeit, rauben aber langfristig Gesundheit – und Lebenszeit.

Weißmehl als Genussmittel sehen. Als Praline gewissermaßen. Von Pralinen ernährt man sich nicht. Da genießt man ab und zu eine.

Die Kohlenhydrat-Mast

Fett (im Körper) ist ein Übel. Es macht selbst krank und speichert obendrein Gifte. Aber Fett ist kein solches Übel, wenn man fit ist. Zeigen Studien. Fit und dick ist gesünder als dünn und faul. Wer sich regelmäßig bewegt und gesund isst, und trotzdem nicht abnimmt, sollte sich über seine Pölsterchen keine Sorgen mehr machen. Alle anderen schon.

Sie haben Jahrzehnte lang gehört: Essen Sie sich satt an Kohlenhydraten. Die machen nicht dick. Viele Menschen mussten an Fettsucht sterben, bis man endlich glaubte – und auch hier langsam darüber spricht: Low fat ist der falsche Weg. Kohlenhydrate in Form von Weißbrot, Zuckerdrinks, Schokofreuden und Fertigprodukten locken ständig unser Fettspeicher- und Heißhungerhormon Insulin. Solange Insulin im Blut schwimmt, kann der Menschen nicht abnehmen – und riskiert die Volkskrankheiten Diabetes, Herzinfarkt und Krebs.

◎ **Insulin sperrt Fett weg.** Insulin schickt das Fett in die Fettzellen und sperrt es dort ein. Insulin ist der Grund, wenn man gar nicht abnehmen kann. Oft lockt man es den ganzen Tag – mit den falschen Nahrungsmitteln. Es steht wie ein Wächter vor der Fettzelle und lässt die ungeliebten Moleküle nur rein, aber nicht wieder raus.

◎ **Insulin ist unser Heißhungerhormon.** Insulin ist die Antwort der Hormonforscher auf die Frage, warum wir immer dicker werden. Wir haben mehr Hunger. Insulin macht Heißhunger. Deshalb sind die Portionen der Dickmacher in den letzten Jahren gewachsen. Pommes, Popcorn, Chips, Big Mäc, Cola, Eisbecher & Co gibt's mittlerweile in XXL-Größen. (Und die speckt man gerade mit großem Werbeaufwand wieder ab – gesünder werden sie trotzdem nicht.) Weil der Zucker- und Stärkeverbrauch (Brot, geschälter Reis, Kartoffeln, Fertigprodukte und Getränke) in den letzten 30 Jahren so stark angestiegen ist, die Menschen immer dicker geworden sind, spricht man von Kohlenhydrat-Mast.

→ **Giftmeide-Strategie 1:** Minimieren Sie Zucker und Stärke (die steckt zum Beispiel in der Kartoffel, im Soßenbinder, im Weißmehl) – und Sie werden nicht nur Ihr Fett los, sondern schützen sich auch vor den schlimmsten Krankheiten: Diabetes, Herzinfarkt, Krebs.

Der Alkoholkonsum

Ein Glas Bier am Tag ist okay, ein Glas Wein sogar gesund. Aber dann wird es kritisch. Wer regelmäßig zu viel trinkt, schadet seinem Körper doppelt: Er führt ihm nicht nur Gift zu, sondern hindert ihn zusätzlich am Entgiften. Weil der alkoholisierte Körper zu wenig Vasopressin in der Hirnanhangsdrüse ausschüttet: ein Hormon, das den Flüssigkeitsverlust über die Nieren begrenzt. Was dann passiert, kennt jeder, der schon mal zu tief ins Glas geschaut hat: Man muss ständig aufs Klo. Und das mögen die Zellen gar nicht. Denn mit Wasser verliert der Körper wichtige Mineralien wie Kalium, Magnesium, Natrium – sogenannte Elektrolyte. Fehlen sie, dann leiden die Nervenzellen und die Leberzellen. Die Folge: Das Gedächtnis lässt nach, und die Leber kann auch andere Gifte nicht mehr richtig abbauen.

→ **Giftmeide-Strategie 2:** Vorsicht mit Alkohol. Und trinken Sie zu jedem Glas Wein oder Bier ein großes Glas Wasser.

Das Fertigprodukt-Übel

Man liest Schlagzeilen: »Krebserregendes Acrylamid in Chips und Cornflakes gefunden!« Dann meidet man das. Dann vergisst man das. Dann isst man das wieder. Das Verbraucherministerium fand in stark erhitzten, kohlenhydratreichen Lebensmitteln krebserregendes Acrylamid. Es steckt (abhängig vom Herstellungsverfahren) in Chips, Pommes, Knäckebrot, Backwaren aus der Fabrik, Cornflakes, Keksen. Aber auch in der heimischen Bratkartoffel. Nun forschen Wissenschaftler, wie viel von dem Gift der Mensch verträgt. Also ich würde nicht darauf warten, was bei den Studien herauskommt. Ich esse einfach weniger davon.

An und für sich ein Gift
Das Fertigprodukt liefert nicht nur krebserregendes Acrylamid und Transfettsäuren, die für Herzinfarkt mitverantwortlich sind. Es ist an sich ein Gift, weil es vorgaukelt, den Menschen zu ernähren – und das tut es nicht.

Ich rede hier nicht von den italienischen Tomaten, die frisch geerntet in der Dose landen – und herrliche Tomatensuppen geben, viel besser als die vom roten Wasserball aus dem Treibhaus (Rezept Seite 240). Ich rede auch nicht von den Herstellern, die sich die Mühe machen, Biomöhren ins Glas oder geputztes Gemüse in die TK-Packung zu bugsieren, oder Vollkornbrot ohne Zusatzstoffe, Fisch, Butter, Milch und Joghurt und gute Fruchtsäfte in den Supermarkt bringen. Ich rede hier nur von den Produkten mit bis zu 300 Zusatzstoffen – die Sie niemals essen würden, wären die Geschmacksvorgaukler, Farbvertuscher und Konsistenzschwindler nicht drin. Gucken Sie doch einfach mal bei foodwatch.de rein. Und lesen Sie sich schlau in abgespeist.de.

Lange Listen im Supermarkt lassen
Im Grunde ist es ganz einfach: Werfen Sie einen Blick aufs Etikett. Je höher der Grad der Verarbeitung, je schlechter das Nahrungsmittel für Ihren Körper, desto länger ist auch die Anzahl der Zusatzstoffe oder E-Nummern auf der Zutatenliste: Aro-

mastoffe, Farbstoffe, Emulgatoren, Feuchtigkeitsbinder, Konservierungsstoffe, Stabilisatoren, Trenn- und Verdickungsmittel. Sie gelten zwar als allgemein unschädlich, doch es wird vermutet, dass einige der Substanzen zu den häufigsten Auslösern von Allergien, Asthma, Kopfschmerzen, Migräne und sogar Übergewicht gehören. Kein Wunder, für all diese Stoffe hat Ihr Körper kein genetisches Programm: Er deklariert sie als »Feinde«.

→ **Giftmeide-Strategie 3:** Meiden Sie langlistige Fertigprodukte. Je länger die Zutatenliste, je unverständlicher, desto weniger freuen sich Ihre Zellen darüber.

Einen kleinen Einblick in die Welt der modernen Nahrungsmittelwürzen, die Ihr Körper nicht kennt und die Sie wie Gifte minimieren sollten, finden Sie im Joker auf Seite 90. Mehr darüber lesen Sie im nächsten Kapitel. Machen Sie aber erst Ihren Saltino vitale Nr. 1 – zum Lebensmittelchemiker …

TIPP

RAUCHEN SIE IHRE LETZTE ZIGARETTE

Ersparen Sie sich einen der schlimmsten Gifte-Cocktails, den Sie Ihrem Körper zumuten können. Der Rauch jeder Zigarette enthält 4000 Chemikalien, darunter Hammergifte wie DDT, Arsen, Formaldehyd, Kohlenmonoxid und das radioaktive Polonium-210. Die Folgen stehen auf jeder Zigarettenschachtel: Rauchen verursacht Krebs, Herz-Kreislauf-Erkrankungen, Gefäßverengungen, Schlaganfälle, Impotenz und vieles mehr. Das verdanken Raucher unter anderem dem Nikotin, einem Nervengift. Wie jeder weiß, ist Nikotin ein Suchtmacher.
Wenn Sie das Rauchrisiko doch eingehen, dann stärken Sie die Entgiftungsfunktionen Ihres Körpers. Trinken Sie genug Wasser, achten Sie auf ausreichend Mikronährstoffe – und bewegen Sie sich viel.

spülen sie die gifte raus

saltino vitale

Wissen, was man isst ...

STECKBRIEF

→ **Sie brauchen:** ein Glas Nuss-Nugat-Creme, eine Küchenwaage, fünf gleich große Gläser, einen Taschenrechner, einen Block und einen Stift, eine Karaffe mit Wasser, eine Zitrone, eine große Kiste. Außerdem: Zucker, Pflanzenöl, gemahlene Haselnüsse, Kakaopulver, Magermilchpulver und Vanillin. Und 60 Minuten Zeit.

→ **Der Ort des Geschehens:** der Esstisch und die Küche.

→ **Sie ernten:** lebendiges Wissen – und die Erkenntnis, manche Lebensmittel besser als »Praline« zu sehen

Die Kunst des Etikettenlesens

→ Setzen Sie sich mit all den Dingen, die Sie brauchen, gemütlich an Ihren Tisch. Neben sich haben Sie die Thermoskanne oder die Karaffe mit Wasser und Zitrone, aus der Sie regelmäßig nachschenken – das hält Ihre Gehirnzellen auf Trab und spült Gifte raus. Und los geht's.

So, nun werden Sie zum kleinen Nahrungsmittelexperten

Nehmen Sie Ihr Glas Nuss-Nugat-Creme in die Hand. Schauen Sie sich das Etikett an. Nicht die Werbung! Was auf meinem Etikett steht, lesen Sie im Kasten Seite 72.

Da ich mir nicht sicher bin, ob Sie den gleichen Brotaufstrich vor sich haben, rechnen Sie einfach mit mir mit. (Mit Ihrem Aufstrich dürfte es sich – außer es handelt sich um eine Bio-Nuss-Nugat-Creme mit 57 Prozent Nüssen – nicht wesentlich anders verhalten.)

MEHR POWER IM LEBEN

Testfrage: Was steckt alles im 400-g-Glas Nuss-Nugat-Creme?

Was meinen Sie, was in einer Nuss-Nugat-Creme vor allem drinsteckt? Nüsse? Milch, mit der gerne geworben wird? Dafür werfen Sie einen Blick auf die Zutatenliste des Etiketts. Dort steht (wenn Sie die gleiche Creme haben wie ich):

> **Zutaten Nuss-Nugat-Creme**
> Zucker
> pflanzliches Öl
> Haselnüsse (13 %)
> fettarmer Kakao
> Magermilchpulver (7,5 %)
> Emulgator Sojalecithin
> Vanillin

So gehen Sie vor

1 Sie müssen wissen, dass die Zutaten auf dem Etikett immer in der Reihenfolge der enthaltenen Menge angegeben werden. Das öffnet doch schon mal die Augen: Weder Nuss noch Milch sind die Hauptzutaten, die wir uns morgens aufs Brot schmieren. Sondern in erster Linie Zucker und Fett. Und der kleinste Teil ist Vanillin.

2 Nun können Sie ausrechnen, wie viel Haselnüsse in der Nuss-Nugat-Creme enthalten sind. Und wie viel Magermilchpulver. Das wird ja nicht verschwiegen, im Gegensatz zu den anderen Zutaten. Bemühen Sie gleich mal Ihren Taschenrechner: 13 Prozent Haselnüsse von 400 g sind?
Das Ergebnis: 52 g Haselnüsse. Wiegen Sie die Haselnüsse ab. Und füllen Sie sie in eines der fünf Gläser.

3 Nun berechnen Sie den Anteil an Magermilchpulver. Leider wird keine frische Milch verwendet, wie die Werbung gerne suggeriert, sondern ein in der Fabrik verarbeitetes Produkt. Wie viel sind 7,5 Prozent von 400 g? Genau: 30 g. Bitte abwiegen und in ein weiteres Glas füllen.

4 Kleine Zwischenrechnung. Nun wissen Sie schon, dass in dem Glas Nuss-Nugat-Creme 52 g Haselnüsse stecken. Außerdem 30 g Magermilchpulver. Macht 82 g. Kurz von den 400 g abziehen.

Das Ergebnis: Es bleiben 318 g für die anderen Zutaten.

5 Nun schätzen Sie mal. Die Menge an Kakaopulver können Sie jetzt abschätzen. Weil es zwischen den Angaben für Magermilch und Haselnüssen steht. Das können also 8 bis 12,5 Prozent sein.

Nehmen wir einfach 10 an.

10 Prozent von 400 g ergibt 40 g.

Nun wiegen Sie die 40 g ab und füllen diese in das dritte Glas. Damit sind wir schon bei 122 g, die wir erfolgreich entschlüsselt haben.

6 Mut zur Lücke. Der Emulgator und das Vanillin unten auf der Zutatenliste wiegen sehr wenig. Die können Sie vernachlässigen. Jetzt fehlen noch Zucker und pflanzliches Öl.

7 Berechnen Sie nun den Anteil an Zucker. Dafür werfen Sie einen Blick auf die Nährstoffangaben auf dem Etikett (siehe Kasten unten). Kleine Zwischenrechnung: Dann sind in 400 g jeweils 4-mal so viel enthalten.

Macht für Kohlenhydrate 54 · 4 = 216 g Kohlenhydrate.

Was steckt an Kohlenhydraten im Glas? Zucker, ein pures Kohlenhydrat. Und ansonsten finden sich noch ein wenig Kohlenhydrate in Magermilchpulver und Haselnüssen.

Wie viel das ist, sag ich Ihnen jetzt – dafür bräuchten Sie nämlich eine Nährwerttabelle: insgesamt etwa 20 g.

Nährstoffangaben
100 g enthalten durchschnittlich:
Energiewert 514 kcal   Kohlenhydrate 54 g
Eiweiß 7 g   Fett 30 g

Wenn Sie diese 20 Gramm nun abziehen von den 216 Gramm die im Glas stecken, bleiben 196 Gramm übrig für Zucker.

Bitte abwiegen und in das vierte Glas füllen. Sie sehen: Das halbe Glas Nuss-Nugat-Creme besteht aus Zucker.

8 Wie viel Fett schmieren Sie aufs Brot? Nun können Sie das pflanzliche Öl (warum steht eigentlich nicht drauf, um was für ein Öl es sich handelt?) ausrechnen: 196 Gramm Zucker plus die 122 Gramm aus den drei anderen Gläser ergibt 318 Gramm. Die müssen Sie von den 400 Gramm abziehen und erhalten den Anteil an diesem Fett: 82 Gramm. Bitte abwiegen und in das letzte Glas füllen. Warum steht 30 Gramm Fett unter den Nährstoffangaben, also 120 Gramm fürs ganze Glas? Zu den von Ihnen berechneten 82 Gramm Fett gesellen sich noch das Fett aus den Nüssen und dem Kakao.

So nun haben Sie einen kleinen Schnellkurs im Etikettlesen gemacht. Und wissen ungefähr (nicht genau, weil es ja auch nicht ganz genau auf dem Etikett steht), was sich der Deutsche morgens so gerne auf sein Butterbrot schmiert: eine Praline. Kein Grundnahrungsmittel – wie die Werbung so gerne suggeriert, sondern ein Genussmittel.

Fertigprodukte in die Kiste »Altes Leben«

→ Und nun zur zweiten Tat: Holen Sie sich eine große Kiste und schreiben mit Edding ganz dick »Altes Leben« drauf. Jetzt gehen Sie in Ihre Küche, an den Kühlschrank und den Vorratsschrank und sortieren all die Fertigprodukte aus, die eines oder mehrere der folgenden Kriterien erfüllt:

Checkliste Etikett

◎ Die Zutat »Zucker« steht an den ersten drei Stellen auf dem Etikett. (Kann auch unter anderem Namen dort stehen: z.B. Saccharose, Glukosesirup, Isoglukose, Maissirup.)

- Die Zutat »Weißmehl« oder »Stärke« steht an den ersten drei Stellen. Oder Sie finden »modifizierte Stärke« auf dem Etikett.
- Auf dem Etikett steht »gehärtete Fette«. Dann können Sie davon ausgehen, dass auch krebserregende, das Herz schädigende Transfettsäuren enthalten sind.
- Sie finden Aromastoffe und Geschmacksverstärker (Glutamat) auf dem Etikett. Die gaukeln einen guten Geschmack vor, machen Lust auf mehr. Also dick.
- Es stehen mehrere E-Nummern. drauf: Viele dieser E's sind zwar harmlos (andere lösen Kopfschmerzen und Allergien aus), aber alle zeigen, dass das Produkt komplett aus der Retorte stammt. Es ist bunt, würzig, lang haltbar und hat eine gute Konsistenz – aber es ist tot. Sie aber wollen künftig Lebensmittel mit möglichst vielen Vitalstoffen und wenig leeren Kalorien, damit ihr Körper schlank und gesund bleibt.

Mehr über Zusatzstoffe lesen Sie im Joker auf Seite 90.

Was tun Sie mit der Kiste?

Verschenken an jemanden, der noch nicht so weit ist, sein altes Leben an den Nagel zu hängen. Oder ganz langsam aufbrauchen – ist ja auch alles ewig haltbar. Ernähren Sie sich künftig zu 70 Prozent vom »Tischlein deck dich« der Natur – dann verzeiht Ihnen Ihr Körper auch die 30 Prozent gefärbten und aromatisierten und geschmacksverstärkten Genussmittel aus der Kiste »Altes Leben«.

Zellenputz mit Sesamöl und Ingwerwasser

Dr. Ulrich Bauhofer kombiniert in seiner Münchener Praxis die modernen Methoden der Schulmedizin mit der 3500 Jahre alten indischen Heilkunst – der ayurvedischen Medizin. An erster Stelle steht: entgiften.

Sie bezeichnen sich als Gesundheitsarzt, was verstehen Sie darunter?
Ein Arzt ist in erster Linie für die Gesundheit verantwortlich und nicht nur, wie heute üblich, um Krankheiten wirkungsvoll zu behandeln. Im alten Indien und China erfüllten Ärzte diese Aufgabe. Man bezahlte sie dafür, dass der Patient nicht krank wurde. Das ist genau das, was wir heute auch wieder brauchen. Ärzte, die sich in einem ganzheitlichen Sinne um die Gesundheit kümmern. Und zwar nicht erst im Alter, sondern so früh wie möglich. Die ayurvedische Medizin ist für die Therapie chronischer Krankheiten und für die Prävention besonders gut ausgestattet. Das Grundprinzip lautet: das Gleichgewicht in unserem Organismus wiederherstellen und bewahren.

Die ayurvedische Heilkunst ist 3500 Jahre alt. Passt sie denn überhaupt noch in unsere moderne Zeit?
So gut wie noch nie. Natürlich ergänzen wir die alte Heilkunst mit den Fortschritten der modernen Medizin. Aber wir holen den Menschen dort ab, wo er steht: bei seinen individuellen Fehlern. Stärken den Körper, vitalisieren ihn, aktivieren die Reperatur-

mechanismen, verbessern die geistige und körperliche Leistungskraft und steigern die Abwehrkräfte. Es geht uns immer um das Gleichgewicht, die Homöostase. Sie ist der Grundpfeiler jeder Form der Heilkunst.

Wie muss man sich dieses Gleichgewicht vorstellen?
In jedem Menschen arbeiten drei biologische Programme, die *Doshas*. Sind sie im Gleichgewicht, das für jeden Menschen individuell definiert ist, ist man gesund.
Das erste Dosha namens *Vata* steht für alle Bewegungsabläufe im Organismus. Für Atmung, Kreislauf, Nervensystem, Muskulatur, Ausscheidungssysteme, Lebensfreude. Stress, zu viel Kaffee und Nikotin, unregelmäßiges Essen, können das *Vata* stören. Die Folgen: Nervosität, Gelenk- und Rückenprobleme, Bluthochdruck, Schlafstörungen.
Pitta ist das energetische und Stoffwechselprinzip und steht für die Verdauung, den Zellstoffwechsel, Säure-Basen-Haushalt, Hunger und Durst, Sehen, Intellekt, Ausstrahlung und Fröhlichkeit. Ist das *Pitta* gestört, leidet man unter Sodbrennen, Gereiztheit, Verdauungsstörungen und Lebensunlust.
Kapha ist das Gerüst der Materie, steht für die Struktur des Organismus und die Ernährung der Körperzellen. Zu viel, zu süßes, zu fettes Essen, zu wenig Bewegung und zu viel Schlaf bringen das *Kapha* aus dem Gleichgewicht. Die Folgen: Übergewicht, Lethargie, depressive Stimmung, Libido- und Potenzstörungen.

Und wie bringt man seine Doshas wieder ins Gleichgewicht?
Mit den Grundpfeilern der Gesundheit:
- regelmäßige Entgiftung
- ausgewogene Ernährung
- innere Ruhe und Lebensfreude
- ausreichende Bewegung

Der ayurvedisch geschulte Arzt startet häufig mit der Entgiftung ...

Ja, oft ist es sinnvoll, den Organismus zuerst zu »reinigen« und den Stoffwechsel zu entlasten. Dabei muss man bedenken, dass die meisten Giftstoffe fettlöslich sind. Sie reichern sich in unseren Fettgeweben an. In den Zellwänden, im Nervensystem, im Gehirn, auf der Hüfte. Von Dioxine über DDT und andere Insektizide, Benzol zu Schwermetallen wie Blei, Quecksilber Cadmium oder Arsen.

Und was tun die im Körper?

Sie machen krank, zerstören die Nerven, das Gehirn, die Organe, schwächen das Immunsystem, lösen Krebs aus. Eine Vielzahl der Umweltgifte entfaltet hormonähnliche Wirkungen, kann zu Unfruchtbarkeit führen.

Experten gehen davon aus, dass in Deutschland mittlerweile 30 Prozent der Bevölkerung an Umweltkrankheiten leiden. Jeder Dritte hat eine Allergie. In England fand man vor ein paar Jahren in der Muttermilch 250 fettlösliche Gifte, in einer Konzentration von über dem 50fachen der erlaubten Werte. Darunter Dioxine, die Krebs auslösen.

Ohne die wäre der Körper giftfrei?

Nein. Zu den Giften von außen kommen die von innen. Der Stoffwechselmüll. Täglich werden 600 Milliarden neue Zellen produziert, ebenso viele müssen abgebaut und recycelt werden. Im Laufe des Lebens nimmt der Mensch 30 Tonnen Lebensmittel auf. Die müssen im Stoffwechsel verarbeitet werden. Und nicht alles verdaut der Körper. Vor allem das, was Sie spätabends essen. Wir nennen all die Schadstoffe, all das Unverdaute *Ama*.

Und *Ama* verklebt die freien Räume des Organismus, die Kommunikations- und Transportwege. Das heißt: Die *Doshas* können nicht mehr frei fließen, sammeln sich in der betroffenen

Körperregion und stauen sich in den Geweben an. Und das macht krank.

Welche Krankheiten entstehen?
Typische *Ama*-Krankheiten sind Arteriosklerose, koronare Herzerkrankungen, Fettstoffwechselstörungen, rheumatoide Arthritis oder Gicht.

Leidet die Seele nicht auch?
Natürlich. In Sanskrit bedeutet Leid *du kha*, das heißt verschlossener/blockierter Raum. Glück, Lebensfreude heißt *su kha*, der offene Raum, der offene Fluss der Information innerhalb unseres Organismus. Das verklebende *Ama* entsteht auch durch Erfahrungen, die wir nicht verarbeiten. Durch emotionale Konflikte. Wenn man sich energetisch ausgelaugt, kaputt fühlt. Auch das ist *Ama*. Alles, was in unserem Geist passiert, passiert in einer physischen Entsprechung im Körper. Es gibt keinen aggressiven Gedanken ohne ein aggressives Molekül und keinen glücklichen Gedanken ohne ein glückliches Molekül.

Wie wird man das Gift wieder los?
Die wasserlöslichen Gifte sind weniger das Problem: Wer viel trinkt, kann sie aus dem Körper spülen. Sogar die krebserregenden, zellzerstörenden freien Radikale kann man gut entgiften. Da helfen die Antioxidanzien: Vitamin C, E, Beta-Carotin, Selen und die Biostoffe aus den Pflanzen. Mit den fettlöslichen haben wir ein Problem …

… und eine Lösung: Öltherapien.
Damit arbeitet eine sehr wirksame ayurvedische Entgiftungsmethode, die Panchakarma-Therapie. Wasserlösliche Gifte spülen wir mit heißem Wasser aus. Und fettlösliche mit Öltherapien. Ghee (geklärtes Butterfett), Massagen, Ölgüsse und Darmrei-

nigung sind wichtige Teile davon. Das Ölspülen, wir nennen es *gandusha*, kann man jeden Tag zu Hause machen. Von erhitztem Sesamöl nimmt man morgens unter der Dusche einen Schluck ein paar Minuten in den Mund, zieht es durch die Zähne, gurgelt damit – und spuckt es aus. Sesamöl hat einen desinfizierenden Effekt, und es zieht fettlösliche Gifte aus dem Körper. Es lohnt sich auch, eine Ölmassage zu machen. Den ganzen Körper mit dem Sesamöl einzumassieren und danach ein heißes Bad zu nehmen.

Wie kann man Gifte erkennen?
Klassische Zeichen sind: Schwere, Dumpfheit, Energielosigkeit, träge Verdauung, Gelenkschmerzen, Blähungen, Verstopfung, Sodbrennen, Schweregefühl im Brustbereich, trüber Urin sowie Stuhl, der nicht schwimmt, sondern absinkt.

Wie kriegt man das Ama raus?
Durch ein 10- bis 14-Tage-Programm zum *Ama*-Abbau. Und zur Anregung von *Agni*, der Verdauungskraft und Stoffwechselleistung – also der Enzymsysteme im Körper.
1. Morgens nach dem Aufstehen ein Glas warmes Zitronenwasser mit Honig trinken.
2. Darauf achten, dass man auf die Toilette kann. Sich Zeit nehmen.
3. Frühstück weglassen. Weil am Morgen die Verdauungskraft schwach ist: Wenn jemand viel *Ama* hat, ist das *Agni* schwach. Grundsätzlich sollte das Frühstück leicht sein.

Es heißt doch immer, »frühstücken wie ein Kaiser ...«?
Grundfalsch. Das stammt aus einer Zeit, in der 90 Prozent der Menschen in der Landwirtschaft arbeiteten. Früher ist der Bauer um halb fünf aufs Feld, hat einige Stunden gearbeitet und kam hungrig nach Hause, der Stoffwechsel lief auf Hochtouren. Dann

hat er gefrühstückt. Nach dem Aufstehen ist der Körper noch gar nicht bereit, zu verarbeiten, was da an Eiern mit Speck und Marmeladenbrötchen ankommt. Während des *Ama*-Programms sollte man das Frühstück ganz weglassen. Wenn man hungrig ist, kann man Obst essen. Ein Apfel ist ideal, er hilft bei der Produktion kurzkettiger Fettsäuren im Darm, die die Darmschleimhaut schützen.

Weiter im Ama-Programm ...
Tagsüber sollte man jede Stunde 1 bis 2 Tassen abgekochtes heißes Wasser trinken. Das regt den Stoffwechsel an und baut *Ama* ab.

Warum heiß?
Eine schmutzige Pfanne kriegen Sie mit kaltem Wasser nicht gut sauber. Heißes Wasser reinigt auch den Körper besser. Durch das Kochen bekommt Wasser eine andere Struktur. Übergewichtige fühlen sich dann übrigens oft sehr schwer. Das liegt an den Fettstoffwechselstörungen. Dann schneidet man ein paar Ingwerscheiben ins Wasser, das man 10 Minuten lang kochen lässt.

Ingwer regt die Verdauung an?
Ja, darum empfiehlt es sich, vor dem Mittagessen zwei bis drei Scheibchen einer frischen Ingwerwurzel mit einigen Tropfen Zitronensaft und etwas Salz zu essen. Gut kauen, dann kann man den Ingwer auch wieder ausspucken. Mittags macht man sich am besten Reis oder Nudeln mit viel Gemüse. Während des Programms sollte man nur zweimal essen. Abends nur noch eine Gemüsesuppe oder gekochtes Gemüse.

Man sollte ja auch noch jeden Morgen die Zunge abschaben.
Es lohnt sich, zu beobachten, was sich auf der Zunge so alles ansammelt, gerade wenn man abends schwer gegessen hat. Das,

was dann im Waschbecken hängt, schenkt einem die Vorstellung, was der Arzt unter *Ama* versteht. Dafür gibt es einen speziellen Zungenschaber. Es funktioniert aber auch mit einem Löffel. Wenn Sie Ihre Zunge nie abgeschabt haben, ist sie manchmal relativ sauber. Durch regelmäßiges Schaben bildet sich Belag, der Körper lernt, dass die Zunge ein Ventil ist, um Giftstoffe zu eliminieren.

Und wie reinigen Sie den Geist?
Zwei Drittel aller Krankheiten sind auf chronischen Stress zurückzuführen. Stress bombardiert den Körper mit freien Radikalen und beschleunigt das Altern. Yoga – leichte Körperübungen, Atemtechnik und Meditation – führen zu einer tiefen Entspannung von Geist und Körper. Weit über 600 Studien beweisen die gesunde, mitunter verjüngende Wirkung.

Das wichtigste ist: Gifte meiden!
Am einfachsten funktioniert das über die Ernährung: Wer richtig isst, braucht keine Medizin, wer falsch isst, dem nutzt keine Medizin. Wer auf schlechte Fertigprodukte mit viel Chemie, viel Zucker, viel Stärke, viel Fett verzichtet, entlastet den Körper immens. Je hochwertiger die Nahrung, je frischer, je naturbelassener, je schadstoffärmer, desto besser brennt das Verdauungsfeuer, desto gesünder ist und bleibt der Mensch. Nach Möglichkeit sollte man biologisches Gemüse und Obst essen, das nicht gespritzt wurde, weniger Gifte und mehr Vitalstoffe enthält.

Vor allem sollte man abends kein *Ama* aufbauen. Wer abends eine schwere Hauptmahlzeit aufnimmt, überfordert nachts seinen Stoffwechsel. Das heißt, Sie haben bis morgens noch nicht verdaut – und setzen dann gleich das Kaiserfrühstück drauf.

Wasserqualität

Sie trinken täglich zwei bis drei Liter Wasser, um Ihren Körper zu entgiften? Dann tun Sie sich viel Gutes. Vorausgesetzt, das Wasser, das Sie trinken, ist von guter Qualität. Vorausgesetzt, im Glas tummeln sich nicht die Gifte, die Sie eigentlich loswerden wollen.

Welches Wasser ist gut? Viele Menschen meinen: ausschließlich Mineralwasser aus der Flasche. Muss nicht sein, denn die Verordnung für Leitungswasser ist sogar strenger als die für Mineralwasser. Doch immer wieder liest man: Unser Trinkwasser enthält Rückstände von Medikamenten, von Pestiziden, ist reich an Nitrat. Wenn Sie Ihr Wasser aus dem Hahn trinken, dann rufen Sie doch mal beim Wasserwerk an und fragen Sie nach der Qualität. Da gibt es nämlich starke regionale Unterschiede. Fragen Sie: »Kann ich das Wasser für mein Baby verwenden?«

Nun kann es noch sein, dass das eigentlich gute Wasserwerkwasser auf dem Weg zu Ihrem Haus 30 bis 40 Jahre alte, kilometerlange Rohre passiert, die mit einer Teerschicht ausgekleidet

sind. Mittlerweile lösen sich aus dem Teer toxische Substanzen. Was kommt wirklich aus Ihrem Hahn? Wer da genaue Auskunft haben will, kann sein Wasser bei einem Umweltinstitut testen lassen. Einfach bei der Stadt anrufen, die helfen weiter. Man liefert eine saubere Flasche mit Leitungswasser ab und kriegt binnen drei Wochen eine komplette Auswertung. Kostenpunkt: etwa 50 Euro. Ist das Wasser nicht ganz so rein, wie Sie Ihrem Körper zumuten wollen, kriegen Sie die Sache leicht mit einem modernen Filter in den Griff.

Ein schönes Ritual

Besorgen Sie sich im Naturkostladen oder in einer Mineralienhandlung Edelsteine: Bergkristall, Amethyst und Rosenquarz. Diese geben Sie in eine Karaffe und füllen mit Trinkwasser auf. Das sieht hübsch aus und hat eine physikalisch messbare Wirkung: Sie geben dem Wasser die Struktur wieder, die beim Fließen durch die Rohre verlorengegangen ist. Und machen daraus Ihr eigenes Bergquellwasser – Wasser, das durch seinen natürlichen Lauf mit den Kristallen in Kontakt kommt.

Das Ama-Programm

Wenn Sie wollen, können Sie nach Ihrem Salto-vitale-Wochenende das Ama-Programm starten: 14 Tage entgiften. Die Grundregeln (mehr dazu im Interview Seite 76):

➜ Ganzkörpermassage (Joker Seite 85) am besten mit gereiftem Sesamöl (Rezept Seite 60).

➜ Während das Öl am Körper wirkt, den Zungenbelag mit einem Löffelchen abschaben.

➜ Ölziehkur. 1 TL bis 1 EL gereiftes Sesamöl (Seite 61) einige Minuten durch die Zähne ziehen und den Mund damit ausspülen. Ausspucken. Nun die Zähne putzen, dann unter die Dusche gehen und das Öl abspülen.

➜ Auf das Frühstück verzichten.

spülen sie die gifte raus

joker

→ Morgens ein großes Glas (mindestens ¼ Liter) warmes Zitronenwasser mit Honig trinken: Wasser aufkochen, abkühlen lassen auf etwa 40 °C, Saft von ½ Zitrone und 1 TL Honig hinzufügen.

→ Tagsüber jede halbe Stunde eine Tasse heißes, abgekochtes Wasser trinken. Dafür Wasser 10 Minuten kochen, dann in eine Thermoskanne füllen. Wer Lust hat, kocht 2 bis 3 Ingwerscheiben mit.

→ Vor dem Mittagessen 2 bis 3 Scheibchen frischen Ingwer mit einigen Tropfen Zitronensaft und etwas Kristallsalz essen.

→ Mittags: Auf leicht verdauliche Mahlzeiten achten. Meiden sollte man Rohkost, Fleisch, Wurst, Fisch, Eier, Frittiertes, Gebratenes, Süßigkeiten und schwere Milchprodukte wie Sahne, Sahnequark und Hartkäse. Ideal: Nudeln oder Reis mit viel frischem, gedünstetem Gemüse.

→ Beschränken Sie sich auf zwei Mahlzeiten am Tag. Abends genügt eine Gemüsesuppe.

→ Bitte auf alkoholische Getränke und Kaffee in diesen zwei Wochen verzichten.

→ Nicht nach 22.30 Uhr ins Bett gehen.

Die Ölmassage

Sesamöl zieht die Gifte aus dem Körper. Stellen Sie sich morgens vor dem Rasieren und Zähneputzen auf ein Handtuch – und massieren Sie 10 bis 15 Minuten den Körper von Kopf bis Fuß mit gereiftem Sesamöl (Seite 60) ein. Zuerst den ganzen Kopf intensiv damit massieren. Dann Gesicht, Hals, Arme und Rumpf. Wichtig: An den Gelenken, der Brust und dem Bauch machen Sie kreisende Bewegungen, am Bauch im Uhrzeigersinn. Sonst: lineare Bewegungen, rauf und runter. Dann die Beine und zum Schluss die Füße hingebungsvoll massieren. Dann warten Sie 15 bis 30 Minuten, putzen sich derweil die Zähne, rasieren sich … und duschen das Öl und mit ihm die Gifte ab.

MEHR POWER IM LEBEN

Machen Sie die Ölmassage, wenn Sie sich sowieso die Haare waschen – wenn Sie wollen, können Sie sie auch täglich machen. Wie bei einer Ama-Kur.

Die Stuhlprobe

16 Millionen Deutsche leiden unter Verstopfung. Jeder Vierte von ihnen ruiniert den Darm durch chronischen Missbrauch von Abführmitteln. Im Darm sitzen 70 Prozent der Abwehrkräfte und unser zweites Gehirn. Dort werden Nervenbotenstoffe gebildet. Das darf man doch nicht kaputtmachen. Wer sich bewegt, genug Obst und Gemüse isst, genug trinkt, hat keine Verstopfung. Ab morgen sollten Sie sich täglich das angucken, was Ihr Körper produziert. Nein, nicht ihh bäääh. Das ist ganz natürlich und sagt viel über Ihre Gesundheit aus. Optimal ist eine mittelbraune bis dunkelbraune, wohlgeformte weiche Wurst, die ruhig ganz dick sein kann – und schwimmen sollte. Je mächtiger, mit desto mehr Ballaststoffen haben Sie Ihren Verdauungstrakt verwöhnt. Abweichungen in Farbe, Konsistenz und Geruch zeigen immer: Sie essen nicht richtig. Und Blut im Stuhl ist ein Alarmzeichen – gehen Sie zum Arzt.

Kristallsalz

Die Natur kann es immer besser. Auch beim Salz. Das industriell raffinierte NaCl, das wir als Kochsalz bekommen, enthält Natrium und Chlorid, sonst nichts. Kristall-, Stein- oder Meersalz dagegen liefert über 80 lebenswichtige Mineralstoffe, die unser Organismus braucht und optimal verwerten kann. Es hilft Ihrem Körper unter anderem, die Fettzellen zu leeren und Schlacken abzubauen.

Kristall-, Steinsalz gibt's in Bioläden und Reformhäusern als Brocken und grob oder fein zerstoßen. Eine preiswerte Alternative: unraffiniertes Meersalz – das gibt's grob und fein, in Apotheken und Reformhäusern.

→ Wie verwenden? Zum Würzen – statt raffinierten Kochsalzes. Und: täglich Sole trinken. 1 bis 2 Brocken Kristallsalz in ein Schraubglas legen. Mit ½ Liter Wasser auffüllen. Die Kristalle lösen sich nur so weit auf, bis eine hochgesättigte Sole entstanden ist. Davon täglich 1 TL in ein Glas Wasser geben und morgens auf nüchternen Magen trinken. Das führt alle Mineralien in bereits gelöster Form zu, regt Stoffwechsel, Fett- und Schlackenabbau an.

Weizengrassaft

Wenn wieder mal »Entgiften und Entschlacken« auf Ihrem Kalender steht, holen Sie sich den grünen Saft am besten im Reformhaus. Und trinken Sie täglich ein Schnapsgläschen voll, drei Wochen lang. Das ist der reinste Frühjahrsputz für Ihren Körper. Weizengrassaft enthält Kalzium, Eisen, Vitamin C, B, E und Carotin. Er liefert wertvolle Vitalstoffe für Herz, Muskel und Knochen. Schützt vor Arterienverkalkung, regeneriert die Körperzellen, reinigt das Blut, stärkt das Immunsystem und gleicht das Säure-Basen-Verhältnis aus. Und schmeckt scheußlich gesund. Statt Weizengrassaft dürfen Sie auch Aloe-vera- oder Noni-Saft trinken – oder ein anderes der vielen kleinen Elixiere aus der Natur, die den Körper auf einfache Weise gegen Gifte stärken.

Fitness von der Fensterbank

Erde, Pflanzen, Natur sind der unerschöpflichste Pool des Glücks und der Zufriedenheit. Ein Sinnspruch besagt: »Willst du einen Tag glücklich sein, gewinne im Lotto; willst du ein Jahr glücklich sein, heirate; willst du ein Leben lang glücklich sein, werde Gärtner.« Man muss nur noch hinzufügen: »... und pflanze Kräuter an«. Kräuter verzaubern Gerichte, würzen mit Gesundheit, beruhigen und entspannen – und halten schlank. Ihre Biostoffe bringen den Stoffwechsel in Schwung, entgiften und entschlacken den Körper.

Ziehen Sie sich frische Kräuter am Fensterbrett und geben Sie diese zum Schluss über das Essen – durch Mitkochen würden die ätherischen Öle und Vitamin C verdampfen. **Koriander** regt unsere Entgiftungsorgane Leber und Nieren an, stärkt das Herz und löst Krämpfe und Schleim. **Basilikum** stärkt den Magen und beruhigt. **Bohnenkraut** tötet Bakterien, reinigt die Haut. **Brunnenkresse** fördert die Verdauung und stärkt das Immunsystem. **Dill** reinigt den Körper und lockt das Sandmännchen. **Estragon** entwässert und wirkt als Antidepressivum. **Kerbel** weckt Frühjahrsmüde, **Majoran** und **Oregano** stärken die Nerven. Und **Petersilie** ist ein Turbolader für den Stoffwechsel. **Salbei** fördert die Fettverdauung, **Schnittlauch** entwässert und desinfiziert den Körper von innen. **Thymian** kräftigt den Darm, stärkt das Herz, löst Krämpfe.

Metall im Mund

Amalgam kann zu chronischen Quecksilbervergiftungen führen. Mit Kopfschmerzen, Konzentrationsstörungen, Depressionen, Schwindel, Schlafstörungen … Mit einem Speicheltest kann man feststellen, ob Zahnfüllungen Quecksilber freisetzen. Andere Tests weisen Quecksilberausscheidungen im Urin nach. Sprechen Sie mit Ihrem Zahnarzt. Auch über die neuesten Keramikfüllstoffe, die Metall ideal ersetzen. Naturheilärzte bieten individuelle Ausleitungstherapien an.

Umweltmedizin

Umweltmedizin beschäftigt sich mit den Auswirkungen von Umweltfaktoren auf die Gesundheit des Menschen. Immer mehr Menschen erkranken. In Blut, Haaren, Urin, Speichel und Stuhl lassen sich Gifte nachweisen. Die häufigsten Umweltsyndrome: krank durch Amalgam oder Holzschutzmittel, Chronic-Fatigue-

Syndrom, Sick-Building-Syndrom, Strahlenkrankheit, Multiple Chemical Sensitivity.

Einige Universitäten haben ihr eigenes Institut. Machen Sie sich im Internet schlau. Zum Beispiel finden Sie unter www.dgaum.de Informationen der Deutschen Gesellschaft für Arbeitsmedizin und Umweltmedizin. Und unter www.Umweltmedizin.de finden Sie Adressen, die weiterhelfen.

Gesundheits-Checks

Es versteht sich von selbst, dass Sie regelmäßig zur Krebsvorsorge gehen. Das tut ein Mensch, der seinen Körper wertschätzt. Früh erkannt ist Krebs nämlich zu über 90 Prozent heilbar. Natürlich lassen Sie sich alle ein bis zwei Jahre ein Blutbild machen. Auf Schilddrüse, Leberwerte, Blutfette, Cholesterin … Leider misst der Arzt dabei nicht alles, was wichtig ist. Folgendes sollten Sie zusätzlich einfordern:

◎ **Gefäß- und Nervengift: Blutzucker.** Millionen Menschen steuern in Deutschland auf einen Diabetes zu – und wissen nichts davon. Lassen Sie sich nicht nur den Nüchternblutzucker messen. Der deckt das Risiko nicht immer auf. Falls Sie übergewichtig sind, Diabetes in der Verwandtschaft haben, dann lassen Sie einen »Glukose-Toleranztest« machen: Sie trinken beim Arzt nüchtern ein Glas Zuckerwasser, er misst den Blutzucker. Und nochmal nach zwei Stunden. Liegt er dann unter 140 Milligramm/Deziliter, ist alles okay. Wenn nicht, leiden Sie schon unter einer Insulinresistenz. Der Arzt kann auch den »HbA1c-Test«. Der misst das Blutzuckergedächtnis Ihres Körpers: wie hoch der Blutzucker in den letzten paar Monaten war. Der Wert sollte unter 6,5 Prozent liegen. Leiden Sie schon unter Insulinresistenz oder Diabetes, sollte dieser Wert viermal im Jahr überprüft werden. Das tun nur wenige Ärzte von sich aus. Auch hohe Nüchternwerte von Insulin, C-Peptid und Triglyceriden, niedriges HDL-Cholesterin zeigen eine Insulinresistenz an.

◉ **Herzgift: Entzündung in den Adern.** Das C-reaktive Protein (CRP) ist ein Entzündungsparameter. Der zeigt: In den Adern stimmt was nicht. In den Gefäßen finden chronische Entzündungsreaktionen statt, die dafür sorgen, dass Ihre Adern verstopfen, Arteriosklerose entsteht. Dieser Parameter ist ein wichtiger Indikator fürs Herzinfarktrisiko als Cholesterin. Bitte messen lassen. Und zwar den aussagekräftigeren »hs-CRP-Wert«. Er sollte unter 1 liegen. Ein hohes Risiko liegt bereits vor, wenn er über 2,9 mg/dl liegt.

◉ **Multigift: Homocystein.** Dieses Gift in den Adern vervierfacht das Schlaganfallrisiko, steigert das Herzinfarktrisiko um bis zu achtzig Prozent. Es wird mitverantwortlich gemacht für Demenz, Anämie, Depression, Schädigung von Augen, Knochen und Bindegewebe. Einen Homocysteinspiegel über 5 Mikromol/Liter im Blut sollten Sie senken. Geht ganz einfach mit einem Vitamin-B-Kombipräparat: mit Folsäure, B6 und B12.

Die Zusatzstoffe

Schauen Sie aufs Etikett. Je weniger Zusatzstoffe draufstehen, desto besser. Sie gelten zwar als allgemein unschädlich, doch es wird vermutet, dass einige der Substanzen zu den Auslösern von Allergien, Asthma, Kopfschmerzen, Migräne und sogar Übergewicht gehören.

Ein paar Beispiele: Die E-Nummern 102, 104, 110, 122, 123, 124, 128, 129, 151, 145, 155, 180 kodieren Azofarbstoffe, die Allergien auslösen können.

Benzoesäure und ihre Salze (E 210 bis 213) stehen im Verdacht, Hautallergien und Asthma auszulösen.

Der Geschmacksverstärker Glutamat (E 620) wird für Kopfschmerzen, Allergien, Übergewicht und sogar Alzheimer verantwortlich gemacht.

E 407 (Carrageen) steht im Verdacht, die Darmschleimhaut zu schädigen. Steckt in fast allen Light-Produkten und in Fertigsuppen.

spülen sie die gifte raus

joker

Übrigens: Weil die Industrie gemerkt hat, dass sich der Mensch vor E-Nummern fürchtet, schreibt sie doch lieber Tartrazin oder Thiabendazol drauf.

Im Internet finden Sie alles über Zusatzstoffe unter www.zusatzstoffe-online.de. Und Büchertipps finden Sie auf Seite 385.

Der Ganzkörper-Scan

In den USA normal: in die Röhre legen, von Kopf bis Fuß untersuchen lassen. Auch deutsche Experten empfehlen als »Prävention der Zukunft«, sich zur Vorsorge alle zwei bis drei Jahre unter den MRT (Magnetresonanztomographen) zu legen. Er zeigt Verengungen der Blutgefäße oder Tumore im Frühstadium. Wer »kranke« Bilder von seinem Körper sieht – so die Experten –, ist dann auch eher bereit, etwas an seinem Lebensstil zu ändern. Kosten: ab 800 Euro. Zahlen muss jeder selbst. Kommt aber billiger als der jährliche Zigarettenkonsum.

Lektion 2

Machen Sie die Zelle fit

Kürzlich traf ich Silke auf einer Party. Sie sah verändert aus. Irgendwie straffer, strahlender – und sehr fröhlich.

Auf die Frage: »Was ist mit dir los?«, sagt sie: »Meine Nachbarn haben mich mit dem GLYXen angesteckt. Ich muss schon sagen, ich fühle mich viel wohler. Wenn ich jetzt mal in meine alten Essgewohnheiten zurückfalle, merke ich erst, wie schlecht es mir da geht. Und es ist gar nicht so schwierig, statt in die Chipstüte zu greifen, in die Küche zu gehen und einen Apfel in Spalten zu schneiden.« Silke gehört zu der Spezies Mensch, die ständig etwas knabbern müssen. Früher waren das halt Muffins, Minipizzen, Chips, Kekse, Flips. Und heute sind es Trockenfrüchte, Nüsse, Gemüsestreifen – und Apfelschnitze. Es ist so einfach, alte Essgewohnheiten abzulegen – wie einen muffigen Mantel. Wenn man spürt, dass man sich darin überhaupt nicht mehr wohlfühlt. Man muss es nur einmal ausprobieren. Tun Sie heute, morgen …

Sie haben Energie, wenn die Zelle satt ist

Der Mensch ist, was er isst. Und der Mensch besteht aus 70 Billionen Zellen. Die brauchen 60 000 Biostoffe, damit sie lange gesund und zufrieden leben – und mit ihnen der Mensch, weil der Stoffwechsel rund läuft. Das kennen Sie von der Schule: Eine chemische Reaktion läuft nur dann ab, wenn alle Zutaten da sind. Das Gleiche gilt für unseren Energiestoffwechsel: Fehlt dem Körper auch nur ein winziger Nährstoff, schraubt er den Stoffwechsel runter – und darunter leidet der ganze Mensch.

Fehlt beispielsweise Selen, bastelt die Schilddrüse weniger von ihren Aktivhormonen. Wir sind ein bisschen müder, fühlen uns nicht ganz so wohl, das macht sich bald auch auf der Hüfte bemerkbar … Und irgendwann werden wir krank.

Es ist ganz einfach ...

Mit allem, was Sie essen, verändern Sie etwas in Ihrem Körper.

◎ Wenn Sie ständig Zucker und Weißmehl essen, locken Sie auch ständig Insulin, und das macht erst nervös, müde, unkonzentriert – und dann heißhungrig.

◎ Wenn Sie nicht genug Eiweiß essen, dann haben Sie auch nicht genug Stoffe für Ihr Immunsystem – und für gute Gefühle. Jedes Gefühl braucht ein Molekül. Vom Teller.

◎ Wenn Sie zum Beispiel ein Stück Kokosnuss essen, schenken Sie Ihrem Körper Selen. Dieses Spurenelement macht gute Laune – und schützt unter anderem vor Krebs.

◎ Wenn Sie Seefisch mit Olivenöl essen, vermindern Sie Entzündungsreaktionen in Ihren Gefäßen – die lösen Gefäßverkalkung und Herzinfarkt aus, gefährlicher als Cholesterin.

◉ Wenn Sie Gemüse essen, tun Sie etwas gegen alle Zivilisationskrankheiten.

Sie können sich also vor Diabetes schützen, vor Herzinfarkt, Schlaganfall, Arthrose, Osteoporose, vor Depressionen, Impotenz, chronischer Müdigkeit und vielem mehr. Es ist so einfach. Mit dem kleinen Zellschutzprogramm (Seite 128). Schenken Sie Ihren Zellen, was sie brauchen – dann schnurren sie zufrieden, und Sie sind weder dick noch traurig noch müde noch krank. Dafür ist es nie zu spät. Fangen Sie einfach heute noch an.

ZEITPLAN

DAS ZELLSCHUTZPROGRAMM

Rechnen Sie für diese Lektion mit 90 Minuten.

Machen Sie den Test auf der nächsten Seite.
Sie brauchen 10 Minuten.

Erholen Sie sich 30 bis 40 Minuten mit dem Zellschutz-Know-how ab Seite 101.

Erleben Sie mit dem Saltino vitale auf Seite 118, wie einfach ein Basis-Zellschutzprogramm sein kann.
Sie investieren etwa 20 Minuten.

Danach lesen Sie in 10 Minuten das Experteninterview.

Die Joker, die Ihnen dabei helfen, noch mehr Zellschutz in den Alltag zu integrieren, finden Sie ab Seite 128. Werfen Sie einen kurzen Über-Blick drauf.

machen sie die zelle fit

test

Batteriecheck

Die Zelle besteht nicht aus Pizza und Pudding. Sie besteht aus Eiweiß, essenziellen Fettsäuren und Mineralien. Damit der Zellstoffwechsel funktioniert und Sie Energie haben, braucht die Zelle Biostoffe. Ist die Zelle gut versorgt, hat der Mensch Power. Ist sie schlecht versorgt, ist der Mensch erst müde, dann krank.

Wie viel Kaffee trinken Sie?
Zwei bis vier Tassen pro Tag und dazu immer ein großes Glas Wasser.	2
Weniger als 1 Tasse am Tag.	1
Och, viel, zähl ich nicht mehr.	0

Wie steht es mit Alkohol? Sie trinken ...
... nicht mehr als ein Glas Wein pro Tag.	2
... nicht täglich, aber es kann schon mal mehr sein als ein Glas.	1
... täglich und nicht wenig.	0

Ihre Zellen sind die Fische, Ihr Körper das Aquarium ... wie oft wechseln Sie das Wasser?
Ich trinke kein Wasser. Das mach ich mit Kaffee und Limo.	0
Täglich. Mit etwa einem Liter.	1
Ich trinke jede Stunde ein Glas – damit ich auf meine 2 bis 3 Liter komme.	2

Jagt Ihnen eine Personenwaage Angst und Schrecken ein?
Nein, ich halte mein Gewicht.	2
Nicht wirklich, eher Respekt. Hin und wieder mache ich eine Diät.	1
Ja, das tut sie – mein morgendlicher Adrenalinstoß ...	0

MEHR POWER IM LEBEN

Kaufen Sie Gemüse und Obst beim Biobauern und nach Saison?

Wozu Bio? Obst aus dem Supermarkt reicht mir völlig.	0
Ja, häufig. Ist mir wichtig.	2
Nur ab und zu.	1

Genehmigen Sie sich täglich Obst und Gemüse?

Mindestens fünfmal am Tag.	2
Im Schnitt zweimal pro Tag.	1
Täglich? Vielleicht schaffe ich es zweimal in der Woche.	0

Und wie oft essen Sie das Obst und Gemüse in seiner rohen Form? Auch frisch gepresster Saft gilt.

Zweimal am Tag.	2
Höchstens einmal am Tag.	1
Selten – bin doch kein Kaninchen.	0

Wenn Sie Nudeln, Reis oder Brot essen, dann …

… am liebsten Vollkorn.	2
… nur in Strahleweiß.	0
… mal weiß, mal Vollkorn.	1

Wie oft essen Sie Fisch?

Einmal die Woche reicht.	1
Mindestens zweimal die Woche.	2
Ich esse Fisch ganz, ganz selten.	0

machen sie die zelle fit

test

Essen Sie höchstens einmal die Woche rotes Fleisch (Rind und Schwein)?
Ich greife lieber zu weißem Fleisch (Geflügel), »bewegtem« Fleisch (Wild) und Fisch. 2
Es kommt etwa zwei- bis dreimal die Woche auf den Tisch. 1
Ein blutiges Steak oder saftiges Kotelett führt mich häufig in Versuchung. 0

Ist Wurst für Sie …
… ein Grundnahrungsmittel, das häufig auf dem Speiseplan steht? 0
… in »Bio-Form« ab und zu ein kulinarischer Genuss? 2
… eine tierische Fettfalle, die 2- bis 3-mal die Woche auf den Tisch kommt. 1

Süßes …
… ist mein Lebenselixier. 0
… versüßt mein Leben. Manchmal übertreibe ich es ein bisschen. 1
… schätze ich wie Gold, genieße ich ab und zu mit allen Sinnen. 2

Wie gehen Sie mit Fett um?
Ich muss an allen Fetten sparen. 1
Fisch, Nüsse, Samen, Oliven und gute Pflanzenöle versorgen mich mit lebenswichtigen Fettsäuren, da spare ich nicht. 2
Ich esse täglich Braten, Wurst, fetten Käse oder Sahnesaucen. 0

MEHR POWER IM LEBEN

Ein Fertiggericht kommt ...
... mir nicht in die Tüte. 2
... häufig auf den Tisch. 0
... nur zur Not in meinen Magen. 1

In der Kantine, an der Imbisstheke bin ich ...
... Stammgast. 0
... häufig. Halte mich aber auch ans Salatbuffet. 1
... seltener Gast zum Essen. 2

Sind Sie Nichtraucher?
Ja. 2
Nein, ich rauche aber nicht mehr als fünf Zigaretten pro Tag. 1
Nein, ich rauche über 5 am Tag. 0

Achten Sie auf genügend Ballaststoffe?
Ja, ich esse täglich viel Obst und Gemüse und Vollkornprodukte. 2
Nee, dafür esse ich jeden Morgen einen Löffel Weizenkleie oder Leinsamen. 1
Nein, das liegt mir alles viel zu schwer im Magen. 0

Verwenden Sie täglich 2 Esslöffel Oliven- oder Rapsöl?
So was besitze ich gar nicht. 0
Ja, mindestens. 2
Vielleicht einen Esslöffel – und nur auf dem Salat. 1

Was halten Sie von der Zellschutzmedizin namens Leinöl?
Ein Teelöffel Leinöl gehört zum täglichen Leben. 2
Die Kartoffeln schmecken mit Leinöl einfach herrlich. 1
Keine Ahnung, kenn ich nicht mal. 0

machen sie die zelle fit

test

Was halten Sie von Nüssen?

Iiiih, die machen doch nur dick.	0
Liebe ich ab und zu im Schoko- oder Salzkleid.	1
Davon esse ich täglich 20 Gramm.	2

Essen Sie drei- bis fünfmal die Woche Hülsenfrüchte?

Nein, aber ab und zu schon.	1
Ja, ich liebe Linsen, Bohnen & Co und für Tofu lass ich auch mal ein Stück Fleisch liegen.	2
Nee, jedes Böhnchen gibt ein Tönchen.	0

Genehmigen Sie sich täglich zwei bis drei Portionen Milchprodukte oder bei Unverträglichkeiten Ähnliches wie Mandelmilch, Sojajoghurt etc?

Ich esse ab und zu einen Becher Fruchtjoghurt light oder Ähnliches.	0
Ja, und da halt ich mich an Naturjoghurt darf ruhig 3,5 Prozent Fett enthalten, und vom fetten Käse esse ich ein kleineres Stück.	2
Ich trinke Milch im Kaffee, esse Käse auf dem Brot.	1

Auswertung

→ 0–14 Punkte: Akku leer

Fehlt nur ein einziges Rädchen in Ihrem Stoffwechselgetriebe, schaltet der Körper einen Gang zurück, später zwei, dann drei. Man wird dicker, schneller älter – und krank. Und Ihrem Stoffwechselgetriebe fehlen gleich mehrere Rädchen. Das sollten Sie ändern. Und dafür ist es nie zu spät. Dass sich die Lebenserwartung drastisch verbessert, wenn man gesund isst, weiß man schon lange. Neueste Erkenntnis: Das passiert in jedem Alter, unabhängig von der früheren Ernährung. Auch wer bisher Wurst- & Fertigprodukte-Junkie war, kann sich also noch die

gleiche Lebenserwartung eressen wie jemand, der von Kindesbeinen gesund aus Biotöpfen aß.
Beginnen Sie gleich, ganz einfach mit unserem kompakten Salto-vitale-Zellschutzprogramm auf Seite 128. Aber lesen Sie erst das Know-how.

→ 15–38 Punkte: Zeiger auf Reserve

Es fehlen Ihnen schon einzelne Biostoffe – und Ihrer Zelle auch. Dann funktioniert der Zellstoffwechsel nicht reibungslos. Das merken Sie erst nicht, der Körper ist gutmütig, gleicht das aus. Sie sind hier ein bisschen müde, dort ein bisschen lustlos. Haben nicht die Energie, die Sie haben könnten. Nun: Lesen Sie über das Wunderwerk Zelle und wie Sie sie glücklich machen. Und genießen Sie morgens Ihren Fitnessdrink und heute Abend das Salto-vitale-Menü.

→ 39–43 Punkte: Tiger im Tank

Wunderbar. Sie gehören zu den Menschen, die lieb sind zu ihren Zellen, sie mit (fast) all den Vitalstoffen versorgen, die sie brauchen – und die danken es Ihnen mit Energie. Haben Sie volle 43 Punkte erreicht, können Sie einfach auf Seite 150 weitermachen. Wenn nicht, dann lesen Sie auf der nächsten Seite weiter.

machen sie die zelle fit

know-how

Ist die Zelle glücklich, freut sich der Mensch

Bei meinem letzten Mallorcabesuch sahen die Hunde meines Nachbarn Paul schrecklich aus. Stumpfes Fell. Dick. Und völlig manisch, wie ein Staubsauger, machte sich die acht Monate alte Luna über die Futterschüsseln her. Ich: »Was fütterst du da?« Paul: »Hab die Marke gewechselt.« Ich guckte mir die Packung an: 14 Prozent Rohprotein, 12 Prozent Rohfett. Bedeutet: Der Hauptanteil sind Kohlenhydrate! »Was frisst ein Hund in der Natur? Mais oder Huhn?«, frage ich Paul. Er: »Eher Huhn.« »Stimmt. Er frisst freiwillig keine Kohlenhydrate. In diesem Futter sind die aber massenweise als billiger Füllstoff drin!« Ich besorgte ein anderes Futter. Mit weniger Kohlenhydraten, mehr Eiweiß, Fett, Vitaminen und Mineralien. Zwei Wochen später rief mich Paul an: »Du, da ist wirklich was dran, an deinem Futter. Die Hunde sehen viel besser aus, sind schlanker, und das Fell glänzt. Und Luna frisst normal. Lässt sogar was übrig, wenn sie satt ist. Das gab's noch nie!«

Ich füttere meinen Hunden Sammi und Fido nur eine kleine, winzige Portion Trockenfutter-Leckerlies. Sie bekommen von mir Protein pur. Natürlich mit Gemüse.

Tja, ist die Zelle glücklich, ist es der Hund. Bekommt er all die Nährstoffe, die er braucht, dann plagen ihn weder Heißhunger noch Übergewicht noch stumpfes Fell. Was für den Hund gilt, gilt auch für den Menschen. Nur ernährt der seinen Hund meist besser.

Ihre Zelle ist unzufrieden

Essen Sie fünf Portionen Obst und Gemüse am Tag? Ein schönes Stück Fisch oder Geflügel, ein Ei, Quark, Olivenöl, Nüsse …? Tun Sie höchstwahrscheinlich nicht. Sie essen nur 18 g

Fisch und mickrige 250 g Obst und Gemüse. Das reicht der Zelle nicht. Die Statistik zeigt: Sie decken 45 Prozent Ihres Energiebedarfs aus Zucker und raffiniertem Mehl. Im Schnitt. Manche schaffen deutlich mehr.

Die Hälfte Ihres Treibstoffs besteht also aus nichts anderem als leeren Industriekalorien. Aus schlechtem Hundefutter. Nur heißt das Marmeladentoast oder Riegel oder Schlemmermenü oder Pizza oder Tütensuppe oder Cornflakes oder Fruchtnektar oder Wurstsemmel – lauter verarbeitete Nahrungsmittel, die Zucker und Weißmehl enthalten, aber kein Leben.

Nahrungsmittel aus der Fabrik – auch wenn man Vitamine reintut – sind keine Lebens-, sondern Genussmittel. Ihre Zelle mag ganz was anderes: Natur. Sie enthält exakt das, was der Körper braucht: essenzielle Fettsäuren, Eiweißbausteine (Aminosäuren), Ballaststoffe, Vitamine, Mineralstoffe, Spurenelemente und Biostoffe aus der Pflanze. Die Grapefruit, der Fisch, das volle Korn liefern 60 000 Gesundstoffe, die die Zelle satt und glücklich machen.

Würste wachsen nicht auf Bäumen

Weil Cornflakes, Puddingpulver, Dosenwürste und Tütensuppen nicht auf dem Baum wachsen, hat unser Körper über kurz (Allergie) oder lang (Herz-OP) Probleme damit. Für diese Rezepturen hat er kein genetisches Programm. Vier Millionen Jahre Evolution haben an der Symbiose gearbeitet, dass die Natur dem Menschen exakt das schenkt, was er braucht. Die Natur liefert der Zelle genau die essenziellen Nährstoffe, die ihr Motörchen antreiben. Die Stoffe, die den Menschen fröhlich, vital, lebenslustig, intelligent und gesund halten. Nur 200 Jahre industrielle Revolution im Kochtopf machten das zunichte.

Ihren Tisch deckt heute zu 70 bis 80 Prozent die Industrie. Allerlei Chemie, die das Mindesthaltbarkeitsdatum lange hinauszögert, gaukelt Ihnen vor: Dieser aromatisierte, eingefärbte Kunststoff hält Sie am Leben.

Und weil die Industrie Sie mit Genussmitteln ernährt, ist mehr als jeder Zweite von Ihnen übergewichtig – und müde und depressiv und oft schon krank. Denn auf dem Teller fehlen Vitalstoffe. Es fehlt die Bioenergie, die qualitativ hochwertige, mit Liebe erzeugte Lebensmittel enthalten (siehe Joker Seite 136). Es fehlt Ihnen all der Reichtum der Natur, den die Industrie rausholt – weil es der Mensch will. Schließlich muss es schnell gehen: Deckel ab, Papier aufreißen, in die Mikrowelle stellen, reinbeißen, runterschlingen …

Und weil im Junk-Food nicht genug Nährstoffe für den Körper stecken, hält er Sie dazu an, wie ein manischer Staubsauger XXL-Portionen aufzusaugen. Kriegt er dann immer noch nicht genug, schaltet er einfach bestimmte Stoffwechselleistungen auf Sparflamme. Er tritt auf die biologische Bremse – wie früher kurzfristig im Winter oder in Hungerzeiten: Das macht erst mal müde, infektanfällig, nervös, schlecht gelaunt, antriebsarm, nicht ganz so leistungsfähig. Aber diese kargen Fertigprodukt-Winter dauern heutzutage 10, 20, 30 Jahre (und beginnen mitunter schon in der Kindheit). Und das macht krank.

Aktuell: Die Steinzeit-Ernährung

Weil uns unsere moderne Ernährungsweise träge, depressiv, müde und krank macht (und das die Volkswirtschaft jedes Jahr 75 Milliarden Euro kostet), werfen Forscher heute einen Blick in die Steinzeitschüssel. Und raten: Wer sich wie der Mammutjäger ernährt, bleibt gesund und fit.

Wie machte es der Steinzeitmensch?

Er aß zu 65 Prozent Samen, Nüsse, Wurzeln und Früchte. Und zu 35 Prozent tierisches Eiweiß in Form von Maden und Wild.

Täglich vertilgte er 1700 g pflanzliche Kost. Und Sie schaffen gerade mal mickrige 250 g. Er kannte kein Getreide, keine Kartoffel – Kohlenhydrate lieferten ihm süße Früchte und ein paar Wurzeln.

Er nahm 600 mg Vitamin C auf. Sechsmal so viel Eisen wie wir, viermal so viel Zink, dreimal so viel Kalzium.

Sein Braten war nicht fett, das Wild sprang frei herum – und lieferte noch lebenswichtige Omega-3-Fettsäuren, die Ihnen heute fehlen.

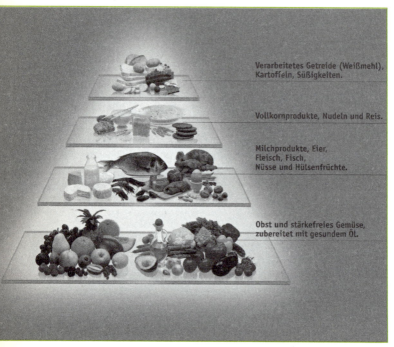

Die LOGI-Pyramide nach Prof. Dr. David Ludwig (in Deutschland verbreitet und etwas modifiziert von Nicolai Worm). Hier ist der glykämische Index (GLYX, Seite 113) in die Ernährungsempfehlungen mit einbezogen.

machen sie die zelle fit
know-how

Die moderne Steinzeitschüssel ...

... sieht natürlich ein bisschen anders aus. Man bildet sie gern in Form von Esspyramiden ab. Davon gibt es viele. Eine davon – die für die Praxis meines Erachtens anschaulichste – ist von Prof. Dr. David Ludwig von der Harvard-Universität. Sie bezieht den glykämischen Index mit ein (mehr dazu auf Seite 113).

→ **Erste Stufe:** In der untersten Etage finden Sie die **Schlankmacher der Natur** Obst und Gemüse, zubereitet mit pflanzlichen Ölen. Praxis-Tipp: Gesund isst, wer sich täglich zwei Portionen Obst gönnt sowie drei Portionen Gemüse mit Olivenöl, Rapsöl oder Nussölen.

→ **Zweite Stufe:** Hier stecken die **Eiweißlieferanten** Hülsenfrüchte, Nüsse und Samen, Eier, Milch und Milchprodukte, Fisch, Meeresfrüchte und Geflügel.
Praxis-Tipp: Gesund isst, wer diese Eiweißlieferanten täglich in moderaten Mengen und gesunder Abwechslung auf den Teller legt. Ideal wäre: Geflügel, Fisch und Wild abwechseln. Nicht täglich Fleisch. Täglich 20 g Nüsse oder Samen, mindestens ein Milchprodukt (besser als Milch) und eine Portion Hülsenfrüchte. Ein Ei pro Tag schadet keinem. Rotes Fleisch (Schwein oder Rind) gehört nur einmal pro Woche in die gesunde Pfanne.

→ **Dritte Stufe:** Hier stecken die gesunden **Kohlenhydrat-Lieferanten** Vollkornbrot, Vollkornnudeln und Naturreis – so naturbelassen wie möglich, damit sie uns mit den notwendigen Ballaststoffen versorgen, die vor Herzinfarkt, Diabetes und Krebs schützen.
Praxis-Tipp: Gesund isst, wer hier mit moderaten, aber gesunden Portionen zugreift. Vor zwei Scheiben Vollkornbrot muss sich auch ein Abnehmer nicht fürchten.

MEHR POWER IM LEBEN

➔ **Vierte Stufe:** Kartoffeln, Weißmehlprodukte, Süßes, also Stärke- und Zuckerreiches, und tierische Fette – **Genussmittel** (meist aus der Fabrik), die man nur in kleiner Menge und nur hin und wieder genießen sollte.

Die Salto-vitale-Essregeln

70/30-Regel für glückliche Zellen 1

Auf was muss man verzichten? Auf gar nichts. Man muss nur klug kombinieren.

➔ Wer zu 70 Prozent isst, was die Natur auf den Tisch bringt – wie Gemüse, Hülsenfrüchte, Obst, Milchprodukte, Eier, Fisch, hochwertiges Fleisch und Geflügel, Vollkornprodukte –, der kann dann ruhig auch seine Cornflakes essen oder einen Schokoriegel oder eine Pizza. Oder eine Weißwurst (hmmm). Das stört den Körper nicht. Denn die 70 Prozent liefern ihm dann die Biostoffe, die er braucht, um das Fertigprodukt zu verdauen.

Dreimal täglich reicht 2

Fünfmal am Tag essen ist gesund? Ja. Aber nur, wenn Sie unter »essen« Gemüse verstehen – und nicht den süßen Pausensnack.

Der führt nämlich dazu, dass wir noch mehr essen. Wer fünfmal am Tag kohlenhydratreich isst, lockt ständig das Blutzuckerhormon Insulin, das binnen zwei Stunden zur nächsten

> **TIPP**
>
> *MORGENMUFFEL TRINKEN DAS FRÜHSTÜCK*
>
> Wer morgens keinen Hunger hat, braucht nichts zu essen. Ein Glas frisch gepresster Fruchtsaft, gemixt mit einem Milchprodukt oder mit Sojamilch, reicht – und kann man (per Thermoskanne kühl gehalten) auch erst in der Arbeit genießen.

Heißhungerattacke führt und außerdem Fett auf der Hüfte einsperrt. Ein biochemisches Gesetz: Solange Insulin im Körper regiert, können die Enzyme kein Fett abbauen. Bei uns ist das häufig den ganzen Tag so.

➔ Den meisten Menschen reichen **drei Mahlzeiten**. Dann hat der Körper genügend insulinfreie Zeit, damit lästiges Fett überhaupt abgebaut werden kann.

➔ Wichtig: Jedes **Hungergefühl** aktiviert unsere Thrifty-Gene, »Geizgene«, die den Körper dazu bringen, jede Kalorie effektiver in Fett umzuwandeln. Darum gilt: Wenn Hunger aufkommt, sollte man etwas essen. Etwas, das kein Insulin auf den Plan ruft: Gemüsestreifen, ein saurer Apfel, eine Schüssel Salat – nur keinen Schokoriegel, kein Sandwich. Übrigens: Manchmal hilft schon ein Glas Wasser.

Die Zelle braucht Rostschutz

Das kennen Sie vom Blick unters Auto: Rost. Oxidation. Sauerstoff hinterlässt seine zerstörerischen Spuren. In unserem Körper tut er das in Form von freien Radikalen, wild gewordenen Sauerstoffmolekülen. Sie zerstören jede Zelle, egal ob Nervensystem, Muskeln, Haut oder Gehirn. Sie beschleunigen die Zellalterung, greifen das Erbgut an, schlagen Kerben in die Blutgefäße, führen zu Herzinfarkt, Schlaganfall und Krebs. Sie machen die Augen kaputt, spielen eine Rolle bei Entstehung oder Verlauf von Alzheimer, Parkinson, Diabetes, Multipler Sklerose, Rheuma und Allergien. Sie machen chronisch müde und depressiv. Diese freien Radikale entstehen immer auch ganz natürlich in Ihrem Körper – und wir brauchen sie auch. Nur zu viel davon ist gefährlich. Sie entstehen, wenn Sie zu viel, zu süß, zu fett essen, sowie durch Medikamente, Umweltgifte, UV-Strahlung, Rauchen, Vielfliegen, Stress. All das führt zu dem, was man auf Neudeutsch »free radical diseases« nennt.

→ Freie Radikale machen Ihrem Körper im Grunde nichts aus. Wir müssen nur seine Redox-Systeme unterstützen. Das funktioniert nicht mit einer Antioxidantien-Pille! Nur mit einer klugen individuellen Kombi an Aminosäuren, Selen, Vitamin E, Vitamin C, Obst und Gemüse (enthalten 400 antioxidative Pflanzenstoffe). Und die stecken in qualitativ hochwertigen Lebensmitteln: in Fisch, Vollkorn, Milchprodukten – und vor allem in Obst und Gemüse. Mit Bioenergie, siehe Joker Seite 136.

Die Zelle braucht Obst und Gemüse satt 4

Weltweit sterben jedes Jahr 2,7 Millionen Menschen an den Folgen von zu wenig Obst und Gemüse auf dem Teller. Auch bei uns. Wer kein Obst und Gemüse isst, der kriegt mit ziemlich hoher Wahrscheinlichkeit Herzinfarkt oder Krebs.

→ Wie decken Sie Ihren **täglichen Obstbedarf**? Also, ich mach das ganz einfach mit einem frisch gepressten Zitrusfrüchtesaft, gemixt mit einem Milch- oder Sojaprodukt und einer Handvoll Beeren drin. Über den Tag esse ich zwei Äpfel oder was die Saison so bietet. Ein paar Trockenfrüchte. Übrigens: Ich kann den Apfel so nicht essen – keine Ahnung, warum. Aber wenn

> **TIPP**
>
> *WIE SIEHT IHRE ZELLE AUS?*
>
> Haben Sie genügend Schutzstoffe im Körper? Oder haben freie Radikale ihr zerstörerisches Werk schon vorangetrieben? Stimmt etwas mit Ihrem Stress-Abwehrsystem nicht? Das kann man ganz einfach messen: mit einem neuen Test in der Apotheke, dem Pulsstream HPS-3000. Oder durch eine Zell- oder Blutanalyse bei Ihrem Arzt. Mancher muss erst mit eigenen Augen sehen, wie viel Raubbau er an seinem kostbaren Körper schon getrieben hat – und dann tut er was. Siehe auch Joker Seite 130.

ich ihn in Schnitze schneide, dann lieb ich ihn wie den Pfirsich und die Nektarine. Schnitze sind himmlisch …

→ Meinen **täglichen Gemüsebedarf** decke ich ganz einfach mit einem Glas Gemüsesaft (Joker Seite 128). Zwischendurch knabbere ich gerne Gemüsestreifen. Vor dem Essen gibt es immer eine große Schüssel gemischten Salat – mit Walnuss- oder Olivenöl. Und einmal am Tag gibt's, egal ob zur Nudel oder zum Fleisch, eine Portion gedünstetes Gemüse – auch mal aus der Tiefkühltruhe – mit Olivenöl. Schon ist man bei den gesunden 800 g. Können aber ruhig auch 1700 g sein, wie sie der Steinzeitmensch vertilgt hat.

Die Zelle braucht Fett 5

Ich hab die Fetthysterie nie mitgemacht. Schmeckt mir einfach zu gut. Ich liebe Käse. Am besten schmeckt mir der Peyrigoux mit 60 Prozent Fett. Da ess ich halt ein kleines Stück. Ist mir lieber als ein großes Stück Harzer Käse. Milch? Mir kommt diese langweilige fettarme nicht in die Tüte. Der magere Unterschied zu den vollmundigen, natürlichen 3,5 Prozent setzt sich sicher nicht auf die Hüfte. Für den Milchkaffee schäum ich sie mir auf das 4fache Volumen. Natürlicher Fettgehalt! Das Gleiche gilt für Joghurt. Mager ist Gehirnwäsche und eine Katastrophe für den Gaumen.

Ess ich mein Vollkornbrötchen mit Ei, dann genieße ich es mit etwas Butter. Ich träufle aber auch gerne Olivenöl aufs Brot, belege es mit Tomaten, Hüttenkäse, Kräutern … Gekocht wird bei uns mit Olivenöl – nein, nicht sparsam. Den Salat würzt auch mal Nussöl, die ausgepresste Grapefruit kombiniere ich immer mit einem Teelöffel Leinöl. Über den Fruchtsalat reiben wir uns Nüsse. Nein. Ich bin nicht dick.

War ich übrigens mal. Vor 25 Jahren wog ich 20 Kilo mehr. Und dann studierte ich Ernährungswissenschaften, verlor die Lust auf viele Fertigprodukte … Und hab seither nur einmal in sechs Wochen acht Kilo zugelegt – ein Super Size Me erlebt, auf einer Amerikareise.

Haben Sie auch viele Jahre Fett gespart? Knausern mit Fett mag die Zelle gar nicht. Dann gehen ihr nämlich bestimmte Fettsäuren aus, dann werden die Zellwände spröde. Spröde Hautzellen altern schneller. Spröde Gehirnzellen machen den Menschen dumm und depressiv. Spröde Zellen machen dick, krank, schneller alt und anfällig für Krebs.

→ Wir brauchen Fettsäuren aus Fisch, kaltgepressten Pflanzenölen, Samen und Nüssen wie ein Vitamin. Essenzielle Fettsäuren halten die Wände unserer Körperzellen geschmeidig und jung. Sorgen dafür, dass der Stoffwechsel funktioniert, sind Garanten für gesunde Nerven und Organe und für gute Laune.

Sie brauchen kein Fett aus der Fabrik, keine dieser krebserregenden, herzinfarktauslösenden Transfettsäuren, die beim Härten von Fett entstehen und in der billigen Margarine stecken, im Fertigprodukt. Der Körper braucht auch kein fettiges Frittierfett oder raffiniertes Öl. Diese Fette machen die Zellen porös.

INFO: *FETT FÜR FUNKTIONIERENDE ZELLEN*

Jede Zelle – von der Haut über die Nerven bis zur Gehirnzelle – hat eine Hülle, die sie abgrenzt: die Zellmembran. Die muss stabil sein und gleichzeitig durchlässig für Nährstoffe, für Sauerstoff, für Schlackenstoffe … Stoffwechsel sagt man dazu: Das, was auf dem Teller liegt, landet in der Zelle, und der Müll fließt wieder raus. Ungesättigte Fettsäuren halten die Zellmembran elastisch. Und diese immens wichtigen Membranen sind Grundlage für einen reibungslosen Stoffwechsel, für Ihre Energie, für Ihre Gesundheit, für Ihr Leben. Und dafür brauchen Sie Fett. Das richtige. Leinöl, Olivenöl, Avocado, Nüsse und Seefisch.

Sie brauchen auch kein tierisches Fett, das sich vor allem in der bei uns so beliebten Wurst versteckt. Und im Braten.
→ Die richtige **Fettformel** für Ihr Salto-vitale-Leben finden Sie auf Seite 139.

Die Zelle braucht die guten Eicos

Ich bin froh, dass ich Fisch mag, Biofleisch esse und meine Liebe zu Olivenöl schon vor 20 Jahren entdeckt habe. Ich sitze nämlich nicht auf dem Omega-6-Pulverfass. Jahrzehntelang haben Ernährungsexperten zu mehrfach ungesättigten pflanzlichen Ölen geraten wie Sonnenblumen-, Maiskeim-, Distel- und Sojaöl. Diese Öle liefern Linolsäure aus der Familie der Omega-6-Fettsäuren. Davon haben wir durch unsere übliche Ernährung mehr als genug, denn Linolsäure steckt überall drin in Fleisch, Getreide, Gemüse. Und Linolsäure (Omega-6) macht krank. Denn zu viel Omega-6-Fettsäuren verdrängen die gesunden Omega-3-Fettsäuren in unserem Körper. Die Folge: Der Körper produziert weniger gute und mehr schlechte Eicosanoide, Gewebshormone, kurz Eicos genannt.

Die **guten Eicos** verflüssigen das Blut, bekämpfen Entzündungen, blockieren das dick machende Insulin, schützen vor Übergewicht, Depressionen, Diabetes, Herzinfarkt, Krebs.

Schlechte Eicosanoide machen das Gegenteil: krank und dick. Auf ihr Konto gehen Bluthochdruck, Arteriosklerose, hohe Blutfettspiegel, Thromboseneigung, Rheuma, Arthrose, Diabetes, Bronchialasthma, Neurodermitis, Gicht, Schmerzen, Entzündungen. Und Übergewicht – sie veranlassen harmlose Bindegewebszellen, sich in Fettspeicherzellen zu verwandeln. Ist doch ein Pulverfass, oder?

Dem können Sie mit Ihrer täglichen Ernährung leicht entgegensteuern. So entschärfen Sie das Pulverfass:
→ Machen Sie einen Ölwechsel von Sonnenblume & Co zu **Walnuss-, Raps- und Leinöl**. Denn die guten Eicos brauchen

deren Omega-3-Fettsäuren. Siehe auch Joker Seite 139. Olivenöl verhält sich, was die Eicos betrifft, »neutral«, gehört aber in die gesunde Küche.

→ Essen Sie weniger, dafür **hochwertiges Fleisch**, auch Wild. Denn den Baustein Arachidonsäure für schlechte Eicos liefern billiges Fleisch und Innereien. Wenn Rinder allerdings laufen, Heu und Gras fressen, wenn Hühner gesunde Körner picken, stecken auch mehr Omega-3-Fettsäuren im Steak und Ei.

→ Essen Sie **mehr Fisch**, vor allem Lachs, Hering, Makrele – auch sie enthalten die wichtigen Omega-3-Fettsäuren.

→ Essen Sie **wenig Zucker und Weißmehl** (essen Sie GLYX niedrig, siehe rechte Spalte). Denn Zucker und Weißmehl locken viel Insulin. Das bedeutet: mehr schlechte Eicos.

→ **Minimieren Sie Fertigprodukte.** Denn die darin enthaltenen Transfettsäuren kurbeln die Produktion von schlechten Eicos an.

Die Zelle braucht Eiweißpower 7

Morgens ein Glas Buttermilch, ein Becher Joghurt im Fruchtsalat. Mittags Ei und Tofu im Salat, abends einen Seewolf aus der Pfanne. Das ist gesund. Das liefert Eiweiß. Eiweiß ist Leben. Eiweiß ist gute Laune. Eiweiß ist Gesundheit. Und Eiweiß ist schlanke Linie. Fehlt Eiweiß, läuft in Ihrem Körper gar nichts mehr, wie es soll. Er schraubt den Stoffwechsel runter. Ihnen geht alle Energie aus. Und jede Zelle leidet. Ihr Körper besteht nämlich – abgesehen von Wasser und Fett – aus Eiweiß. Muskeln, Haare, Nerven, Blut, Organe, Hormone, Nervenbotenstoffe und damit Ihre Gefühle – alles ist aus Eiweißbausteinen aufgebaut, die täglich auf dem Teller liegen müssen. Die Low-Fat-Hysterie hat oft dazu geführt, dass die Menschen zu wenig Eiweiß aufgenommen haben – darum verschwand in Deutschland so viel Muskelmasse, und Fett bürgerte sich ein.

→ **Die Eiweißformel:** Um gesund und aktiv zu sein, braucht der Mensch mindestens 1 Gramm Eiweiß pro Kilogramm Körpergewicht. Ich zum Beispiel brauche 53 Gramm. Achte aber auf 80 bis 100. Denn das tut mir nicht weh, sondern eher gut. Wer abnehmen will, viel Stress hat oder krank ist, braucht bis zu zwei Gramm pro Kilo auf der Waage. Sonst nagt der Körper seine eigenen Muskeln an – ausgerechnet seine Fettverbrennungsöfchen. Wer arg übergewichtig ist, dem hilft ein gutes Eiweißkonzentrat – so lange, bis ihn die Natur wieder alleine versorgen kann.

→ **Dreimal am Tag:** Achten Sie darauf, dass Sie dreimal am Tag eine Portion Eiweiß essen. Gesunde Quellen: Eier, Fisch, hochwertiges weißes Fleisch (Geflügel, Kalb, Kaninchen), Wild, Hülsenfrüchte, Sojaprodukte, Nüsse, Milchprodukte. Probieren Sie ruhig auch mal Algen aus – Top-Eiweißlieferanten. Für Fleisch gilt immer noch: in Maßen genießen. Und Wurst und Braten sollten eher selten auf dem Plan stehen. Was liefert wie viel Eiweiß? Gucken Sie auf den Joker Seite 142.

Die Zelle braucht GLYX niedrig 8

Der Mensch denkt im Schema »gut« und »böse«, darum stehen jetzt Kohlenhydrate auf der Abschussliste (auf Englisch: Carbohydrates). Low Carb ist »in«. Und damit der Fett-Eiweiß-Diätpapst der 70er Jahre, Dr. Atkins. Heute hat er mehr Fans als je zuvor: 26 Millionen Amerikaner sind auf der Low-Carb-Diät. Der Fleischabsatz des weltgrößten Fleischverarbeiters Tyson Foods stieg um sagenhafte 85 Prozent.

Man schlingt den Hamburger ohne Brötchen runter, macht sich 10-Eier-Omelettes – und die Industrie schaltet auch gleich um: Statt »low fat« schreibt man jetzt »low carb« auf Brot, Pizza, Nudeln, Süßigkeiten und Fruchtsaft. Das heißt natürlich nichts anderes, als dass die Industrie zum Beispiel dem Saft seinen natürlichen Fruchtzucker entzieht und ihn stattdessen mit Süßstoff versetzt. Man tauscht also Natur gegen Chemie.

→ Wie immer liegt die Wahrheit in der goldenen Mitte. Auch wenn ich das Schwarz-Weiß-Denken nicht mag. Aber es gibt sie leider nun mal: gute und schlechte Fette und gute und schlechte Kohlenhydrate. Minimieren Sie »schlecht« und tanken Sie »gut«. Gut ist **GLYX niedrig**.

GLYX ist die Abkürzung für glykämischer Index, die mir vor sechs Jahren am Küchentisch mit meinem Mann eingefallen ist. Heute schreiben alle davon. GLYX ist so etwas wie eine moderne Kalorie. Bereits in den 70er Jahren bewertete Dr. David Jenkins von der Universität in Toronto Lebensmittel nicht mehr nach Kalorien, sondern nach dem glykämischen Index (GLYX). Der GLYX misst den Einfluss eines Lebensmittels auf den Blutzuckerspiegel. Den Einfluss auf das Hormon Insulin. Lässt ein Lebensmittel den Blutzucker schnell und hoch ansteigen, ruft es viel Insulin aus der Bauchspeicheldrüse ab. Und das macht dick. Dr. Jenkins stellte fest: Hat ein Lebensmittel einen

INFO

NIEDRIGER GLYX GARANTIERT ...

Das Fett verbrennt im Muskel, der Blutzucker bleibt konstant, das beugt Diabetes vor. Die Blutfettwerte sinken, das schützt vor Herzinfarkt und Schlaganfall. GLYX niedrig stärkt das Immunsystem und beugt Gicht vor. Der Körper bildet auch mehr gute Eicosanoide (Gewebehormone). Das feit vor chronischen Krankheiten (zum Beispiel Rheuma, Arthrose, Allergien), macht agil, schlank, jung und gut gelaunt. Und GLYX niedrig wirkt als wahrer Jungbrunnen. Ist zu viel Zucker im Blut, reagiert dieser mit einem aggressiven Eiweißmolekül und wird zu einer zähen Masse, die Zellen und Blutgefäße verklebt: Advanced Glycosylation End-Products, kurz AGEs. AGEs führen zu Herzinfarkt, Schlaganfall, Alzheimer. Und sind auf der Haut sichtbar als Altersflecken.

niedrigen GLYX, aktiviert es wenig Insulin, man nimmt ab. Ein hoher GLYX lockt hingegen viel Insulin.

→ Niedrigen GLYX (1–50) haben Lebensmittel aus den ersten beiden Stufen der Harvard-Pyramide (Seite 104): Obst, Gemüse, Milchprodukte, Fleisch, Eier – und Vollkornprodukte. Hohen GLYX (über 70) haben Kartoffeln, Weißbrot, Süßes – die Stufe 4 der Pyramide. Die Folgen einer GLYX-reichen Ernährung: Übergewicht, Diabetes, Herzinfarkt, Krebs. Ich würde hier gern mehr erzählen – aber es gibt schon ein paar GLYX-Bücher von mir. Merken Sie sich einfach: Wer Fertigprodukte, Zucker, süße Getränke, Weißmehl, Bier und Kartoffeln in Maßen genießt, lebt GLYX niedrig.

Die Zelle braucht Kekse ... 9

Ich brauche morgens zum Aufwachen einen Schokokeks. Für den Blutzuckerspiegel. Bringt mir mein Mann mit einer Tasse Kaffee ans Bett. Ich weiß, ist ungesund. Tut mir aber gut. Gehört halt zu den 30 Prozent ... Außerdem liebe ich frisches Roggenschrotbrot mit Butter. Braucht mein Gaumen, meine Seele – ab und zu. Ohne Pasta könnte ich nicht leben. Auch wenn Low Carb gerade der letzte Schrei ist: Es ist dumm, **Kohlenhydrate** zu verteufeln, denn sie liefern ...

◎ **Brainpower:** Wenn das Gehirn nicht täglich seine 100 g Kohlenhydrate aus der Nahrung bekommt, dann baut der Körper dafür wertvolle Muskelmasse in Zucker um.

◎ **Vitalstoffe:** Wer à la Atkins Kohlenhydrate verschmäht, ernährt sich einseitig – die Zellen bekommen nicht alle Vitalstoffe, die natürlicherweise in Korn und Früchten stecken. Das kann man zwei Wochen lang tun – aber nicht ein ganzes Leben lang.

◎ **Fasermedizin:** Vollkorn, Obst und Gemüse enthalten wertvolle Ballaststoffe, die schlank halten und vor Krebs schützen. Nur 10 g Ballaststoffe mehr täglich senken das Herzinfarktrisiko um 19 Prozent (Joker Seite 137).

◉ **Gute Laune:** Wer keine Kohlenhydrate isst, wird grantig. Es lohnt sich, Eiweiß mit Kohlenhydraten zu kombinieren, denn das macht glücklich. Wer den Fisch mit Wildreis, die Garnele mit Pasta, den Quark mit Obst genießt, liefert dem Gehirn Stoff für die Bildung von Neurotransmittern, die gute Laune machen. Dopamin und Norepinephrin muntern auf, machen zufrieden und geistig rege.

→ Halten Sie sich künftig an den Salto-vitale-Einkaufskorb, Joker Seite 146. Der garantiert: genug Kohlenhydrate, GLYX niedrig.

Braucht die Zelle den Apotheker? 10

Im Grunde: nein. Denn die Evolution hat nicht vorgesehen, dass wir in der Apotheke landen. Die Natur hat vorgesorgt. Nur: Wer hört schon auf die Ratschläge der Fachgesellschaften: »Essen Sie fünfmal am Tag Obst und Gemüse! Zweimal die Woche fetten Seefisch!« Das tun nur fünf Prozent der Deutschen. Und wer isst schon Bio, und wer à la saison? Früher nahm ein Mensch, der körperlich tätig war, 3000 Kalorien auf, unverarbeitete vitaminreiche Lebensmittel aus dem eigenen Garten. In unseren 2000 Fabrikkalorien steckt das natürlich nicht mehr drin.

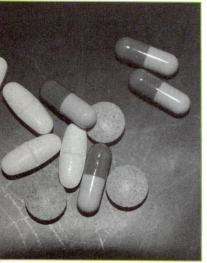

Vitalstoffpillen können die gesunde Nahrung nur ergänzen, nicht ersetzen!

Wir leiden unter Vitaminmangel

◉ Fest steht: In unserem Schlemmerparadies nehmen 90 Prozent der Menschen zu wenig Folsäure

auf. Das bedeutet: für Neugeborene Fehlbildungen, für den Erwachsenen Herzinfarkt. Darum tut man in den USA Folsäure ins Mehl.
- Wir leben in einem Chrommangelgebiet. Chrommangel fördert Diabetes.
- Deutsche haben einen durchschnittlichen Selenspiegel von 70 Mikromol pro Liter Blut. Er müsste mehr als doppelt so hoch sein, damit wir ausreichend vor Krebs geschützt sind.
- Würden wir ausreichend Vitamin C und E essen, gäbe es 80 Prozent weniger Alzheimer.

Diese Liste könnte man endlos fortführen – und es läuft immer auf das eine hinaus: Sie bleiben gesund, wenn Sie gesund essen. Sie bekommen all diese apokalyptischen Reiter der Neuzeit von Herzinfarkt bis Krebs nicht, wenn Sie sich um Ihre Zellen kümmern.

Orthomolekularmediziner Dr. Wolf-Dieter Bessing, sagt: »Kein seriöser Ernährungsexperte traut sich heute mehr zu sagen, dass man keine Vitamine extra braucht. Es muss nur wissenschaftlich untersucht werden. Man kann – das zeigen auch Studien – nicht einfach unkontrolliert irgendwelche Vitamine geben.« Im Grunde schließe ich mich dieser Meinung an. Denn man muss den Menschen da abholen, wo er steht. Und er steht in der Regel nicht mit Gummistiefeln in seinem Gemüsebeet und erntet seinen Salat, seine Tomaten frisch. Er steht gestresst und übergewichtig im Supermarkt. Und das heißt: Er braucht Vitalstoffe extra. Um ihn stressfester zu machen, ihn zu wappnen gegen all die Schäden, die durch Stress entstehen.
- Wer nicht täglich gesund isst, sollte seine Nahrung sinnvoll ergänzen. Sinnvoll! Ergänzen! Auf Seite 130 finden Sie einen Vitamin-Joker – und lesen Sie das Interview ab Seite 122 mit Dr. Ulrich Strunz. Aber erst machen Sie Ihren Saltino vitale – für glückliche Zellen.

Der Zellschutz-Cocktail für jeden Tag

> **→ Sie brauchen:**
> Zutaten für den Zellschutz-Cocktail (Seite 121), einen Mixer.
>
> **→ Der Ort des Geschehens:**
> die Küche.
>
> **→ Sie ernten:**
> eine Basislebensversicherung für Ihre Zellen.

STECKBRIEF

Von guten und schlechten Säften

In Manhattan gibt es einen Saftladen, die »Liquiteria« auf der Second Avenue im East Village. Dort steht Barchef Doug Green hinterm Tresen und verarbeitet alles, was aus der Obst- und Gemüsesteige kommt, zu köstlichen Powerdrinks. Die verkauft er morgens hektoliterweise an vom Nachtleben ausgelaugte Szeneleute, darunter Stars wie Julia Roberts, Britney Spears und Christie Turlington. Die trinken am liebsten seine Gesundheitscocktails mit spezieller Wirkung für Körper, Geist und Seele. Einen »Brain Teaser« zum Beispiel, der die Konzentration und das Gedächtnis auf Trab bringt. Oder einen »Killer« gegen Viren und Bakterien, einen »Skin Trip« für strahlend reine Haut. Der absolute Renner ist der »Shot«, Saft aus frisch geschnittenem Weizengras, der den Körper reinigt und entgiftet (siehe Joker Seite 87).

Ein netter Szenetipp für den nächsten Big-Apple-Besuch. Bis dahin machen Sie's wie der Weltklasse-Leichtathlet Carl Lewis.

machen sie die zelle fit

saltino vitale

Der mixt sich seine Powerdrinks selber, trinkt jeden Tag einen halben Liter Obst- oder Gemüsesaft. Natürlich frisch gepresst. Die Garantie für mehr Energie. Ein Saft kommt Carl Lewis nicht aus der Tüte. Säfte aus dem Supermarkt (klingen nach Natur, nach »Nektar«, nach »Frucht«) haben einen Berg Zucker in sich und einen langen Leidensweg hinter sich, bis sie bei Ihnen auf dem Frühstückstisch landen. Sie werden erhitzt, konzentriert, pulverisiert und wieder rückverdünnt, aromatisiert – da ist kaum noch was Gesundes und keine Energie mehr drin. Das gilt allerdings nicht für alle! Es gibt »Direktsäfte«, 100 % Frucht, vor Ort gepresst, gefroren transportiert, ungesüßt, die kann man nehmen, wenn man mal keine Zeit hat zum Pressen (ideal: Bio).

→ Mixen Sie sich jetzt gleich und dann täglich ein großes frisches Glas voller Energie.

→ Wunderbar wäre, wenn Sie auch Gemüse trinken: Möhre, Sellerie, Rote Bete & Co in den Entsafter geben. Und Ihre Zellen täglich mit 60 000 Biostoffen aus der Pflanze schützen. Nehmen Sie sich die Zeit, es lohnt sich.

Das schenken Sie Ihren Zellen

→ Die Grapefruit greift regulierend in den Blutzuckerhaushalt ein – der Körper produziert weniger Insulin. Das vermeidet Heißhunger und fördert den Fettabbau. Grapefruitsaft sollte Sie sowieso in Ihrem neuen Leben begleiten – warum, siehe Seite 130. Es sei denn, Sie nehmen die auf Seite 121 unter »Varianten« genannten Medikamente regelmäßig.

→ Zitrusfrüchte und Sanddornmark versorgen mit der halben Tagesration an Vitamin C: für Fettverbrennung, gute Laune, Infektabwehr.

→ Beeren liefern ihre Flavonoide dazu, die die Wirkung des Vitamin C um das 30fache steigern. Plus Carotinoide und Polyphenole, die jede Zelle schützen.

→ Das Leinöl liefert Omega-3-Fettsäuren, die jede Zelle geschmeidig halten und vor Alterungsprozessen schützen. Wissenschaftlich erwiesen: Omega-3 macht gute Laune, hält das Gehirn fit, lockt gute Eicosanoide (Seite 111), die den ganzen Menschen in Richtung gesund trimmen.

→ Die B-Vitamine aus den Hefeflocken wappnen gegen Stress, versorgen das Gehirn mit Treibstoff, beugen Depressionen vor.

→ Joghurt liefert wertvollstes Eiweiß (hält schlank, gesund, macht satt!) – und versorgt den Darm mit guten Bakterien. Die Basis für einen funktionierenden Stoffwechsel, ein gutes Immunsystem.

→ Zimt wirkt günstig auf den Insulinspiegel, beugt so Übergewicht und Diabetes vor.

So lecker sieht Gesundheit aus: der Zellschutz-Cocktail ist Ihre Basislebensversicherung. Täglich frisch zubereitet, ist er Wohltat und Genuss pur.

Der Zellschutz-Cocktail

Für 2 Portionen – eine zum Frühstück und eine zwischendurch (etwa 500 ml):

125 g frische oder tiefgekühlte gemischte Beeren (oder Früchte der Saison) · 1 rosa Grapefruit · 1 Orange · 1 Zitrone · 200 g Joghurt · 2 TL Leinöl · 4 TL Hefeflocken · 2 EL Sanddorn-Vollfrucht mit Honig · 1 Prise Zimt

1 Frische Beeren verlesen. TK-Beeren abwiegen und in den Mixeraufsatz geben, schon mal antauen lassen. Jetzt nacheinander die Zitrusfrüchte auspressen – Grapefruit, Orange, Zitrone – und den Saft über die Beeren gießen. Deckel drauf und alles in Sekundenschnelle fein zerkleinern.
2 Dann Joghurt, Leinöl, Hefeflocken, Sanddornmark und Zimt dazugeben und alles kurz und kräftig durchmixen.
3 Die Hälfte in ein großes Glas gießen, mit einem dicken Trinkhalm servieren. Eventuell mit einem Blättchen Minze garnieren. Den Rest zugedeckt in den Kühlschrank stellen.

Varianten

→ Wer es sehr eilig hat, bereitet den Fruchtmix für den Saft abends zu, stellt ihn über Nacht in den Kühlschrank und mixt ihn am nächsten Tag mit Joghurt, kalter Sojamilch oder Kefir auf.

→ Vorsicht Grapefruit: Bei manchen Menschen blockieren Inhaltsstoffe der Grapefruit Enzymsysteme, die bestimmte Medikamente abbauen. Wenn Sie folgende Medikamente regelmäßig nehmen, sollten Sie die Grapefruits durch Orangen ersetzen: Blutdrucksenker aus der Gruppe der Calciumantagonisten, HMG-CoA-Reduktase-Hemmer (Cholesterinsenker), Antiallergika (mit dem Wirkstoff Terfenadin), Benzodiazepine (Schlafmittel), Immunsuppressivum (Cyclosporin).

Mit Biomedizin gegen Herzinfarkt & Co

Dr. Ulrich Strunz ist einer der wenigen, die bezüglich Prävention hierzulande wirklich etwas auslösten: Er brachte die Deutschen zum Laufen. Und wer sein Buch »Frohmedizin« liest, der ahnt, wie menschlich Medizin sein kann.

»Frohmedizin«, was bedeutet das?

Eine neue Form der Medizin, die sich nicht einseitig um Krankheit kümmert, sondern zuerst um die Gesundheit. Wir haben 25 000 Krankheiten, aber nur eine Gesundheit. Und die kann man sich meist erhalten. Indem Sie sich bewegen, Stress flach halten, gut essen, das ergänzen, was die Natur nicht mehr bietet.

Was bietet die Natur nicht mehr?

Vor welcher Krankheit fürchten Sie sich am meisten? Ich nehme an, vor Krebs. Also nehmen wir das Beispiel Selen. Selen steckt in unseren Böden nicht mehr drin. Haben die Eiszeitgletscher rausgewaschen. In Gebieten, wo wenig Selen im Boden ist, taucht vermehrt Krebs auf, sagt uns die Wissenschaft. Ich vermute, Sie haben einen niedrigen Selenspiegel. Der Durchschnittsdeutsche hat 70 Mikrogramm/Liter Blut. In der medizinischen Bibliothek in Washington gibt es 13 400 Veröffentlichungen zu Selen: Hohe Selen-Blutwerte, also ab 150 Mikrogramm, senken zum Beispiel das Risiko, an Prostatakrebs zu erkranken, um 70 Prozent; Speiseröhrenkrebs taucht mit hohen Selenspiegeln zu 56 Prozent seltener auf, Magenkrebs zu 40 Prozent. Lungenkrebs zu 60 Prozent. Ich nehme auch an, Sie wollen keinen Krebs bekommen? Dann nehmen Sie Selen, 200 Mikrogramm zusätzlich jeden Tag.

Meinen beiden viel Gras und Heu und gutes Kraftfutter fressenden Pferden fehlt ständig Selen. Und ihnen muss ich auch immer Zink zufüttern. Selen ist auch bei uns nicht die einzige Mangelware?
Jeder Dritte leidet bei uns an den Folgen von Nährstoffmängeln. Kann man in den Ernährungsberichten der DGE nachlesen. Wir sind unterversorgt mit Vitamin A, B_6, Pantothensäure, Folsäure, Vitamin B_1, Biotin, Kalzium, Magnesium, Mangan, Kupfer, Chrom, Selen, Jod und Molybdän. Schon unsere Schulkinder sind schlecht versorgt. Wer, bitte, kümmert sich darum? Wir erschrecken lieber vor den Ergebnissen der PISA-Studie.

Was passiert im Körper, wenn ein Stoff fehlt?
Diese kleinen Nährstoffe arbeiten mit Enzymen zusammen. Fehlen sie, dann stellen die Enzyme einfach ihre Arbeit ein. Und das schadet dann nach Jahren dem Herz, dem Gehirn, der Niere, den Blutgefäßen ... Und der Arzt sagt dann nicht: »Oh, da haben aber Vitamine und Spurenelemente gefehlt.« Sondern: »Oh, da ist der Cholesterinspiegel, die Leberwerte, der Zucker aber hoch. Dafür gibt's die und die Pille.« Tatsache ist: Diabetes, Herz-Kreislauf-Erkrankungen, Allergien, Rheuma, Immunerkrankungen und Krebs stehen im ursächlichen Zusammenhang mit einer vitalstoffarmen Ernährung.

Studien zeigen: Hohe Dosen von einzelnen Vitaminen sollte man nicht nehmen. Sie sollen sogar das Leben verkürzen.
Ja. Denn hohe Einzeldosen können sich sogar negativ auswirken. Es sind immer alle 47 essenziellen Stoffe zusammen, nie, wie in Zeitschriften aufgelistet: der Stoff für das Herz, der Stoff für die Potenz, der Stoff für das Gehirn. Die Natur fordert und tut mehr. Sie liefert ein Netzwerk aller Stoffe: nicht Folsäure allein für die Blutbildung, für mehr Sauerstoff im Hirn, sondern

Folsäure plus Vitamin B_6 plus B_{12}. Fehlt ein essenzieller Stoff, kracht alles zusammen. Buchstäblich. Sie brauchen immer ein gutes Kombi-Präparat – individuell dosiert. Und einen Arzt, der kontrolliert, der z.B. nachmisst, was im Blut fehlt.

Die Vitaminpille alleine reicht aber auch nicht aus?

Wissenschaftler der Cornell-Universität stellten fest: 100 g Apfel mit 12 mg Vitamin C haben die gleiche antioxidative Wirkung wie 1500 mg eines synthetischen Vitamin-C-Präparates. Kein Wunder. Unter der Schale stecken Flavonoide und Phenolsäuren, die verstärken die Wirkung von Vitamin C. Darum enthält ein gutes Vitaminpräparat heute auch diese Flavonoide. Sie sehen: a) Es muss noch viel geforscht werden. b) Nahrung kann man nur ergänzen. Sie müssen den Fisch und den Apfel essen – plus die Kapsel.

Stimmt es, dass in unseren Lebensmitteln weniger drinsteckt als vor 100 Jahren?

Definitiv ja. Trotzdem brauchen wir gar nicht über die Vitalstoffgehalte von Lebensmitteln sprechen. Weil Sie Lebensmittel gar nicht essen. Wenn Sie Tomatensalat statt Ketchup essen würden, Sushi statt Sandwich, Lachscarpaccio statt Schweinebraten, Obstsalat statt Marmeladenbrot, ja dann würde sich eine Diskussion lohnen über das, was überhaupt noch in unseren sogenannten Lebensmitteln steckt. Trotzdem – ein Beispiel konnte man im »Focus« lesen: Ein Apfel aus dem Supermarkt enthält nur noch 20 Prozent der Vitamin-C-Menge, die ein Apfel frisch vom Baum liefert. Und weil das exemplarisch wohl für alles gilt, was Sie »frisch« essen, leben Sie sozusagen auf Sparflamme. Und wundern sich, weshalb Ihnen das Leben so schwerfällt ...

Wer sollte zusätzlich Vitamine nehmen?

Auch die Deutsche Gesellschaft für Ernährung sagt: Risikogruppen brauchen mehr, haben einen erhöhten Bedarf. Fakt ist: Mindestens 80 Prozent der deutschen Bevölkerung sind Teil mehrerer Risikogruppen.

Wer gehört nicht zur Risikogruppe?
◎ Menschen, die beim Biobauern einkaufen, Zeit in ihr Essen stecken, auf Qualität achten, nach der Saison leben, aus dem Biogarten von nebenan – mit fünf Portionen Obst und Gemüse pro Tag.
◎ Menschen, die über 15 und unter 65 sind und nicht schwanger.
◎ Menschen, die kein Übergewicht haben, gesund sind, nicht rauchen, Stress meiden. Und auf dem schadstoffärmeren Land leben.
◎ Menschen, die weder die Pille nehmen noch Diät halten.
◎ Menschen, die keine chronischen Krankheiten haben, keine Medikamente nehmen müssen.
◎ Menschen, die nie am Computer arbeiten. Diese beneidenswerten Menschen brauchen keine Ergänzung ihrer Nahrung. Und: Wenn man Fertigprodukte meidet, kann man auch Nahrungsergänzung meiden. Die ja letztendlich nur versucht, die Defizite unserer modernen Ernährung auszugleichen.

Viele Menschen haben einen hohen Homocysteinspiegel – und wissen nicht mal, was ihnen da droht.
Herzinfarkt, Schlaganfall, Demenz … Und bei uns wird gerade in Kongressen diskutiert, ob »die Senkung des Serum-Homocystein-Spiegels vielleicht die Möglichkeit bietet, gesundheitsschädliche Einflüsse fernzuhalten.« Wissen Sie, ich diskutiere da nicht lange. Ich bin nämlich kein Politiker. Ich bin Arzt. Ich messe im Blut. Hat mein Patient einen Homocysteinspiegel über 5 Mikromol/l (haben übrigens 40 Prozent aller Patienten mit Gefäßerkrankungen), dann eliminiere ich das Gift aus seinem Körper, das seine Blutgefäße zerstört, das Herzinfarktrisiko verdoppelt, das Schlaganfallrisiko vervierfacht. Und freue mich, wenn er dann auch gleich noch was für seine Knochen tut, sein Bindegewebe, gegen die allmähliche Verblödung, gegen Malignome, Anämien, Depressionen.

Die Lösung heißt B-Vitamine.

Genau: Homocystein zu entschärfen geht ganz einfach, es wird abgebaut, wenn man B-Vitamine nimmt. Folsäure plus Vitamin B_6 plus Vitamin B_{12}. Aus der Apotheke. Das im Essen reicht nämlich nicht, um das Homocystein um bis zu 60 Prozent zu reduzieren. Eine unglaublich wirkungsvolle, heilbringende und auch noch günstige Methode, die Gesundheit zu erhalten. Frohmedizin pur. In den letzten 10 Jahren wurden übrigens nahezu 6000 Studien dazu veröffentlicht. Da dröhnt mir der Kopf, wenn ich höre, dass es immer noch Ärzte gibt, die sagen: »Vitaminpillen brauchen Sie nicht, kann man alles mit der Ernährung machen ...«

Die Orthomolekulare Medizin misst, kombiniert – und dosiert angemessen.

Es macht keinen Sinn, eine Vitamintablette zu schlucken und zu denken, damit sei alles gut. Der Orthomolekularmediziner misst, was der Zelle fehlt, setzt diese wichtigen körpereigenen Stoffe in der nötigen Dosierung zusammen – und verschreibt sie. Und er verschreibt dazu den Apfel. Mit seinen 60 000 pflanzlichen Wirkstoffen, die der Mensch noch nicht alle isolieren kann. Und die Zelle braucht Wasser. Denn der Mensch besteht zum Großteil aus Wasser. Weshalb man täglich 3 Liter trinken sollte. Und sie braucht Eiweiß, essenzielle Fettsäuren ... Und der Mensch braucht Genuss. Einen Fisch mit Zitronensauce und Olivenöl.

Braucht der Mensch Kohlenhydrate?

Ja, wenn er Marathon läuft. Sonst sollte er kohlenhydratreiche Nahrungsmittel auf ein Minimum reduzieren. Und Fertigprodukte meiden.

Vitamine sind gefährlich! Konnte man in der Zeitung lesen.

Ach ja. Hat leider mit Wissenschaft nichts zu tun: Der Herzdoktor in einer Studie verschreibt Vitamin E. Dann untersucht er nach ein paar Jahren, ob das Vitamin E was gebracht hat, und stellt fest: Nee, hat nix gebracht. Vitamin E schützt das Herz nicht. Warum ist das so? Vitamin E arbeitet in der Zelle. Dort entschärft es ein freies Radikal. Das macht es selbst ein bisschen böse. Es wird selbst zum schwachen Radikal. Zum Glück nur ganz kurz, wenn genug Vitamin C da ist. Vitamin C regeneriert das Vitamin E wieder. Macht aus ihm wieder einen potenten Radikalfänger. Nun wissen Sie, warum Vitamin E in Studien manchmal nicht wirkt – oder sogar negativ. Vitamin E muss man immer mit Vitamin C verabreichen. Und plötzlich werden die Gefäße wieder jung. Genau wie durchs Laufen.

Was ist eigentlich wichtiger – richtiges Essen oder Laufen?
Die richtige Bewegung ist das A und O der Gesundheit. Und wie klug die Natur ist, sehen Sie daran, dass der täglich laufende Mensch immer richtiger isst. Der bekommt plötzlich Appetit auf all die gesunden Sachen. Ist das nicht tröstend?

Sie hatten einen schweren Unfall, der Sie fast das Leben kostete. Aber hatten Sie einen Herzinfarkt?
Nein. Um dieses Gerücht endlich aus der Welt zu räumen, legte ich mich März 2004 bei Dr. Dörflinger in der Münchner Diagnoseklinik in den Ultraschnellen Computertomographen (UTC), mit dem man eine leider noch sehr teure virtuelle Reise durch den Körper macht. Mein Herz sehen sie in »Frohmedizin«. Eindeutig pumperlgsund. Ich wünsche mir übrigens, dass es irgendwann in jedem Dorf so einen Apparat gibt, der früh Krankheiten aufspürt – von verstopften Adern bis Krebs. Jeder darf sich dann, wann immer er will, reinlegen und eine Reise durch sein Körperinneres machen. Einzige Bedingung: Er muss gleichzeitig anfangen zu laufen oder zu walken.

Wie viel Menschen haben Sie eigentlich zum Laufen gebracht?
Ich habe einen Nachbarn, der tut es immer noch nicht. Ich weiß es nicht. Eine, zwei, drei Millionen?

Das schlichte Zellschutzprogramm für Einsteiger

Es ist so einfach, der Zelle das zu geben, was sie braucht. Wichtig ist, dass Sie sie erst einmal grundversorgen – mit Eiweiß, essenziellen Fettsäuren und Vitalstoffen. Und das geht so:

→ Trinken Sie jeden Tag ein Glas Kefir, Buttermilch, Sojamilch (Eiweiß).

→ Trinken Sie jeden Tag ein Glas frisch gepressten Fruchtsaft (½ Grapefruit, ½ Orange) – am besten gleich gemixt mit Ihrem täglichen Glas Eiweiß.

→ Trinken Sie jeden Tag ein großes Glas Gemüsesaft. Ideal: frisch aus der Saftpresse. Alternativ: aus der Bioflasche – zum Beispiel Rote Bete, Sauerkraut, Möhre und Tomate.

→ Schnipseln Sie sich eine Schüssel Obstsalat und reiben Sie Nüsse darüber.

→ Essen Sie täglich eine große Schüssel gemischten Salat mit Oliven- oder Rapsöl – vor dem Essen.

→ Essen Sie einmal am Tag eine Portion gedünstetes, gegartes Gemüse. Das kann ruhig dann und wann auch aus der Tiefkühltruhe sein.

→ Essen Sie nur dreimal am Tag. Haben Sie zwischendrin Hunger, knabbern Sie Gemüsestreifen.

→ Achten Sie bei jeder Portion, die Sie essen, auf einen Eiweißlieferanten: Eier, Fisch, weißes Fleisch (Geflügel, Kalb, Kaninchen), Wild, Hülsenfrüchte, Tofu, Nüsse, Getreide, Milchprodukte. Wechseln Sie ab – und wählen Sie nicht täglich Fleisch.

→ Essen Sie Fisch, wann immer Sie Lust darauf haben – ideal: zweimal die Woche fetten Seefisch.

→ Nehmen Sie täglich 1 Teelöffel Leinöl zu sich. Sie haben viel Omega-3-Fettsäuren in Ihrem Körper aufzufüllen.

→ Sparen Sie nicht an wertvollen pflanzlichen Ölen wie Oliven-, Rapsöl und Nussöle. Dafür reduzieren Sie Soja-, Weizenkeim- und Sonnenblumenöl.

machen sie die zelle fit

joker

EIWEISSPULVER

Braucht man das? Nein, es geht auch mit gesundem Essen. Außer man wiegt mehr als 120 Kilo. Oder man lässt ständig Mahlzeiten aus – und kommt nicht auf die täglich nötigen 1 bis 1,5 Gramm Eiweiß pro Kilo Körpergewicht. Das ist mit 100 Kilo schon gar nicht mehr so leicht. Ab 120 Kilo fast unmöglich.

Ist das gefährlich? Nein. Nur, wenn man über lange Zeit sehr hohe Dosen löffelt. Aber da spricht schon der Preis dagegen. Ein gutes Präparat (750 g) kostet 50 Euro. Wichtig: Wenn Sie ein Konzentrat nehmen, sollten Sie viel trinken, weil sonst der Köper übersäuert.

Woran erkenne ich ein gutes Eiweißkonzentrat? Auf dem Etikett ist eine biologische Wertigkeit über 100 ausgewiesen – alles darunter ist Geldverschwendung. Vorsicht Kohlenhydrate: Achten Sie darauf, dass im Pulver kein Süßstoff und wenn überhaupt, nur ganz wenig Kohlenhydrate drin stecken. Inulin aus Zichorienwurzel und komplexe Kohlenhydrate (Palatinose) wirken sich positiv auf den Insulinhaushalt aus, Bio-Apfelfasern liefern Ballaststoffe. L-Carnitin hilft, Muskeln auf und Fett abzubauen – wenn man sich dazu bewegt. Magnesiumcitrat trägt zur Entsäuerung ein Scherflein bei.

Aus was sollte das Pulver sein? Molke ist nicht hochwertig. Soja sollte a) nicht gentechnisch verarbeitet sein – b) verträgt es nicht jeder. Ein gutes Aminosäuremuster ergibt auch Erbse plus Milch. Erbsenproteine stehen dem Organismus schnell zur Verfügung, die Milchproteine dagegen langsam, man bleibt lange satt.

Es muss nicht nach etwas schmecken – denn es sollte nur Nahrungsergänzung sein. Das heißt: Sie rühren es unter Ihren Joghurt, unter Ihren Fatburnerdrink. Mischen es unter gesundes Essen. Auch Aromastoffe stehen unter starkem Verdacht dick zu machen.

MEHR POWER IM LEBEN

→ Wenn möglich, kaufen Sie Bio ein. Ich mixe da auch. Kaufe Bio bei Lebensmitteln, die ich viel esse. Aber ich achte bei allem, was auf meinen Teller kommt, auf Qualität. Mit Liebe erzeugte Lebensmittel enthalten viel mehr gesunde, abwehrstärkende Bioenergie. Siehe Joker Seite 136.

→ Schonen Sie Vitamine: Essen Sie Gemüse roh, gedünstet oder im Wok gegart.

→ Gehen Sie für sinnvolle Nahrungsergänzung zum Arzt (siehe unten). Es gibt übrigens nicht nur Vitaminpillen, sondern auch sehr gute Extrakte aus Gemüse und Obst mit den Biostoffen aus der Pflanze.

Die Grapefruit

Neue Studien zeigen: Grapefruitsaft vor dem Essen reguliert den Blutzuckerspiegel. Ihr Körper schüttet nicht so viel Insulin aus, das hält schlank. Darum steckt die Grapefruit in Ihrem Zellschutz-Cocktail (Seite 121). Es spricht nichts dagegen, dass Sie vor jedem Essen mit den Zauberstoffen einer frisch ausgepressten Grapefruit Ihre Zellen glücklich machen, Übergewicht und Diabetes vorbeugen. Außer, Sie nehmen die auf Seite 121 genannten Medikamente.

Mikronährstoff-Plan

Wie versorgt man sich optimal mit den kleinen Mikronährstoffen, die den ganzen Menschen gesund halten – Vitamine, Mineralstoffe und Spurenelemente? Einfach eine Pille schlucken – und alles ist gut? »Lieber nicht!«, sagt der Vorsitzende der Deutschen Gesellschaft für Orthomolekulare Medizin Dr. Wolf-Dieter Bessing, Dormagen: »Es existiert nicht eine Pille für alle. Es ist gefährlich, ohne Rücksicht auf Lebensweise oder notwendige Medikamente irgendwelche Mikronährstoffe in hoher Dosierung über längere Zeit aufzunehmen. Ein paar Beispiele:

◎ Wer Einzeldosen Vitamin E ohne Vitamin C einnimmt, riskiert,

machen sie die zelle fit

joker

dass das Vitamin E, das im Stoffwechsel zum freien Radikal mutiert und von Vitamin C wieder entschärft wird, die Gefäße zerstört, statt sie zu schützen. Wer wirklich etwas gegen die ›free radical diseases‹ von Herzinfarkt bis Krebs tun will, muss alle antioxidativen Substanzen in der richtigen individuellen Dosierung nehmen: Vitamin C, E, Selen, Magnesium und Carotinoide und auch andere Pflanzenstoffe. Die individuelle Dosierung ändert sich mit der Zeit – und sollte deswegen immer wieder überprüft werden.

◉ Wer Eisen oder viel Kalzium nimmt, stört die Aufnahme von Magnesium. Wenn man dazu viel Kaffee trinkt, wird Magnesium vermehrt ausgeschieden. Kaffeetrinker, die sich mit Kalzium vor Osteoporose schützen, brauchen also viel mehr Magnesium.

◉ Wir leben in einem Chrommangelgebiet. Wenn wir die Chromversorgung nicht verbessern, wird Diabetes noch mehr zunehmen. Haushaltszucker erhöht die Chromausscheidung, ein hoher Eisengehalt im Blut vermindert die Chromaufnahme.

◉ Wer das Schilddrüsenhormon Thyroxin nimmt, leidet leicht unter einem B_2-Mangel. Das wirkt sich negativ auf das Nervensystem aus.

◉ Wer die Pille nimmt (Östrogen/Gestagen), senkt den Vitamin-C- und Zinkspiegel, stört den Stoffwechsel von Vitamin B_6 und B_2 und Folsäure. Und: Eisen, Kupfer und Vitamin A müssen kritisch überprüft werden, denn deren Wert kann unerwünscht ansteigen. Das muss man wissen.

◉ Wer viel Vitamin C aufnimmt, wundert sich plötzlich, wenn er nachts schlecht sieht. Grund: Kupfer wird schlechter aufgenommen.

◉ Wer Antibiotika nimmt, scheidet vermehrt B_2, Aminosäuren und Zink aus.

◉ ASS (Acetylsalicylsäure) erhöht den Bedarf an Eisen, Folsäure und Vitamin C. Eine kleine 100-mg-Tablette allein als Herzschutzmittel wäre fatal.

MEHR POWER IM LEBEN

Daran sieht man: Lifestyle, Medikamente oder Krankheiten haben einen großen Einfluss auf den Stoffwechsel der Mikronährstoffe im Körper. Ein guter Apotheker, ein guter Arzt weiß das. Und berücksichtigt es in der individuellen Dosierung.

Man darf nicht die gleiche Menge an Vitaminen über einen längeren Zeitraum verschreiben. Das ist kontraproduktiv. Es geht nämlich nicht um antioxidative Vitamine, die Radikale wegfangen. Die können nämlich ein wichtiges Radikal wegfangen, eines das wir brauchen, um eine Krebszelle auszuschalten. Es geht um hoch differenzierte Redox-Systeme in unserem Körper. Um wunderbar ausgetüftelte Systeme, die uns vor all den verschiedenen Formen von Stress schützen, vor Umweltgiften, vor Ängsten, vor Überlastung ... Heute wissen wir, mehr und mehr Krankheiten entstehen durch Stress und mit individuellen Gaben an Mikronährstoffen, die dem Körper fehlen, kann man viel an Lebensqualität gewinnen – und Leben retten.

Wichtig: Ein guter Arzt gibt niemals lange Zeit dasselbe Präparat in der selben Zusammensetzung. Und er misst das individuelle Stressprofil. Zum Beispiel so:

→ **1. Stufe:** Ganz neu auf dem Markt ist ein Gerät, das über den Finger die Stresssituation des Körpers misst – und aufgrund dieser günstigen Analyse (die die ersten Apotheken schon kostenlos anbieten) kann man den individuellen Bedarf an Mikronährstoffen zusammenstellen. Wir sprechen von der Herzratenvariabilitätsanalytik. Sie kommt aus der Raumforschung. Mit Hilfe des Pulsstream HPS-3000 kann man Aussagen treffen über die akute Leistungsfähigkeit, chronische Entzündungen, Schlagkraft des Immunsystems, das Herzinfarkt- oder Schlaganfallrisiko – und die Leistungsfähigkeit der Stresssysteme. Daraus kann man dann eine individuelle Mikronährstoffkombination zusammenstellen, aus Aminosäuren, Fettsäuren, Mineralstoffen, Spurenelementen, Vitaminen und sekundären Pflanzenstoffen, die dann seriös in der Apotheke gemixt werden.

→ **2. Stufe:** Hat Stress schon Schäden im Körper angerichtet, dann empfehle ich die Redox-Differenzanalyse nach Heinrich. Anhand dieser Untersuchung, die etwa 200 Euro kostet, kann man dann die wichtigsten Vitalstoffe im individuellen Verhältnis zusammenstellen. Da ist schon so manche Migräne verschwunden, so manche Allergie ... Dazu gibt es eine Reihe Untersuchungen, die zeigen, ob es an Zink fehlt, an Chrom, an Molybdän und so weiter. Ein guter Arzt misst erst einmal im Blut, in der Zelle nach, was genau fehlt – und füllt gezielt auf.

Übrigens: An der Zukunft wird gebastelt. Vielleicht gibt es irgendwann einen Gentest, der hilft zu zeigen, wie viel von welchem Mikronährstoff der Mensch tatsächlich braucht. Da gibt es große individuelle Unterschiede. Dem einen reichen 50 mg Vitamin C, der andere braucht 3 g.«

Eine Liste der Ärzte, die die Redox-Differenzanalyse machen, bekommt man über die
Deutsche Gesellschaft für
Orthomolekulare Medizin e. V.
Friedrich-Hinsen-Str. 11
41542 Dormagen
Tel.: 02 11/58 00 26 46
www.dgom.de

IGeL

Bei uns zahlt die Krankenkasse meist nur für Krankheit und nicht für die Erhaltung der Gesundheit. Unter IGeL versteht man »Individuelle Gesundheitsleistungen«, die immer mehr Ärzte anbieten. Dazu gehören zum Beispiel auch Krebs-Vorsorgeuntersuchungen, Reiseprophylaxe oder Blutuntersuchungen auf antioxidativen Status (Zellschutz), essenzielle Fettsäuren, Vitamine, Spurenelemente, Hormone. Bitte sehen Sie das erst einmal nicht als Geschäftemacherei (jedem Arzt ist es peinlich, Geld einzutreiben, dafür hat er nicht studiert) – sondern als ein Zusatzangebot, das Ihnen, wenn sinnvoll, helfen kann, Ihre Gesundheit zu erhalten. Es kann nicht alles von der Allgemeinheit bezahlt werden. Sicher gibt es auch hier ein paar Scharlatane – die unnütze Leistungen anbieten. Da müssen Sie sich schlaumachen! Liegen bei Ihrem Arzt Listen aus, was was kostet? Sprechen Sie mit ihm, was wann wie oft nötig ist. Fragen Sie zum Beispiel nach Krebsvorsorge, Herzschutz, Diabetes, grünem Star, Hormonstatus, Schilddrüse, Knochendichte, Immunstatus, Stressprofil, Zellschutz – und was davon in welchem Fall die Kasse abdeckt. Schnuppern Sie mal rein, wo sich auch Ärzte schlaumachen: www.igel-aktiv.de

Verbrauchermacht

Der Mensch kriegt, was er will. Er will kein Gen-Food. Dann versprechen die Einzelhandelsketten, das aus ihren Regalen herauszuhalten. Will der Mensch billig, kriegt er Sonderangebote – Sondermüll für die Zelle. Will er aber Qualität, kriegt er die auch. Eine Tiefkühlprodukte-Firma hatte Qualität in Tüten verpackt – eine Gourmetlinie herausgebracht mit Bioprodukten ohne Farb- und Konservierungsstoffe. Pasta und Paella. Gesunde Fertigprodukte. Das kostet freilich etwas mehr. Nur: Der Verbraucher wollte es nicht bezahlen. Das brach der Firma fast das Kreuz. Der Mensch ist ein komisches Wesen: In den Autotank wird das Beste gekippt. Für Katze und Hund kommt nur Qualität in den Topf. Und in den eigenen Ofen kommt die Pizza aus dem Sonderangebot …

Freilich muss man seine Butter nicht selbst rühren, die Oliven nicht auspressen, den Fisch nicht selbst fangen, das Apfelmus nicht immer selbst machen, das Sauerkraut nicht stampfen. Nur, was nehmen? Leser fragen mich häufig, welche Hersteller ich denn empfehlen könne. Da gibt es kein allgemein gültiges Hausrezept. Ich kann sie ja unmöglich alle prüfen. Und empfehlen kann ich nur, was ich selbst vor Ort gesehen habe. Aber: Es gibt viele Lebensmittelfirmen, die Qualität in ihre (Fertig-)Produkte stecken. Es kommt

machen sie die zelle fit
joker

ja auch Natur aus der Packung. Gucken Sie aufs Etikett – was ist drin? Und auf das Preisschild: Qualität kostet halt mehr. Und wollen Sie gute Produkte, dann bekommen Sie sie auch.

Bio vom Bauern, aus der Kiste ...

→ Wie kauft man nun klug ein? Im Grunde ist es ganz einfach: Die erste Anlaufstelle ist der Mensch, der selbst herstellt. Der Bauer auf dem Gemüsemarkt, der Winzer, der Metzger, der kleine Bäcker. Laufen Sie über das Feld, sprechen Sie über die Herstellungsverfahren, fragen Sie, ob der Bäcker Fertigmischungen nimmt oder selbst Hand an den Teig legt, woher der Metzger seinen Truthahn bezieht ... Kaufen Sie, was geht, beim Hersteller selbst ein.

Erkundigen Sie sich im Internet, in Ihrem Bekanntenkreis nach »guten Produkten«.

Ich lasse mir übrigens jede Woche meine »Biokiste« schicken. Mit frischem Obst und Gemüse der Saison, Käse, Joghurt, Vollkornpasta, Kräuter, Hülsenfrüchten, Tofu ... Per E-mail hält man mich wöchentlich über die Angebote auf dem Laufenden. Wollen Sie auch? Dann geben Sie im Internet in Google ein: »Biokiste« und die nächste Großstadt – und schon finden Sie einen Anbieter in Ihrer Nähe.

Die zweitbeste Anlaufstelle ist der Naturkostladen, dort wird noch beraten. Die drittbeste Anlaufstelle die Bio-Ecke im Supermarkt.

Und was sonst in den Einkaufskorb kommt, braucht einfach nur Ihren scharfen Blick aufs Etikett: Alles, was mit Konservierungsstoffen lange haltbar gemacht wird, Aroma- und Farbstoffe enthält, mag Freude für Ihren Gaumen sein, ist aber Lüge für Ihren Körper. Und das sollten Sie als Genussmittel sehen – aber nicht als Lebensmittel.

MEHR POWER IM LEBEN

Das Internet

Sie wollen sich um Ihre Zelle kümmern? Im Internet gibt's viele Websites mit interessanten Infos rund um Gesundheit und Ernährung. Hier eine Auswahl:

www.wissenschaft.de, Gesundheitsinformation.de
foodwach.de, slowfood.de
www.netdoktor.de, www.netdoktor.at, onmeda.de
www.lifeline.de, gesundheitsscout24.de, www.rki.de
www.patienten-information.de
www.kompetenznetze-medizin.de
www.focus-online.de/gesundheit
www.spiegel.de/wissenschaft
www.stern.de/wissenschaft

Der Seefisch

Versorgt Sie mit Eiweißpower – und Ihre Zellen mit Omega-3-Fettsäuren. Die machen unter anderem gute Laune, ja sie lindern sogar Depressionen. Diesen Trumpf sollten Sie unbedingt zweimal die Woche ausspielen.

Die Bioenergie

Ja, ja, Sie machen doch schon alles richtig. Sie trinken Multivitaminsaft, essen wenig Fleisch und zweimal in der Woche Fisch, lassen die Finger weg von Hamburger und Pizza, kaufen öfters mal Obst. Wozu dann noch Bio? Wozu entlegene Bioläden aufsuchen, sich freiwillig unter Birkenstocksandalen-Träger mischen, um für kleine hutzelige Äpfel Apothekenpreise zu bezahlen? Es gibt einen Lebensmittelexperten, Professor Manfred Hoffmann aus Weihenstephan/Triesdorf, der seit Jahren Obst und Gemüse aus biologischem und konventionellem Anbau untersucht und vergleicht. Kalorien und Vitamingehalt interessieren ihn wenig. Er guckt nach dem Redoxpotenzial. Übersetzt: die Lebensenergie, die ein Lebensmittel spendet. Messbar in Millivolt. Auch

Antioxidanzien genannt. Und die sind ganz wichtig für Ihre Gesundheit. Schützen vor Krebs, vor Herzinfarkt, vor frühzeitigem Altern. Binden freie Radikale, die wild gewordenen Sauerstoffmoleküle in Ihrem Körper, die Zellen und Erbgut zerstören. Hoffmann fand heraus, dass Produkte vom Biobauern niedrigere Redoxpotenziale, also mehr Lebensenergie haben als konventionelle Erzeugnisse. Das heißt, sie haben die meisten Elektronen und können am besten freie Radikale wegfangen. Sie sind also nicht einfach nur gesund, sondern reinste Medizin.

Jetzt rechnen Sie mal, wie viel Sie das ganze Jahr über für Arztrechnungen und Medikamente ausgeben. Wie viel Sie (oder Ihre Krankenkasse) sparen würden, wenn Sie erst gar nicht krank werden. Dann essen Sie doch lieber gleich Biomedizin. Schmeckt übrigens viel besser als Pillen – auch wenn sie klein und hutzelig aussieht. Infos: www.bio-siegel.de

So kommen Sie an mehr Bioenergie

◎ Über Qualität: Mit Liebe erzeugte Lebensmittel haben mehr Energie als billige Schnellproduktion. Das gilt für den Wein, den Essig, den Saft, das Olivenöl, das Sauerkraut, den Käse, das Schaf, den Fisch … Kann man nicht immer, aber meistens am Preis erkennen.

◎ Über Frische: In frischem Gemüse ist nicht immer, aber oft mehr Bioenergie als in gekochtem. Essen Sie täglich Obst und Gemüse in roher Form. Frisch, von Bauern aus dem Umland, aus der Saison.

◎ Im Lager und in der Fabrik haucht jedes Lebensmittel sein Leben aus. Verbraucht Lebensenergie. Messbar. Über das Redoxpotenzial. Mit ein Grund, warum Fertigprodukte Sie fertigmachen.

Ballaststoffe

Machen satt, schlank, beugen Krebs vor und schützen das Herz. Sie brauchen täglich 30 g. Nicht viel, denken Sie – das schaffen aber die wenigsten. Denn Ballaststoffe kommen nur in Pflanzen vor. In Obst, Gemüse, Hülsenfrüchten, Getreide und Nüssen.

→ Essen Sie deshalb Ihre 800 g Obst und Gemüse täglich. Greifen Sie zu bei Vollkorn: Vollkornbrot und Naturreis enthalten bis zu viermal so viel Ballaststoffe wie Baguette und polierter Reis. Und ergänzen Sie mit Kleie oder Leinsamen, wenn nötig. Ein Esslöffel Weizenkleie liefert 6 g Ballaststoffe.

→ Ganz wichtig: Viel trinken, denn Ballaststoffe brauchen Flüssigkeit.

Haben Sie bisher nur wenig Ballaststoffe gegessen, fangen Sie bitte mit kleinen Mengen an und steigern sich ganz, ganz langsam. Der Darm braucht einige Zeit, bis er sich an die fleißigen Helfer gewöhnt hat. Und leider ist es so: Vertragen tut das nicht jeder.

HITLISTE DER BALLASTSTOFFLIEFERANTEN

Lebensmittel	Portion in g	Ballaststoffe in g	Lebensmittel	Portion in g	Ballaststoffe in g
Schwarzwurzeln	200	34	Vollkornhaferflocken, 5 EL	50	5
Avocado	200	13	Roggenvollkornbrot, 1 Scheibe	45	4
Artischocke	100	11	Pumpernickel, 1 Scheibe	40	4
Weiße Bohnen (roh)	50	11	Obstkuchen (viel Obst), 1 Stück	140	4
Rosenkohl	200	9	Macadamianüsse	25	4
Schwarze Johannisbeeren	125	9	Leinsamen, 1 EL	10	4
Grünkohl	200	8	Wildreis (gekocht)	150	3,2
Fenchel, 1 große Knolle	200	8	Gemüsefrikadelle	30	3
Himbeeren	125	6	Erdnüsse	25	3
Steinpilze	100	6	Naturreis (gekocht)	150	2
Brokkoli	200	6	Haferkleie, 1 EL	10	2
Weißkohl	200	6			
Weizenkleie, 1 EL	10	5			
Linsen (roh)	50	9			

Plus: Omega-3-Fettsäuren

→ Locken Sie täglich gesunde Eicos, die Ihre Zellwände jung und geschmeidig halten, gute Laune machen, das Gehirn fit halten, sogar Depressionen lindern. Sie brauchen 1 bis 2 g pro Tag. Fisch liefert die Eicosapentaensäure (EPA) direkt. Hundertprozentig wirksam. Die Alpha-Linolensäure (ALA) aus Pflanzen muss der Körper noch umwandeln. Man schätzt, dass man im Vergleich zur EPA des Fisches zehnmal so viel braucht. Sie ersetzt den Fisch nicht, man muss davon mehr essen.

LIEFERANTEN VON OMEGA-3-FETTSÄUREN

Fisch	Menge	EPA-FS	Pflanzliches	Menge	ALA
Hering	150 g	3 g	Leinöl, 1 TL	6 g	3,2 g
Lachs	150 g	1 g	Leinsamen, 1 EL	20 g	2 g
Makrele	150 g	1,4 g	Walnussöl, 1 EL	12 g	1,2 g
Thunfisch	150 g	1,8 g	Walnüsse	20 g	1,4 g
Fischölkapsel	variiert pro Kapsel: 133 mg bis 1 g		Rapsöl, 1 EL	12 g	1 g
			Löwenzahn	200 g	508 mg
			Spinat	200 g	300 mg
			Feldsalat	200 g	288 mg

Die Fettformel

→ Schenken Sie Ihren Zellen täglich einen Teelöffel Leinöl. Auch Rapsöl und Walnussöl versorgen mit der wertvollen Alpha-Linolensäure (Omega-3). Genießen Sie täglich hochwertiges Olivenöl. Andere Pflanzenöle braucht der Körper nicht.

→ Knabbern Sie täglich 20 g Nüsse und Samen – schmecken auch im Salat.

→ Genießen Sie zwei- bis dreimal die Woche fetten Seefisch (Lachs, Makrele, Hering).

→ Von tierischem Fett sollten Sie nicht mehr als 30 g täglich aufnehmen. Wenn möglich Bio. Bio enthält wesentlich mehr Omega-3. Wählen Sie aus der Tabelle, worauf Sie Lust haben. Tipp: Achten Sie bei Milchprodukten nicht auf den Fettgehalt. Natur, also 3,5 Prozent, schmeckt einfach besser. Und es macht so wenig aus …

FETTGEHALT IN LEBENSMITTELN

Alle Angaben beziehen sich auf 100 Gramm Lebensmittel.

Fleisch, Geflügel & Wurst

Bierschinken	11 g	Rehrücken/Rinderfilet	4 g
Bratwurst	29 g	Rentierschinken	3 g
Corned Beef	6 g	Rinderhack	14 g
Ente (ohne Haut)	17 g	Rinderhals	8 g
Fleischkäse	28 g	Rinderleber	2 g
Gans	31 g	Roastbeef, Rind	5 g
Hähnchenbrust		Salami	33 g
ohne Haut	1,5 g	Schinken, gekocht	4 g
Hase	3 g	Schinken, geräuchert,	
Jagdwurst	16 g	ohne Fettrand	3 g
Kalbsfilet/Putenbrust	1 g	Schweinebauch	21 g
Kalbsschnitzel	2 g	Schweinefilet, -schnitzel	2 g
Lammkeule	18 g	Schweinekotelett	5 g
Lammkotelett	32 g	Speck, durchwachsen	65 g
Leberwurst, mager	21 g	Suppenhuhn	20 g
Mettwurst	37 g	Truthahnfleischpastete,	
Münchner Weißwurst	27 g	-mortadella	9 g
Putenbrust, geräuchert	3 g	Wiener Würstchen	28 g

machen sie die zelle fit

joker

Milch, Milchprodukte & Käse

Appenzeller (50 % i. Tr.)	32 g	Kondensmilch (10 %)	10 g
Bergkäse (45 %)	30 g	Korbkäse	0,7 g
Buttermilch	0,5 g	Limburger (20 %)	9 g
Camembert (60 %)	33 g	Mascarpone	47,5 g
Crème fraîche	40 g	Milch (3,5 %)	3,5 g
Edamer (30 %)	16 g	Molke	0,2 g
Edelpilzkäse (50 %)	39 g	Mozzarella	16 g
Emmentaler (45 %)	30 g	Quark (40 %)	11,4 g
Feta (40 %)	16 g	Quark, mager	0,3 g
Frischkäse, Doppelrahm-	32 g	Romadur (30 %)	14 g
Frischkäse, Körniger	3 g	Saure Sahne	10 g
Gruyère (45 %)	32 g	Schichtkäse (10 %)	2 g
Harzer	0,7 g	Schlagsahne	32 g
Joghurt (3,5 %)	3,5 g	Schmand	24 g
Joghurt, Magermilch-	0,1 g	Tilsiter (30 %)	16 g
Kefir	3,5 g	Ziegenkäse (45 %)	21 g

Backwaren & Süßes & Snacks

Bitterschokolade	30 g	Nusskuchen	30 g
Blätterteig	25 g	Nuss-Nugat-Creme	40 g
Eiscreme	12 g	Pommes frites	15 g
Erdnussflips	34 g	Sahnetorte	25 g
Haselnuss-Vollmilchschokolade	36 g	Schokomüsli	12 g
Kartoffelchips	40 g	Schokowaffeln	36 g
Kokosriegel	27 g	Tortilla-Chips/Nachos	24 g
Marzipan/Nugat	25 g		

Fette

Butter	83 g	Halbfettmargarine	40 g
Butter-, Schweineschmalz	99,5 g	Margarine/Mayonnaise (80 %)	80 g

MEHR POWER IM LEBEN

Wertvolle Eiweißquellen

Sie brauchen 1 bis 2 Gramm Eiweiß pro Kilogramm Körpergewicht. Rechnen Sie gleich mal aus, wie viel Eiweiß Sie brauchen. Und achten Sie täglich darauf, ob Sie es auch bekommen.

20 Gramm Eiweiß stecken in ...

30 g Algen	60 g Sojabohnen
50 g Sojaschnetzel	

Fleisch, Geflügel, Wurst

80 g Hühnerbrust (ohne Haut)	95 g Kaninchen
80 g Putenbrust	100 g Kalbsfilet
90 g magerem Lamm	100 g Rinderfilet oder Rinderlende
90 g Rehrücken	120 g Schinken ohne Fettrand
90 g Schweinefilet	123 g magerer Geflügelwurst

Fisch

80 g Räucherlachs	110 g Makrele
100 g Heilbutt	120 g Scholle
100 g Lachs	120 g Kabeljau
100 g Sardine	120 g Seezunge
100 g Thunfisch	120 g Steinbutt
110 g Garnelen	125 g Hummer

10 Gramm Eiweiß stecken in ...

200 g Sojajoghurt	1,5 Hühnereiern
330 ml Sojamilch	

Milchprodukte

250 ml Kefir	300 ml Milch
250 ml Dickmilch	300 ml Buttermilch

300 g Joghurt

25 g Parmesan

50 g Mozzarella

60 g Feta (40 %)

75 g magerem Quark

75 g Frischkäse (20 % Fett)

10 Gramm Eiweiß stecken in ...

Getreide

60 g Quinoa

65 g Vollkornteigwaren

75 g Amaranth

75 g Wildreis

80 g Haferflocken

85 g Hartweizennudeln

100 g Knäckebrot

125 g Naturreis

125 g Weizenschrotbrot

Hülsenfrüchte, Gemüse, Obst

50 g getrockneten Bohnen, Linsen

125 g Tofu

175 g Erbsen

200 g Rosen- oder Grünkohl

500 g Kartoffeln

In Obst und anderen Gemüsen steckt zwar auch Eiweiß, aber nicht viel.

Nüsse und Samen

35 g Erdnüssen

40 g Leinsamen

45 g Sonnenblumenkernen

50 g Mandeln oder Pistazienkernen

55 g Sesamsamen

60 g Cashewnüssen

Die GLYX-Tabelle

Der GLYX-Wert beziffert den Blutzuckeranstieg und -abfall im Blut, den ein Lebensmittel auslöst. GLYX unter 55 hält schlank, 55–70 sparsam (und ohne Fett) genießen, GLYX über 70 macht dick.

Dickmacher: Lebensmittel mit hohem GLYX

Getränke

Bier (Maltose)	110	Limonaden, Cola-Getränke	70
Gezuckerte Fruchtsäfte	70		

Obst & Gemüse

Karotten, gegart	60	Wassermelone	75
Kürbis	75	Reife Banane, süße Kirschen	60

Brot & Beilagen

Ganz weißes Brot (Fast Food)	95	Couscous	65
Weißbrot (Baguette)	70	Nudeln (weich gekocht)	60
Brezeln	85	Bratkartoffeln	95
Croissant	65	Gebackene Kartoffel	80
Instant-Reis	85	Pommes frites	75
Weißer Reis (Rundkorn)	70	Kartoffelpüree	75
Weißer Reis (Langkorn)	60	Pell- oder Salzkartoffeln	60

Getreideprodukte

Cornflakes	80	Mais-Chips	75
Reiswaffeln	80	Weizenmehl	70
Müsli, gezuckert	70	Kekse	70

Süßes

Glukose (Traubenzucker)	100	Konfitüre	55
Zucker (Saccharose)	70	Schokolade	50

machen sie die zelle fit

joker

Fatburner: Lebensmittel mit niedrigem GLYX

Getränke

Frischer Fruchtsaft ohne Zucker	45	Frische Gemüsesäfte	40
		Tee, Wasser, Kaffee	0

Obst & Gemüse

Frisches Obst	10–40	Pintobohnen	40
Getrocknete Aprikosen	30	Linsen	30
Kirschen, sauer	20	Frisches Gemüse	15
Erbsen aus der Dose	50	Pilze	15
Kichererbsen	40	Sojabohnen	20

Brot & Beilagen

Roggenbrot (Sauerteig)	50	Parboiled Reis	45
Vollkorn- oder Kleiebrot	60	Wildreis	55
Pumpernickel	45	Nudeln al dente	45
Naturreis	55	Nudeln aus Vollkornmehl	35

Getreideprodukte

Vollkornmüsli ohne Zucker (auf hohen Kleiegehalt achten!)	40	Haferflocken	55

Süßes

Marmelade (ohne Zucker)	30	Fruktose (Fruchtzucker)	20
Akazienhonig	30	Bitterschokolade (mehr als 70 % Kakao-Anteil)	20
Agavendicksaft	20		

Sonstiges

Milchprodukte	10–30	Nüsse	25

MEHR POWER IM LEBEN

Der Salto-vitale-Einkaufskorb

Es gibt immer eine bessere Alternative – auch im Supermarkt. Werfen Sie einen Blick in den Salto-vitale-Korb: Alles garantiert GLYX niedrig und reich an essenziellen Fettsäuren und Eiweiß.

Das liegt eher selten im Salto-vitale-Einkaufskorb	Das liegt ab und zu im Salto-vitale-Einkaufskorb	Das füllt den gesunden Salto-vitale-Einkaufskorb
Dosenobst	Bananen, Litschis, Papaya, Mango, Ananas, Kiwi, Kaki, Wassermelonen, Weintrauben	Obst aus der Region/Saison wie Äpfel, Birnen, alle Beeren, Pflaumen, Kirschen; Zitrusfrüchte, TK-Obst pur, Biofrüchte aus dem Glas
Bananenchips, Datteln	getrocknete Feigen, Rosinen	getrocknete Pflaumen, Aprikosen oder Apfelringe
Gemüse aus der Dose oder dem Glas und Gemüsesuppen/-gerichte mit Zusatzstoffen und Aromastoffen, Tütensuppen	TK-Gemüsezubereitung, Kürbis, Pastinaken, Rote Bete, Zuckermais	frisches Gemüse aus der Region/Saison, TK-Gemüse (ohne Zusätze), Biogemüse aus dem Glas und Tomaten aus der Dose (wenn sie gerade keine Saison haben), Oliven, italienische Antipasti
Saubohnen	Kidneybohnen, Erbsen, Zuckermais	Sprossen, Linsen, weiße Bohnen, Kichererbsen, grüne Bohnen
Milch- und Sauermilcherzeugnisse (wie Joghurt, Quark, Dickmilch, Molke, Milch) mit Fruchtzusätzen, Aromastoffen, Zucker	Milch und Sauermilcherzeugnisse mit Fruchtstücken ohne lange Zusatzstoffliste	frische Früchte und dazu Naturjoghurt, Dickmilch, Quark, Kefir, Sauermilch oder Sojajoghurt
Schmelzkäse, Kochkäse, Fonduekäse	Frischkäsezubereitungen, Käse mit mehr als 30% Fett	Kräuterquark, Feta, Mozzarella, Hütten-, Ziegenweichkäse, Hartkäse bis 30% Fett

machen sie die zelle fit

Das liegt eher selten im Salto-vitale-Einkaufskorb	Das liegt ab und zu im Salto-vitale-Einkaufskorb	Das füllt den gesunden Salto-vitale-Einkaufskorb
H-Milch, Kondensmilch	Magermilch, fettarme Milch, Reismilch	Frische Vollmilch, Sojamilch
Fischstäbchen, Ölsardinen, Kaviarersatz, Fischkonserven in Saucen mit vielen E-Nummern	Fisch aus Glas oder Dose	Fisch und Meeresfrüchte, frisch oder tiefgefroren, Thunfisch, auch aus der Dose in Olivenöl
fette Teile von Schwein und Rind	magere Teile von Schwein, Rind, hochwertige Innereien	Wild, Lamm, Geflügel, Kalb, Ersatz: Tofu, Tempeh
Wurst	roher Schinken ohne Fettrand, Corned Beef, Bierschinken	magere, hochwertige Geflügelwurst, vegetabile Aufstriche, Sojawurst, Bündner Fleisch, Koch- und Lachsschinken
Billig-Margarine, Halbfett-Margarine, Kokosfett, Palmöl, Schmalz, Back- und Frittierfett	hochwertige Margarine, Butter, Mais- und Weizenkeimöl, Sonnenblumen-, Distel-, Soja- und Traubenkernöl	Oliven-, Lein-, Raps-, Avocado- und Hanföl, alle Nussöle
Cornflakes, Honigpops, Cheerios, Frosties, Schokomüsli, Müsli mit Zuckerzusatz	Ballaststoff-Flakes, Buchweizen-Flakes	Früchtemüsli (ohne Zucker, Schokolade), Mehrkornflocken mit Honig, Haferflocken
Baguette, Weizenbrötchen, weißer Toast, Milchbrötchen, Croissants, Knäckebrot, Bagels, Laugengebäck	Misch- und Graubrote, Vollkorntoast, -knäcke, -croissants, Weizenvollkornbrot, Hirsevollkornbrot, Fladenbrot	Pumpernickel, Schrotbrot, Roggenvollkornbrot mit Sauerteig, Mehrkornbrot (Vollkorn/Schrot)
Schnellkochreis, Instantreis	Basmatireis, polierter Langkornreis	Wildreis, Reis parboiled, Naturreis (auch parboiled)
Kartoffelfertigprodukte	Bio-Kartoffelfertigprodukte	Kartoffeln natur, als kleine Beilage zu Quark, Fisch etc.

Der Salto-vitale-Einkaufskorb

Das liegt eher selten im Salto-vitale-Einkaufskorb	Das liegt ab und zu im Salto-vitale-Einkaufskorb	Das füllt den gesunden Salto-vitale-Einkaufskorb
Käsespätzle	Tortellini, Reisnudeln, Eiernudeln	Pasta (Hartweizengrieß, al dente gekocht), Vollkornnudeln, Buchweizennudeln
TK-Pizza Hawaii	TK-Pizza, Meeresfrüchte, Thunfisch, Gemüse oder Geflügel	Vollkornpizzateig plus Gemüse und Mozzarella
Salzstangen, Kartoffelchips, Erdnussflips, Nachos	salziges Popcorn, Vollwertreiscracker, Studentenfutter	Nüsse und Samen, getrocknete Tomaten
Vollmilchschokolade, Schokoriegel, Weingummi, Bonbons, Pralinen	Haselnuss-Vollmilchschokolade, Vollkornkekse	Schokolade mit mindestens 70% Kakao, Trockenfrüchte, Fruchtgummis aus Fruchtmark ohne Zucker und Gelatine
süßes Gebäck und Sahnetorten	Nusskuchen, Obstkuchen	Fruchtschnitte (ungesüßt), Nussmarkschnitten
Marmelade, Konfitüre	Fruchtaufstrich (gesüßt)	Fruchtaufstrich mit Honig
Nuss-Nugat-Creme, Erdnussbutter	Nuss-Nugat-Creme mit mindestens 50% Nüssen	Erdnussmus (Bio-Ecke)
Haushaltszucker, Süßstoff, Traubenzucker	Vollrohrzucker unraffiniert, Fruchtzucker	Honig, Ahornsirup, Apfel- und Birnendicksaft
Mayonnaise 80%, fertige Grillsaucen	Ketchup, Sahnemeerrettich, süßer Senf, Sojasauce	Bio-Ketchup, Tomatenmark, -Passata, scharfer Senf, scharfer Meerrettich, Shoyu und Tamari (hochwertige Sojasaucen)
Salz (raffiniert), Fertigwürzen, Instant-Fleischbrühe	Kräutersalz, Gewürzmischungen, Instant-Gemüsebrühe	Sesam-, Meer-, Kristallsalz, frische Kräuter, Gewürze, gute Fonds aus dem Glas
Saucenbinder, Stärke	Mascarpone, Crème fraîche 30%, Schlagsahne	saure Sahne 10%, Crème légère

machen sie die zelle fit

Das liegt eher selten im Salto-vitale-Einkaufskorb	Das liegt ab und zu im Salto-vitale-Einkaufskorb	Das füllt den gesunden Salto-vitale-Einkaufskorb
Fruchtsaftgetränke, -nektar (gesüßt)	Obst-Direktsäfte (100 % Frucht, ungesüßt)	Gemüsesäfte (am besten selbst gepresst), Grapefruitsaft, generell Fruchtsäfte – mit Wasser, Kefir oder Sojamilch verdünnt
Limonaden, Cola-Getränke, Energy-Drinks, »light«-Getränke	Schorlen, ungesüßt	Wasser (plus frisch gepresstem Zitronensaft)
aromatisierte Tees, Eiskaffee, Eistee, Instantpulver: Cappuccino, Café au lait, Kakao (gesüßt)	Instantpulver für Café au lait (ungesüßt)	Kräuter- und Früchtetees, Kaffee, Getreidekaffee, Schwarztee, Grüner Tee, Kakaopulver (ungesüßt)
Bier, Schnaps, Liköre, Alkopops	Cidre, Most, guter trockener Wein	guter trockener Wein plus die Flasche Mineralwasser

Lektion 3:

Tanken Sie Kraft, Ausdauer und Selbstvertrauen

Als mich Wolf das erste Mal zum Joggen mitnahm, gab ich natürlich nicht zu, seit Jahren nur noch die Maus am Computer bewegt zu haben. Ich lief flott los. Bekam schnell keine Luft mehr. Stand da mit hochrotem Kopf – und einer brennenden Wut im Bauch: »Wie kann der mich nur so blamieren. Nie wieder geh ich mit dem joggen. Überhaupt geh ich nie wieder joggen.« Ich hatte Glück. Wolf lachte nicht, sondern setzte sich mit mir zum Ausruhen unter einen Baum. Nahm mich liebevoll an der Hand und sagte: »Wir fangen mit zwei Minuten an.« Ich lief zwei Minuten, ging zwei Minuten, lief zwei Minuten … Und drei Wochen später lief ich mühelos meine 30 Minuten am Stück. So entdeckte ich wieder meine Liebe zu dem schönsten Gefühl, das es auf der Welt gibt: sich zu bewegen. Das ist

18 Jahre her. Und Bewegung ist bis heute meine große Liebe geblieben. Wolf auch. Das Gleiche wünsche ich Ihnen auch!

Bewegung. Das haben wir schon mal geliebt. Als Kind. Da hüpften, rannten, jagten, sprangen wir durch die Welt. Und wehe, wir mussten auf einem Stuhl stillsitzen. Die pure Freude an der Bewegung steckt in jedem von uns. Wir haben sie nur im Laufe des Lebens begraben. Unter einem Speckmantel. Unter schweren Gedanken. Mit diesem Tag, dem Tag, als ich Bewegung als einen festen Bestandteil in mein Leben integrierte, fing für mich ein neues Leben an. Ein besseres. Ich wurde …

- fröhlicher
- schlanker
- sinnenfreudiger
- gesünder
- kreativer
- selbstbewusster
- ausdauernder
- stressresistenter
- zufriedener

Ich hatte plötzlich mehr
- Zeit
- Erfolg
- Glück

Glauben Sie nicht? Dann gehen Sie in den Park, halten Sie einen Läufer an – und fragen Sie ihn, ob das stimmen kann?!

Das Medikament des Jahrhunderts …

… heißt ganz einfach: Bewegung. Genauer: täglich 30 Minuten Ausdauer tanken – und ein- bis zweimal die Woche 30 bis 45 Minuten etwas für die Muskeln tun. Oder im Zeitraffer: 10 Minuten auf dem Galileo (mehr Seite 198):

Wer sich bewegt, wird nicht dick, erkrankt nicht am Herz-Kreislauf-System, kriegt keinen Diabetes, leidet nicht unter

Gelenk- und Rückenproblemen, beugt Infektionskrankheiten vor – ja sogar Krebs. Weiß man. Dazu gibt es Tausende von Studien. Auch die Seele profitiert: Bewegung vertreibt Depressionen, hilft gegen Burn-out, chronische Müdigkeit und verhindert Panikattacken.

Bewegung ist das Medikament des Jahrhunderts – süß, sobald man es in der richtigen Dosis probiert, und ohne Nebenwirkungen, wenn man sich an die Gebrauchsanleitung für seinen Body hält. Und die finden Sie hier.

Keine Zeit? O doch, die haben Sie. Sie haben künftig für alles, was Ihnen wirklich wichtig ist, Zeit. Und Sie sind sich wichtig. Übrigens: Wer sich bewegt, gewinnt auch noch Zeit.

ZEITPLAN

SO WERDEN SIE ZUM BEWEGTEN MENSCH

Rechnen Sie für diese Lektion mit zwei Stunden.
Testen Sie, wie fit Sie sind. Sie brauchen etwa 30 Minuten.

Erholen Sie sich 30 Minuten lang mit dem Bewegungs-Know-how ab Seite 165.

Dann spüren Sie mit dem Saltino vitale und Ihrer persönlichen Fitnessformel auf Seite 178, wie gut Ihnen Bewegung tut. Hier investieren Sie 40 Minuten. Gucken Sie sich den Dehn-Joker auf Seite 195 an.

Haben Sie noch Puste? Lesen Sie das Interview mit Werner Kieser (Seite 182).

Joker, die Ihnen dabei helfen, dass Bewegung bald wie das Atmen zu Ihrem neuen Leben gehört, finden Sie ab Seite 191.

tanken sie kraft, ausdauer und selbstvertrauen

test

Wie fit sind Sie?

→ Sie brauchen: bequeme Kleidung, einen Stuhl, einen Tisch, eine Treppe, einen 50-cm-Stapel Bücher, Papier, Bleistift, eine Pulsuhr und eine Uhr mit Sekundenzeiger. Und: Sie sollten körperlich gesund sein.

→ Sie ernten: einen Test, den Sie immer wieder einsetzen können, um Ihre Erfolge zu dokumentieren. Und ein Gefühl, wie gut Bewegung tut.

STECKBRIEF

Sie haben ein Ziel: fit werden oder fit bleiben. Geht ganz einfach. Machen Sie den Fitness-Check, den Prof. Dr. Ingo Froböse vom Zentrum für Gesundheit der Deutschen Sporthochschule Köln für Sie entwickelt hat – und hören Sie dabei auch auf Ihren Körper. Das erwartet Sie:
◎ Sie lernen Ihren Puls kennen.
◎ Sie stellen fest, wie fit Sie sind.
◎ Sie beschäftigen sich mit Ausdauer.
◎ Sie testen Ihre Muskelkraft.
◎ Sie haben ein Instrument, um künftig Ihre Erfolge zu dokumentieren.
◎ Und Sie TUN.

Spielen Sie mit Ihrem Puls

→ Sind Sie bereit? Schnallen Sie Ihre Pulsuhr um. Und legen Sie sich ruhig auf die Couch. Entspannen Sie sich ein paar Minuten ... Dann gucken Sie auf Ihre Pulsuhr. Das ist Ihr Ruhepuls.

MEHR POWER IM LEBEN

Sie haben keine Pulsuhr? Dann zählen Sie einfach 15 Sekunden lang Ihren Puls, indem Sie mit Ihren mittleren drei Fingern am inneren Handgelenk die Pulsschläge tasten, und nehmen Sie diesen Wert mal 4. Das ist Ihr Ruhepuls.

Sie liegen herum – aber Ihr Herz arbeitet. Der Radsportprofi Jan Ullrich hat einen Ruhepuls von 36. Wunderbar. Denn dann spart sich das Herz viel Arbeit, viele Schläge, für ein längeres Leben. Nein, keine Angst! Die meisten Untrainierten haben einen Ruhepuls von 80, 90. Ihr Ziel ist es, ihn mit Ausdauertraining langsam zu senken. Und so Ihrem Herzen viel Arbeit zu ersparen – für ein längeres, entspannteres Leben.

Normalerweise messen Sie Ihren Ruhepuls morgens vor dem Aufstehen. Das tun Sie ab morgen. Heute reicht der eben ermittelte Wert.

Ihr Ruhepuls: _____

Nun schlagen Sie Seite 192 auf. Dort finden Sie als Joker die Formel für Ihren Belastungspuls. Berechnen Sie ihn mit dem Ruhepuls, den Sie gerade ermittelt haben.

Ihr Belastungspuls: _____

Das Puls-Know-how

Sie haben die Pulsuhr um? Dann lesen Sie folgende Zeilen – und verstehen Sie erst einmal, warum der Puls für den Start in ein bewegtes Leben so wichtig ist.

◎ **Der Puls und das Herz:** Der Puls ist so etwas wie der Drehzahlmesser für Ihren Körper. Er zeigt Ihnen an, wie schnell Ihr Herz Blut durch den Kreislauf pumpt. Je mehr Sie sich anstrengen, desto aktiver wird Ihr Herz und desto höher steigt Ihr Puls.

◎ **Mitteltourig ist gut:** Wie ein Automotor sollte Ihr Körper mitteltourig laufen. Belasten Sie ihn zu stark, fehlt Ihren Muskeln

Sauerstoff. Der Körper schaltet von Fettverbrennung auf Zuckerverbrennung um, bildet Milchsäure. Die Pfunde bleiben auf der Hüfte. Und Sie tanken keine Power, sondern verschwenden sie. Belasten Sie Ihren Körper andererseits zu schwach (wie viele Walker, die ich oft so lustlos durch den Wald schleichen sehe), verbrennen Sie kaum Fett und tanken auch kaum Fitness.

◎ **Täglich berechnen – und kontrollieren:** Der optimale Belastungspuls ist ein variabler Wert, der von Alter, Tagesform und Fitness abhängt. Darum sollten Sie ihn anfangs jeden Tag neu ermitteln und während des Trainings kontrollieren. Falls Ihnen dennoch die Puste ausgeht, obwohl Sie sich an Ihren errechneten Trainingspuls halten, dann trainieren Sie einfach ein paar Pulsschläge darunter. Sie müssen Ihrem Idealpuls langsam auf die Spur kommen. Vertrauen Sie Ihrem Körper. Der sagt Ihnen immer noch am besten, was gut für Sie ist – und was nicht.

◎ **Die Art der Bewegung bestimmt den Puls:** Ein Anfänger kommt gehend und walkend schon in den optimalen Bereich. Ein Fortgeschrittener kriegt seinen Puls erst laufend dorthin, wo er optimal Fett verbrennt und Ausdauer tankt.

◎ **Keine Ausdauer?** Manche Untrainierte können zum Beispiel nicht loslaufen, ohne dass der Puls hochschießt. Sie müssen erst ein paar Wochen walken und zum Beispiel mit einem Puls von 130 bis 136 Ausdauer tanken. Irgendwann können sie dann mit diesem Puls auch laufen.

◎ **Bluthochdruck:** Manche haben Probleme mit dem Blutdruck. Er schießt schon bei geringerer Belastung in gefährliche Höhen. Dann könnte sogar schon Walken zu viel sein. Hier muss man Bewegung ganz langsam angehen – mit Spazierengehen und kleinen strammeren Einheiten, immer den Puls im Auge.

Sie wissen nun, was Puls und Bewegung verbindet – und können Ihren Fitnesstest machen.

Ausdauertest: Steppen

Jetzt beschäftigen Sie sich mit dem Phänomen Ausdauer. Könnten Sie ohne Stress von Düsseldorf nach Köln laufen – oder geht Ihnen schon auf dem Weg von der Haustür zur Garage die Puste aus und Ihrem Muskel der Sauerstoff?

Achtung, fertig, los ....

Haben Sie die Pulsuhr umgeschnallt? Und eine Uhr mit Sekundenzeiger parat? In der Tabelle unten sehen Sie, mit welchem Tempo/Rhythmus – abgestimmt auf Ihr Körpergewicht – Sie die Aufgabe angehen sollten.

Gewichtsabhängiger Steigrhythmus

Körpergewicht	Steigfrequenz (rauf und runter) pro Minute
normalgewichtig	30-mal (ca. 2 Sek.)
leicht übergewichtig	25-mal (ca. 2,5 Sek.)
stark übergewichtig	20-mal (ca. 3 Sek.)

1 Stellen Sie sich mit geschlossenen Beinen vor eine Stufe (35–40 cm hoch). Steigen Sie 3 Minuten lang auf und ab, dabei wechseln Sie nach 90 Sekunden das aufsteigende Bein.

Beim Steppen wird klar, wie gut Ihre Ausdauer ist.

2 Messen Sie unmittelbar nach dieser Belastung 15 Sekunden lang Ihren Puls und nehmen Sie diesen Wert mal 4 (oder gucken Sie nach ein paar Sekunden auf die Pulsuhr).

tanken sie kraft, ausdauer und selbstvertrauen

test

Puls unmittelbar nach der Belastung:

_____ (Schläge pro Minute).

Ziehen Sie nun Ihren Ruhepuls von diesem Puls ab:

_____ − _____ = _____

Bewertung

→ Das Ergebnis vergleichen Sie mit den Werten in der Tabelle unten. Diese zeigt in der mittleren Spalte die für Ihre Altersgruppe geltenden Normalwerte an.
Liegt Ihr Puls darüber (erste Spalte)? Dann sollten Sie dringend etwas für Ihre Ausdauer tun. Nein, Sie sollten nicht. Sie wollen. Es ist so schön, wenn man plötzlich viel leichter, ohne sich anzustrengen durchs Leben fliegt.
Haben Sie mehr Ausdauer als andere? Dann kommen Sie auch entspannter durch den Alltag – und erfolgreicher durchs Leben. Wenn Sie weniger haben als andere, dann tanken Sie ab heute gründlich auf …

Pulsfrequenzdifferenz nach der Belastung

Alter	Schläge/Minute über dem Ruhepuls		
Männer			
bis 45	> 60	50–60	< 50
ab 45	> 55	45–55	< 45
Frauen			
bis 45	> 70	60–70	< 60
ab 45	> 60	55–60	< 55

MEHR POWER IM LEBEN

Sind Sie schon eingerostet?

Durch das viele Sitzen verkürzen sich ganze Muskelgruppen. Darunter leidet die Beweglichkeit. Und darunter der ganze Mensch. Wie beweglich sind Sie? Das können Sie ganz einfach mit folgendem Test herausfinden:

Beweglichkeits-Check

Für diese Aufgabe brauchen Sie einen Tisch mit geraden Beinen, neben dem Sie sich bequem ausstrecken können.

1 Legen Sie sich so hin, dass sich Ihr Hüftgelenk neben einem Tischbein befindet. Strecken Sie Ihre Beine und ziehen Sie Ihre Fußspitzen leicht an.

2 Führen Sie nun ein Bein gestreckt nach oben und weiter in Richtung Kopf. Halten Sie das Bein drei Sekunden in dieser Position. Das andere Bein bleibt gestreckt auf dem Boden liegen.

3 Probieren Sie das Ganze nun mit dem anderen Bein aus. Wichtig: schön gleichmäßig weiteratmen.

Und wie beweglich sind Sie? Hoch das Bein!

tanken sie kraft, ausdauer und selbstvertrauen

test

→ Weichen die Ergebnisse (rechts/links) voneinander ab, gilt das schwächere Ergebnis/Bein.

Stufe A: Sie können das gestreckte Bein deutlich über das Tischbein hinausführen (Winkel über 110 Grad).

Stufe B: Sie können das Bein ein wenig über das Tischbein hinausstrecken (Winkel 100–110 Grad).

Stufe C: Sie erreichen das Tischbein. Der Winkel beträgt etwa 90 Grad.

Stufe D: Sie erreichen das Tischbein nicht ganz. Der Winkel: etwa 80 Grad.

Stufe E: Sie kommen nicht in die Nähe des Tischbeins. Der Winkel liegt unter 80 Grad.

Bewertung

Sind Sie so beweglich wie der Normalbürger in Deutschland? Oder kommen Sie sogar flexibler durchs Leben?

Beweglichkeitsgrad in Stufen

Alter	Stufe (gemäß dem Winkel)		
Männer			
≤ 30	D, E	C	A, B
31–50	D, E	C	A, B
> 50	E	D	A, B, C
Frauen			
≤ 30	C, D, E	B	A
31–50	D, E	B, C	A
> 50	E	D	A, B, C
Beweglichkeit	schlecht	Durchschnitt	gut

Wie kräftig sind Sie?

Ihre Muskeln sind Ihr Gesundheitskapital und eine Investition in die Jugend. Haben Ihre Muskeln keine Kraft, fehlt Ihnen auch die Energie für die ganz banalen Dinge des Alltags. Ihre Muskelkraft können Sie mit zwei Übungen testen.

Wie steht's um Ihre Bauchmuskeln?

1 Schichten Sie am Boden einen Bücherstapel auf, der etwa einen halben Meter hoch ist, und legen Sie sich daneben auf den Rücken.
2 Rollen Sie Ihren Oberkörper so weit auf, dass Sie den obersten Buchtitel lesen können. Stützen Sie sich dabei nicht mit Ihren Armen auf. Wichtig: Ihre Lendenwirbelsäule bleibt am Boden liegen. Wie lange schaffen Sie es, diese Position bei gleichmäßiger Atmung zu halten?

Bewertung

Steckt so viel Kraft in Ihrem Bauch wie in dem eines Normalbürgers (siehe Tabelle Seite 161)? Oder haben Sie mehr Energie aus dem Bauch heraus? Das feit auch vor Rückenschmerzen.

Und nun der Bauchmuskeltest mit Bücherstapel.

tanken sie kraft, ausdauer und selbstvertrauen

test

Bauchmuskelkraft

Alter	Haltezeit in Sekunden		
Männer			
≤ 30	< 21	21–23	≥ 24
31–40	< 18	18–20	≥ 21
41–50	< 15	15–17	≥ 18
>50	< 12	12–14	≥ 15
Frauen			
≤ 30	< 19	19–21	≥ 22
31–40	< 16	16–18	≥ 19
41–50	< 13	13–15	≥ 16
>50	< 10	10–12	≥ 13
Kraft	schlecht	Durchschnitt	gut

Und wie steht es um Ihre Beinmuskelkraft?

1 Holen Sie sich einen Stuhl mit vier Beinen, der stabil ist und sich nicht drehen kann.

2 Setzen Sie sich auf die vordere Stuhlkante und stellen Sie Ihre Füße etwa schulterbreit auseinander. Der Winkel zwischen Ober- und Unterschenkel beträgt etwa 90 Grad. Halten Sie den Rücken gerade.

3 Wie oft schaffen Sie es, innerhalb von 30 Sekunden ohne Schwung aufzustehen? Falls Sie Probleme mit dem Gleichgewicht haben, halten Sie sich mit der Hand an einem Tisch fest. Stützen Sie sich dabei aber nicht ab.

Bewertung

Wir sind geboren, um unsere Beine zu benutzen. Das aber tun die wenigsten. Darum verkümmern die Muskeln. Wie steht es um Ihre Beinkraft (siehe Tabelle Seite 162)?

MEHR POWER IM LEBEN

Beinmuskelkraft

Alter	Aufstehen pro 30 Sekunden		
Männer			
≤ 30	< 26	26–28	≥ 29
31–40	< 23	23–25	≥ 26
41–50	< 20	20–22	≥ 23
>50	< 19	19–21	≥ 22
Frauen			
≤ 30	< 24	24–26	≥ 27
31–40	< 21	21–23	≥ 24
41–50	< 18	18–20	≥ 21
>50	< 15	15–17	≥ 18
Kraft	schlecht	Durchschnitt	gut

Die Koordination

Koordination heißt: Muskeln und Nerven arbeiten effektiv zusammen. Das macht geschickt, die Bewegungen geschmeidig, die Reaktionen schneller. Ihre Koordinationsfähigkeit können Sie mit folgender Übung ganz einfach testen.

Einbeinstandtest

1 Suchen Sie sich ein Stückchen Boden ohne oder mit nur dünnem Teppich und ziehen Sie die Schuhe aus.

2 Stellen Sie sich auf das Bein, auf dem Sie sich sicherer fühlen. Der Körper sollte dabei aufgerichtet sein. Der Fuß des anderen Beins liegt locker an der Wade des Standbeins. Die Arme dürfen für stabilisierende Ausgleichsbewegungen genutzt werden.

3 Schaffen Sie es, auf einem Bein zu stehen, die Augen zu schließen – und vielleicht sogar noch hoch auf die Zehen zu gehen?

Stufe A: Einbeiniger Zehenstand mit geschlossenen Augen über 10 Sekunden.
Stufe B: Einbeiniger Zehenstand mit offenen Augen über 10 Sekunden.
Stufe C: Einbeinstand mit geschlossenen Augen über 10 Sekunden.
Stufe D: Einbeinstand mit offenen Augen über 10 Sekunden.
Stufe E: Beidbeiniger Stand mit geschlossenen Augen über 10 Sekunden.

Bewertung

Wer lange auf einem Bein stehen kann, steht auch mit beiden Beinen sicherer im Leben.

Einbeinstand in Stufen

Alter	Koordinationsstufe		
≤ 45	D, E	C	A, B
> 45	E	D	A, B, C
Ausdauer	schlecht	Durchschnitt	gut

Den Fitnesstest können Sie immer mal wieder einsetzen, um zu kontrollieren, ob Sie Fortschritte machen in Ihrem neuen bewegten Leben. Wiederholen Sie ihn zum Beispiel in vier Wochen.

Fitness auf einen Blick

Nun geben Sie sich für jede der Übungen Punkte.

Das ergeben die Einzelbewertungen:
schlecht: je 1 Punkt
Durchschnitt: je 2 Punkte
gut: je 3 Punkte

Test	Punkte
Ausdauer: Steppen	☐
Beweglichkeit Beine	☐
Bauchmuskelkraft	☐
Beinmuskelkraft	☐
Koordination: Einbeinstand	☐
Gesamtpunktezahl	☐

Bewertung

5–7	8–9	10–11	12–13	14–15
schlecht	mäßig	Durchschnitt	gut	sehr gut
--	-	Ø	+	++

Mehr über diese Auswertung und Ihre Fitnessformel finden Sie im Saltino vitale auf Seite 178.

tanken sie kraft, ausdauer und selbstvertrauen

know-how

Auf die Beine, fertig, los ...

Eines Tages saß meine 3-jährige Nichte Lina im Bett und begrüßte mich mit den Worten: »Ich hab auch schon Muckis!« Schon? Sie hat ihre noch – im Gegensatz zu vielen meiner Altersgenossen. Muskeln verschwinden nämlich, wenn man sie nicht benutzt. Sie zu benutzen heißt auch: die Blutgefäße putzen, die Knochen stärken, den Körper formen, den Geist schärfen, die Seele in Fröhlichkeit tauchen, Schmerzen vertreiben – einfach jung bleiben und wieder jung werden. Den Körper entgiften, Verspannungen lösen, dem Stress die kalte Schulter zeigen, Selbstbewusstsein aufbauen, sicherer im Leben stehen – und natürlich jede Menge Fett verbrennen. Das alles schenkt Ihnen Bewegung. Das heißt:

- Ausdauertraining
- plus Muskeltraining

Die Sofortwirkung

Was macht Bewegung denn mit Ihnen in der Zeit, in der Sie TUN? Also bei mir läuft da Folgendes ab: Ich tappe erst einmal los, ohne viel darüber nachzudenken. Ich bin ein Morgenmuffel. Doch Bewegung gleich nach dem Aufstehen gehört wie das Atmen zu meinem Leben. Langsam werden die Muskeln warm. Die Steife der Nacht fällt ab, abgelöst von einem wohlig lockeren Gefühl. Langsam wachen die Sinne auf, Moosgeruch dringt in die Nase, die Füße spüren den weichen Waldboden, der Specht klopft ins Herz. Irgendwann schaltet sich der Kopf ein, wacht auch endlich auf – und die Gedanken fliegen. Der Titel dieses Buches fiel mir übrigens beim Laufen ein wie ganz viele andere Lösungen großer und kleiner Probleme. Irgendwann werden die Hormone aktiv. Ein feines Kribbeln läuft durch den ganzen Körper. Der eine nennt es Testosteron oder Endorphine, der andere Energie oder Glück … Das ist Laufen für mich. Wenn ich jetzt noch vom Trampolinspringen oder Reiten erzähle, dann fülle ich den Rest des Buches.

Klingt doch gut – oder? Warum tut man das dann nicht? Wegen der Faulgene.

Beweg-dich- und Ruh-dich-aus-Gene

Als der Mensch beschloss, vom Baum zu steigen und sich aufzurichten, zögerte er nicht lange und lief los. Er musste laufen. Für sein Essen, um sein Leben. Bis zu 40 Kilometer pro Tag liefen unsere Ahnen, um sich abends ein Antilopensteak zu braten. In unserem genetischen Programm steht also: »Beweg dich, jag deinem Essen nach, und dann ruh dich aus.« Der Mensch hat also Beweg-dich-Gene und Ruh-dich-aus-Gene.

Nun: Sie müssen nicht mehr jagen. Darum ruhen Sie sich nur noch aus – nachdem Sie am Kühlschrank waren, am Esstisch, an der schokohaltigen Schreibtischschublade …

Die Mensch-beweg-dich-Gene sind oft nur noch bei Kindern so richtig aktiv.

Sie Durchschnittsmensch bewegen sich nur noch 800 Meter am Tag. Glauben Sie nicht?

Es gibt Schrittzähler. Umschnallen, ausprobieren – und erschrecken.

Es ist so schön einfach, »keine Zeit« zu sagen und morgens den Wecker auf 30 Minuten später zu stellen. Es ist so einfach, auf der gemütlichen Couch liegen zu bleiben, nicht ins Nieselwetter rauszugehen. Und es ist so niederschmetternd unklug.

Der moderne Mensch verbringt seine Zeit damit, seine evolutionäre

Errungenschaft, »aufrecht durchs Leben zu laufen«, zunichtezumachen. Wenn er nicht liegt, dann sitzt er. Wenn er sich vorwärts bewegt, dann im Auto, im Aufzug, auf der Rolltreppe. Und das hat gewichtige Folgen:

- 67 Prozent der Männer und 50 Prozent der Frauen haben Übergewicht. Jeder fünfte Deutsche leidet an Fettsucht (Adipositas) – Tendenz: zunehmend.
- Sieben Millionen Deutsche leiden unter Osteoporose, dem Schwund der Knochen im Laufe der Jahre.
- Jeder Dritte leidet unter chronischen Rückenschmerzen.
- Jeder Zweite stirbt an einem Herz-Kreislauf-Problem.

Muss alles nicht sein. Man kann sich dagegen anbewegen.

BEWEGUNG – WANN UND WIE OFT?

TIPP

Ich nehm's mir immer sieben Tage in der Woche vor, jeweils 30 Minuten. Dann mach ich es tatsächlich sechsmal, hin und wieder auch nur fünfmal. Manchmal fehlt mir die Zeit, nervt mich der Regen, überhöre ich den Wecker. Manchmal muss auch ich, eine Bewegungssüchtige, mich überwinden. Ich hab da ein paar Motivationstricks auf Lager – Sie finden sie auf Seite 338. Wann, das bleibt Ihnen überlassen. Mein Tipp: Nehmen Sie den gesündesten Energizer der Welt gleich nach dem Aufstehen. Dann starten Sie mit Schwung in den Tag. Trainieren Sie außerdem zweimal die Woche eine halbe Stunde Ihre Kraft. Mehr braucht es anfangs nicht – und später noch weniger. Das Motto vom Muskelexperten Werner Kieser (Seite 182) lautet: Wer erstmal Kraft hat – und die kann man binnen einem Jahr aufbauen –, der braucht nur noch einmal die Woche dreißig Minuten zu trainieren, um sie zu erhalten. Und so kann man ein Leben lang 30 bleiben. Mit einer halben Stunde die Woche. Mich überzeugt das.

Der Mensch braucht Ausdauertraining – und Krafttraining. Optimale Dosis: 3,5 Stunden. Insgesamt. Das wären fünfmal die Woche Laufen, Skaten, Trampolinhüpfen oder Walken plus zweimal 30 Minuten Krafttraining. Das reicht. Und Sie kommen in den Fitnesshimmel. Keine Zeit? Keine 3,5 Stunden? Glaub ich Ihnen nicht. Wie viele Stunden hat Ihre Woche? 168. 56 Stunden brauchen Sie für Ihren Schlaf. Maximal 60 für Ihren Job. Plus 3,5 Stunden für Bewegung – bleiben immer noch 58,5 Stunden zum Lesen, Freundetreffen, Shoppen, Fernsehen. Ich hoff ein bisschen, ich habe Sie überzeugt …

Das Ausdauertraining: Mit Fitness gegen das Fett

Viele versuchen es mit dubiosen Schlankpillen oder kasteien sich mit einer Diät. In manchen Fällen hilft's sogar – aber nur ein halbes Jahr. Dann setzt der Jo-Jo-Effekt ein, und die soeben verlorenen Pfunde kehren wieder und bringen pfundige Verstärkung mit.

Mediziner und Forscher sind sich einig: Mit regelmäßiger Bewegung kriegt man das Fett weg. Man muss es nur tun. Nur werden die Deutschen statistisch immer träger. 30 Prozent bewegen sich kaum, 45 Prozent treiben keinerlei Sport. Warum nur? Weil sie nicht mal ahnen, wie gut das tut. Wegen eingespeicherter falscher Erfahrung.

Wahrscheinlich haben Sie sogar schon versucht, mit Tatkraft gegen Ihre Pfunde anzukämpfen. Kennen Sie das? Sie gehen in den Wald, joggen eine Minute, zwei Minuten, fünf Minuten. Dann kriegen Sie keine Luft mehr, fühlen sich elend, der Kopf läuft rot an, die Seite sticht. Sie kehren um und treten frustriert die Laufschuhe in die Tonne. Und beschließen: Nie, nie wieder!

Die goldene Regel: Weniger ist mehr

Weniger bedeutet: weniger Anstrengung, weniger Schweiß, weniger Schmerz, weniger Seitenstechen, weniger Luftnot. Der

tanken sie kraft, ausdauer und selbstvertrauen

know-how

liebe Gott ist ein gütiges Wesen. Er hat vorgesehen, dass nicht die Selbstschinder Pfunde verlieren und Gesundheit ernten. Sondern die Genuss-Aktiven, die locker, entspannt und glücklich durch die Landschaft traben. Prof. Dr. Ingo Froböse von der Sporthochschule Köln sagt: »Lieber länger, aber langsam trainieren. Man muss sich ein bisschen unterfordert fühlen. Und man sollte aufhören mit dem Gefühl, noch ewig weitermachen zu können.«

Nur wer sich so bewegt, nimmt durch die Lunge genügend Sauerstoff auf: Den braucht der Körper, um Fett zu verbrennen. Gibt der Läufer oder Radler dagegen zu viel Gas, leiden die Muskeln unter Sauerstoffnot und bedienen sich aus den falschen Energietanks: Sie verbrennen Kohlenhydrate anstatt Fett. Außerdem entsteht Milchsäure, ein Fitnesskiller, wenn der Muskel unter Sauerstoffnot Zucker verbrennt. Der Muskel ist dann »sauer«. Der Jogger oder Walker auch. Er wird müde, das Training bringt nichts. Und noch viel schlimmer: Der Sport wird – wie Stress – zur Belastung für den ganzen Organismus.

Wer hingegen läuft und läuft und läuft, bis ihn die körpereigenen Glückshormone in einen himmlischen Rausch versetzen, dabei zwar Fett verbrennt, aber Energie tankt – der macht es richtig.

Und das gewinnen Sie durch Ausdauerbewegung

◉ **Bewegung verlängert das Leben.** Das bewies eine dänische Langzeitstudie mit 4658 Männern zwischen 20 und 79 Jahren.
◉ **Bewegung hält gesund.** Sie stärkt das Immunsystem, schützt vor Erkältung und Krebs. Sie beugt Diabetes und Fettstoffwechselstörungen vor, Arthrose und Osteoporose.
◉ **Bewegung putzt die Gefäße.** Weil sie Cholesterin und Blutfette senkt, die die Adern verstopfen.
◉ **Bewegung schützt vor Infarkt.** Sie kräftigt das Herz, senkt den Blutdruck, schützt vor Herzinfarkt und Schlaganfall. Das

MEHR POWER IM LEBEN

Sportlerherz schlägt auch unter den Belastungen des Alltags ruhiger.

◎ **Bewegung fördert die Potenz.** Der gefäßreinigende Effekt begünstigt die Durchblutung der Schwellkörper im Penis und damit die Erektionsfähigkeit. Außerdem produzieren Sportsmen das körpereigene Lusthormon Testosteron. Macht übrigens auch Frauen zu dynamischen Jägerinnen – in kleineren Mengen.

◎ **Bewegung stärkt das Selbstbewusstsein.** Mit jedem Schritt wächst das Gefühl, etwas geschafft zu haben. Und damit auch der Mut, im Alltag anzupacken.

◎ **Bewegung lindert Stimmungstiefs und Depressionen.** Das bewegte Gehirn schüttet Endorphine aus: Hormone, die den Menschen in Glück tauchen. Schöner Nebeneffekt: Bewegung lindert Ängste und Neurosen.

◎ **Bewegung mindert Stress.** Sie baut Adrenalin, Noradrenalin und Cortisol ab: Hormone, die der Körper im Stress produ-

> **TIPP**
>
> *SIND SIE EIN BLUTIGER ANFÄNGER?*
>
> **Sind Sie über 35 Jahre alt? Haben Sie Bluthochdruck, Übergewicht oder Diabetes? Dann sollten Sie zu einem Leistungs-Check beim Sportmediziner gehen. Er untersucht Ihr Herz-Kreislauf-System nach möglichen Krankheiten. Und er checkt Ihre Leistungsfähigkeit durch einen Laktattest. Das heißt, der Arzt lässt Sie bei zunehmender Belastung auf einem Trainingsrad strampeln und misst währenddessen Ihren Puls und den Milchsäurespiegel (Laktat) in Ihrem Blut. Das ist immer noch die zuverlässigste Methode, um Ihren Grenzpuls herauszufinden: den Puls vor dem Punkt, an dem Ihr Körper in Sauerstoffnot gerät und Milchsäure herstellt – und das Training der Gesundheit eher schadet als nutzt.**

ziert – und die uns krank machen. Nebeneffekt: Bewegung lässt besser schlafen.

◉ **Bewegung raubt keine Energie,** sondern verschafft Power. Allerdings nur, wenn man sich nicht überanstrengt.

Die Kunst der Bewegung im Spargang ...

… ist das A und O für alle, die ihr Leben mit Fitness bereichern wollen. Nur: Diese Kunst fällt vielen schwer. Weil in unserem Denken Sport vor allem mit Leistung zu tun hat. Schließlich wurden wir erzogen mit Sprüchen wie »Sport muss wehtun, sonst nützt er nichts« oder »Was mich nicht umbringt, macht mich stärker.« Die Folgen: Gerade mal 13 Prozent der deutschen Fitnesssportler bewegen sich im grünen Bereich. Der Rest trainiert übersäuert und schindet seinen Körper unter chronischer Überlastung. Wenn ich fröhlich durch den Wald trabe, möchte ich diese keuchenden, röchelnden und hüstelnden Masochisten so gerne runterschalten: »Bitte langsamer!« Und freilich auch den dahinschleichenden Soft-Walkern »Gib Gas!« zurufen. »Habt ihr schon mal was von Lagerstrøm gehört??Der hat eine Ideal-Laufgeschwindigkeits-Pulsformel entwickelt!« Sie können sie nachlesen auf Seite 192. Später!

Aller Anfang ist kurz

Das Problem: Wer (wie einst ich) als Maus- und TV-Bedienungs-Athlet den Kaltstart auf der Laufpiste wagt, hat kein Niveau, von dem er runterschalten kann. Für den sind schon fünf Minuten leichtes Joggen viel zu viel. Der Puls schnellt hoch – und alle Mühe ist umsonst. Auch der Spaß bleibt auf der Strecke. Und die Turnschuhe im Eck. Wer einmal so startet, will nie wieder. Dabei ist es so einfach, sich Bewegungsglück zu holen – und dann will man es auch nie mehr loslassen.

→ Der Einsteiger startet mit Mini-Trainingseinheiten, die er in einen Spaziergang einbaut. Eine, zwei oder drei Minuten gemächlich trippeln genügt. Und wer selbst da schon aus der Puste kommt, baut einfach zügigere Walking-Meter ein. Und steigert sich dann langsam. Von Minute zu Minute. »Zehn Minuten, das ist Dauerlauf« – sagt sogar Dieter Baumann, Olympiasieger über 5000 Meter.

Und binnen drei Monaten ist jeder, aber wirklich jeder, bei den wertvollen 30 Minuten Ausdauertraining am Stück.

Den Puls MUSS man kontrollieren

Erfahrene Sportler kontrollieren ihr Tempo nach Gefühl. Und halten sich an eine Faustregel: Wer sich während des Laufens oder Walkens problemlos mit einem Mitläufer unterhalten kann, der versorgt auch seinen Körper mit ausreichend Sauerstoff. Anfänger und Gelegenheitssportler sollten auf jeden Fall sichergehen und nicht herumplappernd dem Muskel den Sauerstoff rauben – sondern den Puls kontrollieren. Mit dem Puls kontrolliert man sein Herz, seinen Spaß, seinen Erfolg. Den Puls kontrolliert die Pulsuhr. Sie piepst, wenn Sie zu langsam schleichen, sie piepst, wenn Sie übertreiben und Ihrem Körper das Lebenselixier Sauerstoff ausgeht. Das Prinzip ist einfach: Sie tragen einen Brustgurt mit einem Sensor und dazu ein Empfangsgerät am Handgelenk, das die Herzfrequenz per Funk empfängt. Pulsuhren müssen nicht teuer sein. Und sie gehören einfach zum Start in ein bewegtes Leben.

Laufen, Nordic Walking, Mini-Tramp – drei kleine, gesunde Wunder

Ein kluger Sportsmann hat mal gesagt: »Dem Körper ist es egal, auf welche Weise er bewegt wird.« Da hat er Recht. Ob Laufen, Radeln, Rollerblades, Schwimmen, Spinning oder Tanzen – letztendlich sollen Sie machen, was Ihnen am meisten Spaß macht. Auf Seite 200 finden Sie einen Joker, der Ihnen zeigt, was jede Sportart neben Spaß sonst noch bringt. Spaß ist wichtig. Denn nur dann bleiben Sie wirklich dran und pfeffern die Laufschuhe oder Rollerblades nicht schon nach einer Woche lustlos in die Ecke.

Dennoch möchte ich Ihnen drei Ausdauersport-Varianten besonders ans Herz legen. Drei Bewegungsformen, die Spaß machen, die effektiv die Muskeln im ganzen Körper trainieren und optimal Fett verbrennen.

→ **Laufen.** Sie sind gesund, wollen sportlich aktiv sein? Dann laufen Sie doch einfach los. Dr. Ulrich Strunz hat Recht, wenn er sagt: »Laufen ist die Wunderpille, gäbe es sie in der Apotheke, würden die Menschen ein Vermögen dafür zahlen.« Sie nutzen 70 Prozent Ihrer Muskulatur, können es überall tun, haben viel, viel Spaß – und tanken schnell Fitness.

Können Sie nicht, weil Sie zu dick oder untrainiert sind? Dann machen Sie doch …

→ **Nordic Walking.** Sie sind übergewichtig und wollen Ihr Fett loswerden, haben vielleicht auch Gelenkbeschwerden oder Rückenschmerzen? Sind noch Fitnessanfänger? Dann walken Sie. Erst einmal ohne, dann mit Nordic-Walking-Stöcken (siehe auch Joker Seite 195). Sie nutzen 90 Prozent der Muskulatur. Die Gelenke sind entlastet. Die Fettpölsterchen schmelzen nur so dahin. Können Sie nicht, weil kein Grün in der Nähe ist – oder weil Sie nicht gerne rausgehen? Dann ist das Richtige für Sie ein …

→ **Mini-Trampolin.** Das kleine Wunderspringtuch steht zu Hause. Sie machen Ausdauer- und Krafttraining in einem Aufwasch, denn Sie nutzen jeden einzelnen Muskel von Kopf bis Fuß (mehr dazu siehe Joker Seite 193).

20 Minuten auf dem Trampolin sind so effektiv wie 30 Minuten Laufen. Und Sie haben einfach keine Ausrede mehr – es steht vor dem Fernseher. Für den haben Sie ja auch Zeit.

→ Natürlich müssen Sie sich nicht für eine Variante entscheiden. Sie können etwas ganz anderes tun … oder Sie kombinieren: Hüpfen Sie werktags Trampolin, laufen Sie am Wochenende und gehen Sie alle zwei Wochen in den Wald zum Nordic Walking. Hauptsache, Sie tun was.

Und tanken Sie Kraft

Ich hatte ständig Rückenschmerzen – trotz Laufen. Wolf, mein Mann, hatte ständig Rückenschmerzen – trotz Laufen. Ich habe jetzt keine mehr, weil ich den Westernsattel auf mein Pferd hieve, den Fexi-Bar schwinge und mich auf den Galileo stelle. Mein Mann hat keine Rückenschmerzen mehr, weil er mit einem Pferd nix anfangen kann und sich stattdessen lieber an die Kraftmaschine setzt. Zweimal die Woche 30 Minuten. Er geht ins Kieser-Training.

Was das Ausdauertraining für unser Herz, ist das Krafttraining für unseren Rücken, unsere Knochen. Unser Skelett trägt die ganze Last eines Lebens. Es muss stark sein. Muskeln stützen unser gesamtes Skelett, und das tun sie nur, wenn sie Kraft haben. Die Kraft müssen wir ihnen geben, indem wir sie pflegen. Indem wir sie am Widerstand wachsen lassen. Sonst schmerzt das Kreuz, fällt die Bandscheibe vor, zwicken die Gelenke, krachen die Knochen.

Trainieren Sie sich jung

Jeder Mensch verliert pro Jahr ein Pfund Muskelmasse. Der Körper ersetzt dieses fehlende Pfund mit Fett – und das tut gegen Schmerzen gar nichts, schützt auch nicht vor Knochenschwund. Wir werden schwächer und schwabbeliger und kränker. Es sei denn, wir halten den Prozess auf und kehren ihn um in die entgegengesetzte Richtung. Mit Krafttraining. Die Kraft wächst am Widerstand.

Warum reicht der Dauerlauf nicht, um die Kraft zu trainieren?

Weil wir zwei verschiedene Muskeltypen haben, die schnellen und die langsamen. Unter dem Mikroskop sieht man den Unterschied: Die langsamen Muskeln sind rot und die schnellen weiß. Wichtig für uns sind beide Typen: Die langsamen beanspruchen wir, wenn wir durch den Park joggen, wenn wir wandern, wenn wir uns ausdauernd bewegen. Die schnellen Muskelfasern dagegen brauchen wir für alles, was uns viel Kraft in kurzer Zeit abverlangt. Zum Beispiel beim kurzen Sprint zum Bus, beim Aufheben der Einkaufstasche, für einen starken Händedruck.

Was gewinnt, wer neben Ausdauer auch noch die Kraft trainiert?

◎ **Jugend:** Die Muskelkraft und mit ihr einen straffen Körper kann man auch mit 80 Jahren noch aufbauen.

◎ **Flexibilität:** Der Bewegungsapparat bleibt mobil. Ich möchte auch mit 90 noch aufs Pferd kommen.

◎ **Haltung:** Eine aufrechte Haltung strahlt Würde aus, stärkt das Selbstbewusstsein.

◎ **Stabile Gelenke:** Muskeln stützen das ganze System. Gut ausgebildet, reduzieren sie die Belastung um 50 Prozent.

DER MUSKEL UND DIE SEELE

Ihre Muskeln reagieren auf Ihre Stimmung: mit Muskelabbau bei Menschen, die sich verkriechen, oder mit Verspannung bei Menschen, die durchhalten. Der veränderte Muskeltonus führt dazu, dass sich die Schmerzen verstärken. Das verschlimmert depressive Verstimmungen. Und führt dazu, dass der Körper weniger Opiate wie Endorphine ausschüttet. Das erhöht wiederum die Schmerzempfindlichkeit. Oft wird man mit Muskeltraining plötzlich beides los: die Schmerzen und die depressive Stimmung.

◎ **Heile Knochen:** Jedes Jahr brechen 300 000 Oberschenkelhälse. Muskeltraining beugt nachweislich Osteoporose vor.
◎ **Guter Rücken:** 80 Prozent der Rückenschmerzen verschwinden binnen sechs Wochen Muskeltraining.
◎ **Mehr Fettverbrennungsöfchen:** Kräftigere Muskeln verbrennen mehr Fett, auch dann, wenn Sie schlafen.
◎ **Kein Diabetes:** Muskeltraining sorgt dafür, dass unsere Zellen wieder auf Insulin hören.
◎ **Besseres Herz:** Das gesamte Gefäßsystem wird gestärkt.
◎ **Gute Laune:** Muskeltraining baut Ängste und Depressionen ab. Und weckt auf mit Testosteron und Endorphinen.

Typgerechtes Training

Schnelle Muskeln trainiert man am besten so, wie sie der Körper einsetzt. Durch kurzfristige und intensive Belastung. Mit Hilfe von Gewichten. Mit einem Coach oder einer Maschine, die die Bewegung kontrolliert. Und man sollte sie so richtig reizen, mit jedem Training ein bisschen mehr. Kraft wächst am Widerstand.

Und dafür gibt es drei gute Möglichkeiten:

◎ **Der Bitte-mit-Menschen-und-Spaß-Typ:** Sie trainieren unter Anleitung eines Trainers im Fitnessstudio um die Ecke. Machen dort auch Ihr Ausdauertraining. Und genießen das bunte soziale Leben und die kleinen Bequemlichkeiten in der Saunalandschaft und an der Fitnessbar.

◎ **Der Hauptsache-schnell-und-wirkungsvoll-Typ:** Sie trainieren nach medizinischer Anleitung – puristisch, aber effektiv – im Kieser-Studio, der »Produktionsstätte von Magermasse«. Nichts lenkt ab: keine Musik, kein Spiegel, keine Sauna, keine Saftbar, auch kein Aufwärmen und Dehnen. Man kommt, stellt seine Tasche ab, macht sein mit dem Arzt abgestimmtes Training an den High-Tech-Geräten, duscht und verschwindet wieder.

tanken sie kraft, ausdauer und selbstvertrauen

know-how

◎ **Der Am-liebsten-zu-Hause-Typ:** Der nutzt die Kraft der Vibration. Macht effektive Übungen mit dem Flexband und dem Flexi-Bar auf dem Trampolin. Oder er nutzt die zeitsparenden Hightech-Schwingungen des Galileo. (Siehe Seite 198).

REDUKTION AUF DAS WESENTLICHE

INFO

Wenn Sie nicht zum Mr Universum werden wollen – sondern Ihren Muskeln nur die Kraft geben wollen, die Sie leicht und unbeschwert durchs Leben trägt. Wenn Sie Probleme mit dem Nacken oder Rücken haben – und keine Lust auf eine OP. (Hier in Deutschland werden jeden Tag 1200 Bandscheiben, Hüften und Knie operiert.) Dann probieren Sie doch einfach mal ein Kieser-Training.
Der Schweizer Werner Kieser gründete vor mehr als zwei Jahrzehnten das erste Studio. (Infos: www.kieser-training.com.) In jedem stehen unterschiedliche Geräte – für jeden wichtigen Muskel eines. Ausgefeilte Technik, die Jung und Alt gleichermaßen nutzen kann. Im Ein-Satz-Training trainiert man zielgenau in 60 bis 90 Sekunden den Muskel. Sieht bei jedem Besuch anhand der Gewichte, die man langsam erhöht, den Zuwachs an Kraft.
Werner Kieser sagt: »Praktisch jedem Untrainierten ist es möglich, seine Muskelkraft innerhalb von ein bis zwei Jahren zu verdoppeln, was bedeutet, dass der Körper immer weniger als Last wahrgenommen wird.« Mehr möchte ich hier zu diesem Thema gar nicht sagen – lesen Sie lieber das Interview mit dem Muskelphilosophen, auf Seite 182. Halt! Nach Ihrem Saltino vitale auf der nächsten Seite.

MEHR POWER IM LEBEN

Fitte Schritte ins bewegte Leben

Ihre Fitnessformel

Auf Seite 164 haben Sie Ihr Fitnessniveau ermittelt – schauen Sie nochmal Ihr Ergebnis nach. Im Folgenden finden Sie nun Ihre persönliche Fitnessformel, mit der Sie sich gleich auf den Weg machen – und ein Gefühl entwickeln, spüren, wie gut Ihnen Bewegung tut.

 Sie sind sehr schnell erschöpft und sehr schwach

Oje, Sie sehen selbst: Ihre Fitness ist dringend verbesserungsbedürftig. Die Zeit ist reif, werden Sie aktiv und tun Sie gezielt etwas für Ihre Gesundheit, Ihr Selbstwertgefühl, Ihr Glück. Schon nach kurzer Zeit spüren Sie die ersten positiven Effekte.

→ Starten Sie gleich – ja, jetzt sofort – mit einem 30-minütigen Spaziergang mit Ihrer Pulsuhr. Gehen Sie zügig. Nach 5 Minuten bringen Sie Ihren Puls 2 bis 3 Minuten lang auf Ihren idealen Belastungspuls (Seite 154) – indem Sie strammer walken, powerwalken. Die Arme kräftig einsetzen. Achten Sie darauf, dass Ihr Puls nicht darüber hinausschnellt. Ist Ihnen das zu anstrengend, dann ziehen Sie die Bremse an – und gehen wieder langsamer.
Machen Sie diese Powerwalking-Einheiten 5-mal. Dann dehnen. Siehe Seite 195.

→ Ab morgen beginnen Sie jeden Tag mit einer halben Stunde zügigem Spazierengehen mit pulskontrollierten Schnellgang-Einlagen:

Erste Woche: 5-mal 2 bis 3 Minuten.
Zweite Woche: 5-mal 3 bis 4 Minuten.
Dritte Woche: 5-mal 4 bis 5 Minuten …

Die Aktivpausen werden dabei immer kürzer – aber überanstrengen Sie sich nicht.

tanken sie kraft, ausdauer und selbstvertrauen

saltino vitale

■ *Ihnen mangelt es an Energie – aber nicht mehr lange*

Ihre Fitness kann man zwar noch nicht so nennen, aber Sie können mit relativ wenig Aufwand ein normales Ergebnis erzielen.

→ Auch Sie machen jetzt sofort – und ab morgen früh täglich (siehe links) – Ihren 30-minütigen Spaziergang. Vermutlich schaffen Sie schon *die pulskontrollierte 2 :1-Formel:*
2 Minuten schneller, 1 Minute langsam,
2 Minuten schneller, 1 Minute langsam …
Steigt der Puls über Ihren Belastungspuls an (Seite 154), schalten Sie bitte einen Zahn zurück. Probieren Sie aus, was im Schnellgang besser funktioniert. Steigt powerwalkend Ihr Puls ausreichend hoch, oder können Sie die zwei Minuten vielleicht sogar schon joggen?
Wenn Sie übergewichtig sind, sollten Sie beim Powerwalken bleiben, bis die Pfunde weg sind.

UND AUSSERDEM ...

→ ... sollten Sie nach jedem Walking, Jogging oder sonstigem Sport Ihre Muskeln dehnen. Den Joker dazu finden Sie auf Seite 195.
→ ... machen Sie nächste Woche einen Termin beim Sportmediziner. Melden Sie sich für einen Laktattest an (Joker Seite 191).
→ Ganz schnell Fitness tanken können Sie auf dem Trampolin (siehe Joker Seite 193) oder mit Nordic Walking (Seite 195).
→ Ihre Muskelkraft können Sie am sichersten und schnellsten in einem Fitnessstudio aufbauen oder mit dem Galileo (Seite 198).
→ Und Ihren optimalen Belastungspuls errechnen Sie sich regelmäßig neu mit der Formel auf Seite 192.

MEHR POWER IM LEBEN

Ø *Sie schleichen noch durchs Leben*

Ihre Fitness liegt im Normalbereich. Eine gute Ausgangsbasis, um schon bald auf ein überdurchschnittliches Niveau zu gelangen. Achten Sie auf eine harmonische Entwicklung von Ausdauer, Kraft, Koordination und Beweglichkeit.

→ Sie können anfangen zu joggen – wenn Sie nicht arg übergewichtig sind.

Wenn Sie pulskontrolliert laufen, schaffen Sie wahrscheinlich ganz locker jetzt gleich 30 Minuten am Stück. Halten Sie sich an die Belastungspulsformel von Seite 192. Schnellt der Puls höher, gehen Sie es langsamer an.

Wenn Sie das noch nicht durchhalten (das zeigt Ihnen der Puls, der hochschnellt), dann beginnen Sie mit 10 Minuten laufen, 5 Minuten gehen, 10 Minuten laufen …

→ Testen Sie in der nächsten Woche immer mal wieder, wie viele Minuten Sie am Stück schaffen, ohne dass der Puls hoch-

Mit der persönlichen Fitnessformel kann man sofort zum bewegten Menschen werden.

schnellt. Erholen Sie sich zügig gehend, bis er sich wieder normalisiert. Spielen Sie ein wenig mit der Geschwindigkeit – finden Sie Ihre eigene Formel.

→ Und schauen Sie auf Seite 200 nach, welcher Sport Ihnen noch Spaß machen könnte.

Sie sind deutlich fitter als andere

Ihre Fitnessniveau ist überdurchschnittlich. Erhalten Sie sich Ihre Leistungsfähigkeit und bauen Sie diese einfach weiter aus.

Wahrscheinlich gehen Sie sowieso schon regelmäßig auf Ihre Jogging-Runde und halten sich natürlich an Ihren Belastungspuls (Formel Seite 192). Vielleicht trifft man Sie sogar beim Durch-den-Wald-Fliegen – mit Nordic-Walking-Stöcken.

Was können Sie noch tun, um Ihre Fitness weiter zu steigern?
→ Wechseln Sie das Tempo: Bauen Sie zum Ende Ihres Laufes 2 bis 3 kurze 1-minütige Schnelllauf-Einheiten ein.
→ Melden Sie sich nächste Woche bei einem Stadtlauf an. Das motiviert.
→ Wenn Sie sich schon um Ihre Muskeln kümmern: Gut so – machen Sie weiter.

Sie sind so gut wie unschlagbar

Gratulation. Sie haben einen deutlich überdurchschnittlichen Fitnesslevel.

→ Bleiben Sie aktiv und erhalten Sie Ihre gute Leistungsfähigkeit. Viel Spaß jetzt gleich und morgen bei der Trainingsrunde.
→ Nur ein Tipp noch: Machen Sie nicht immer das Gleiche. Gleichförmigkeit bedeutet Stillstand. Bauen Sie andere alternative Bewegungsformen ein – mal Skaten, mal Schwimmen, mal Skilanglaufen. Einen Fitness-Joker mit den verschiedensten Bewegungsfreuden finden Sie auf Seite 200.

Die Seele der Muskeln

Sehen und gesehen werden – ist nicht das Motto der Menschen, die kiesern. Auch nicht: schwitzen, schwatzen und an der Bar Powerdrinks schlürfen. Sie kommen, tanken an modernsten Geräten in ästhetisch reduziertem Ambiente mit medizinischer Beratung 30 Minuten Kraft und Gesundheit, duschen und gehen. Das Motto von Werner Kieser lautet: Reduktion auf das Wesentliche. Ein Gespräch mit dem Muskelphilosophen.

Sie haben der Schwäche den Kampf angesagt?

Wir werden jeden Tag schwächer und schwächer ... wenn wir nichts dagegen unternehmen. Ab 25 nimmt die Kraft unserer Muskeln laufend ab. Mit 60 haben wir ein Drittel bis die Hälfte unserer Kraft verloren. Noch schlimmer wird die Situation, wenn wir – was fast normal ist – an Gewicht zunehmen. Schwächer und schwerer – eine böse Kombination. Vergessen wir nicht, es sind allein unsere Muskeln, die uns durchs Leben tragen und kraft deren wir uns bewegen. Werden diese schwächer, fällt uns alles schwerer.

... und wir werden krank. Davon soll uns das Kieser-Training bewahren.

Kieser-Training hat sich auf die Lösung von Kräftigungsproblemen spezialisiert: chronische Rückenschmerzen und Nackenbeschwerden, Osteoporose (Knochenschwund), Altersschwäche,

Fehlhaltungen, zu hoher Anteil an Körperfett, schlaffe äußere Erscheinung und viele andere Syndrome.

Sie bezeichnen sich selbst als Europas führenden Produzenten von Magermasse ...
Ja, denn »Magermasse« bedeutet Muskeln, Sehnen und Knochen, das einzige Substrat, das Training hervorbringen kann.

... und abnehmen tut man auch.
Natürlich. Abnehmen heißt, weniger Kalorien aufzunehmen als auszugeben. Die Art der Nahrung ist sekundär, wobei eine Reduktion der Kohlenhydrate zugunsten einer erhöhten Eiweißaufnahme zu empfehlen ist. Wenn der Körper zu wenig bekommt, beginnt er quasi sich selbst zu verdauen. Leider greift er zuerst die Muskeln an – vorausgesetzt, sie werden nicht dringend benötigt. Dann nämlich zieht er das Fett vor. Wenn Sie trainieren, benötigen Sie die Muskeln offensichtlich; Sie werden vorwiegend Fett verlieren. Trainierte Muskeln benötigen selbst im Ruhezustand mehr Kalorien als untrainierte. Insofern hilft das Krafttraining von zwei Seiten: Fettabbau anstelle Muskelverlust beim Abnehmen und erhöhter Verbrauch selbst im Schlaf.

Ihr Lieblingsspruch: Der Mensch wächst am Widerstand. Wieso?
Weil es sich hier um ein biologisches Prinzip handelt, dem wir alle unterliegen, das wir jedoch gerne verdrängen. Von der Wiege bis zur Bahre sind wir Widerständen, das heißt Kräften ausgesetzt, die wir oder die uns überwinden. Es beginnt mit dem Aufstehen am Morgen. Wir tauschen die horizontale Lage und gleichmäßig verteilte Schwerkraft mit der aufrechten Position und konzentrieren die ganze Erdanziehung auf die kleine Fläche

unserer Fußsohlen. So mühsam sich dies anhört, so überlebensnotwendig ist es. Astronauten zeigen uns: Nicht nur die Muskeln schwinden, wenn die Erdanziehung fehlt, auch die Knochen beginnen, sich aufzulösen, weil sie im schwerelosen Raum einfach nicht nötig sind. Daher ist es ungenau zu sagen, es fehle uns an Bewegung. Es fehlt uns in Wirklichkeit an Muskelspannung. Oder andersherum: Die Qualität der Bewegung hängt am Widerstand, den wir damit überwinden oder gegen den wir damit angehen.

**Ihr Buch heißt: »Die Seele der Muskeln« –
was verändert denn ein Muskeltraining in der Seele ...**
Ihrem Körper entkommen Sie nicht, trotz der vielen Versuche, die zu diesem Zwecke in fast allen Kulturen unternommen wurden – in Religionen und Philosophien, die die Trennung von Körper und Geist postulieren. Es macht Sinn, sich der Tatsache des Körpers zu stellen. Nicht um ihn zu verehren oder sonst wie kultisch zu erhöhen, sondern um ihn sachgemäß zu entwickeln und zu warten.

... am Körper
»Design follows function«, sagten die Bauhaus-Architekten. Das gilt auch für den Körper. Ein gut funktionierender Bewegungsapparat sieht gut aus: Die Haltung ist aufrecht, das Gewebe straff, und die Bewegungen sind harmonisch.

... im Kopf
Als Erdenkinder haben wir täglich und mit jeder Bewegung die Schwerkraft dieses Planeten zu überwinden; dies ist der Job unserer Muskeln. Je stärker sie sind, umso leichter empfinden Sie die Last Ihres Körpers. Praktisch jedem Untrainierten ist es möglich, seine Muskelkraft innerhalb von ein bis zwei Jahren zu verdoppeln, was bedeutet, dass der Körper immer weniger als Last

wahrgenommen wird. Das befreit auch den Kopf. Hinzu kommen die durch hohe Muskelspannung ausgelösten Weckreize auf das Gehirn, die sich unmittelbar nach dem Training bemerkbar machen: Trotz der Ermüdung der Muskeln sind Sie wacher als zuvor. Denkarbeit fällt einem erheblich leichter nach dem Training als zuvor.

... an der biologischen Uhr?

Während Sie dieses Interview lesen, gehen Tausende von Zellen in Ihrem Körper zugrunde. Gleichzeitig – glücklicherweise – werden Tausende von Zellen aufgebaut. In der Jugend überwiegen die Aufbauprozesse – wir wachsen. Im Alter überwiegen die Abbauprozesse – wir sterben. Dies hielt man lange Zeit für ein unbeeinflussbares Walten der Natur. Dass dem nicht so ist, zeig-

Kraftmaschinen statt Operationstisch ...

te die Ärztin Maria Fiatarone. Sie trainierte acht Wochen lang einer Gruppe von alten Menschen zwischen 86 und 96 Jahren die Muskeln der Oberschenkel. Der durchschnittliche Kraftgewinn lag bei 174 Prozent. Auch im hohen Alter können wir auf diese Aufbau- bzw. Abbauprozesse Einfluss nehmen.

Reichen da wirklich ein bis zwei halbe Stunden Training pro Woche?

Für Anfänger ja. Für Fortgeschrittene ist es zu viel. Training bedeutet stets eine bewusste vorübergehende Schwächung. Diese bildet den Trainingsreiz zur Superkompensation, einem nachfolgenden Muskelaufbau. Je mehr Kraft Sie haben, umso tiefer greifen Sie beim Training in Ihre Reserven. (Ein schwacher Mensch ist dazu gar nicht in der Lage.) Wenn Sie dem Körper nicht ausreichend Zeit für diese »Reparatur« lassen, schwächen Sie Ihr Immunsystem. Das heißt, jede weitere Kraftentwicklung wird durch zu häufiges Training gedrosselt.

Sie schreiben in Ihrem Buch: »Wenn Sie nichts vom Sport halten, wenn Sie anstrengender körperlicher Tätigkeit lieber aus dem Weg gehen, dann sollten wir ins Gespräch kommen.« Ist Kiesern kein Sport?

Nein. Kieser-Training hat mit Sport so viel zu tun wie etwa die Zahnreinigung mit Essen oder die Astronomie mit der Astrologie. Kieser-Training ist Aufbau und Erhaltung, Sport jedoch Verausgabung oder Nutzung der Kräfte. Bei Sport oder schwerer Arbeit werden bestimmte Muskeln trainiert, andere nicht. Sie produzieren muskuläre Dysbalancen.

Warum reicht beim Kieser-Training eine halbe Stunde?

Körperliche Betätigung hat einen Trainingseffekt oder eben nicht, je nachdem, ob die Muskeln bei dieser Tätigkeit eine bestimmte Spannungshöhe überschreiten oder nicht. Daher haben wir beim Tennis oder Skifahren einen umso geringeren physiologischen Trainingseffekt, je besser wir fahren. Unser Können liegt in der Koordination, also dem ökonomischen Einsatz der Kräfte. Koordination dient im Wesentlichen der Umgehung von Anstrengung. Je koordinierter, desto eleganter die Bewegung und desto weniger anstrengend ist sie. Nur ein Bruchteil der Zeit und des Energieaufwandes ist produktiv, das heißt im Sinne eines Trainingseffektes, wirksam. Beim Kieser-Training konzentrieren wir uns auf diesen Bruchteil und lassen das Übrige weg. Dies erhöht zwar nicht den Spaß am Training, macht es aber effizient.

Das Geheimnis steckt in Ihren Geräten?
Eine Maschine ergonomisch sinnvoll zu gestalten ist zwar nicht aufwendiger, als sie falsch zu bauen. Trotzdem hapert es hier noch mancherorts in der Fitnessindustrie. Wenn mir eine neue Maschine gezeigt wird, setze ich mich in sie hinein und weiß innerhalb von Sekunden, ob der Gerätebauer selbst trainiert hat oder nicht. Es scheint hier ein klassisches Schnittstellenproblem vorzuliegen, und zwar an der Schnittstelle Mensch/ Maschine. Der Ingenieur hat wenig Ahnung vom menschlichen Körper, und der beratende Anatom oder Sportwissenschaftler versteht nichts von Technik. Die Güte unserer Technologie ist abhängig von drei Faktoren: der ergonomisch richtigen Gestaltung, dem Kraftverlauf während der Übung und der minimalen Reibung. Sie garantiert optimales Muskeltraining in kürzester Zeit.

Man hat Sie in der Presse als »Todfeind der Orthopäden« bezeichnet. Was kann ein Kieser-Training alles verhindern: 60 000 Bandscheibenoperationen pro Jahr ...
Die Rechnung ist sehr einfach: Der Rücken der Deutschen kostet im Jahr etwa 20 Milliarden Euro, Arbeitsausfälle, Operationen und Renten mit eingerechnet. Bei chronischen Rückenpatien-

ten haben wir mit einer einzigen Übung, der Lumbar Extension, eine Erfolgsquote von 80 Prozent. Die Übung wird an einer Maschine ausgeführt, die das Becken vollständig fixiert und so das Training der unteren Rückenmuskeln möglich macht. Die Übung dauert etwa zwei Minuten und sollte einmal pro Woche ausgeführt werden. Schmerzfreiheit oder ein signifikanter Rückgang sollte nach maximal 18 Sitzungen erreicht sein. Wenn alle Bürger/-innen Deutschlands diese Übung 18 Wochen lang machen würden und die so erworbene Kraft mit einem Training alle zwei bis drei Wochen stabilisieren würden, hätten wir eine Kosteneinsparung von 16 Milliarden. Zwar sind diese 20 Milliarden nicht einfach verlorenes Geld, sondern fließen in Rückenschulen, Physiotherapien, Kliniken, Orthopädiepraxen. Der Rückenpatient ist ein Dauerkunde in diesen Institutionen. Mit unserer Kräftigungstherapie wird er aber vom Rückenmarkt eliminiert. Und das macht nicht alle glücklich.

Eine Zwei-Minuten-Übung erspart die Rücken-OP?

Eine interessante Studie wurde 2001 in den USA veröffentlicht. 38 Rückenpatienten, die zur Bandscheibenoperation angemeldet waren, wurden – es kam ja nicht mehr darauf an – auf eine Kräftigungstherapie an denselben Maschinen gesetzt, wie wir sie im Kieser-Training verwenden. Von den 38 Terminen wurden 35 abgesagt, weil die Patienten keine mehr waren; die Schmerzen waren weg. Das ist schön für die Patienten, aber nicht für das Budget der Klinik.

Muskeltraining kann aber noch mehr. Es hilft ja auch, die Volkskrankheit Diabetes zu verhindern.

Richtig. Krafttraining reduziert die Insulinresistenz, die Vorstufe von Diabetes. Weil die Zucker verbrennende Muskulatur zunimmt, sich mehr Blutgefäße bilden und die Antennen für Insulin sensibilisiert werden. Mehr Zucker fließt wieder aus dem Blut in die Zellen. Außerdem zeigen neuere Untersuchungen einen Stoffwechseleffekt des Krafttrainings: eine Zunahme des schützenden HDL-Cholesterins und eine Reduktion des schädlichen LDL-Cholesterins.

Sie ecken manchmal auch an, weil Sie sagen: Es braucht weder Aufwärmen noch Dehnen. Erklären Sie bitte kurz, warum.
Um einen Kraftgewinn zu erzeugen, ist eine hohe Anspannung der Muskeln von etwa sechs Sekunden Dauer erforderlich. Beim Kieser-Training dauert eine Übung 60 bis 90 Sekunden, mit einem nicht allzu schweren Gewicht, das heißt mit etwa 50 Prozent der Maximalkraft. Damit wird der Muskel auf die letzten sechs Sekunden – das eigentliche Training – vorbereitet oder eben »aufgewärmt«. Das geschieht hier für jede einzelne Muskelgruppe separat. Denn es hat keinen Sinn, dass die Halsmuskulatur jetzt vorbereitet wird, wenn diese Muskeln erst in 30 Minuten drankommen. Mit der Übungsdauer von 60 bis 90 Sekunden erreichen wir zweierlei: Erstens hat das Nervensystem so genügend Zeit, möglichst viele Fasern zu mobilisieren; zweitens erhält der Muskel die ideale »Betriebstemperatur«. Beim Kieser-Training besteht somit jede Übung zu 90 Prozent aus Aufwärmen, und das exakt für den zu trainierenden Muskel. Das Dehnen ist bei unserer Technologie sozusagen inbegriffen. Alle Kunden erweitern in Kürze ihre Gelenkamplitude ohne separate Dehnungsübungen.

Sie wollen ja »der ganzen Welt den Rücken stärken«, aber was tut ein Mensch, der kein Kieser-Studio in der Nähe hat?
Für dieses Problem habe ich noch keine Lösung. Es ist eben wie in der Medizin: Was soll ein Patient tun, wenn kein Computertomograph in seiner Nähe ist? Er muss in die nächste Klinik, die einen solchen hat.

Kann man denn überhaupt nicht trainieren, ohne in ein Studio zu gehen?

Doch. Natürlich. Es gibt drei wunderbare Übungen, die wir als »Erhalter« bezeichnen und die man zu Hause oder auf dem Trimmpfad machen kann, allerdings erst, wenn man eine Grundlage geschaffen hat. Diese Grundlage sollte an sachgemäßen Maschinen geschaffen werden. Die »Erhalter« sind folgende Übungen: Kniebeuge, mit einer Last auf den Schultern, für Beine und Gesäß. Klimmzüge für die oberen Rückenmuskeln und für die Armmuskeln, den Bizeps; und Barrenstütz für die Brustmuskeln und den Trizeps. Natürlich ist die Ausführung auch dieser Übungen an Maschinen komfortabler und sicherer, aber sie können auch ohne durchgeführt werden.

Wie alt ist Ihr ältester Kunde?

Wir haben einige weit über achtzigjährige Kunden. Wer aber von den über 230 000 Kunden oder Kundinnen am ältesten ist, weiß ich nicht. Es ist nie zu spät!

Nach Anspannen kommt Entspannen – wie tun Sie das?

Ich tu gar nichts zum Entspannen, da dieses ja eben darin besteht, dass man nichts tut. Ich meine natürlich, dass man muskulär nichts tut. Der muskulären Entspannung muss aber die Anspannung vorausgehen – wie dem Ausatmen das Einatmen. Es hilft also nicht viel, mit »Entspannung« anzufangen, sein körperliches Dasein zu verbessern. Spannung ist notwendig, hohe Spannung sogar; dann stellt sich die Entspannung automatisch ein.

Und wie trainieren Sie Ihre Ausdauer?

Ich gehe täglich eine Dreiviertelstunde mit meinem Hund den Berg hinauf. Das ist genug für uns beide.

tanken sie kraft, ausdauer und selbstvertrauen

joker

Fitness-Check

Wie wär's denn, wenn Sie mal zum Arzt gingen – nicht weil Sie krank sind, sondern weil Sie fit werden wollen?! Sollten Sie ab 35 alle zwei Jahre tun. Zum Fitness-Check – am besten beim Sportmediziner – gehören:

◎ Ein Belastungs-EKG, das zeigt, wie fit Ihr Herz ist.

◎ Der Laktattest: Mit ihm finden Sie den genauen Grenzpuls, über dem Sie nicht trainieren dürfen.

◎ Die Spiroergometrie: Während Sie Fahrrad fahren und in eine Maske atmen, bestimmt der Arzt die maximale Sauerstoffaufnahme, Ihre Ausdauer und wie ökonomisch Ihre Fettverbrennungsmaschine und Ihr Herz-Kreislauf-System arbeiten – ob Sie überhaupt Fett verbrennen oder hauptsächlich Kohlenhydrate.

◎ Die Muskelfunktionsdiagnostik: Der Sportmediziner testet einzelne Muskeln auf Kraft und auf Dehnfähigkeit – und spürt muskuläre Dysbalancen auf, also zu schwache und verkürzte Muskeln.

So ein »Paket« gibt es ab ca. 160 Euro. Der Deutsche Sportbund nennt Zentren, die sportmedizinische Gesundheits-Checks anbieten (www.osp-koeln.de).

Treppenphilosophie

Ein Menschheitstraum geht seit 200 Jahren sukzessive in Erfüllung: die Überwindung der körperlichen Mühen. Zuerst erfanden Ingenieure die Eisenbahn, dann den Aufzug, die Rolltreppe, das Auto, das Flugzeug. Und heute? Sind die Menschen dick und bequem geworden. Und die Nachfahren der Rolltreppenerfinder bauen so seltsame Apparate wie das Laufband. Das Laufband ist die pervertierte Umkehrung des Rolltreppenprinzips. Sie bringt einen keinen Schritt nach vorn und kostet Muskelkraft. Das Beste ist: Wir reisen bequem für teures Geld mit Auto oder U-Bahn zum Fitnessstudio, um für noch mehr Geld auf einem Laufband zu schwitzen. Merkwürdig, oder? Ich sage Ihnen was:

Ich mag auf Kurzstrecken keine Autos, keinen Bus. Ich fahre mit dem Fahrrad zum Bäcker, meide Rolltreppen und Aufzüge, trage den Mineralwasserträger in den Keller. Weil ich weiß: Jeder Muskel braucht 200 Reize pro Tag, um fit zu bleiben. Wie und wo er diese Reize bekommt, ist ihm egal. Deshalb zählt jeder Schritt, ist jede Treppenstufe ein Plus auf meinem Fitnesskonto. Mag ja sein, dass ich mir das Leben damit schwermache, aber ich fühle mich leicht – das ist der Punkt.

Schrittzähler

Schon mit 10 000 Schritten pro Tag senken Sie Ihren Blutdruck, vermindern die Insulinresistenz und beugen so Diabetes vor. Das bewiesen amerikanische Wissenschaftler der Universität von Knoxville in einer Studie mit übergewichtigen Frauen. Wie viele Schritte schaffen Sie am Tag? Schreibtisch- und Sesselhocker schaffen wenn es hoch kommt 1000. Forscher haben festgestellt: Ein Schrittzähler motiviert. Menschen, die sich so einen Pedometer umschnallen, haben Lust auf Fitnesspunktesammeln – sie gehen mehr. Bezugsquelle Seite 396.

Grenzpulsformel

Am besten, Sie kennen den Pulswert, den Sie während des Trainings nie überschreiten dürfen: Ihren individuellen Grenzpuls. Am sichersten ermittelt ihn ein Sportmediziner mit dem Laktattest. Sie können ihn aber auch mit Hilfe der von Karvonen und anderen entwickelten und von Lagerstrøm/Graf im deutschsprachigen Raum verbreiteten Formel berechnen:

Trainingsherzfrequenz =
$(220 - {}^3/_4 \text{ LA} - \text{RHF}) \cdot X + \text{RHF}$
- LA ist Ihr Lebensalter
- RHF der Ruhepuls
- X der Trainingszustand

Die X-Werte
- Untrainierte $X = 0{,}60$
- Mäßig Trainierte $X = 0{,}60 - 0{,}65$
- Mittelmäßig Fitte $X = 0{,}65 - 0{,}70$
- Trainierte $X = 0{,}70 - 0{,}75$
- Leistungsausdauersportler $X = 0{,}75 - 0{,}80$

Ihr Trainingszustand $(X) =$ _____

Ein Rechenbeispiel: Sie sind ein 40-jähriger Untrainierter ($X = 0{,}6$), Ihr Ruhepuls beträgt 72. Dann berechnen Sie erst einmal den Wert in der Klammer (runden Sie die Stellen nach dem Komma immer auf oder ab) und erinnern Sie sich dabei an die alte Schulregel: Punktrechnung geht vor Strichrechnung.
Trainingsherzfrequenz $= (220 - 30 - 72) \cdot 0{,}6 + 72$
$= 118 \cdot 0{,}6 + 72 = 71 + 72 = 143$

Der neue Trainingsbereich

Nach zwei bis drei Wochen Training mit Ihrer Fitnessformel gehören Sie sicher schon zu den mäßig Trainierten – und berechnen die gleiche Formel noch einmal mit 0,65 – und mit dem vielleicht schon niedrigeren Ruhepuls von 68. Durch das Training bekommen Sie nämlich einen niedrigeren Ruhepuls. Ihr Herz schlägt langsamer für ein längeres Leben. Daraus ergibt sich ein Trainingsbereich von 141 bis 147 Herzfrequenz:
$(220 - 30 - 68) \cdot 0{,}6 + 68 = 141$
$(220 - 30 - 68) \cdot 0{,}65 + 68 = 147$
In diesem Bereich dürfen Sie spielen. Geht Ihnen aber bei 146, 147 die Luft aus, dann schalten Sie einen Gang runter.

Das Mini-Trampolin

Lust auf noch einen Saltino vitale? Ein Ding katapultiert Sie mit Sicherheit in ein neues, bewegtes Leben: Es heißt Mini-Trampolin. Der genialste Hometrainer der Welt. Auf dem Wundertuch können Sie wippen, hüpfen, springen, joggen, walken – und machen Ausdauer- und Krafttraining zugleich: Durch die kurzfristige Überwindung der Gravitationskraft beim Sprung wird jeder einzelne Muskel entspannt und wieder angespannt. Nichts ist so effektiv. Der Trainingseffekt liegt um 68 Prozent höher als beim Laufen. Bedeutet: 20 Minuten auf dem Trampolin bringen so viel wie ein 3-Kilometer-Lauf.

Sind Sie übergewichtig? Und bewegen Sie sich nicht gerne auf dem Laufsteg der Öffentlichkeit? Oder Sie haben kein Grün in der Nähe? Können das Haus wg. Kinderschar schlecht zum Joggen verlassen? Immer heißt die Lösung: Mini-Trampolin. Es schont die Gelenke, man kann es in der kleinsten Wohnung benutzen, es ist leicht, nimmt wenig Platz weg (Durchmesser der Sprungmatte: 87 bis 120 Zentimeter). Und verschwindet mit abgeschraubten bzw. eingeklappten Stellfüßen hinter dem Schrank oder unter der Couch. Und es lässt keine Ausrede zu.

Ich finde: In jedem Haushalt sollte ein Mini-Trampolin stehen – und täglich zum Bewegen einladen.

Wer es ein paarmal ausprobiert, hat so viel Freude daran, dass er es so selbstverständlich benutzt wie die Zahnbürste. Warum? Darum:

◉ **Ideenschmiede:** Wollen die Ideen nicht sprühen? Wippend kommunizieren die rechte und die linke Gehirnhälfte miteinander: Das schärft den Geist, lockt die Kreativität.

◉ **Tranquilizer:** Nervt Sie der Chef, der Kollege ohne Ende? Ab aufs Trampolin. Hüpfend schicken Sie die Stresshormone in die Wüste. Und dann stellen Sie Ihren Chef oder Kollegen drauf. Gut gelaunt sind sie besser zu ertragen.

◉ **Energizer:** Sind Sie mal wieder ziemlich ausgelaugt? Auf dem Trampolin wippend, tanken Sie Energie. Und das Beste daran: drei Minuten reichen.

◉ **Schutzengel:** Das Trampolin trainiert kleine und große Tollpatsche zu Alltagsgazellen. Der elastische Untergrund schult die Koordination, das Zusammenspiel von Nerven und Muskeln. Man steht viel sicherer im Leben und reagiert schneller. Zum Beispiel auf dem Glatteis und im Straßenverkehr.

◉ **Fatburner:** Auf dem Trampolin macht man gleichzeitig Ausdauer- und Krafttraining. Alle Muskeln von Kopf bis Fuß verbrennen die ungeliebten Fettmoleküle. In den Laufschuhen verliert man etwa 500 kcal pro Stunde – auf dem Trampolin 750.

◉ **Medizin ohne Nebenwirkungen:** Wippen auf dem Trampolin kurbelt den Lymphfluss an, das Abwassersystem des Körpers. Mit den Giften verschwinden Kopfschmerzen, Müdigkeit, Verspannungen. Das Immunsystem wacht auf. Tag für Tag wippt man sich in einen gesünderen Körper.

Ganz wichtig: Sparen Sie nicht beim Trampolinkauf. Eine billige Sprungmatte hat negative Effekte auf die Gesundheit. Ein gutes Trampolin kriegen Sie ab 170 Euro – wesentlich billiger als ein Laufband oder ein Hometrainer (Bezugsquelle Seite 396, Büchertipp Seite 385).

Nordic Walking

Wenn Sie die gleiche Zeit investieren und dafür ein 50 Prozent besseres Ergebnis erhalten, dann würden Sie doch auch zu Stöcken greifen? Sprich nordicwalken. Nordic Walker benutzen 90 Prozent ihrer Muskeln, Schritt für Schritt. Und das aktiviert die Fettverbrennung und kräftigt auch noch den Oberkörper. Nordic Walking hat man spätestens nach einer Stunde gelernt. Sie brauchen nur spezielle Walking-Stöcke aus Carbon (80 bis 100 Euro).

Wichtig: Dehnen

Hier finden Sie fünf clevere Übungen, die alle wichtigen Muskelgruppen in weniger als fünf Minuten sanft dehnen.

Einfach immer an Ihr Ausdauertraining anhängen. So bleiben die Muskeln lang und geschmeidig.

Dehnregeln

→ Dehnen Sie Ihre Muskeln nach jedem Training.
→ Langsam in die Dehnstellung gehen.
→ In der Dehnstellung jeweils etwa 10–15 Sekunden verharren. Im aufgewärmten Zustand darf das Spannungsgefühl stärker sein als im kalten Zustand.
→ Langsam aus der Dehnstellung herausgehen.
→ Diesen Vorgang 2- bis 3-mal wiederholen.
→ Übung 2 bis 4: auch die andere Seite dehnen.

Oberschenkelrückseite und -innenseite dehnen

1. Stellen Sie sich in die Grätsche und strecken Sie die Knie durch.
2. Beugen Sie sich mit gerader Wirbelsäule nach vorn. Sie spüren jetzt ein Ziehen an der Oberschenkelrückseite und -innenseite. Dieselbe Übung mit geschlossenen Beinen ausgeführt, dehnt intensiv die Oberschenkelrückseite.

Oberschenkelrückseite und -vorderseite dehnen

1. Im Stand heben Sie den rechten Fuß nach hinten und ziehen ihn mit der rechten Hand zum Po.
2. Schieben Sie die Hüfte nach vorn und spannen Sie den Bauch an. Dann drücken Sie den Fuß weiter in Richtung Po und führen die Knie zusammen.
Sie spüren das Ziehen von der Hüfte abwärts zum Knie runter.

Wade dehnen

1. An einer Treppe oder Türschwelle stellen Sie einen Fuß so auf eine Stufe, dass der Vorfuß draufsteht, während die Ferse in der Luft schwebt.
2. Strecken Sie das hintere Bein durch und senken Sie die Ferse ab.

Sie spüren die Dehnung von der Ferse ab bis zur Kniekehle hinauf.

Körperseite dehnen

1. Die Beine stehen gekreuzt. Das hintere Bein ist durchgestreckt und steht nur mit der Fußaußenkante am Boden, das vordere Bein ist gebeugt.
2. Bilden Sie einen Bogen, indem Sie den Arm über den Kopf nehmen und zur Seite ziehen. Schieben Sie die Hüfte schräg nach vorn.

Das Ziehen spüren Sie an der Beinaußenseite und im seitlichen Rumpf.

Ganze Wirbelsäule dehnen

1. Lassen Sie Schultern und Kopf nach vorn hängen und rollen Sie Brust- und Halswirbelsäule ein.
2. Schieben Sie die Hüfte nach vorn. Verschränken Sie die Hände am Hinterkopf und ziehen Sie ihn leicht nach unten.

Sie spüren ein Ziehen vom Nacken bis in den unteren Rücken.

Astronauten-Trainer Galileo

Für wen? Für alle, die ein effektives Muskeltraining im Zeitraffer wollen. Einfach draufstellen – und in fünf bis zehn Minuten trainiert Sie die Hightechmaschine. Kräftigt, Beine, Rumpf, Bauch, Beckenboden und Rücken. Wer ein Stretchband oder Hanteln mit aufs Gerät nimmt, trainiert noch zusätzlich den Arm- und Schulterbereich. Erspart 45 Minuten an 12 Geräten im Fitnessstudio. Dreimal die Woche reicht. Wie wirkt es? Man steht auf einer Wippe, die sich minimal auf und ab bewegt und den natürlichen Gang nachahmt. Diese seitenalternierende Vibration stimuliert den Muskel, sich maximal anzuspannen. Fünf Minuten sind so effektiv wie ein Zehnkilometerlauf. Ideal: Niedrige Frequenzen (12 bis 15 Hertz) entspannen und wirken wie eine Massage, hohe Frequenzen (20 bis 30 Hertz) machen ein effektives Muskeltraining. Was bringt es? Das Gerät wurde für Astronauten entwickelt, die ja im All schnell Muskeln abbauen. Hier auf der Erde kräftigt es Leistungssportler, beugt Osteoporose vor, stärkt die Tiefenmuskulatur im Rücken, beugt Inkontinenz vor, hilft beim Abnehmen – und strafft den ganzen Körper. Gut zu wissen: Es handelt sich um ein durch viele Studien geprüftes Gerät, das auch erfolgreich in der Medizin eingesetzt wird. Nach einer professionellen Einweisung ist es einfach zu bedienen. Nicht verwechseln mit den anderen Modegeräten, die sich nur auf und ab bewegen. Für den Hausgebrauch leider teuer: Gibt's ab 3600 Euro. Er steht aber mittlerweile auch in vielen Praxen und Fitnessstudios. Bezugsquelle siehe Seite 396.

Flexi-Bar, der Zauberstab

Ideal für alle, die Spaß an neuen Bewegungsformen haben, die ein außergewöhnliches Training für zwischendurch suchen. Ganz egal, ob man 60 Kilo wiegt oder 160. Auch für das Training mit dem Flexi-Bar heißt das Zauberwort »Vibration«. Eine kurze Bewegung genügt, und schon beginnt der 1,5 Meter lange

tanken sie kraft, ausdauer und selbstvertrauen

joker

Stab zu schwingen. Jetzt müssen Sie den Stab nur immer wieder mit kurzen Impulsen in Schwung halten – und los geht's mit den Übungen. Wie wirkt es? Die »good vibrations« stimulieren tiefliegende Muskelbereiche, die Sie mit regulärem Krafttraining gar nicht erreichen. Ihr ganzer Körper reagiert darauf und versucht, sich zu stabilisieren. Vor allem die Tiefenmuskulatur rund um die Wirbelsäule profitiert vom Training mit dem schwingenden Stab, aber auch die gesamte Bauchmuskulatur sowie der Beckenboden. Was bringt es? Dreimal zehn Minuten (für jede Übung benötigen Sie eine Minute) pro Woche genügen. Man erntet ein stabiles Muskelkorsett für den aufrechten Gang durchs Leben, lindert Rückenproblemen, beugt Verspannungen in Schultern und Nacken, Beschwerden in Lendenwirbelsäule und Hüfte vor, festigt das Bindegewebe und verbessert die Kraftausdauer. Gut zu wissen: Der Flexi-Bar lässt sich platzsparend hinter jeder Tür, unterm Bett oder im Schrank verstauen. Kostenpunkt: ca. 90 Euro.

Der Zauberstab trimmt mit seinen Schwingungen auch die Tiefenmuskulatur – das Krafttraining macht viel Spaß.

MEHR POWER IM LEBEN

Sportarten

	Sportart	bei Übergewicht	für Anfänger	bei Gelenkproblemen	Kalorienverbrauch hoch	zur Entspannung	Ausdauer	Beweglichkeit	Koordination	Schnelligkeit	Kraft
		Eignung					**Anforderung**				
Fitnesssport	Aerobic High/Low				●		●	●	●	●	●
	Aquajogging	●	●	●	●		●				●
	Aquapower			●	●		●		●		●
	Bauch-Beine-Po-Gymnastik	●	●	●				●	●		●
	Bodyshaping	●	●	●				●			●
	Fitness-Gerätetraining	●	●					●			●
	Indoor Cycling (Spinning)	●		●	●		●				●
	Jazzdance				●		●	●	●	●	
	Pump				●		●		●		●
	Stepp-Aerobic				●		●	●	●		
	Tae Bo				●		●	●	●	●	●
	Rückenschule	●	●	●				●	●		●
Trend-/Erlebnissport	Inlineskating				●		●		●		
	Jogging/Laufen				●		●				
	Golf	●				●	●	●	●		
	Klettern				●		●	●	●		●
	Mountainbiken				●		●		●		●
	Radfahren	●	●	●			●				
	Schwimmen	●		●			●	●			●
	Skateboarden				●				●		
	Ski alpin								●		●

tanken sie kraft, ausdauer und selbstvertrauen

Kategorie	Sportart	bei Übergewicht	für Anfänger	bei Gelenkproblemen	Kalorienverbrauch hoch	zur Entspannung	Ausdauer	Beweglichkeit	Koordination	Schnelligkeit	Kraft
		Eignung					Anforderung				
Trend-/Erlebnissport	Skilanglauf	○		○	○		○	○			
	Snowboarden							○	○	○	
	Walking	○	○	○			○				
	Wandern	○	○			○	○				
	Windsurfen								○		○
Meditatives	Qi Gong	○	○	○		○		○	○		
	Tai Chi	○				○		○	○		
	Yoga					○		○	○		
	Autogenes Training	○	○	○		○					
Kampfsport	Aikido					○		○	○	○	
	Boxen				○		○		○	○	○
	Judo				○		○	○	○	○	○
	Taekwondo				○	○		○	○	○	○
Sportspiele	Badminton				○		○		○	○	
	Basketball				○		○		○	○	
	Fußball				○		○		○	○	
	Hockey				○		○		○	○	
	Squash				○		○			○	
	Tennis				○		○		○	○	
	Volleyball				○				○	○	

MEHR POWER IM LEBEN

Lektion 4:
Zum Glück gibt's sechs Sinne

Heute war ich glücklich, als ich Basilikum umgetopft habe. Ich liebe es, in der Erde zu wühlen – sie riecht nach Frieden und Unendlichkeit. Sollte jeder täglich machen: Gärtner leben länger, Gärtnern ist Medizin. Neuerdings wird es auch von Ärzten eingesetzt als Herzinfarkt- und Schlaganfallprophylaxe. Und wussten Sie, dass Manager bei Wahrnehmungspsychologen ein Vermögen bezahlen, um Bäume zu umarmen? Sie wandern für viel Geld in den Wald, um ihre stumpfen Sinne mit Hilfe der Natur zu schärfen, ihre sinnliche Wahrnehmung zu schulen. Damit sie wieder kreativer werden, mit anderen Menschen intuitiver umgehen können, mehr Erfolg haben und natürlich auch wieder glücklicher sind.

Können Sie noch mit allen Sinnen das Leben erfahren, mit den Augen, den Ohren, der Nase, dem Gaumen, den Händen – und dem Bauch? Glückliche Menschen konsumieren nicht, sie erleben die Welt. Die sechs Sinne sind das Tor zur Welt – und zum Glück.

Sinnliche Menschen sind glücklich

Sie können sich be-sinnen, wenn andere hektisch sind. Sie leben nicht mit negativen Gedanken in der Vergangenheit oder grübeln sorgenfaltenzerfurcht über die Zukunft. Sie leben im Augenblick. Genießen ihn mit allen Sinnen. Sie haben ein Gespür für die kleinen Wunder des Lebens, zelebrieren die Gegenwart, halten kleine Glücksmomente fest.

Und sie nutzen ihren sechsten Sinn: Wo andere sich nur noch auf Studien und Fakten verlassen, hören sie auf den Bauch, ihr zweites Gehirn.

Sie verbringen ihre Zeit sinnvoll mit Freunden. Und man erkennt sie, wenn man mit ihnen zu Abend isst. Mit ihrem wachen sechsten Sinn, ihrer Intuition, haben sie schon vorab gespürt: Der Gast steht vor der Tür.

Dann stehen sie fröhlich in der Küche und schnippeln, schlagen, köcheln. Sie schmecken Saucen ab, probieren Suppen. Wenn alles fertig ist, arrangieren sie den Esstisch mit Leinentuch, Rosen und Kerzenständern. Dann legen sie Vivaldi ein und machen aus dem, was andere in fünf Minuten mit verschmierten Fingern am Dönerstand hinter sich bringen, ein kleines Fest.

Sinnlich ist erst einmal jeder

Babys machen sich schlau mit Tasten, Riechen und Schmecken. Sie erobern grapschend und beißend die Welt. Das neugierige Kind kommt in die Schule und nährt sein Wissen durch Bücher, Fernsehen, Radio und Internet. Der junge Mensch weiß irgendwann, wie die Antarktis und die afrikanische Steppe aussieht. Was er allerdings nicht weiß, ist: Wie fühlt sich Steppensand unter den Füßen an? Wie riecht Giraffenmist? Mit den Jahren wird der Mensch mehr und mehr zum Augen- und Verstandeswesen. Und der Riech-Mensch, der Schmeck-Mensch, der Tast-Mensch, der Bauch-Mensch verkümmern – Körper und Geist leiden.

Was erstickt die Sinnlichkeit?

◎ Überstimulation: Alles muss lauter sein, schneller, süßer, schriller und aufreizender.

◎ Eintönigkeit: Gewohnheit zieht ins Leben ein – die Neugierde stirbt.

Die Folgen: Der Mensch, der seine Sinne verkümmern lässt, kann auch keine Zufriedenheit mehr spüren, kein Glück. Wollen Sie das? Natürlich nicht. Schärfen Sie Ihre Sinne wieder – mit dieser Lektion.

ZEITPLAN

MUTIEREN SIE ZUM SINNESMENSCHEN

Rechnen Sie für diese Lektion mit 60–90 Minuten Test- und Lesezeit.

Machen Sie den Test auf der nächsten Seite. Sie brauchen 15 Minuten.

Erholen Sie sich 30 Minuten mit unserem Sinne-Know-how ab Seite 209.

Machen Sie mit dem Saltino vitale auf Seite 226 eine neue, sinnliche Erfahrung. Sie brauchen 10 Minuten.

Lesen Sie das Interview mit unserer Sinne-Expertin Elvira Recke auf Seite 228.

Die Joker, die Ihnen dabei helfen, das Leben mit allen Sinnen zu genießen, finden Sie ab Seite 233.

zum glück gibt's sechs sinne

test

Genießen Sie die Sinnesfreuden?

Wie wertvoll ist Ihnen der Augenblick? Können Sie ihn mit allen Sinnen genießen? Hören Sie den Specht klopfen, schmecken Sie das Rot der Tomate, fühlen Sie die Ausstrahlung eines anderen Menschen? Oder reagieren Ihre Sinne nur noch auf Schießwut in Blockbuster-Filmen, auf dröhnende Techno-Beats und höllisch scharfe Chili-Saucen? Machen Sie den Test.

Sie machen einen Waldspaziergang. Was geht Ihnen dabei durch den Kopf?
Irgendein unerledigtes Projekt.	0
Nichts Besonderes – ich genieße die Natur, höre den Vögeln zu.	2
Kleine Alltagsprobleme. Ich versuche aber trotzdem abzuschalten, das Reh im Unterholz entgeht mir sicher nicht.	1

Stellen Sie sich eine Rose vor. Haben Sie auch ihren Duft in der Nase?
Ja, sofort.	2
Nein, keine Chance.	0
Nur vage, es könnte aber auch eine andere Blume sein.	1

Sie hören nach der Arbeit Ihre Lieblings-CD …
… während ich in Zeitschriften blättere oder aufräume.	1
… auf dem Sofa. Und genieße die Erinnerungen und Gefühle, die sie mir schenkt.	2
… als Hintergrund, während ich Telefonate führe.	0

MEHR POWER IM LEBEN

Sie essen gemeinsam mit Freunden in einem guten Restaurant. Das Essen wird serviert …

Ich habe Hunger, esse schnell und bin meistens auch als Erster fertig. 0

Ich schnuppere erstmal – und gucke mir alles an. Ich schließe öfter die Augen, um besser zu schmecken. 2

Was mir nicht schmeckt, lasse ich stehen – den Rest genieße ich. 1

Stolz kredenzt Ihnen Ihr bester Freund einen edlen Rotwein seines Hauswinzers. Was passiert?

Ich nippe am Glas und sage: »Toll!« – mir schmeckt eigentlich jeder Wein. 1

Ich genieße den ersten Schluck mit Augen, Nase und Gaumen. 2

Ich trinke schon, aber eigentlich wäre mir Bacardi-Cola lieber. 0

Die BBC hat einen Versuch zum Geschmackssinn gemacht. Hier die Testfrage: Was glauben Sie, welche Kombination passt am besten zusammen?

Ananas mit Sojasauce. 2

Ananas mit Mayonnaise. 1

Ananas mit Senf. 0

Sie lernen einen Menschen kennen – wie bilden Sie sich Ihr Urteil?

Ich frage andere um ihre Meinung. 0

Ich verlasse mich auf meinen ersten spontanen Eindruck. 2

Ich beobachte ihn sehr genau. Nach einiger Zeit bilde ich mir meine Meinung. 1

zum glück gibt's sechs sinne

test

Berühren Sie Menschen, wenn Sie mit ihnen sprechen?

Ja, auch Berührungen gehören zur menschlichen Kommunikation – natürlich ohne das Bedürfnis nach Distanz zu verletzen.	2
Nur sehr gute Bekannte. Viele denken sonst, man will was von ihnen.	1
Nein, niemals. Ich finde es selbst auch unangenehm, berührt zu werden.	0

Schließen Sie jetzt die Augen, gehen Sie zum nächsten Lichtschalter und wieder zurück. Wie war Ihre Orientierung?

Sehr schlecht. Ich fand den Weg nur mit großer Mühe.	0
Sehr gut. Ich benutzte meinen Tastsinn und bin nirgends dagegengerempelt.	2
Ich fühlte mich sehr unsicher, habe es aber ohne blaue Flecken geschafft.	1

Wie oft haben Sie schon geahnt, wer dran sein könnte, wenn das Telefon klingelt?

Noch nie.	0
Sehr oft. Ich weiß aber nicht, warum.	2
Manchmal, aber das war wahrscheinlich nur Zufall.	1

Auswertung

0–5 Punkte: Stumpfe Antennen

Ihre Antennen zur Außenwelt funktionieren so gut wie die eines alten Fernsehers, der nur noch Rauschen von sich gibt, wenn man dagegentritt. Höchste Zeit, Ihre sechs Sinne zu schulen. Sie glauben nicht, wie viel Glück Ihnen das künftig schenkt. Starten Sie auf der nächsten Seite.

MEHR POWER IM LEBEN

6–15 Punkte: Empfang leicht gestört

Sie wissen die Einladungen Ihrer Firma in gute Restaurants durchaus zu schätzen, Sie feiern auch gerne mal zu Hause bei einem Candle-light-Dinner. Und wenn Sie mal wandern gehen, dann genießen Sie die Ruhe, den Geruch von Fichtennadeln und Moos. Nur: Sie stellen Ihre Sinne, so scheint es, viel zu selten auf Empfang. Zu besonderen Gelegenheiten – und nicht im Alltag. Lassen Sie den Sinnes-Menschen künftig täglich leben.

16–20 Punkte: Super Radar

Die Augen, die Nase, der Gaumen, die Hände, ja auch der Bauch – jeder einzelne Ihrer Sinne ist scharf. Das lässt Sie viele, viele Augenblicke genießen. Sie brauchen keine Lektion über die Sinnlichkeit. Außer, Sie wollen ein bisschen was dazulernen – oder sich bestätigt wissen.

Sinnesmenschen genießen mit den Augen, mit der Nase, mit dem Gaumen ...

Der Weg zu mehr Sinnlichkeit

Mein Leben ist ein Film. Er beginnt morgens, wenn mir Fido auf den Bauch springt, Sammy mir eine alte Socke bringt – und Wolf eine Tasse Kaffee. Wenn schönes Wetter ist, geh ich raus an den Teich und gucke, wie meine mittlerweile ziemlich fetten Goldfische (ganz normale, keine Japaner) nach Futter schnappen. Und freu mich, wenn auch der lustige braune Lurch auftaucht. Ich bin zufrieden, wenn ich mit meinen Hunden durch den Wald laufe, die Jahreszeiten kommen und gehen sehe, wenn ein Kind lacht, eine Freundin anruft, mein Pferd Moony seine Nüstern in meinen Hals gräbt, wenn ich ein gutes Glas Wein trinke, Oliven nasche, an der Grapefruit schnuppere, eine süße Tomate schmecke …

Es gibt Menschen, die gucken sich »Big Brother« an. Weil diese Container-Welt für ihr Unterbewusstsein mehr Sinn macht als ihr eigenes Leben. Das ist traurig. Sinn-voll ist ein Leben vor der Glotze nicht. Die Zeit, die wir vor dem Fernseher verbringen, erleben wir secondhand. Wir nehmen teil an dem Leben unechter Killer, Polizisten, Krankenschwestern und jeder Menge Ich-möchte-so-gern-Superstars … und unser eigenes Leben verkümmert.

Unsere Sinne sind die Fühler zur Welt. Digitale Prozesse ersetzen sie immer mehr. Die Sinne verkümmern – und wir mit ihnen. Wie oft beschäftigen Sie sich wirklich mit Ihren sechs Sinnen? Tasten die Struktur der Haut Ihres Partners? Schnuppern in den Apfel, bevor Sie zubeißen? Lauschen den Regentropfen, die auf dem Schirm tanzen? Ahnen, wer da gerade an Sie denken könnte? …

Wir verlieren unsere Sinne. Der sechste Sinn ist schon so gut wie weg. Immer weniger verlassen wir uns auf unsere Ahnungen; viele Menschen wissen nicht mal, was Intuition ist. Wir verstopfen unsere Geschmackszellen mit künstlichen Aromen, wissen nicht mehr, wie eine echte Walderdbeere schmeckt. Welches Kind kann heute noch das Zwitschern einer Amsel von einem Rotkehlchen unterscheiden – summt aber jeden Werbesong mit?! Wir essen Brot, dessen Teig wir nicht in der Hand geknetet haben, wir kaufen Gurken in Plastik eingeschweißt. Wir verlieren den Tastsinn an die Monotonie der Tastatur – und mit ihm den Bezug zu den Dingen der Natur.

Unsere Sinne: Die Türchen zur Außenwelt – das Tor zum Glück

Die Sinne sind das Tor zur Kreativität, zum Erfolg, zum Glück. Wer seine Sinne einsetzt, führt sein Gehirn wieder in völlig andere Dimensionen. Kreativität ist nun mal nicht verkopft. Für einen verkopften Menschen ist eine Erdbeere eine Frucht. Für einen sinnesgeschulten kreativen Menschen ist sie eine himmlische Frucht, so süß wie Samt, so farbenfroh wie ein Song von den Comedian Harmonists (Verooonikaaa, der Lenz ist daaa), so erfrischend wie das Glück.

Sinnlichkeit erlauben wir uns meist nur in der Erotik. Dort schöpfen wir aus dem Vollen: Wir fühlen den anderen, sehen ihn an, lauschen seinen Worten, schnuppern an ihm und schmecken ihn. Künftig tun Sie das auch mal mit der Tomate.

Unsere Sinne sind es, die aus einer Sekunde einen unvergesslichen Augenblick machen. Darum sollte man sie sensibilisieren. Sie brauchen Aufmerksamkeit – und Erholung. Wer seine Sinne verkümmern lässt, verliert auch seine Intuition – die einfache, kluge Entscheidung aus dem Bauch heraus. Verliert die Antennen zu anderen Menschen, das Feingefühl dafür, was der andere denkt, wie es ihm geht, was er wirklich von mir will. Und wer seine Sinne abstumpfen lässt, versperrt sich den Weg zum Erfolg. Elvira Recke, Pädagogin und Transaktionsanalytikerin (Interview Seite 228), sagt: »Intuition ist die Quelle der Kreativität. Und weiterentwickeln kann sich nur, wer seine Sinne schult.«

zum glück gibt's sechs sinne

know-how

Eintönigkeit lässt uns abstumpfen

Warum verlieren wir im Laufe unseres Lebens die Sinnlichkeit? Im Wesentlichen aus zwei Gründen. Der eine hat mit der Eintönigkeit zu tun, die sich über Jahrhunderte in unser zivilisiertes Leben eingeschlichen hat. Der moderne Mensch muss keine Abenteuer mehr bestehen, um zu überleben. Er muss sich nicht mehr in unbekannte Regionen wagen, um Beutetiere oder Weideland zu finden. Der moderne Mensch schläft nachts im immer selben Bett, er trinkt morgens den gleichen Kaffee, er nimmt den gleichen Bus und macht denselben Job. Routine nennen wir das, wenn wir – wie Bill Murray in der Filmkomödie »… und täglich grüßt das Murmeltier« – das Gefühl haben, jeder Tag in unserem Leben gleiche wie ein Ei dem anderen. Erst langweilen wir uns – dann stumpfen wir ab.

Reizüberflutung tötet den Rest

Und dann machen die meisten von uns einen Fehler, für den uns die Konsumindustrie über alles liebt. Anstatt unser Leben mit Vielfalt, mit Neuem anzureichern, schrauben wir die Intensität der Sinnesreize in die Höhe, wir verschaffen uns immer stärkere Kicks. Der Big Mäc wird immer größer, das Chili con Carne schärfer,

TIPP

WIE SINNLICH SIND SIE?

Irritieren Sie die folgenden Fragen, oder können Sie sie beantworten? Probieren Sie's einfach mal – und fragen Sie heute Abend auch Ihren Gast.
- Wie schmeckt das Leben?
- Wie riecht das Glück?
- Wie fühlt sich Faszination an?
- Welche Töne macht die Wut?
- Wie sieht Furcht aus?

MEHR POWER IM LEBEN

der Softdrink süßer, die Nackten in den Magazinen nackter, die Musik lauter, die TV-Shows dümmer, die Skandale skandalöser, die Flugzeuge schneller, die Filme aggressiver, der Sport extremer.

Wie entkommen wir diesem Größer-härter-schärfer-Strudel? Indem wir unsere Sinne bewusst schulen, Kreativität tanken – und unsere Intuition wecken.

Schärfen Sie den sechsten Sinn

Was ist Intuition? Plötzlich, aus dem Nichts taucht eine Idee auf, fällt eine Entscheidung, begreift man neue Zusammenhänge. Das Ganze kommt aus dem Unterbewusstsein, das Lösungen ans Gehirn schickt, ohne dass wir wissen, wie es dazu gekommen ist. Wissenschaftler sagen heute: Intuition ist das Ergebnis von Inkubation – das Unbewusste arbeitet an einer Fragestellung, wenn man ihm Zeit lässt und nicht grübelt. Inkubation (lateinisch für Ausbrütung) bedeutete ursprünglich »Tempelschlaf« – ein Schlaf an heiligen Stätten, um göttliche Offenbarungen oder Heilung im Traum zu erfahren.

Inkubation ist das Geheimnis der Kreativen. Darum haben sie ein Notizbuch am Bett. Denn die Intuition wohnt selten am Schreibtisch (siehe auch Interview Seite 228) – und kommt mit klaren Problemlösungen, genialen Ideen, *sinn*-vollen Entscheidungen, wenn man Seele und Geist entspannt. Albert Einsteins Theorien entstanden aus solchen Geistesblitzen – er pries die Intuition als ein »heiliges Geschenk«. Sigmund Freud riet dazu, bei wichtigen Entscheidungen besser nicht nachzudenken. Inkubation ist übrigens auch das, was der Jogger macht, dem beim Laufen immer die besten Ideen kommen …

Wer auf die Weisheit der inneren Stimme hört, urteilt meist richtig

Woher kommt diese Stimme? Die sagt: »Dieser Mensch ist goldrichtig. Das Bild musst du sofort kaufen. Von dieser Aktie

lässt du die Finger. Den Vertrag kannst du unterschreiben …«
Wir haben im Laufe des Lebens positive und negative Erlebnisse gesammelt – sie schwinden aus der bewussten Erinnerung und verstricken sich zum emotionalen Erfahrungsgedächtnis. Unserem »Bauch«. Inzwischen sagen die Gehirnforscher: Alle Entscheidungen sind Gefühlsentscheidungen – der Verstand greift manchmal als Berater ein.

90 Prozent unserer Entschlüsse fällen wir sowieso, ohne darüber nachzudenken. Unsere gespeicherte Lebenserfahrung legt Geleise, das Richtige zu tun, ohne das Bewusstsein zu bemühen: morgens die Zähne zu putzen; wenn es klingelt, das Telefon abzunehmen; bei Rot an der Ampel anzuhalten.

Und dann gibt es Entscheidungen, die der eine Mensch einfach fällt. »Ich kündige. Ich kaufe diese Wohnung. Diese Frau heirate ich.« Der andere grübelt und grübelt und grübelt. »Intuition ohne Intellekt ist ein Unglück«, hat der französische Lyriker Paul Valéry mal gesagt. Mag sein. Doch Intellekt ohne Intuition erst recht. Neue Forschungen zeigen nämlich: Der Verstand wird überschätzt – wer aus dem Bauch heraus entscheidet, emotional und intuitiv, der kommt zu besseren Lösungen als jener, der angestrengt nachdenkt.

Intuition braucht Mut

Wenn doch nur alle genauso über die Intuition denken würden! Tun leider noch die wenigsten. Wir leben schließlich im Zeitalter der metrischen Wissenschaft. Das heißt, wir können alles messen: das Fieber, das Wetter, die Geschwindigkeit, die TV-Zuschauerquote, das Konsumverhalten der Thüringer Bauersfrauen zwischen 25 und 40 Jahren. Da braucht der Intuitionsmensch schon Mut, Fehlentscheidungen mit dem Hinweis »Ich habe nicht auf meinen Bauch gehört« zu erklären. Besser klingt »Ich wurde schlecht informiert« oder »Der Computer hat sich geirrt.«

Wer den Zahlen, Statistiken, Informanten und Beratern mehr glaubt als der inneren Stimme, der verliert paradoxerweise irgendwann die Kontrolle. Er wird zur ängstlichen Marionette, die sich heimlich nach dem goldenen Riecher sehnt. Den kann man sich nicht kaufen, den hat man einfach. Haben Sie auch. Sie sollten ihn nicht verkümmern lassen, sondern ihm vertrauen. Ihren Gefühlen, Ihrem Bauch wieder Aufmerksamkeit schenken. Er zeigt Ihnen oft den richtigen, intelligenteren Weg.

So drückt sich die innere Stimme aus

→ Tauchen Körpersymptome auf wie wackelige Beine, Schwummern im Bauch, Enge in der Brust, Kloß im Hals, Druck im Nacken, dann sollten Sie noch einmal in sich gehen. Nicht grübeln, sondern sich und Ihrem Unbewussten Zeit lassen: Inkubation. Warten, bis Ihr Gehirn einen Lösungsvorschlag bringt. In Form von Intuition. Und dann treffen Sie gemeinsam mit Bauch und Verstand eine Entscheidung. Das heißt: Nochmal ein bisschen in sich gehen. Übrigens kann sich die innere Stimme auch positiv äußern: Wärme oder Kribbeln im Bauch, Freiheitsgefühl in der Brust, ein Halogenlämpchen im Kopf.

TIPP

ENTSCHEIDUNGEN FÜRS LEBEN

Der Sozialpsychologe Ap Dijksterhuis (Uni Amsterdam) rät: Über Alltägliches kann man ruhig nachdenken und dann entscheiden. Doch komplexe Entscheidungen – Wo wird man wohnen? Wo soll man arbeiten? Kann man diesen Menschen heiraten? – sollte man dem Verstand entziehen. Kurz darüber nachdenken, dann Zeit nehmen. Das Unbewusste seinen Job tun lassen.

Das Erfahrungsgedächtnis füttern

Wenn man aufhört, zu lernen, Erfahrungen zu sammeln, wird der Bauch zum schlechten Berater. Das ist der Grund, warum so mancher erfolgreiche Unternehmer (die haben immer einen guten Riecher, handeln kreativ, intuitiv) irgendwann besser den Sohn einsetzt – sein emotionales Erfahrungsgedächtnis ist veraltet. Der goldene Riecher, der 1955 funktioniert hat, funktioniert 2005 nur, wenn man ihn lebenslang flexibel weiterentwickelt hat.

Grübelnde Gefühlskrüppel

Von morgens bis abends müssen wir Entscheidungen treffen. Der eine tut sich leicht, der andere macht sich Sorgen, denkt nach, wägt ab, schiebt auf. Wie schön wäre es, wenn diese Entscheidungen von selbst fielen! Tun sie eher, wenn man die Eigenwahrnehmung trainiert, sagen Experten wie Elvira Recke. Wer seine Sinne schult, nimmt auch Gefühle wieder wahr. Denn über die Sinne lockt man Gefühle. Etwa dieses ungute Gefühl im Bauch, das einem sagt: »Nein, den Deal gehen wir nicht ein.« Oder das Aufleuchten im Kopf, das einem die Gewissheit schenkt: »Jetzt bin ich auf dem richtigen Weg.«

Augenblicke sammeln

80 Prozent unserer Informationen nehmen wir mit den Augen auf – darum vernachlässigen wir den Rest unserer Fühler in die Welt. Wir sind Bildschirmmenschen. Bunt, schrill, grell strömt das alltägliche Pulver ins Gehirn in Form von elektromagnetischen Wellen, die das Auge in Nervenimpulse verwandelt. Wir gucken nicht in das beruhigend knisternde Kaminfeuer, lassen den Gedanken ihren Lauf, entspannen uns und lassen das Gehirn auf Alphawellen umstellen ... Nein, wir gucken MTV, wobei unseren Großeltern schwindlig würde, weil immer mehr Bildschnitte pro Zeiteinheit ins Gehirn flattern.

Blitzschnelle Antistresskur: Sich einen Augenblick lang auf die Natur konzentrieren.

Ihren Sehsinn müssen Sie nicht schärfen. Sie müssen ihn schützen. Den Blick abwenden von den TV-Konserven, die Sie täglich tanken. Ihn wenigstens ab und zu auf das Wesentliche konzentrieren.

→ Tauchen Sie in Farben ein: Den Blick auf das Violett der Nelke lenken, die auf Ihrem Schreibtisch steht. Violett fördert laut Farbtherapeuten die Inspiration, die Genialität und die Willenskraft. Oder schauen Sie auf die grünen Blätter des Baumes vor dem Haus – Grün entspannt, erdet, weckt warme Gefühle.

→ Finden Sie Details: Gucken Sie sich Dinge des Alltags ganz genau an. So genau, dass Sie danach eine Skizze davon machen können. Das schult auch Ihre Merkfähigkeit.

→ Suchen Sie nach Schätzen: Schönheit liegt im Detail. In der verwitterten Tür, dem Schatten der Blüte, der Zeichnung der Iris …

→ Oder Sie machen ganz einfach die Augen zu. Und schenken Ihren anderen Sinnen mehr Raum. Machen Sie das jeden Tag einmal bewusst – dann wird es von alleine häufiger.

Berühren erlaubt

Wenn meine 98-jährige Großmutter im Bioladen das Obst erst einmal befühlt, bevor sie es in ihren Korb tut (oder laut meckernd auf die Seite legt) – laufe ich rot an. Warum eigentlich? Haben wir nicht mehr das Recht, unser Geld nur für das auszugeben, was wir erwarten? Gute Qualität. Das setzt voraus, dass wir unser Lebensmittellabor einsetzen – die Nase, den Mund, die Hände. Wir leben in einer tastfeindlichen Gesellschaft. Bei uns gilt mittlerweile immer häufiger: Angucken erlaubt, anfassen verboten. Wir dürfen neugierig an *Schau*-Fenstern vorbeiflanieren, dürfen Uhren in der Vitrine bewundern, Autos im Show-Room, Sommerkleider an Schaufensterpuppen. Wir gehen ins Museum, um Kunst zu erleben. Dort stehen Skulpturen, laut Infotafel aus »Holz, Polyester, Draht und Gips«. Würde man doch gerne wissen, wie sich das anfühlt, oder? Aber leider steht auch auf der Tafel: »Berühren verboten«. Und das gilt mittlerweile sogar schon für die Äpfel, die wir uns im Supermarkt kaufen. Eingeschweißt in einer Plastikbox, entziehen sie sich unseren fühlenden Händen. Wir als tastende Wesen verkümmern an der Tastatur unseres Computers.

Berühren Sie wieder

→ Fühlen Sie die Dinge um sich herum an. Sind sie hart, weich, warm, kalt – vielleicht gar laut, farbig? Wühlen Sie in der Erde. Laufen Sie barfuß. Legen Sie sich ins Gras. Strecken Sie die Füße ins kalte Wasser des Baches. Zupfen Sie die Blüten vom Gänseblümchen, tasten Sie Ihren Partner von oben bis unten ab … Umarmen Sie Menschen (Joker Seite 238). Wagen Sie sich tastend in die Zivilisation. Erfühlen Sie die Qualität des Apfels, Sie müssen ihn ja nicht zerdrücken. Hält er Ihrem prüfenden Griff nicht stand, dann will ihn auch kein anderer – legen Sie ihn auf die Seite.

Stille tanken

Das Ohr ist unser Kommunikationssinn – mit ihm nehmen Sie bereits im Bauch der Mutter Kontakt mit der großen weiten Welt auf. Ab der 28. Schwangerschaftswoche reagiert der Fötus auf Geräusche. Geboren wird er dann mit einem sehr sensiblen Gehör. Doch das verliert sich bei den meisten, denn irgendwann laufen sie nur noch mit Knopf im Ohr herum. Daran hängen Walkman oder Handy.

7000 Tonhöhen kann der Mensch auseinanderhalten – und nach Jahrzehnten weckt ein Musikstück noch traurige oder schöne Erinnerungen. Das heißt, jedes Stück, das Sie hören, prägt sich tief in einer Gehirnschublade ein – zusammen mit einem Gefühl.

Darum ist Musik Therapie. Sie beeinflusst Muskelaktivität, Atmung, Herzfrequenz, Blutdruck, Hauttemperatur – und unsere Nervenbotenstoffe. Rhythmische Musik lässt unser Gehirn mehr Dopamin ausschütten, wir bewegen uns graziler und füh-

Berühren Sie Ihren Partner, umarmen Sie Menschen –
das schenkt Nähe und weckt Vertrauen.

len uns wohl. Leichte klassische Musik trimmt unseren Botenstoffhaushalt auf Entspannung und Stressabbau. Wenn Sie drei Minuten Trommeln hören, hat das den gleichen Effekt wie eine Schmerztablette – Sie schütten schmerzstillende Endorphine aus. Diese Wirkung von Musik wird längst in der Behandlung Rückenkranker eingesetzt.

Leider können wir die Ohren nicht verschließen. Lärmfreie Zonen finden sich im Alltag so schwer wie ein Nichtrauchertisch in einer Bauarbeiterkantine. Beschallt werden wir heute in der Kneipe, im Café, im Fitnessstudio, im Kaufhaus, im Lift, im Bierzelt, in der Fußgängerzone, auf der Skipiste. Und wenn wir uns zurückziehen, um Ruhe zu haben, laufen Radio und Fernseher, schrillen Handys und Telefone, stört Autolärm von draußen.

Raus aus der Kakophonie des Alltags!

All das macht uns allmählich krank. Lärm schlägt nicht nur auf die Ohren. Er verursacht Konzentrationsstörungen, Schlafstörungen, Depressionen und begünstigt Herz- und Kreislaufkrankheiten.

→ Machen Sie immer mal wieder einen Ausflug in die Stille. Zum Beispiel durch Abschalten: den Computer, das Handy, den Fernseher, das Radio.

→ Wie hört sich Ihr Morgen an? Lassen Sie beim Aufwachen die Augen geschlossen – und hören Sie einfach hin.

→ Welche Gefühle weckt in Ihnen der Regen am Fenster, das Zischen der Kaffeemaschine, das Klingeln des Telefons? Achten Sie mehr darauf, welche Gefühle Geräusche auslösen.

→ Welche Musik ist für Sie Therapie? Siehe Joker Seite 237.

→ Hören Sie zu. Wenn Menschen sprechen, schenken Sie ihnen Ihr Ohr. Das ist der Kanal, über den Vertrauen fließt, das wichtigste Band zur Freundschaft.

Nasentherapie

Stecken Sie Ihre Nase in ein Basilikumtöpfchen. Was passiert? Die Nase ist Ihr empfindlichstes Sinnesorgan – 30 Millionen Riechzellen können 10 000 Düfte unterscheiden. Und diese Düfte rufen Erinnerungen hervor oder lösen Emotionen aus – von Liebe bis Aggression. Sie fühlen sich pudelwohl mit Ihrer Nase im Basilikumtöpfchen – oder es stinkt Ihnen. Düfte wecken auch Erinnerungen. Was steigt in Ihnen auf, wenn Sie an einer Sonnenmilch riechen, an frisch gemähtem Gras?

Die Kraft der Düfte setzt man in der Heilkunst ein: Aromatherapeuten nutzen nichts anderes als die Strategie der Pflanzen. Diese wehren sich mit ihren ätherischen Ölen nämlich gegen Bakterien und Viren – oder locken den Schmetterling an. Die ätherischen Öle haben auch auf uns Menschen eine große Wirkung: Unter anderem stärken sie das Immunsystem, wirken antiseptisch, helfen gezielt bei vielen körperlichen, geistigen und seelischen Beschwerden. In der Duftlampe können sie gute Stimmung verbreiten, die Konzentration stärken, Anspannung lösen, den Schlaf fördern ... Und wie die Blüte den Schmetterling lockt, so verführerisch können Düfte auch zwischen Menschen wirken.

Mit Düften können wir jederzeit für ein schöneres, intensiveres Leben sorgen. Lebenskünstler suchen den Duft im Alltag. Der Genießer schwenkt den Rotweinkelch und schnuppert, bevor er trinkt. Er nimmt einen tiefen Zug am Gewürz, bevor er es in die Pfanne streut.

→ Schnuppern Sie morgens an der Grapefruit, beim Kochen an jedem Gewürz. Stillen Sie immer wieder Ihren olfaktorischen Appetit in der Natur. Oder auf einem Wochenmarkt, für die Nase ein wahrer Vergnügungspark: Lassen Sie sich über den Platz von Stand zu Stand treiben und riechen Sie einfach. Schnuppern Sie sich wieder durch die Welt!

Der Geruchssinn ist übrigens auch der Kontrollsinn, mit dem wir unsere optischen Eindrücke überprüfen. Woran erkennen wir, dass der Fisch, der noch lecker aussieht, schon schlecht ist? Am Geruch. Genauso geht das mit Fleisch, Milch, Gemüse, Obst.

Werden Sie Feinschmecker

Der Tag, an dem der deutsche Kellner Andreas seinen Job in einem New Yorker Luxusrestaurant verlor, begann wie jeder andere. Ein texanischer Ölbaron bestellte eine Flasche Rothschild für mehrere tausend Dollar und dazu eine Cola mit viel Eis. Andreas brachte beides an den Tisch, entkorkte den Wein und ließ den Gast probieren. Der Texaner ließ sich Wein ins Glas füllen und goss großzügig mit Cola auf. Da begann Andreas entrüstet zu protestieren – und wurde gefeuert.

Wie kann man auch, fragen Sie sich vielleicht, einen so edlen Tropfen mit Cola mixen? Vielleicht aber sagen Sie ja auch: Wenn's ihm schmeckt … Tja, und da liegt das Problem: Was schmeckt uns eigentlich noch in dem aromatisierten Zeitalter, in dem wir leben?

Der Erdbeerjoghurt lügt

Bestsellerautor Hans-Ulrich Grimm, schärfster Kritiker der Lebensmittelindustrie, sagt: »Lebensmittel mit Aromen zu versetzen ist, als würde man das Auto mit einer Flüssigkeit betanken, die nur nach Benzin riecht. Die Folge wäre, dass das Auto nicht mehr läuft. So ist das mit unserem Körper auch. Aromen helfen, über schlechte Qualität hinwegzutäuschen. Das ist Betrug.« So betrügen wir unseren Körper täglich. Mit Erdbeeren im Joghurt, die keine sind, die nicht mal danach schmecken. Mit Spargelsuppen, die nie einen Spargel gesehen haben, aber jede Menge Chemie enthalten. 7000 künstliche Aromastoffe gaukeln uns eine Feinschmeckerwelt vor – die im Grunde nichts anderes ist als Industrieabfall. In den man dann auch noch den Geschmacksverstärker Glutamat tut, der Allergien auslöst, dickmacht und wahrscheinlich auch noch dement. Das Schlimmste daran: Die künstliche, »geschmacksverstärkende« Aromenflut killt unseren wertvollen Geschmackssinn. Uns schmeckt die natürliche Erdbeere nicht mehr. Die Chemie ist viel intensiver.

Der Ausweg: Zurück zu den Wurzeln

»Mit dem guten Geschmack ist es ganz einfach: Man nehme von allem nur das Beste.« Das stammt von Oscar Wilde. Und das Beste steckt sicher nicht im Sonderangebot, im Fertigprodukt eines Herstellers, den Ihre Gesundheit nicht interessiert, sondern nur Ihr Geld. Essen Sie Natur, gönnen Sie Ihren Geschmackspapillen eine Kunststoff-Pause, damit die Natur wieder eine Chance hat – und Ihnen die Welt der Feinschmeckerei eröffnet. Der Feinschmecker unterscheidet zwischen essbar und genießbar. Zwischen Mikrowellen-Schlemmermenü und Lammfilet auf Rucola.

Kostet zu viel Geld?

Oft hört man, die Feinschmeckerei sei eine Frage des Geldes. Nur die Reichen könnten sich Lachs in Zitronen-Kräuter-Sauce und Muscadet auf der Zunge zergehen lassen, der Rest müsse sich halt leider mit Fertigpizza, Würstchen aus dem Glas und Dosenbier begnügen. Ein Gerücht. In erster Linie ist die Feinschmeckerei eine Frage der Lebenseinstellung, der Leidenschaft, des Herzens und der Sinnlichkeit. Nicht des Geldes. Das Schnitzelsonderangebot schrumpft in der Pfanne auf die Hälfte. Da kann man doch gleich das Doppelte für Qualität ausgeben. Der Körper profitiert davon – die Seele auch. Zumindest sagte das der Naturphilosoph Jean-Jacques Rousseau: »Die Seele des Feinschmeckers ist mit seinem Gaumen identisch.«

Eine Studie des Bundes Naturschutz in Schwabach zeigt: Bio kostet gerade mal 17 Cent mehr am Tag – wenn man nicht täglich Fleisch isst und wenn man selbst kocht. Es geht letztlich um natürliche Produkte – und die bringen Abwechslung und Vielfalt. Dieser Meinung ist auch Feinschmecker Johannes Bucej von Slow Food München: »Der Leitspruch von McDonald's lautet: one world – one taste. Wir sind gegen diese industrielle Gleichmacherei, die uns überall ein identisches Geschmackserlebnis beschert.« Stimmt: Wie langweilig! Mehr über die Slow-Food-Bewegung lesen Sie auf Seite 235.

Gehen Sie auch andere Wege

Raus aus der Routine – rein ins Geschmacksabenteuer! Gehen Sie ruhig ab und an gut essen, auch wenn es etwas kostet. Wenigstens einmal im Jahr. Ich sehe diese Ausflüge immer als Lehrgang für meine Sinne. Dann erfahre ich nämlich, dass warme Räucherforelle hervorragend mit selbst gemachtem

WAS KOSTET DIE KALORIE?

Feinschmeckern ist nicht teuer. Welche Gesundstoffe bringt die Kalorie mit? Natur von Fisch bis Mohrrübe einen Sack voll, ein in der Fabrik fertig gemachtes Produkt so gut wie nichts. Wenn Sie nun für Gesundstoffe bezahlen, die Ihnen gute Laune machen, Sie und Ihren Gaumen glücklich machen – da würden Fertigprodukte Sie in den Ruin treiben, so viel müssten Sie davon essen. Auch Bio kommt nach dieser Rechnung viel billiger. Denn Ihr Körper braucht einfach nicht so viel Masse – weil pro Kalorie mehr Gesundheit drinsteckt. Und der Geschmack? Eine Treibhaustomate braucht dreimal so viel Wasser. Und sie wächst auch dreimal so schnell. Da bleibt ihr nur ein Drittel der Zeit, um Aroma zu bilden …

Bärlauchpesto harmoniert, dass Sülze mit einem Balsamico-Orangensaft-Dressing zum wahren Hochgenuss wird, dass man aus geschälten Paprikas eine köstliche Suppe zaubern kann und aus Ziegenkäse und Pflaumenkompott einen herrlich leichten Nachtisch.

Wenn mir etwas besonders gut schmeckt, frage ich den Koch. Wie kürzlich bei »Il Cortile«, meinem Italiener um die Ecke, die Tomatensuppe: Sie schmeckt nach Eros Ramazzotti, Sonne und Urlaub … (Das Rezept finden Sie als Joker auf Seite 240.) Danach gehe ich nach Hause und versuche, es nachzukochen, mit einem Seitenblick in eines meiner Kochbücher. Oder ich probiere etwas Neues aus. Zum Beispiel eine Avocadosuppe, abgeschmeckt mit Zitronensaft und Worcestersauce. Köstlich! Verstehen Sie, was ich meine? Mit dem Kochen ist es wie mit jedem Hobby: Man lässt sich anregen, macht den ersten Schritt – die Leidenschaft, die Neugierde und die Kreativität kommen dann meistens von ganz allein.

Werden Sie zum Koch

»Durch schlechte Köchinnen, durch vollkommenen Mangel an Vernunft in der Küche ist die Entwicklung der Menschheit am längsten aufgehalten, am schlimmsten beeinträchtigt worden.« Schrieb Frauenfeind Friedrich Nietzsche. Die schlechteste Köchin ist eindeutig die Fix-&-Hopp-Produkte-Industrie (meist mit Männern an der Spitze!) – die uns ja zu 80 Prozent ernährt. Auf manchem Dosenfutter steht »Feinkost« drauf – und der Hund verschwindet im Keller, wenn man das aufkocht.

Gott sei Dank ist Kochen wieder »in«. Es begann mit immer tolleren Fernsehköchen und bekam durch die Krise noch eine Würze. Eine repräsentative Umfrage der Zeitschrift »Das Haus« fand heraus: 59 Prozent der Deutschen kochen jeden Tag zu Hause. Und 78 Prozent achten darauf, dass gesunde Produkte auf den Tisch kommen – sie sind sogar bereit, dafür mehr zu bezahlen.

zum glück gibt's sechs sinne

know-how

Zeit ist immer

»Da fehlt mir die Zeit« – diese Ausrede gilt nicht: Das Statistische Bundesamt hat herausgefunden, dass wir täglich über 30 Minuten mehr Freizeit verfügen als vor zehn Jahren. Männer haben sechs Stunden und 11 Minuten Freizeit, Frauen fünf Stunden und 43 Minuten. Ist doch wunderbar: Knapp 8 Minuten brauchen Sie morgens, um sich Ihren Zellschutz-Cocktail zu mixen, 15 Minuten mittags, um einen Tofusalat zu schnippeln, und abends nochmal 15 Minuten für den pochierten Lachs mit Spinat. Macht zusammen 38 Minuten. 38 entspannende, beruhigende und inspirierende Minuten. Auch für Männer.

Kochen ist Sinnlichkeit pur

Der antike Philosoph Aristoteles bezeichnete Tasten und Schmecken als die Nahsinne. Nur selten lassen wir uns körperlich derart intensiv ein auf das, was wir wahrnehmen. Wenn wir etwas schmecken wollen, nehmen wir es in den Mund. Und liegt nicht gerade eine Fertigpizza drauf, dann liegt uns Ästhetik, Stilgefühl und Kultiviertheit auf der Zunge. Wenn Sie kochen, kriegen Ihre Sinne noch mehr mit, als wenn Sie nur essen. Sie schicken Ihre Sinne auf einen abwechslungsreichen Abenteuertrip. Sie quetschen Knoblauch, kneten Hackfleisch. Sie freuen sich am Rot der Chilischote, riechen an den Lorbeerblättern, am Paprika- und Currypulver, weinen über die Zwiebel, kosten den Rotwein für die Sauce. Und schulen die Nase über dem Topf. So zelebrieren Sie genüsslich die Vorfreude, bis das Essen auf dem Tisch steht. Warum, meinen Sie, sind Kochsendungen im Fernsehen so beliebt? Weil zuzusehen, wie ein Essen entsteht, fast genauso schön ist wie das Essen selbst.

Kochen ist Kreativität

Wer die ersten Gehversuche in der Küche macht, orientiert sich an Kochbüchern, guckt Alfred Biolek & Co im TV an, fragt den Gastgeber, der etwas Unbekanntes zauberte, nach dem Rezept. Noch mehr Spaß macht Kochen mit Erfahrung. Wenn Sie beginnen zu experimentieren. Wenn Sie jazzy werden und frei kombinieren, indem Sie zum Beispiel eine bayerische Ente mit Ingwer und italienischen Kräutern zubereiten. Dann verstehen Sie, dass Kochen tatsächlich Kunst ist.

Und Kochen macht Freunde

Mein Freund Tom hatte Liebeskummer. Statt sich darin zu vergraben, fing er mit dem Kochen an. Ich schenkte ihm das »Basic Cooking«-Buch von meiner Freundin Sabine Sälzer – und er machte ein Kochspiel daraus.

Er rief nach und nach seine Freunde an und sagte: »Ich koche morgen für dich – diesmal aus dem Pasta-Kapitel.« Und: »Sag eine Zahl zwischen x und y. Was auf dieser Seite steht, kriegst du dann als Überraschung.« So spielte er sich durch das ganze Buch und mutierte zum Superkoch. Und fand schnell eine goldige neue Freundin.

Noch besser: Kochen Sie gemeinsam. Dann macht das Freundschaftsmenü doppelt Spaß – in der Küche und am Esstisch. Und genau das probieren Sie heute Abend aus. Übrigens: Falls es sich bei Ihrem Lebenspartner um einen Kochmuffel handelt – dann ist das eine wunderbare Gelegenheit, ihm den Kochlöffel schmackhaft zu machen.

Und so geht's weiter

➔ Erst machen Sie eine kurze Pause. Gehen Sie 15 Minuten lang für einen Spaziergang der Sinne raus in die Natur.
➔ Dann machen Sie den Saltino vitale auf dieser Seite.
➔ Und dann lesen Sie noch in aller Ruhe das Interview mit Elvira Recke – bevor Sie die kleine Abendlektion starten.

zum glück gibt's sechs sinne

saltino vitale

Der kleine Unterschied

STECKBRIEF

→ **Sie brauchen:**
eine Supermarkttomate und eine Biotomate,
zwei unterschiedliche Teller, ein Messer,
ein Glas Wasser.

→ **Der Ort des Geschehens:**
der Esstisch.

→ **Sie ernten:**
hoffentlich die Einsicht, um wie viel Bio besser schmeckt.

Sie haben bei Ihrem Einkauf eine Supermarkt- und eine Biotomate mitgebracht?

1 Dann legen Sie diese jetzt auf zwei unterschiedliche Teller – und merken sich, welche wo liegt. Schneiden Sie beide Tomaten in Viertel oder Achtel. Und nicht würzen.

2 Nun schließen Sie die Augen. Und verschieben die Teller so rundherum, dass Sie nicht mehr wissen, wo die Biotomate liegt. Augen zulassen, nicht mogeln!

3 Und nun probieren Sie erst von dem einen Teller. Langsam genießen. Einen Schluck Wasser trinken. Und vom anderen Tellerchen essen. Was ist was?

Sie schmecken keinen Unterschied? Dann sind Sie Kettenraucher. Oder die Tomate hat gerade Saison – und Sie haben im Supermarkt eine gute Freilandtomate erwischt.

MEHR POWER IM LEBEN

Warum Manager Bäume umarmen

Wenn sich gestandene Firmenchefs und Wirtschaftsbosse hemdsärmlig in den Wald stellen und mit Wünschelruten nach Wasseradern suchen, dann ist Elvira Recke nicht weit. Sie ist Pädagogin, Transaktionsanalytikerin und Geomantieforscherin. »Letztlich bin ich Lebensberaterin«, sagt sie. Und das bedeutet: Sie macht gerne seltsame Dinge und verhilft damit kühlen Köpfen zu mehr Sinnlichkeit und Intuition. Warum, erklärt sie im folgenden Gespräch.

Um Business-Class-Flieger mit Wünschelruten in den Wald zu schicken, brauchen Sie ein gutes Argument.
Der Spaziergang in den Wald ist nur einer von vielen Wegen, die ich einschlage, wenn es mir darum geht, die sinnliche Wahrnehmung zu schulen. Wir versuchen, mit der Rute Erdstrahlungen aufzuspüren. Wir umarmen Bäume, um unseren Tastsinn auszuprägen. Wir spüren die frische Luft, die uns umgibt, wir hören den Vögeln beim Singen zu. Das heißt, wir versuchen, die Natur mit allen Sinnen wahrzunehmen, nicht nur mit den Augen. Goethe nannte es: den Herzensscharfsinn schulen.

Und was gewinnen wir dadurch?
Ich denke, die Entfaltung und Verfeinerung der sinnlichen Wahrnehmung ist eine Grundlage für die Intuition. Für mich ist die Intuition nichts anderes als ein Konglomerat von Sinneseindrücken, die zu einer Eingebung führen. Der sechste Sinn. Sinnliche Wahrnehmung geht einher mit einem intelligenten Körperge-

fühl, mit sogenannten somatischen Markern. Wer auf sie achtet, kann Situationen viel besser einschätzen. Im Management bedeutet dies: schnell und treffsicher entscheiden, voraussehend denken zu können und letztlich Attraktivität, Authentizität und Autorität auszustrahlen.

Warum ist ausgerechnet die Intuition so wichtig für Menschen, die Erfolg haben wollen?

Sie ist die Quelle für Kreativität und Erkenntnis. Übersetzt bedeutet Intuition: genau hinsehen, betrachten. Folgt man dem, ermöglicht die Intuition, einen Überblick über komplexe Sachverhalte zu bekommen, und hilft, Systeme mit hohen Veränderungsdynamiken zu führen. Nur am Schreibtisch wohnt die Intuition nicht. Sie wohnt ganz woanders: Große Denker wie Albert Einstein hatten ihre besten Einfälle unter der Dusche oder in der Badewanne.

Demnach hat Intuition etwas mit Entspannung zu tun?

Ja. In der Gehirnforschung spricht man vom Alphazustand. Einer Art Trance, in der man Dinge erfährt, die man im normalen Wachbewusstsein niemals mitkriegen würde. Ich fände es wunderbar, wenn es in Unternehmen Ruheräume gäbe, in die sich die Mitarbeiter zum kreativen Denken zurückziehen können.

Warum ist die Intuition bei vielen Menschen so verkümmert?

Zum Teil wird uns schon in der Kindheit abtrainiert, auf unser Gefühl zu achten. Jungs kriegen zu hören: »Echte Männer weinen nicht.« Im Erwachsenenleben werden Menschen, die ihre Entscheidung auf die Intuition gründen, als Spinner bezeichnet. Scheinbar will unsere Welt, dass alles logisch und rational erklärbar ist. Andererseits deutet sich gerade ein Umschwung an. Die Menschen besinnen sich wieder mehr auf die sinnliche Wahrnehmung.

Weil sie glauben, dass man mit Sinnlichkeit die Lebensqualität steigert?
Ja, das Leben wird reichhaltiger. Denken Sie zum Beispiel an die Menschen, die aufgehört haben zu rauchen. Und irgendwann in einen Apfel beißen und plötzlich merken: »Toll, wie das riecht und schmeckt!« Wie viele Menschen nehmen überhaupt nicht mehr wahr, dass sie gerade in einen Apfel beißen. Weil sie ihre Sinne nicht benutzen. Sensible Wahrnehmungsfähigkeit gegenüber anderen Menschen, gegenüber der Umwelt oder neuen Märkten ist untrennbar verbunden mit einer reflektierenden Wahrnehmung von mir selbst, meinen Körperreaktionen, meinen Gefühlsimpulsen, Lust und Unlust.

Natur macht unsere Sinne glücklich. Warum bringt es die Evolution nicht fertig, dass wir Autobahnlärm so gerne hören wie einen murmelnden Bach?
Ganz einfach: Weil wir selbst Natur sind. Das haben wir nur vergessen – durch die viele Technik, mit der wir leben. Das ist die eine Antwort. Die zweite lautet: Durch den Autobahnlärm werden unsere Sinne überstimuliert. Was nicht bedeutet, dass uns die absolute Ruhe am besten tut. Gehen Sie mal in die Wüste – Sie werden sehen, es tut schier weh, absolute Stille zu ertragen. Unsere Sinne brauchen Stimulationen. Schließlich ist Stimulation eines der lebensfördernden psychologischen Grundbedürfnisse – egal ob das Rauschen eines Baches oder die Musik, die wir auflegen.

Wie trainiert man seine Sinne?
Man muss die Sinne nicht wie den Muskel regelmäßig trainieren. Man muss nur wahrnehmen wollen – das schult die Sinne. Und für gute »Empfangsbedingungen« sorgen. Zum Beispiel Dinge auf ungewöhnliche Art und Weise tun, neugierig sein, wach und achtsam sein und mit vielen verschiedenen Möglichkeiten spielen.

zum glück gibt's sechs sinne

interview

Wer seine Sinne schult, verändert sich?
Genau. Ich sage immer: Durch die Eintönigkeit in unserem Leben haben wir Einbahnstraßen im Gehirn. Nur wenn wir diese Eintönigkeit aufbrechen und eingefahrene Wege verlassen, dann können sich neue neuronale Netze im Gehirn bilden. Wir verändern uns sogar anatomisch, wenn wir Neues ausprobieren. Das heißt: Wir entwickeln uns weiter, wenn wir uns auf unsere Sinne konzentrieren.

Angeblich können geschulte Sinnesmenschen besser mit Stress umgehen.
Ja, denn Stress stört den Kontakt zu uns selbst. Angst macht »eng« und blockiert die Intuition. Ruhe und Entspannung stärken das Immunsystem. Tatsächlich hat man festgestellt, dass Kinder ruhiger werden, wenn man ihre Sinne schult. Das trifft auch auf Erwachsene zu. Viel wichtiger als das Wahrnehmen selbst ist dann aber, dass man der eigenen Wahrnehmung vertraut und dabei bleibt. Dass man davon wegkommt, immer zu gucken, was die anderen sagen. Und sich infrage zu stellen – was ja letztlich den Stress auslöst. Es geht darum zu akzeptieren, dass es verschiedene Wahrnehmungen und damit auch verschiedene Wahrheiten gibt.

Schützt uns die Schulung der Sinne vor Reizüberflutung?
Ja, sich auf einen Sinn zu konzentrieren heißt, dass man lernt, die anderen abzuschalten. Das wirkt wie eine kleine Meditation. Theoretisch kriegen wir über alle Kanäle wahnsinnig viele Reize mit, etwa 600 000 Informationseinheiten pro Sekunde. Allerdings würden wir verrückt, wenn wir sie nicht filtern könnten, weil unser Gehirn gar nicht so viel auf einmal verarbeiten kann. Neurologische, soziale und individuelle Filter sorgen für eine Beschränkung der Reize. Durch die Schulung der Sinne sind wir in der Lage, aktiv unsere Wahrnehmungsfilter zu beeinflussen.

MEHR POWER IM LEBEN

Wir haben also gar keine Ahnung, wie gut unsere Sinne wirklich funktionieren?
Goethe hat mal gesagt, unser Körper sei das sensibelste Messinstrument, das es auf der Welt gebe. Da komme kein physikalischer Apparat mit.

Haben Frauen bessere Sinne als Männer?
Das glaube ich nicht. Ich würde eher sagen, dass Frauen intuitiver handeln als Männer. Das hat, glaube ich, etwas mit Sozialisation zu tun. Denn Männer fühlen genauso gut wie Frauen. Sie lassen sich nur mehr von der Technik begeistern und neigen eher dazu, Messinstrumenten zu vertrauen als den eigenen sechs Sinnen.

> **INFO**
>
> ### TRAINIEREN SIE IHRE INTUITION
>
> Sie brauchen für diese Intuitionsübung von Elvira Recke einen Partner. Der eine ist der »Problemgeber«, der andere der »Zuhörer«.
>
> → Der »Problemgeber« erzählt ein Problem, das kann der Ärger mit dem Chef sein oder der Streit mit einem Freund. Der »Zuhörer« hört zu, serviert erst einmal keine Lösung. Denkt nur kurz darüber nach. Und lenkt sich dann von dem Problem ab, indem er etwas anderes tut. Musik hören, Geschirr spülen, bügeln, Illustrierte blättern. Beschäftigt sein rationales Gehirn mit etwas Leichtem. Und lässt so seinem Unterbewusstsein 30 Minuten lang die Chance, derweil zu arbeiten (Inkubation).
>
> → Nach der Ablenkung schreibt er drei Begriffe, die ihm in den Kopf steigen, auf ein Blatt Papier. Diese Begriffe, Eingebungen der Intuition, bringt er dem »Problemgeber« als Geschenk mit. Und dieser prüft, was diese Begriffe mit seinem Problem zu tun haben.

Mr-Bean-Therapie

Mr Bean macht immer alles anders. Er mischt heißes Wasser und Kaffeepulver im Mund, er fährt seinen Mini-Cooper und zieht sich währenddessen um, er besteigt eine Schwimmbadrutsche über die Rutsche, nicht über die Treppe …

Warum Sie profitieren, wenn Sie Mr Bean imitieren? Weil Sie die Alltagsroutine verlassen. Und das ist Fitnesstraining für Sinne und Geist. Also: Üben Sie das erst einmal mit den kleinen Dingen. Schreiben Sie oder putzen Sie sich die Zähne mit der anderen Hand, vertauschen Sie beim Essen Messer und Gabel, gehen Sie eine Treppe (vorsichtig!) rückwärts rauf und runter. Und dann trainieren Sie sich in größeren Aufgaben – aber bitte ziehen Sie sich nicht im Auto fahrend um.

Übrigens: Rowan Atkinson alias der trottelige Mr Bean ist in Wirklichkeit ein hochintelligenter Kerl. Bevor Atkinson Komiker wurde, studierte er Elektrotechnik an der Eliteuniversität Oxford.

Verzicht

Menschen, die jeden Tag Fertigprodukte, Schweinefleisch und Pommes essen, haben letztlich ihre Wahrnehmung zerstört – und damit auch die Lustgefühle, sagt Marco von Münchhausen (siehe auch Interview Seite 352). Dann hilft eine gewisse Zeit des Verzichtes, die eigene Wahrnehmung, die Geschmacks- und die Lustwahrnehmung wieder zu sensibilisieren. Lust heißt Abwechslung. Wenn man jeden Tag Hummer isst, kann man ihn nach fünf Tagen einfach nicht mehr sehen. Dann ist es vorbei mit der Lust. Abwechslung ist ein Urtrieb des Menschen.

Anglerlatein

Verabschieden Sie sich von der Wurst- und-Braten-Kultur. Gehen Sie neue kulinarische Wege. Und decken Sie ab und zu frischen Fisch auf. Mein Neffe Xavi hat kürzlich gefragt, ob man denn nicht den dicken Goldfisch aus dem Teich auf dem Grill … Also:

Fisch vom guten Fischhändler, der weiß, dass Sie mit Ihrem Kauf keine Fanggründe zerstören, keine Delphine ins Netz schicken, kein Schwermetall tanken. Zugegeben: Frischer Fisch ist teuer – aber nur, wenn Sie die Edelfische kaufen: Thunfisch, Seeteufel, Brasse, Schwertfisch zum Beispiel. Die klassischen Filetfische Kabeljau, Scholle, Wels, Steinbeißer, Forellen und Makrelen sind so günstig wie Fleisch. Und Ihre 70 Billionen Körperzellen freuen sich.

Brotphilosophie

Wir lieben Brot. Nur leider backt nicht mehr der Bäcker, sondern die Maschine – aus Fertigmischungstüten der Bäckerindustrie mit pesti-, fungi- und insektizidengeschundenem Weizen und Backmitteln voller synthetisch hergestellter Enzyme und Emulgatoren, Stabilisatoren, Aromastoffe ... mit Chemie. Die Semmel ist heute keine Semmel mehr, sondern eine gelbe billige Kunststoffbeule. Das mag ich nicht. Ich kaufe mein Brot immer bei einem kleinen Bäcker auf dem Land (auf dem Weg zum Pferd), im Bioladen oder bei einer Ökobäckerei-Filiale – vom Bäcker, der sein Brot noch mit allen Sinnen macht: am Teig riecht, ihn fühlt und schmeckt und Biozutaten verwendet. Da hab ich Auswahl zwischen vielen leckeren Sorten – ohne Aromastoffe, mit niedrigem GLYX. Und der Preis? Dafür, dass das Brot nach Brot schmeckt und gesund ist, sehr, sehr günstig. Mit Sicherheit gibt es auch in Ihrer Nähe einen Bäcker, der noch Hand an den Teig legt. Fragen Sie danach.

Weinkunde

Klar, wenn Sie Wein im Supermarkt kaufen, müssen Sie für Qualität richtig zahlen. Und wenn Sie so viel nicht bezahlen, tanken Sie Gepanschtes, Fusel, Zucker – und ernten Kopfweh. Gehen Sie lieber in eine Weinhandlung, jeder Händler hat einen guten Tropfen zum kleinen Preis im Sortiment. Und den dürfen Sie vorher angucken, beschnuppern und probieren. Noch besser: Sie machen einen Winzer ausfindig, dann wird's noch günstiger. Mein Hauswein, ein fruchtig trockener Riesling, kommt aus der Pfalz. Ich muss ihn nicht einkaufen gehen, mein Winzer bringt ihn vorbei – mit einer bunten Auswahl aus seinem Familienbetrieb-Angebot. Er schmeckt paradiesisch, ist ungeschwefelt, macht keinen Kopf und ist günstig.

Slow Food

Die ersten Slow-Food-Mitglieder waren wütende Italiener, die sich gegen den Einzug des ersten McDonald's in ihr Land zur Wehr setzten. Slow Food ist die Gegenbewegung zu Fast Food. Und steht für die Erhaltung der kulinarischen Vielfalt und Tradition. Dafür, dass der Käse noch von Hand gemacht wird und in der Provence anders schmeckt als in Unterfranken. Und dass die Kinder wieder lernen, eine Mandarine geschmacklich von einer Orange zu unterscheiden. Kurz: In Zeiten der Pommes-rot-weiß-Kultur steht Slow Food für Genuss und Sinnlichkeit. Übrigens machen die auch Geschmackskurse. Mehr erfahren Sie im Internet unter www.slowfood.de.

Anfassen

Kennen Sie »Nanook, der Eskimo«? Das ist ein großartiger Dokumentarfilm über das Leben der Eskimos. Gedreht im Jahr 1922. In diesem Film gibt es eine Szene, in der ein Forscher einem Eskimo ein Grammophon vorführt. Fasziniert untersucht der Eskimo den Apparat. Er nimmt die Schellackplatte, hält sie ans Ohr und beginnt schließlich, darauf herumzukauen. Das sieht ulkig aus. In Wirklichkeit macht er etwas, das wir Zivilisationsmenschen schon lange verlernt haben: Er benutzt seinen Tastsinn. In der Weise, wie es bei uns nur noch kleine Babys tun – bis man es ihnen verbietet: »Nicht in den Mund nehmen, lass das, pfui.«

Sie müssen nun nicht alles anbeißen, aber nehmen Sie wenigstens jeden Tag bewusst etwas in die Hand, fühlen Sie die Struktur, die Temperatur. Spüren Sie, ob Sie sich damit wohlfühlen. Fühlen Sie sich mit Plastik wohl? Mit Holz, mit Glas …?

Also, ich hab mir mal ein Notebook über das Internet gekauft, ohne es vorher mal auszuprobieren – und hatte ein Riesenproblem damit. Ich kann auf Metall nicht arbeiten. Da hab ich von oben bis unten eine Gänsehaut.

Seelenreise

Unsere Augen sind die Türchen zur Seele. Blicken Sie einem Menschen, mit dem Sie sich wohlfühlen, zwei Minuten lang in die Augen. Ohne zu sprechen. Einfach fühlen, was da abgeht. Wie viel Energie da zwischen Ihnen fließt. Das ist gar nicht leicht. Das kann auch nicht jeder. Denn es bedeutet: Nähe.

Gärtnerglück

Gärtner leben länger. Und sie sind glückliche Menschen. Darum haben Ärzte nun auch die Gartentherapie entdeckt – für Schlaganfall- und Herzinfarktpatienten, Depressive und Alzheimerkranke. Gärtnern schult die Sinne.

Schrebergärten sind voll im Trend. Wenn Sie einen Garten haben, pflegen Sie ihn. Graben Sie Erde um, säen Sie Blumen, schneiden Sie Hecken und Sträucher, mähen Sie den Rasen. Pflanzen pflegen können Sie auch, wenn Sie einen Balkon haben. Oder Sie ziehen sich Ihr längeres Leben auf der Fensterbank. In Form von Kräutern (Joker Seite 87). Oder Sie gehen einfach raus, in den Park, den Wald, den botanischen Garten. Hauptsache, Sie verwöhnen Ihre Sinne mit den wohltuenden Reizen der Natur. Denn neben den Glücksgefühlen, die ein Schneeglöckchenmeer auslösen kann, wirkt die Natur wie Balsam für Seele und Geist. Schon nach acht Minuten Aufenthalt im Freien sinkt der Blutdruck.

Kleine Musiktherapie

Lassen Sie sich nicht immer nur nebenbei berieseln. Fühlen Sie einfach mal bewusst, was Musik in Ihnen auslöst. Gefühle nämlich. Und wenn Sie für sich entdeckt haben, welche Musik Sie entspannt, fröhlich stimmt – dann können Sie dieses Hörerlebnis gezielt als Ihre kleine Musiktherapie einsetzen.

Das Hörbuch

Eine wunderbare Weise, in eine andere leise Welt einzutauchen. Ich hör beim Autofahren Hörbücher. All die Bücher, für die ich sonst keine Zeit habe. Gibt's übrigens bei www.ebay.de oder amazon.de auch gebraucht.

Nasenflucht

Unser Geruchssinn stumpft ab. Kein Wunder. Die Industrie wabert uns voll mit Aromen aus Wunderbäumen fürs Auto, Duftsprays und -steinen fürs Klo, Duftkerzen, Billigparfüms, Deos, Aftershaves – überall stecken künstliche Duftstoffe drin. Und der Mensch trägt oft einen unerträglichen Mix aus allem. Das riecht er selbst nicht, weil er längst duftblind ist und nur noch die große Dosis künstliches »Aprilfrisch« wahrnimmt. Parfümallergiker haben's schwer, dem Duft-Terror zu entfleuchen. Gibt's viele. Was tun? Ganz einfach: Die ganzen sinnestötenden Gestanküberdecker auf den Müll werfen. Ich kaufe Waschmittel »ohne Parfüm«, Natur-Schafseife Sandelholz oder Kirsche statt der billigen, die nach »exotic fruit« riecht. Lieber die Fenster öffnen und das Fichtennadelspray abschaffen. Das billige Parfüm durch ein teures ersetzen und den Duft nur in homöopathischen Dosen verwenden. Und sich zwischendurch immer mal wieder an natürlichen Düften laben – an der Blüte, der Erde, der Waldluft ...

Gesundes Umarmen

Tasten weckt Vertrauen. Wir wissen heute: Viel Gewalt in einer Gesellschaft geht einher mit wenig Berührung. Andersherum: 500 000 Meißner-Tastkörperchen, die Sinneszellen, die auf Berührung reagieren, machen friedlich. Berührung schenkt Sicherheit, Wärme und Geborgenheit. Jede liebevolle Berührung regt den Kreislauf an, die Funktion der Organe und wirkt sich positiv auf Immunsystem und Hormonhaushalt aus. Von Streicheleinheiten profitieren Körper und Seele des Gebenden und des Nehmenden. Nur: Wir leben in einer Gesellschaft, die den Tastsinn verkümmern lässt. Nicht nur beim Einkaufen – auch zwischen den Menschen. Berührung? Bestenfalls ein Händedruck. Weil der mangelnde Kontakt aber auf die Seele schlägt, bezahlt man halt für die sanften Körperkontakte: den Masseur, die Fußreflexzonenmassage, die Kosmetikerin ...

Berühren Sie wieder. Umarmen Sie jeden Tag einen Menschen, der Ihnen nahesteht.

Naturkost

Natur finden Sie in der Fünf-Minuten-Suppe nicht. Aber Zeit. Kürzlich hat mir meine Schwester erzählt, es gäbe schon ein Fertiggericht, das man nur aufreißen muss – und es macht sich in drei Minuten von selbst heiß. Schneller, bequemer geht's nicht. Bettina ist zwar auf einen Werbespot reingefallen – noch gibt's das nicht, aber bestimmt bald. Mir wird's da übel bei dem Gedanken. Liegt daran, dass ich Ernährungswissenschaften studiert habe und Bücher von Hans-Ulrich Grimm lese (Büchertipps Seite 385). Und nicht alles glaube, was sonst so über unser täglich Brot publiziert wird – weil ich weiß.

Dem Einzigen, dem Sie wirklich glauben dürfen, ist Ihr eigener Körper. Und wenn Sie Ihre Sinne gezielt einsetzen, haben Sie ein wunderbares, gut funktionierendes Labor.

→ Machen Sie doch einfach mal den Test – und lassen Sie für ein paar Wochen Fertigprodukte weg (ich meine immer: die schlechten, die mit Chemie drin, nicht solche, in die ein Hersteller Gesundheit oder sogar Bio reinsteckt und Ihnen die Putzarbeit abnimmt). Kaufen Sie zu 70 Prozent das, was Ihren Sinnen zugänglich ist. Gucken Sie sich die Produkte an, die Sie kaufen, schnuppern, tasten und schmecken Sie (ich weiß, funktioniert bei der Butter und dem Joghurt im Laden nicht, da tun Sie es intuitiv, im übertragenen Sinne …). Sie werden sich wundern, wie viele Zipperlein und schlechte Launen plötzlich verschwinden.

Herrenköche

Männer haben eine halbe Stunde mehr Freizeit als Frauen. Drücken Sie Ihrem ruhig mal den Kochlöffel in die Hand. Warum nicht gleich heute Abend? Und schauen Sie, was dabei herauskommt. Zugegeben, das ist ein Experiment, das sich vielleicht nicht gleich auszahlt …

Immer mehr Männer kochen, was laut Lisa Spitz von der »Süddeutschen Zeitung« nicht viel mit Emanzipation zu tun hat: »Sie kochen ja nicht wirklich, sie versorgen keine Familie, sie müssen nicht mit Haushaltsgeld umgehen und zwischen Beruf und Schulaufgaben schnell etwas Nahrhaftes erfinden. Sie sind Fachärzte,

Rechtsanwälte, Architekten. Und jetzt kochen sie auch noch.« In der Küche tummeln sich laut Lisa Spitz drei Typen.

1) Der berufsfrustrierte Heimwerker, der mit Rucksack auf dem Gemüsemarkt und im Bioladen einkauft – und so ziemlich alles über gesunde Ernährung weiß. Man muss nur ein bisschen nachsalzen, dann schmeckt es sogar.

2) Der Herrenkoch. Der meist Vollbart tragende Küchenmeister mit Edeltopf-und-Messer-Ausstattung, der alle zwei Monate mal, wenn Freunde kommen, die Küche wie einen OP-Tisch behandelt und den Balsamico nach Jahrgang einkauft.

3) Der Trottel. Der »Kochbücher durcharbeitet wie Vorlesungsskripte« und ständig so was fragt wie: »Wie viel sind 70 Gramm Mehl, Gabi?« Und der die gute deutsche Hausmannskost, die er auftischt, immer anbrennen lässt.

Also, liebe Leserin: Egal, welchen Typ Sie zu Hause haben (meiner übrigens kocht besser und öfter als ich, trotz des pyromanischen Akzentes von Typ Nr. 3). Goutieren Sie das in jedem Fall erst einmal. Vielleicht tut er's dann öfter – und irgendwann auch besser ...

Gedanken lesen

Trainieren Sie täglich ein bisschen Ihren sechsten Sinn. Raten Sie, wer dran ist, wenn das Telefon klingelt. Spüren Sie beim Einkauf lieber, was Ihr Bauch zu dem Kleid oder der Brille sagt, statt der Verkäuferin oder der besten Freundin. Fordern Sie Ihr inneres Navigationssystem in fremden Städten ruhig ohne Stadtplan – der steckt in der Tasche. Finden Sie immer mal wieder heraus, ob Sie Gedanken lesen können. Indem Sie den Partner oder Freunde fragen, was sie gerade gedacht haben. (Erwarten Sie aber nicht immer eine Antwort!)

Die Tomatensuppe

Tomatensuppe ist etwas Herrliches. Schärft den Sehsinn und schützt mit Lycopen das Herz und vor Krebs. Vor allem sind

Suppen ein sinnliches Vergnügen. Hab neulich einen paradiesischen Traum bei meinem Lieblingsitaliener »Il Cortile« genossen und den Koch André ums Rezept gebeten. (Jeder Koch freut sich darüber – von der Vorspeisenplatte beim nächsten Besuch träume ich heute noch.)

Hier ist das Rezept für vier Personen:
2 mittelgroße Zwiebeln · 1 große Karotte · 2 Stangen Sellerie · Olivenöl · 1 Kilo geschälte Tomaten aus der Dose · 2–3 Lorbeerblätter · Salz, Pfeffer · 2 EL Gin · etwas flüssige Sahne · frisches Basilikum

1 Zwiebeln, Karotte und Sellerie kleinhacken und in einem Topf mit Olivenöl anbraten. Dann die Dosentomaten zugeben. Das Ganze mit den Lorbeerblättern eine Stunde lang bei geringer Hitze köcheln lassen, bis das Olivenöl an die Oberfläche steigt (erkennen Sie an den Fettaugen).
2 Die Lorbeerblätter herausnehmen und die Suppe mit einem Zauberstab pürieren und durch ein Spitzsieb durchlassen. Mit Salz, Pfeffer und Gin abschmecken. Mit etwas flüssiger Sahne und dem Basilikum garnieren.
PS: Weil ich Suppen so liebe, gibt es eines meiner Lieblingsbücher: 33 magische Suppen. Die Rezepte von Martina verzaubern wirklich!

Kochkurs

Lernen weckt die Freude am Tun. Viele Spitzenköche und gute Restaurants bieten Kochkurse an. Oder geben Sie im Internet mal Kochschule/Kochkurs in die Suchmaschine – Sie spüren bestimmt einen wunderbaren kleinen Lehrgang durch eine Küche dieser Welt in Ihrer Nähe auf. Italienisch, japanisch, indonesisch, afrikanisch – auf was haben Sie Lust? So einen Kochkurs können Sie sich auch zum nächsten Geburtstag schenken lassen.

Kleine Abendlektion:
Feiern Sie ein Fest der Sinne

Was bringt Sie dazu, etwas zu ändern? Wissen? Ja – leider nur ganz, ganz selten. Ein stärkerer Motivationspartner ist das Gefühl: das Spüren, wie gut einem etwas tut. Darum setzen Sie Ihr Wissen heute auch am Herd ein – und lassen den Gaumen profitieren, die Augen, die Nase, die Hände, und dazu Ihre 70 Billionen Körperzellen. Das Dinner ist Bestandteil Ihres Zellschutzprogrammes – und ein Fest der Sinne.

Das Leben ist ein Fest: Heute beginnt es in der Küche und nimmt seinen Lauf als Dinner für zwei. Sie haben einen Menschen eingeladen, der Ihnen sehr wichtig ist. Mit ihm zusammen tun Sie eines der schönsten Dinge der Welt: in der Küche schnippeln, rühren, schnuppern, probieren – und dann essen. Mit viel Muße, Kerzenlicht und einer guten Flasche Wein. Sie werden sehen: Nichts schmeckt besser als das, was man gemeinsam zubereitet hat.

Ihr Fest-Zeit-Plan

Für das Zeitmanagement ist gesorgt. Die Rezepte sind so beschrieben, dass beide Köche sich gegenseitig zuarbeiten. Und damit das Dinner nicht zum Kochmarathon ausartet, ist die Entspannung gleich mit eingebaut – hier der geplante Ablauf:

19:00	Bloody Harry mixen und genießen
19:15	Dessert zubereiten und kalt stellen
19:30	Avocadosalat zubereiten
19:40	Lachs und Gemüse vorbereiten
19:55	Vorspeise essen
20:15	Nochmal für 20 Minuten in die Küche, um Gemüse, Reis und Lachs zuzubereiten
20:40	Hauptsache genießen
21:00	Mit dem Dessert träumen

STECKBRIEF

→ **Zeitplan:** Überfliegen Sie in zehn Minuten diese Seiten. Und etwa 60 Minuten lang zaubern Sie fröhlich am Herd.

→ **Sie brauchen:** die Zutaten für Ihr Salto-vitale-Dinner (alle Rezepte sind für 2 Personen berechnet). Außerdem gute Laune, einen guten Wein – und einen guten Freund, mit dem Sie zusammen kochen (oder den Partner, den Sie so endlich mal zum Kochen bringen).

→ **Der Ort des Geschehens:** erst die Küche, dann bei Kerzenlicht am Tisch.

→ **Sie ernten:** Sinnesfreuden, Zellschutz und gute Laune!

Das Menü
- Auftakt: Knackiger Avocadosalat
- Hauptakt: Sesam-Lachsfilet mit Frühlingsgemüse
- Nachschlag: Ein Traum aus Erdbeeren mit Schokospänen

Bloody Harry

*400 ml Tomatensaft · 3–4 Spritzer Tabasco ·
1 TL Leinöl · Eiswürfel · 2 Blättchen Minze*

1 Alle Zutaten mischen, in einem Martiniglas servieren und mit der Minze garnieren.

→ Während Sie den Cocktail genießen, spielen Sie die Küchenrollen aus: Werfen Sie eine Münze – Zahl ist Koch Nr. 1, Kopf Koch Nr. 2.

Für Ihre Sinne

Freuen Sie sich an diesem für das Auge so wunderbaren Duo Rot-Grün. Erst schnuppern, dann knabbern Sie am Minzeblättchen: Welche Erinnerungen beschwört das Aroma in Ihnen herauf? Ein wunderbares Gesprächsthema für den Auftakt des Abends. Nun dürfen Sie die Chilischärfe vom Tomatensaft genießen. Welche Bilder tauchen auf?

Für Ihre Zellen

- Tomatensaft: der Antistressdrink, der das Herz schützt (Kalium) und mit seinem Lycopen sogar Krebs vorbeugt.
- Chili (aus Tabasco): Der Wirkstoff Capsaicin macht fröhlich, heizt den Fettzellen ein – und lässt auch noch gut schlafen.
- Leinöl: Seine essenziellen Fettsäuren (Omega-3) schmiegen sich in die Zellwände, sorgen für einen gesunden Stoffwechsel, halten die Zelle jung. Und sie locken gute Eicosanoide, Gewebehormone, die jede Zelle schützen.

Erdbeertraum mit Schokospänen

Als Vorbereitung fürs süße Finale:

250 g Erdbeeren · 2 TL Zitronensaft · 1/2 Vanilleschote · 100 g Magerquark · 2 EL Naturjoghurt · 2 TL gehobelte Mandeln · 10 g Bitterschokolade (mindestens 70 % Kakaoanteil)

So viel Zeit muss sein: 15 Minuten für das Zubereiten – und so viel Zeit, wie Sie brauchen, für Ihre Sinne.

1 Koch Nr. 1 braust die Erdbeeren kurz ab. Schnuppern nicht vergessen: Riechen sie süß, nach Kindheit? Gleich mal probieren. → **Koch Nr. 2** zupft die grünen Blättchen ab. Fühlt sich gut an, so eine Erdbeere – oder? → **Koch Nr. 1** schneidet die Beeren klein und beträufelt sie mit 1 TL Zitronensaft – gucken und riechen – und warum nicht gleich mal schmecken?

2 Koch Nr. 1 nimmt etwa ein Drittel der Erdbeeren ab, beträufelt sie mit 1 TL Zitronensaft. → **Koch Nr. 2** kratzt das Mark aus der Vanilleschote – nicht zu lange daran riechen, Vanille dämpft nämlich den Appetit. → Zu dem Erdbeer-Drittel geben, das **Koch Nr. 1** fein püriert. Sieht das nicht fantastisch aus? → Quark und Joghurt cremig rühren und gut mit dem Erdbeerpüree mischen. Und das Farbspiel beobachten. Schon mal probieren.

3 Koch Nr. 2 röstet inzwischen die Mandeln in einer kleinen trockenen Pfanne goldbraun an, bis sie verführerisch duften. Vorher probieren – und nachher.

4 Koch Nr. 1 vollendet das Dessert: → Die restlichen Erdbeeren auf zwei Schalen verteilen, darauf die Mandeln streuen

Natürlich »light« – und ganz besonders lecker: Erdbeertraum mit Schokospänen.

MEHR POWER IM LEBEN

und den rosa Erdbeerquark darauf geben. → Die Schokolade direkt drüberhobeln – am besten mit einem Sparschäler oder einem kleinen Küchenmesser. Dann in den Kühlschrank stellen. Ja, auch hier darf, wer will, schon mal kosten.

Lauter rote Küsschen für die Zellen

◎ Erdbeeren: Alle Beeren enthalten Vitamin C. Und das kurbelt die Fettverbrennung an. Die Farbstoffe (Flavonoide) verstärken die Wirkstoffe des Vitamin C auf das 20fache und stärken das Bindegewebe.

◎ Quark und Joghurt: füllen Ihren Energietank mit wertvollem Eiweiß auf.

◎ Bitterschokolade: Tut nicht nur der Seele gut. Mit mindestens 70 % Kakaoanteil hält sie das Insulin in Schach und schützt sogar vor Krebs und Herzkrankheiten. Italienische Forscher fanden bei Bitterschokolade-Liebhabern viel vom Flavonoid Epicatechin. Das schützt vor freien Radikalen, den Mikroterroristen, die alt und krank machen.

Knackiger Avocadosalat

1 reife Avocado · 2 EL Zitronensaft · 75 g kleine weiße Champignons · 100 g Kirschtomaten · 2 Handvoll Rucola (etwa 30 g) · 1 EL Weißweinessig · Salz, Pfeffer · 2–3 Tropfen Tabasco · 2 EL Olivenöl · 2 TL Sonnenblumenkerne

So viel Zeit muss sein: 10 Minuten für das Zubereiten – und reichlich Zeit für Ihre Sinne.

1 Koch Nr. 1 bereitet die empfindlichen Gemüse vor. → Die Avocado erst einmal betasten: Gibt sie auf Fingerdruck nach, ist sie reif und schmeckt auch. Avocado halbieren, Stein herauslösen und die Schale abziehen. Fruchtfleisch in dünne Spalten schneiden, auf zwei Tellern fächerartig anordnen. Mit etwas Zitronensaft beträufeln. Hübsch, nicht? Woran erinnert Sie der

feiern sie ein fest der sinne

Duft? → Champignons vorsichtig mit Fingerspitzengefühl abreiben, putzen und feinblättrig schneiden, dazu anrichten. Sind Sie in Gedanken schon im Wald? Auch die Champignons mit Zitronensaft beträufeln.

2 Koch Nr. 2 kümmert sich derweil um den Rest: → An den Tomaten schnuppern, sich über das tiefe Rot freuen, tasten, ob sie sich fest, reif und gut anfühlen. Waschen, in Scheiben schneiden. → Rucola waschen, trockenschütteln, harte Stängel abknipsen. Ein Blättchen zerkauen – ruhig mal schmecken, wie die Natur es ohne Vinaigrette zubereitet. → Tomaten und Rucola mit Avocado und Pilzen auf zwei Tellern dekorativ anrichten.

3 Für die Vinaigrette verrührt **Koch Nr. 2** Essig, Salz, Pfeffer, Tabasco und Olivenöl gründlich. → Über das Gemüse träufeln. Mit Pfeffer aus der Mühle übermahlen und mit den Sonnenblumenkernen bestreuen. Gönnen Sie Ihrer Nase das Aroma jeder dieser Zutaten. Und schenken Sie auch Ihrem Gaumen die Erlebnisreise, jede der Ingredienzen einmal pur zu schmecken. Haben Sie noch nie gemacht – oder? Olivenöl einfach mal so probiert? Pfeffer? Hartgesottene können mal 1 Tropfen Tabasco probieren. → Den Salat kurz beiseite stellen. Die Vorspeise genießen Sie gemeinsam, wenn das Hauptgericht vorbereitet ist.

Fatburner-Geschenk für Ihre Zellen

◉ Rucola: Alle Salate liefern Ballaststoffe, Vitamine, Mineralien – und die anderen gesund haltenden Zauberstoffe, die in Pflanzen stecken (von Aroma bis Farbe). Sie laden jede Zelle mit Energie auf, schützen vor Krankheiten. Ihr Blattgrün (Chlorophyll) hilft, Körperzellen zu reparieren, stärkt die Abwehrkräfte und regt die Blutbildung an. Rucola wirkt außerdem leicht entwässernd.

◉ Champignons: liefern wertvolles Eiweiß.

◉ Kirschtomaten: versorgen u.a. mit dem Gesundzauber der natürlichen Farbstoffe.

◎ Avocado: senkt mit Mannoheptulose, einer speziellen Zuckerart, den Blutzuckerspiegel und hilft so beim Abnehmen. Ihr hochwertiges Fett liefert viele gesunde Fettsäuren.

◎ Sonnenblumenkerne: schützen das Herz und blockieren die Cholesterinaufnahme schon im Darm.

◎ Chili: Ihr Capsaicin macht glücklich und regt die Durchblutung an.

◎ Olivenöl: grüngoldene Medizin. Einfach ungesättigte Fettsäuren senken das Diabetesrisiko und schützen das Herz.

Sesam-Lachsfilet mit Gemüse

*2 Scheiben Lachsfilet ohne Haut, à ca. 150 g · 2 EL Olivenöl ·
1 Limette · 1 TL Sesam · Salz · Pfeffer · 150 g Bundmöhren ·
1 kleiner Zucchino (ca. 150 g) · 1 zarter Kohlrabi (ca. 200 g) ·
2 Frühlingszwiebeln · 1 Schalotte · 1 Kochbeutel Parboiled-
Naturreis (125 g) · 4 EL Gemüsebrühe · 2 EL Crème légère ·
$1/2$ TL Basilikumpesto · einige Basilikumblätter*

So viel Zeit muss sein: 15 Minuten fürs Vorbereiten plus 30 Minuten fürs Zubereiten – und so viel Zeit, wie Sie brauchen, für Ihre Sinne.

1 Koch Nr. 1 bereitet den Fisch vor: → Lachs waschen und trockentupfen. → 1 TL Olivenöl, 2 TL Limettensaft, Sesam, Salz und Pfeffer verrühren. Fisch damit auf beiden Seiten einstreichen, ziehen lassen. Und schreitet dann auch beim Gemüseschnippeln ein …

2 … das **Koch Nr. 2** längst begonnen hat: → Möhren schälen, längs vierteln und in etwa 4 cm lange Stücke schneiden. Zucchino waschen, putzen und in dünne Scheiben schneiden. Kohlrabi schälen, vierteln und in Scheiben schneiden. Frühlingszwiebeln waschen, putzen, längs halbieren und in Stücke schneiden. Schalotte abziehen und fein hacken.

3 Koch Nr. 1 setzt außerdem in einem Topf 1 Liter Wasser mit

½ TL Salz auf. Sobald es kocht, den Kochbeutel mit dem Reis einlegen, Deckel drauf und bei milder Hitze 20–25 Minuten köcheln lassen. ➜ Inzwischen ist es Zeit für die Vorspeise. Bevor Sie das Hauptgericht fertig zubereiten, genießen Sie Ihren Avocadosalat. Ganz langsam. Spüren Sie all den Zutaten erst mit den Augen, dann mit der Nase, dann mit dem Gaumen nach. Und die letzten Bissen genehmigen Sie sich mit den Fingern. Ja, wirklich! Ich habe in Indien gelernt, mit den Fingern zu essen. Oje, war das erst eine Überwindung. Aber es ist ein Erlebnis, das man sich mindestens einmal gönnen sollte. Warum nicht jetzt? ➜ Dann geht's zum Endspurt in die Küche: Natürlich setzen Sie weiter Ihre Sinne ein. Ich erspare mir jetzt weitere Kommentare. Fast.

4 Koch Nr. 1: ➜ Zwei Essteller im Backofen bei 50 °C vorwärmen. ➜ Reiskochbeutel rechtzeitig aus dem Wasser heben, abtropfen lassen, Tüte aufreißen und den Reis in einer Schüssel im Backofen warm stellen. **Koch Nr. 2** kümmert sich um das Gemüse: ➜ 1 EL Öl in einem breiten Topf erhitzen. Schalotten darin andünsten. Gemüse zugeben, kurz andünsten. Brühe angießen, schnuppern, dann zugedeckt bei milder Hitze 5 Minuten dünsten. Würzen mit 1–2 EL Limettensaft, etwas abgeriebener Limettenschale (oh, dieser Duft!) und Pfeffer, dann noch etwa 2 Minuten ziehen lassen. ➜ Derweil Crème légère und Pesto miteinander verrühren. Das Farbenspiel ist sensationell.

5 Koch Nr. 1: ➜ Übriges Öl in einer beschichteten Pfanne erhitzen, Lachs bei mittlerer Hitze etwa 3 Minuten pro Seite braten. Genießen Sie, wie sich die Farbe verändert.

6 ➜ Gemüse auf den vorgewärmten Tellern anrichten, mit Basilikum bestreuen. Lachsfilet darauf geben und mit je 1 EL Pesto-Creme überziehen. Den Reis als Beilage reichen.

Variante: Statt der Lachsfilets können Sie auch 2 Hähnchenbrustfilets (à ca. 125 g) nehmen und diese 4–5 Minuten pro Seite braten.

Und das ernten Ihre Zellen

- Fisch: enthält viel Eiweiß. Fehlt Eiweiß auf dem Teller, baut der Körper Muskeln ab; nun hat das Fett keinen Feind mehr und lagert sich ungehindert auf der Hüfte ab. Seefisch liefert Jod für unsere Energiezentrale namens Schilddrüse. Und Omega-3-Fettsäuren für junge, vitale Zellen. Oder Hühnerfleisch: auch ein guter Eiweißlieferant. Ohne Haut genossen, spart man Kalorien.
- Reis: liefert viel B-Vitamine für Gehirn und Nerven; Eiweiß und Magnesium für Muskeln.
- Gemüse: Je bunter, desto besser, denn jede Farbe heißt: andere wertvolle sekundäre Pflanzenstoffe. Und je kräftiger die Farbe, desto mehr davon. Tipp: Biogemüse liefert fast doppelt so viel Zauberstoffe für die Gesundheit wie industriell angebautes. Möhren haben gekocht zwar einen höheren GLYX (Seite 144), aber in kleinen Portionen passen sie durchaus in die Glücks-Küche.
- Sesamsaat: Samen pflegen wie Nüsse die Nerven mit essenziellen Fettsäuren, Vitamin B und Magnesium. Nein, weder Nüsse noch Samen machen dick.

Salto-vitale-Tischregeln

→ Stellen Sie Kerzen auf, dekorieren Sie den Tisch fröhlich. Laden Sie Mozart dazu ein. Oder eine andere leise Musik im Hintergrund.

→ Servieren Sie zu dem Menü einen trockenen Weißwein. Mit einer großen Karaffe Wasser. Wein schützt Ihr Herz. Und wenn er trocken ist, dann reizt er auch nicht das Dickhormon Insulin (Seite 67).

→ Lassen Sie sich Zeit. Genießen Sie. Machen Sie eine kleine Aromareise. Und erzählen Sie einander die Erinnerungen, die Düfte und Geschmack in Ihnen wecken.

→ Muss man gar nicht sagen – passiert wahrscheinlich von

selbst: Erzählen Sie, was Sie an diesem Tag erlebt haben – und wie Sie sich jetzt fühlen.

→ Und wenn Sie sich sehr wohlfühlen mit Ihrem Gast oder Partner, dann machen Sie noch die Übung »Seelenreise«. Sie finden sie auf Seite 236.

→ Schließlich zücken Sie noch den Joker von Seite 293: den kleinen Abendspaziergang.

Und nun gute Nacht!

→ Bis morgen! Ach ja, vergessen Sie nicht, Ihr Glas Wasser ans Bett zu stellen (Seite 62). Und legen Sie sich das Buch ans Bett, damit Sie sich morgen beim Aufwachen den Plan für den Tag anschauen können.

2. Tag

MEHR LEICHTIGKEIT IM SEIN

Das zweite 12-Stunden-Programm

Hallo, guten Morgen! Ausgeschlafen? Willkommen beim zweiten Teil Ihres Salto vitale in ein neues Leben. Was Sie heute erwartet? Sie befreien sich von Ballast, wappnen sich gegen Stress, spüren echte Zufriedenheit, träumen sich ins Ziel – und machen einen kleinen Zeitmanagementkurs. Viel Spaß!

Ihr 2. Tag:
Mehr Leichtigkeit im Sein

Heute wird's ein bisschen leichter. Sie haben nur noch drei Schritte vor sich. Sie lesen weniger und Sie TUN mehr. Falls Sie mit einer Lektion schneller fertig werden, dann schnuppern Sie in die Joker rein. Auch für die Lektionen an Ihrem zweiten Tag haben wir die Zeiten großzügig bemessen. Viel Spaß!
Vergessen Sie bitte nicht, jede Stunde Ihr Glas Wasser zu trinken ...

8.00 Uhr — **Aufwachen, Ruhepuls messen**
→ Sie trinken wie gestern Ihr Glas Wasser, das auf dem Nachttisch steht.
→ Nun messen Sie Ihren Ruhepuls (Seite 153) mit der Pulsuhr oder per Hand: Mittelfinger an der Halsschlagader, 20 Sekunden lang zählen, mal drei nehmen. Auf den Zettel schreiben.
→ In den folgenden 8 Minuten lesen Sie sich den Zeitablauf für heute kurz durch.

8.10 Uhr — **Auf zur Sitzung**
→ Theoretisch müsste Sie der gastrokolische Reflex jetzt aus dem Bett holen, Sie wissen schon, der natürliche Ich-muss-jetzt-Trieb des Darms (Seite 62).

8.20 Uhr — **Raus mit der Fitnessformel**
→ Berechnen Sie zuerst Ihren idealen Belastungspuls für heute mit der Formel auf Seite 192.
→ Ziehen Sie Ihre Laufschuhe an, schnallen Sie die Pulsuhr um. Nun haben Sie 30 bis 45 Minuten, um Ihren Körper zu verwöhnen. Gehen Sie zum Walken oder

das zweite 12-stunden-programm

Laufen oder aufs Trampolin – mit Ihrer Fitnessformel von Seite 178 und Ihrem Puls, dem richtigen Puls.

→ Den Joker für Ihr anschließendes Kurz-Dehnprogramm finden Sie auf Seite 195.

→ Wenn Sie zurückkommen, trinken Sie wie gestern ein Glas Zitronen-Honig-Wasser.

9.15 Uhr

Entgiften mit Sesamöl
→ Ab ins Bad. Genug Zeit für das morgendliche Entgiftungsprogramm (Joker Seite 84): wohltuende Ölmassage, Zunge schaben, Ölziehkur – und dann ab in die Dusche oder Wanne.

10.00 Uhr

Fitness für die Zelle
→ Mixen Sie sich wie gestern Ihren Zellschutz-Cocktail von Seite 121 und trinken Sie die Hälfte. Rest in den Kühlschrank stellen. Bereiten Sie auch Ihr heißes Ingwerwasser zu (oder eine Karaffe mit kaltem Wasser) und schnippeln Sie Gemüsestreifen, die Sie durch den ganzen Tag begleiten.

10.30 Uhr

Lektion 5
Nur kein Stress!
→ Starten Sie nun mit Lektion 5 auf Seite 258. Lesen Sie über die Kraft, die aus der Ruhe kommt, und machen Sie Ihren fünften Salto vitale: die Energie-Atem-Reise. Dann wissen Sie, wie Sie dem Alltagsstress in Zukunft Paroli bieten können.

11.30 Uhr

Zellschutz-Cocktail
→ Zwischendurch machen Sie einen kurzen Ausflug zum Kühlschrank und trinken das zweite Glas Lebensversicherung für Ihre Zellen.

MEHR LEICHTIGKEIT IM SEIN

11.45 Uhr — **Feinde aufspüren**
→ Nun setzen Sie sich wieder hin und schreiben eine ganz lange Liste mit den Dingen, die Sie persönlich stressen. Siehe Joker Seite 286.

12.30 Uhr — **Mittagessen und Power-Nap**
→ Bereiten Sie den Blattsalat mit Räucherfisch zu (Seite 39). Setzen Sie dabei bitte alle Ihre Sinne ein. Und genießen Sie das Zubereiten.
→ Schnappen Sie nach dem Essen ein paar Schritte frische Luft, oder machen Sie die Power-Nap-Übung mit dem Joker Seite 288.

13.30 Uhr — Lektion 6
Vereinfachen Sie das Leben
→ Ab Seite 294 heißt es: Simplify your life. Testen Sie, wie viel Ballast auf Ihren Schultern liegt, dann lesen Sie über das schöne Leben der Simplifyer. Der Saltino vitale hilft Ihnen beim schnellen Ent-sorgen all der Dinge, die Ihr Leben belasten und blockieren.

15.30 Uhr — **Pause**
→ Machen Sie eine kleine Pause, knabbern Sie an Gemüsestreifen mit Ingwer-Dip.

16.00 Uhr — Lektion 7
Vom Träumen zum Tun
→ Auf zum Endspurt. Der siebte Schritt führt vom Träumen zum Tun (Seite 328), auf die Zielgerade zum Erfolg. Sie schreiben Ihr Lebensdrehbuch, malen Ihre Vision – und haben ab heute ein klares Ziel vor Augen, das Sie künftig mit Freude verfolgen.

das zweite 12-stunden-programm

18.30 Uhr

Kleine Abendlektion
Mehr Zeit fürs Glück
→ Gehen Sie gekonnt mit Ihrer Zeit um? Zeitexperte Prof. Lothar Seiwert führt Sie ab Seite 372 durch die nächste halbe Stunde.

19.00 Uhr

Fertig machen fürs Restaurant
→ Schlüpfen Sie in eines Ihrer Lieblingsoutfits, die den Simplify-Nachmittag überstanden haben. Lächeln Sie im Spiegel den neuen Menschen an. »Wer an den Spiegel tritt, um sich zu ändern, der hat sich schon geändert«, sagte der römische Denker Seneca.

→ Nehmen Sie das Buch mit oder kopieren Sie die Alternativenliste von Seite 370, mit deren Hilfe Sie sich auf dem Lustpfad durch das Restaurantangebot bewegen.

20.00 Uhr

Feierabend
→ Genießen Sie Ihr leichtes Vier-Gänge-Menü –GLYX-niedrig. Und sprechen Sie mit Ihrer Begleitung über Ihre Vision. Nehmen Sie ruhig Ihre Zeichnung mit.

→ Bevor Sie ins Bett gehen, machen Sie Ihren kleinen Abendspaziergang (Seite 293).
→ Vergessen Sie nicht, Ihr Glas Wasser ans Bett zu stellen.

Gute Nacht!
Das war's schon. Ihr Salto vitale in ein neues Leben.

MEHR LEICHTIGKEIT IM SEIN

Lektion 5:

Nur kein Stress!

Maria hat das Parkett geputzt. Es sieht katastrophal aus. Überall milchiggraue Schlieren. Ich frage: »Was ist denn da passiert?« Sie antwortet: »Das neue Putzmittel ist schlecht« und gibt mir die Flasche. Da steht: »Für Fertigparkett geeignet.« Es steht aber auch drauf: »Holzleim für wasserfeste Verleimung.«

Nun kann man die Schuldfrage stellen, in die Luft gehen, sich ärgern über 70 Quadratmeter mit Leim gebohnertes Parkett. Ändern wird das überhaupt nichts. Man kann auch einfach die Schultern kurz hochziehen – und herzlich lachen.

Das tut man, wenn man entspannt-energiegeladen ist. Sie erinnern sich? Der Gute-Laune-Energielevel. Das tut man nicht, wenn man angespannt-müde ist und schlechte Laune das eigene Leben und das der anderen vermiest.

Der richtige Umgang mit Stress sorgt dafür, dass die Batterie nicht leer wird – und das Leben leicht bleibt.

Entspannung nach Maß

Der eine tut's im Lotossitz, der andere auf dem Pferd, der Dritte entspannt nach Jacobson seine Muskeln, der Vierte betet. Yoga und Tai Chi entspannen, Sex entspannt, Teetrinken entspannt – nur: Jeder braucht seine eigene Entspannungsmethode. Man muss herausfinden, was einem guttut.

Jeder hat seine eigenen Rezepte

Mir springt die Entspannung regelmäßig auf den Schoß. Fido, mein Foxl-Husky-Mischling. Als hätte er eine Stressforscher-raten-mach-alle-90-Minuten-eine-Pause-Uhr eingebaut, fordert er seine fünf Minuten Streicheleinheit. Die kriegt er – und ich entspanne mich. Haustiere helfen beim Abbau von Aggressionen, senken den Blutdruck und den Medikamentenverbrauch, so eine neue Untersuchung des Robert-Koch-Instituts (RKI) in Berlin.

Wenn ich mich gerade mal wieder über etwas aufrege, der Computer abstürzt, Wolf mich nervt …, dann springe ich einfach zwischendrin zur Entspannung auf die Matte: Drei Minuten Wippen auf dem Trampolin schicken die Stresshormone schleunigst in die Wüste. Stressfest macht mich täglich das Laufen im Wald – und Moony, mein Pferd, Therapeut und Entspannungstrainer.

Hochstress für mich: eine TV-Kamera. Die meide ich. Wenn das mal nicht geht, dann mache ich vorher eine Energie-Atemreise. Weil man mit dem Atem den Kalziumspiegel im Blut beeinflussen kann – die chemische Stressbremse. Ich schütte ein Beutelchen Magnesium ins Glas Wasser, Dr. Strunz nennt diesen Gegenspieler von Kalzium »das Salz der inneren Ruhe«. Und dann hol ich mir in Gedanken die Nüstern von meinem Moony an den Hals – und ich bade in Entspannung.

Wenigstens bis man mir das Mikro unter die Nase hält. Aber immerhin …

So hat jeder sein Antistressrezept. Nur manche Menschen haben keines. Die baden in all den Stressquellen, die der moderne Alltag bereithält – sind viel zu oft schlecht gelaunt, von depressiv über mürrisch bis gereizt – und werden krank. Die WHO erklärte Stress zu einer der größten Gesundheitsgefahren des 21. Jahrhunderts. Merkwürdigerweise macht man sich den Stress selbst:

◉ indem man sich ein Zeitkorsett anzieht;
◉ indem man sich selbst unter Druck setzt;
◉ indem man Pessimist ist. Lebensfreude, Zufriedenheit und Dankbarkeit sind Eigenschaften des entspannten Menschen. Positive Gefühle entschärfen Stress.

ZEITPLAN

STRESS ADE

Rechnen Sie für diese Lektion mit zwei Stunden.

Machen Sie den Test auf der nächsten Seite.
Sie brauchen 10 Minuten.

Ein wenig Spannung erwartet Sie auf Seite 267.
Für das Stress-Know-how rechnen Sie mit 20 Minuten.

Erleben Sie mit dem Saltino vitale auf Seite 278
Ruhe pur – 20 Minuten lang.

Lesen Sie das Interview mit dem
Stressexperten Dr. Schmid-Bode auf Seite 282.

Dann spüren Sie noch mit Bleistift und Papier
Ihre Stressfeinde auf, siehe Joker Seite 286.
Sie haben 45 Minuten Zeit.

nur kein stress!

test

Machen Sie den Nerven-TÜV

Manchmal möchte man meinen, Stress sei was Tolles. Weil jeder im Stress sein will. Gestresst sein heißt: gefragt sein, wichtig sein, beliebt sein. Aber leider auch: müde sein, krank sein, lustlos sein, unglücklich sein. Auch wenn man sagen muss: Ein bisschen Stress schadet nicht. Er kann der kleine Kick sein, der Power ins Leben bringt. Also: Nicht der Stress macht krank, sondern das Zuviel an Stress. Testen Sie, ob Ihre Stressbilanz im grünen Bereich liegt.

Treiben Sie Sport?

Ja, mindestens fünfmal die Woche, je eine halbe Stunde.	2
Ja, gelegentlich.	1
Nein. Sport ist Mord.	0

Entspannen Sie sich aktiv?

Nein. Yoga, Meditation & Co. sind mir zu esoterisch.	0
Wenn ich Zeit habe, mache ich autogenes Training oder einen Mittagsschlaf.	1
Entspannungsübungen gehören zu meinem Leben wie das Zähneputzen.	2

Wie steht es mit Ihren sozialen Kontakten?

Ich brauche meine Familie. Ein großer Freundeskreis gehört auch dazu.	2
Ich bin Single und treffe mich dreimal die Woche mit Freunden und Bekannten.	1
Ich bin ein typischer Einzelgänger.	0

MEHR LEICHTIGKEIT IM SEIN

Führen Sie ein Tagebuch?

Nein, dazu fehlt mir die Zeit.	0
Ja, aber ich schreibe nur gelegentlich rein.	1
Ja, das Tagebuch gehört zu meinem täglichen Ritual.	2

Wie sieht bei Ihnen ein harter Arbeitstag aus?

Ich verkürze die Mittagspause und versuche, mein Pensum zügig zu schaffen.	1
Ich maloche ohne Pause durch. Entspannen kann ich nach Feierabend.	0
Stress hin oder her – ich lasse mir mittags beim Essen Zeit und mache wenigstens alle zwei Stunden eine kleine Pause.	2

Wie zelebrieren Sie Ihre Mahlzeiten, wenn Sie sich selbst versorgen?

Ich kaufe Tomaten, Gurken, Käse, Oliven und mache mir einen hübschen Vorspeisenteller.	2
Ich mache mir Salat und Tütensuppe. Richtig zu kochen habe ich meistens keine Lust.	1
Ich mache mir ein Wurstbrot und esse es auch mal vor dem Fernseher.	0

Fühlen Sie sich in Ihrer Wohnung wohl?

Ja, sie ist individuell und fröhlich eingerichtet, für mich ein Ort der Entspannung.	2
Ja, aber manchmal nervt mich meine Unordnung schon.	1
Ich bin eigentlich nicht so gerne zu Hause, da türmt sich immer die Arbeit – Geschirr, Wäsche, Staub, alte Zeitungen.	0

nur kein stress!

test

Im Job bekommen Sie zu dem Berg Arbeit, den Sie zu erledigen haben, noch eine Aufgabe – wie reagieren Sie?

Ich denke mir: Okay, irgendjemand muss es machen, dann fällt halt diese Woche der Feierabend weg. — 1

Ich nehme die Aufgabe an mit dem Gefühl: Mist, das schaffe ich doch nie. — 0

Ich verhandle mit meinem Vorgesetzen: Mache ich gern, wenn ich mehr Zeit dafür bekomme – oder andere Aufgaben abtreten kann. — 2

Sie laden gute Freunde zum Kaffee ein. Alles ist super – bis auf den braunen Zucker, den jemand verlangt und den Sie nicht im Haus haben. Wie reagieren Sie?

Ich gehe zum Nachbarn und frage nach braunem Zucker. — 1

Ich lächle freundlich, sage sorry, gibt es nicht. Ich bin doch kein Spezialitätengeschäft. — 2

Ich krieg die Krise, alles bei mir muss perfekt sein. — 0

Wie würden Freunde und Kollegen Sie im Umgang charakterisieren?

Als netten, sensiblen Menschen. — 1

Als stets liebenswürdigen, dauernd netten, immer hilfsbereiten Menschen. — 0

Als sympathischen Menschen, der sehr genau weiß, was er will. — 2

Sie gehen mit Freunden campen. Wer macht die Arbeit?

Vor allem ich. Weil ich mich am besten mit Zelten, Luftmatratzen, Gaskochern auskenne. — 0

Ich und die anderen Macher-Typen aus unserer Gruppe. — 1

Ich kümmere mich nur ums Kochen, das macht mir Spaß, das kann ich. Die anderen sollen ruhig auch was tun. — 2

MEHR LEICHTIGKEIT IM SEIN

Wie gestalten Sie Ihren Sonntag?

Ich stehe wie gewohnt um 7 Uhr auf und erledige alles, was während der Woche liegengeblieben ist. 0

Ich arbeite ein bisschen. Am Nachmittag ruhe ich mich aus. 1

Der Sonntag gehört ausschließlich mir und meinen Freunden oder meiner Familie. 2

Schlafen Sie gut?

Ja, wie ein Murmeltier. 2

Es geht so. Manchmal liege ich längere Zeit wach im Bett. 1

Katastrophal. Schon beim Zubettgehen graut mir vor der Nacht. 0

Wie viel Alkohol trinken Sie?

Ab und zu ein Glas Bier oder Wein. 2

Jeden Tag – aber nicht mehr als ein bis zwei Gläser Wein oder Bier. 1

Im Grunde viel zu viel. 0

Haben Sie oft Lust auf Süßes?

Ja, immer. 0

Ab und zu am Tag. 1

Esse ich selten, aber mit Genuss. 2

Kopfschmerzen, Rückenverspannung, Sodbrennen, Magenschmerzen – kennen Sie diese Leiden?

Ja, irgendwas davon zwickt öfter mal. 0

Ab und zu trifft es auch mich. 1

Nein, fühle mich total wohl. 2

nur kein stress!

test

Wie oft ist Ihr Handy auf Empfang?

Nur werktags. Abends und am Wochenende schalte ich es aus.	1
Nur, wenn ich dringend erreichbar sein muss.	2
Rund um die Uhr.	0

Sie stehen in einer langen Supermarktschlange. Was tun Sie?

Ich denke an was Schönes.	2
Nach zehn Minuten werde ich langsam ungeduldig.	1
Ich schaue die ganze Zeit zur Kassiererin – wird die fürs Trödeln bezahlt?	0

Wie steht es um Ihre Sexualiät?

Geht so, manchmal fühle ich mich dafür zu müde.	1
Super. Ich hab oft Lust.	2
Miserabel. Leider bin immer ich der Bremser.	0

Auswertung

0–11 Punkte: Typ Angespannt-müde

Es ist ein Wunder, dass Sie überhaupt Zeit gefunden haben, dieses Buch zu lesen. Weil sich die Zeit der Ruhe und Muße bei Ihnen wahrscheinlich auf vier Stunden Schlaf pro Nacht beschränkt. Sie fühlen sich abgespannt und nicht richtig wohl. Ihr Energieniveau liegt auf Angespannt-müde (Seite 23) – das Stimmungsbarometer steht auf Tief. Wahrscheinlich lassen Ihre Blutwerte zu wünschen übrig – genauso wie Ihr soziales Leben. Wenn Sie nicht gerade über Ärgernisse und Kummer grübeln, dann träumen Sie von einer fernen Insel. Sie brauchen dringend ein paar Antistressrezepte.

12–29 Punkte: Typ Angespannt-energiegeladen

Im Großen und Ganzen haben Sie den Stress einigermaßen im Griff. Sie fühlen sich wohl im Job, in der Liebe, im Freundeskreis. Sie wissen, dass Körper und Geist Pausen brauchen, ernähren sich einigermaßen gesund, treiben ab und zu Sport. Ihr Energieniveau liegt aber häufig im Bereich Angespannt-energiegeladen (Seite 22). Sie fühlen sich zwar fit und leistungsfähig, aber der Druck sitzt Ihnen im Nacken. Und der Zustand innerer Ruhe und Harmonie entgleitet Ihnen leicht. Das leert die Batterie. Wie Sie Ihr Lebensschiff auch in hohem Wellengang ruhig auf Kurs halten, erfahren Sie ab Seite 267.

30–38 Punkte: Typ Entspannt-energiegeladen

Sie verdanken schon Ihrer vorbildlichen Lebensweise, dass Sie von einem Puffer umgeben sind, der Sie gegen Stress schützt. Sie treiben viel Sport, haben Ihre Entspannungstechnik gefunden, essen gesund, trinken wenig Alkohol. Der Rest an Stressresistenz kommt von Ihrer starken Persönlichkeit, an der sich ausbeuterische Chefs und intrigante Kollegen die Zähne ausbeißen. Ihr Energieniveau liegt meist im Bereich Entspannt-energiegeladen (Seite 22). Je näher Ihre Punktzahl an die 38 rückt, desto weniger nötig haben Sie das folgende Kapitel – und legen ganz natürlich ein Päuschen ein.

Die Kraft, die aus der Ruhe kommt

Ziehen Sie bitte die Pulsuhr an. Und holen Sie sich ein Glas Tomatensaft, ehe Sie weiterlesen.

Was den Puls hochjagt

Einmal war »Spiegel TV« bei mir zu Hause. Ich mag nicht vor der Kamera stehen, das ist für mich ein kochendes Stressbad, so etwa 98 Grad. Aber dem »Spiegel« sagt man halt nicht ab. Sie wollten erst Aufnahmen auf dem Trampolin machen. Ich hab mir die Pulsuhr umgeschnallt. Kaum stand ich oben, fing die an zu piepsen. So nervös war ich. Peinlich. Und die ganze Aufnahme war hin. Genauso peinlich wie die Szene, als das Gemüse durch die Küche flog, weil ich vor lauter Aufregung beim Entsafter auf den verkehrten Knopf gedrückt hatte … Allein wenn ich an diesen Tag denke, schießt bei mir der Puls hoch. Und ich möchte, dass Sie jetzt auch mal schnell Ihren Puls ordentlich hochjagen:

Der Stress, der Puls und der Atem

1 Schauen Sie erstmal auf Ihre Pulsuhr. Und nun denken Sie ein, zwei Minuten lang intensiv an ein Erlebnis, das Ihnen ganz furchtbar peinlich war (oder Angst machte, Flugangst zum Beispiel). Bewegen Sie sich mit Ihren Gedanken, Ihren Gefühlen dorthin. Lassen Sie alle Bilder aufsteigen, alle Gerüche und Töne.
→ Wenn der Puls jetzt nicht um 20 Schläge hochgegangen ist, dann sind Sie ziemlich stressresistent.

Die Übung zeigt Ihnen, wie Stress mit Ihrem Puls zusammenhängt. Stress lockt immer Adrenalin, und das erhöht den Blutdruck und lässt den Puls hochschießen, damit Sie schnell reagieren können – flüchten oder kämpfen.

Tomatensaft ist ein wunderbares Antistress-Elexier.

2 Nun holen Sie den Puls bitte wieder runter: Atmen Sie tieeeef ein, atmen Sie tieeeef auuuuuus – und halten Sie dann vier Sekunden lang die Luft an. Anschließend machen Sie das Ganze von vorn – viermal.
→ Fertig? Ist der Puls wieder unten?
3 Trinken Sie schnell das Glas Tomatensaft, ein wunderbares Antistresselixier. Es senkt den Blutdruck. Stopp, sorry: nicht schnell – langsam! Nehmen Sie sich Zeit.

Schon haben Sie eine einfache Übung – einatmen, ausatmen, Luft anhalten, einatmen … die Sie immer dann einsetzen, wenn jemand oder etwas Sie stresst. Eine Übung, die Ihnen dabei hilft, auf dem Entspannt-energiegeladen-Level zu bleiben. Atemzentrum, Herz und Gehirn hängen nämlich zusammen. Sie können über Ihren Atem die Herzfrequenz senken. Das beruhigt Ihr Gehirn. Sie können sich wieder besser konzentrieren. Und es holt Sie aus dem Grübeln.

Düstere Nester im Kopf

Eine alte chinesische Weisheit sagt: »Du kannst nicht verhindern, dass die Vögel der Besorgnis über deinen Kopf fliegen. Aber du kannst verhindern, dass sie sich in deinem Kopf ein Nest bauen.« Wie so oft, muss erst viel geforscht werden, viel Geld ausgegeben werden – um festzustellen: Die Alten haben Recht. Mal ist es die Oma mit den Nüssen, die dem Prüfungsstress den Zahn ziehen (mit Magnesium). Mal sind es die Chinesen mit ihren Weisheiten. Dieses Sprichwort sagt genau das, was moderne Stressforscher herausgefunden haben: Stress machen wir uns selbst. Mit unseren Gedanken.

Ein Beispiel: Sie fahren mit Ihrem Partner im Auto. Er ist übernächtigt, nickt ein. Der Wagen gerät auf die linke Spur. Sie erschrecken fürchterlich. Ihr Körper schüttet eine Flut an Stresshormonen aus. Sie greifen blitzschnell ins Lenkrad, wecken Ihren Partner – und retten die Situation. Sie fahren an den Straßenrand. Umarmen sich. Und entspannen sich. Nun können Sie den Schutzengeln danken, dieses Ereignis vergessen ... oder aber sich ständig Sorgen machen, wenn Ihr Partner mit dem Auto unterwegs ist. In Gedanken immer wieder zu diesem Erlebnis zurückkehren. Genauso wie zu einer versauten Prüfung, zur Kritik vom Kollegen, zum missratenen Sohn, zum Seitensprung des Partners ... So wird Stress zur Dauerbelastung – und gefährlich.

Stoppen Sie geistiges Wiederkäuen

Stress macht sich der Mensch durch geistiges Wiederkäuen, fand Derek Roger, Psychologe an der Universität York, schon vor zwanzig Jahren heraus. Während die einen Menschen unter Stress aufblühen, brechen Grübler zusammen. Roger: »Diese Menschen tendieren dazu, weiterhin im emotionalen Belastungszustand zu bleiben und über unangenehme Situationen noch tagelang nachzudenken. Immer wieder kehren sie geistig zu einer Beleidigung oder einer Kritik zurück.«

Stellen Sie das Grübeln ein

Stress heißt also, ständig über Vergangenes nachzugrübeln, oder auch, sich über die Zukunft Sorgen zu machen. Wie entkommt man dieser Gedankenfalle? Indem man sich mit seinen Sinnen auf die Gegenwart konzentriert. Machen Sie sich klar: Wenn Sie zu negativen Erlebnissen in Gedanken zurückkehren, überschwemmen die schlechten Gefühle Sie noch einmal und lösen Körperreaktionen aus, die Sie krank machen. Das wollen

Sie nicht. Was Sie erlebt haben, ist vorbei. Die Kritik ist über allen Wolken, der Fehler vergessen, das Auto kaputt – egal. Sie können es nicht mehr ändern. Lassen Sie einfach los. Genießen Sie den gegenwärtigen Augenblick – das Leben ist kurz genug.

Vermeiden Sie negative Gedanken

Aus dem Weg gehen kann man dem Stress oft nicht. Oder gehen Sie einfach weg, wenn der Chef brüllt? Wenn die Kinder quengeln, wenn Sie einen Vortrag halten müssen, wenn das Telefon klingelt, während dringend etwas anderes fertig werden muss, Ihnen der Haushalt gerade über den Kopf wächst, Sie mit dem Nachbarn streiten, ewig beim Arzt im Wartezimmer hocken, wenn Sie in der Rushhour stecken, wenn …? Wahrscheinlich nicht. Sie bleiben da. Und denken: »Der mag mich nicht. Ich kann das nicht. Das schaff ich nicht. Das ertrag ich nicht …« An diese falschen Glaubenssätze glauben Sie künftig nicht mehr.

Jeder dieser kleinen »Nicht«-Gedanken schüttet ein bisschen Stresshormon Cortisol in Ihren Körper. Dazu kommen die vielen negativen Gefühle: Neid, Wut, Misstrauen, Feindseligkeit, Eifersucht, Angst, Zorn … Diese vielen kleinen Cortisolspritzen des Alltags sorgen für schlechten Schlaf und mangelnde Konzentration. Bald schmerzen auch Kopf, Rücken, Magen, es folgen Depressionen und Herzrasen. Nebenbei macht Cortisol die Gefäße kaputt, schwächt das Immunsystem, zerstört das Gehirn, pumpt die Fettzellen auf, schickt den Blutdruck hoch. Die Folgen: Hörsturz, Diabetes, Demenz, Impotenz, Herzinfarkt, Schlaganfall und Krebs. Die WHO schätzt: 70 Prozent aller Krankheiten sind stressbedingt.

Horror, oder? Nicht für den, dem es gelingt, die Stressreaktion des Körpers einfach auszuschalten. Der die kleinen Tricks kennt, die verhindern, in jenen Angespannt-müde-Zustand zu rutschen, in dem negative Gedanken gedeihen. Entspannungstechniken helfen dem Körper und Loslassen entlastet den Geist.

Im Grunde ist doch nichts wichtig genug, um sich darüber aufzuregen. Dieser Satz sollte Sie künftig auf Schritt und Tritt begleiten. Schreiben Sie ihn jetzt gleich auf einen Zettel, den Sie in Ihrem neuen Leben mit sich führen.

So kommt man gelassener durchs Leben

Sie brauchen ein paar kleine Antistressrezepte – und die Überzeugung »Das schaff ich schon«. Die müssen Sie sich leider langsam erarbeiten. Stressforscher haben festgestellt: Eine Stressquelle löst noch lange keinen Stress aus. Sie versiegt vor jedem, der überzeugt ist: Ich kann eingreifen, kann Einfluss auf die Situation nehmen. Und dabei kommt es nicht mal darauf an, ob Sie objektiv und wirklich die Sache beeinflussen können, sondern alleine, dass Sie daran glauben.

DIE FLÜGEL DES STRESSES

Stress ist etwas Wunderbares. Er verleiht Flügel. Treibt Körper und Geist an. Er aktiviert Sie zu optimalen Leistungen – so dass Sie sich pudelwohl dabei fühlen. Nur die Dosis muss stimmen. Dafür haben die Stressforscher ein Modell entwickelt. Stellen Sie ein U auf den Kopf: ∩. Ganz unten links steht absolute Langeweile. Null Stress. Dann kommt ein wenig Stress auf und noch mehr, und Sie werden immer aktiver bis zum höchsten Punkt des ∩. Dort bringen Sie Höchstleistung – ohne auch nur zu merken, dass es Sie anstrengt. Kommt nun aber noch ein bisschen Stress hinzu, weil das Telefon klingelt, weil Sie auf die Uhr gucken und die Zeit drückt, dann rutschen Sie auf dem absteigenden Schenkel des ∩ nach unten. Das Maß an Stress ist zu viel, Sie werden aufgeregt, nervös, können sich nicht mehr konzentrieren, bis der Stress Sie regelrecht blockiert.

TIPP

DAS MACHT SIE STRESSFEST

Ziel ist das volle Energiekonto plus entspannte Gefühle. Sie wissen schlechte Laune gedeiht im Zustand »angespannt-müde« (Seite 23). Gute Laune entsteht auf dem Level »entspannt-energiegeladen«.

→ Mit dem **Atem** können Sie aktuellen Stress abpuffern. Sie erinnern sich: Atmen Sie tieeeef ein. Atmen Sie tieeeef aus. Nun halten Sie vier Sekunden lang die Luft an. Und machen das Ganze von vorn – viermal.

→ Mit regelmäßiger, also täglicher **Bewegung** erhöhen Sie Ihre Stressresistenz. Sie sorgt auch dafür, dass nach der Aufregung die Stresshormone schneller verschwinden, kaum Zeit haben, ihr zerstörerisches Werk zu verrichten. Wissenschaftler haben festgestellt: Schon 10 bis 20 Minuten flottes Gehen kann uns aus der schlechten Laune hinauskatapultieren. Es gibt kein besseres Mittel als Sport, um Spannung abzubauen, Energie aufzubauen und wieder auf den Gute-Laune-Level entspannt-energiegeladen zu rutschen.

→ Mit **Magnesium** holen Sie sich von der Erregung runter. Als Gegenspieler von Kalzium (das erregte Nerven brauchen) lässt Magnesium besonnen handeln, weckt aber auch Körper und Geist. Magnesium macht belastbar. Auch Herz und Kreislauf. Forscher des Max-Planck-Instituts in München fanden heraus: Magnesium lässt tief schlafen. Kennen Sie Ihren Magnesiumspiegel? Kann man beim Arzt messen lassen. Und leere Tanks dann mit Magnesiumcitrat auffüllen.

→ **Beziehungen.** Freunde und das Gespräch mit ihnen sind das beste Polster gegen Stress. Reden verhindert, dass man in den Angespannt-müde-Zustand absinkt. Bei Gesprächsmangel hilft auch das Tagebuch.

nur kein stress!

know-how

Man kann negative Emotionen nämlich kleinschreiben. Übrigens: Auch Musik hören und aktive Ablenkung durch Hausarbeit helfen gegen Stimmungstiefs, gegen das Angespannt-müde-Loch.

→ **Pausen.** Machen Sie alle 90 Minuten eine Pause. Machen Sie einmal im Monat einen Kurzurlaub. Machen Sie einmal im Jahr mindestens drei Wochen Urlaub. Und machen Sie einmal im Leben ein Sabbatical – ein Jahr, in dem Sie nur das tun, was Sie wollen. Siehe Joker Seite 365.

→ Wer täglich **drei Liter Wasser** trinkt, spült den Stress weg – und entsäuert. Ein saurer Körper reagiert nämlich empfindlicher auf Stress. Mit genug Flüssigkeit kann man sich besser konzentrieren, Stress kommt nicht so leicht auf.

→ Wer seine **Sinne** bewusst einsetzt, kommt leichter zur Besinnung. Die Sinne lassen einen den Augenblick bewusst erleben – und halten vom Grübeln ab. Wissen Sie von gestern, vom Kapitel ab Seite 202.

→ Wer sich sofort entscheidet, etwas zu **tun,** und es nicht auf die lange Bank schiebt, der setzt Energien frei. Aufgeschobene Entscheidungen lähmen und setzen unter Stress. Also: Sofort TUN oder delegieren oder entsorgen oder wenigstens einen Termin dafür festlegen.

→ **Lassen Sie los.** Trennen Sie sich von Dingen, die Sie doch nur belasten. Werden Sie zum Simplifyer. Ab Seite 294.

TIPP

MEHR LEICHTIGKEIT IM SEIN

Ein Beispiel: Der Chef brüllt wegen eines Fehlers. Der Opfertyp denkt: »Dem kann ich's nie recht machen.« Der Stressresistente denkt: »Wart nur: Du kriegst meine Kündigung schon noch irgendwann auf den Tisch.« Oder: »Nobody is perfect. Gut, dass er den Fehler jetzt schon entdeckt hat. Das nächste Mal passiert mir das nicht mehr.«

»Ich schaff das schon!«

Auch Sie können immer auf alles Einfluss nehmen. Indem Sie sich sagen: »Das schaff ich schon.« Und das tun Sie auch – auf Ihre persönliche Art und Weise. Überlegen Sie sich einfach immer, wenn das Gefühl aufkommt, keine Kontrolle über die Situation zu haben, auf welche Weise Sie das in den Griff kriegen. Gut, wenn Sie dazu Stift und Papier nehmen – das hilft oft Meilen weiter. Also: Sobald Sie mutlos werden (passiert häufig nachts), hinsetzen, aufschreiben, Lösung überlegen. Wie Sie *auf Ihre Weise,* mit Hilfe *von wem* das Ganze meistern.

Anti-Glaubenssätze

Die folgenden Stressfallen sollten Sie meiden. Die Psychologie hat vier Antreiber herausgeschält, Glaubenssätze, die den Menschen unter Stress setzen. Was treibt Sie an, mehr in Ihr Alltagsleben zu investieren, als Ihnen guttut?

⊚ **Perfektionswahn.** Haben Sie das Gefühl, nur dann etwas zu taugen, wenn Sie alles perfekt machen? Warum denn? Dafür mag Sie keiner mehr. Nicht mal Sie, denn Sie können sich nie über das Erreichte freuen. Und stressig ist das auch noch. Ist Ihr Antreiber der Glaubenssatz »Sei perfekt«, dann schicken Sie Ihrem Gehirn immer dann, wenn er auftaucht, einen Anti-Glaubenssatz: »Auch ich darf Fehler machen – und aus diesen kann ich lernen.« Künftig wollen Sie nichts, aber auch gar nichts mehr perfekt machen. Gut ist genug.

⊚ **Nettigkeitssyndrom.** Sie buckeln, putzen, tippen, spielen

nur kein stress!

know-how

Chauffeur, schlucken, sagen Ja, Ja, Ja. Und lächeln. Hinter Ihrem Rücken lacht man über Sie, sucht noch mehr Aufgaben, die man Ihnen aufdrücken kann. Ihr Antreiber heißt: »Mach es allen recht.« Müssen Sie nicht. Sie werden auch noch geliebt, wenn Sie eine Bitte abschlagen. Und man liebt Sie auch, wenn Sie selbst mal um einen Gefallen bitten. Für Sie ist wichtig: Für jede neue Aufgabe, die Sie annehmen, treten Sie eine alte ab. Ihr Anti-Glaubenssatz: »Ist doch okay, wenn jemand mal nicht zufrieden ist mit dem, was ich tue. Meine Welt geht davon nicht unter.«

◎ **Supermann-Syndrom.** Sie sind der große Macher, lösen alle Probleme – und zwar selbst. Natürlich bereitet Ihnen das schlaflose Nächte und ständig nagende Gedanken im Kopf. »Sei stark!« heißt Ihr Antreiber. Statt nach außen hin stark zu sein, Schwäche und Ratlosigkeit zu verbergen, sollten Sie künftig lieber andere um Hilfe bitten. Das können Sie ruhig glauben: Es gibt viele, viele Menschen, die gern helfen, die stolz darauf sind, auch einen Beitrag leisten zu können.

◎ **Das Sisyphus-Syndrom.** Sie sind ein Meister darin, sich selbst unter Druck zu setzen. Ihr Antreiber heißt: »Streng dich

> ### *PLANLOS*
>
> Eine Weisheit lautet: »Wer den Herrgott zum Lachen bringen will, schmiede einen Plan.« Wer ständig plant, verplant sein Leben – und hat schließlich nichts im Griff. Wer als Pauschalreisender durchs Leben geht, den überfordern all die Dinge, die nicht im Programm stehen. Jede kleine Abweichung, alles Unvorhergesehene ist wie eine Prüfungssituation, für die man nicht gelernt hat. Wer sich auch mal plan- und ziellos treiben lässt, genießt die kleinen wunderbaren Zufälligkeiten, die das Schicksal für uns bereithält. Stressfrei.

MEHR LEICHTIGKEIT IM SEIN

an!« Und das tun Sie Überstunde um Überstunde. Sie erlauben sich keine Verschnaufpausen – und werden trotzdem nie fertig. Lassen Sie locker. Denken Sie künftig: »Weniger ist mehr!«

Das Zeitkorsett

Die Kapauka auf Neuguinea halten überhaupt nichts davon, zwei Tage hintereinander zu arbeiten. Herrlich! Macht summa summarum ein halbes Jahr Urlaub.

Mehr Arbeit in weniger Zeit ...

Hoch angesehen war früher, wer dem Müßiggang frönen konnte, freie Zeit hatte: der Adel. Heute ist hoch angesehen, wer so wichtig ist, dass er seine Arbeit mit nach Hause nehmen muss. Da den aber mit 50 der Herzinfarkt vom Schreibtisch zerrt und davon niemand etwas hat, heißt der neue Trend: Smart Working. Das bedeutet: Man soll seine Arbeit in der Arbeitszeit erledigen – und in der Freizeit auftanken. Die Arbeit, die wir verrichten, wird immer mehr und dichter – da, bedingt durch Rationalisierung, immer weniger Kollegen an einem Projekt arbeiten, das einen immer besser informierten Menschen voraussetzt. Wie sollen wir da bitte »smart-working-technisch« früher nach Hause gehen? Und da erwartet uns doch auch nur Stress ...

Noch nie hatten wir so viel Freizeit wie heute. Nur umgehen können wir damit nicht. Freizeitforscher Horst Opaschowski sagt: Menschen haben »Angst zu versagen und das Problem Freizeit nicht zu lösen. In ihrer freien Zeit werden sie mehr getrieben, als dass sie selbst agieren.«

Entschleunigt aus dem Zeitkorsett

Der moderne Mensch schlüpft täglich in sein Zeitkorsett. Und bindet sich seinen Kontrolleur ums Handgelenk. Und steht einmal ein zeitplan-leerer Tag vor ihm, an dem er einfach mal das Dasein genießen, sich durch den Tag treiben lassen könnte, kriegt er Angst. »Wenn ich nicht hektisch durch das Leben eile, bin ich nichts wert. Es will ja keiner was von mir.« Darum macht sich der Mensch Termine. Mit dem Fitnesszentrum, dem Staubsauger, dem Verein, dem Kfz-Mechaniker-Kurs für Mütter – und mit dem Fernseher. Mit dem der Deutsche übrigens seine meiste Freizeit verbringt (obwohl er behauptet, dass er das TV nicht besonders mag). Vor lauter Verpflichtungen haben wir keine Zeit.

Zeit für das, was wichtig ist

Aber Sie haben künftig Zeit – für alles, was Ihnen wichtig ist. Schließlich verfügen Sie über sechs Stunden Freizeit am Tag. Und das meiste davon verbringen Sie vor dem Fernseher. Investieren Sie wenigstens …

→ eine halbe Stunde in Bewegung. Das schenkt Ihnen Zeit im Alltag, weil die Gedanken besser fließen, nichts mehr so stressig ist.

→ eine halbe Stunde in gesundes Essen. Auch das schenkt Ihnen Zeit, weil Sie mehr Energie haben – und gegen Stress gewappnet sind.

→ ein paar Minuten in aktive Entspannung. Eine Anleitung finden Sie auf der nächsten Seite: die Energie-Atemreise. Ihr fünfter Saltino vitale.

→ Und heute Abend machen Sie ganz langsam einen Schnellkurs mit Europas führendem Zeitexperten: Prof. Dr. Lothar Seiwert.

Die Energie-Atemreise

STECKBRIEF

→ **Zeitplan:**
Diese Übung kostet Sie 10 Minuten Lesezeit. Dann machen Sie in 10 Minuten die Atemübung. Anschließend spielen Sie den Joker »Feinde aufspüren« von Seite 286 aus. Dafür können Sie sich 45 Minuten Zeit nehmen.

→ **Sie brauchen:**
bequeme Kleidung.

→ **Der Ort des Geschehens:**
Suchen Sie sich einen ruhigen Raum, in dem Sie sich gerne aufhalten.

→ **Sie ernten:**
Harmonie, Balance, Zufriedenheit, Gesundheit – und mehr Energie.

Auch hier habe ich lange überlegt, welcher Saltino vitale bei Ihnen einen Knopf drücken könnte, der das Gefühl auslöst: So schön kann innere Ruhe sein, so gut tut sie mir – und so leicht kann man sie herstellen. Wege dazu gibt es viele – ein Königsweg ist sicher die Meditation. Aber die sollten Sie von einem Meister lernen (geht oft in einem einzigen Tag).

Ich hab mich für etwas anderes entschieden, das ganz einfach, schnell und überall durchführbar ist und sich bewährt hat: Atmen. Wer flach atmet – tun wir alle –, lässt den Stress im Körper wüten. Wer mit seinem Atem spielt, ihn gekonnt einsetzt, ihm Aufmerksamkeit schenkt, tankt Ruhe und Lebensenergie.

nur kein stress!
saltino vitale

Die »komplexe Atmung« hilft dabei, das innere Gleichgewicht zu halten – und unterstützt Veränderungsprozesse. Da sind Sie ja gerade dran. Darum empfehle ich Ihnen für heute diese Übung. Wenn sie Ihnen guttut, dann machen Sie sie jeden Tag. Oder Sie lernen Yoga, Tai Chi, Meditation – oder die Muskelentspannung nach Jacobson. Oder Sie gehen einfach häufiger spazieren. Hauptsache, Sie finden Ihr persönliches Ruheritual, mit dem Sie Ihre Batterie aufladen.

Tanken Sie Lebensenergie

Ihre 70 Billionen Körperzellen brauchen Vitalstoffe, Anspannung und Entspannung – und viel Sauerstoff. Kriegen sie das, können Sie Bäume ausreißen. Atemübungen laden Sie mit

Tiefes Atmen tankt Sie mit Energie auf und bringt Körper und Seele wieder in Balance.

MEHR LEICHTIGKEIT IM SEIN

Energie auf, bringen Körper, Geist und Seele in Einklang. Sie fühlen sich wohler und strahlen diese positive Energie aus.

Bei der Energie-Atemreise geht es darum, alle Bereiche der Lunge zu erkunden und zu aktivieren, um mehr Sauerstoff ins Blut zu pumpen. Sie gewinnen innere Ruhe, eine aufrechte Haltung und ein besseres Selbstbewusstsein.

Und so geht's

→ **Die Position:** Am besten stellen Sie sich aufrecht hin. Sie können die Atemreise aber auch liegend oder sitzend durchführen.
→ **Der Rhythmus:** Atmen Sie ein, bis es spannt – und pfeifen Sie dann die Luft locker aus, fffff…, bis Sie völlig leer sind.
→ **Die Vorübung:** Legen Sie Ihre Hand auf den Bauch. Dann atmen Sie tief nach unten, bis sich der Bauch bläht. Spüren Sie, wie viel Lebenselixier Sie in Ihren Körper aufnehmen?

1 Legen Sie nun die rechte Hand an die linke Schulter, schauen Sie auch dorthin und atmen Sie tief in diese linke Schulter hinein, bis es leicht zieht. Und aus. Und ein und aus – viermal. Wenn Sie bisher gedacht haben, man atme halt den Ballon voll und wieder leer, dann merken Sie jetzt: Sie können den Atem tatsächlich zu einem bestimmten Punkt dirigieren, wenn Sie sich darauf konzentrieren.

> **TIPP**
>
> ### ÜBERALL UND JEDERZEIT
>
> Diese »komplexe Atmung« (und Teile davon) können Sie überall machen: während des Spaziergangs mit dem Hund, im Büro, beim Warten an der Bushaltestelle, wenn niemand guckt … Auch wenn Sie gestresst sind, machen Sie die Atemübung. Denn sie pumpt den Stress weg. Und Stress ist nun mal einer der ärgsten Krankmacher, die wir kennen.

2 Mit der rechten Schulter machen Sie das Gleiche: linke Hand dranlegen, hinschauen, in die Lungenspitze reinatmen, dass es sich schön bläht. Hand und Blick helfen der Konzentration auf diesen Punkt. Sie dürfen die Schulter ruhig ein bisschen bewegen, um den Weg für die Luft freizurütteln. Viermal: ein, eine Sekunde anhalten, und aus, anhalten.

3 Nun atmen Sie tief ins Zwerchfell hinein, einfacher gesagt: in den Bauch. Legen Sie beide Hände auf den Bauch, unter dem Nabel. Und nun pumpen Sie die Luft dorthin, bis der Bauch fast platzt. Und schnaufen so lange aus, bis kein Krümelchen Luft mehr in Ihnen drin ist. Wenn Sie den Rumpf dabei ein wenig winden und schütteln, quetschen Sie Luft hinaus, wie Sie einen Waschlappen auswringen. Viermal ein und aus, ganz tief unten hinein.

4 Jetzt atmen Sie in die Brustspitze, in den Punkt auf halbem Wege zwischen Solarplexus und Kehle. Fingerspitzen dorthin legen, Luft holen: Sie spüren, Ihr Brustkorb wölbt sich kraftvoll auf – Sie dürfen sich vier tiefe Atemzüge lang wie Arnold Schwarzenegger fühlen.

5 Und noch ein paar Züge Muskelmann-Feeling: Halten Sie die Daumen seitlich an den Rumpf, zwischen Achsel und Hüfte. Und nun atmen Sie gleichzeitig in beide Seiten hinein. Gar nicht ganz einfach. Sobald die Lunge sich in Ihnen breitmacht, bäumt sich der ganze Leib zu seiner wahren Größe auf, als würden Sie schweben wie ein Ballon.

6 Wenn Sie wollen, kosten Sie dieses Gefühl noch aus, indem Sie in den Rücken hineinschnaufen, und zwar in den Punkt zwischen den Schulterblättern. Viermal den Glöckner von Notre-Dame, und Sie strotzen vor Ruhe und Selbstbewusstsein.

Stress ist Typsache

Dr. med. Wilhelm Schmid-Bode ist niedergelassener Facharzt für psychotherapeutische Medizin in München und praktiziert auch chinesische Medizin. Er ist Stressexperte und schrieb das Buch »Vier Stresstypen und vier Wege zur Gelassenheit«.

Kann die Lust auf Veränderung gegen Stress helfen?

Ja, weil Stress oft dadurch entsteht, dass jemand sich eingesperrt fühlt und sich einbildet, in einer ausweglosen Lage festzustecken. Wenn nun ein Mensch noch stur auf seinen Prinzipien, Meinungen und Angewohnheiten besteht, dann steckt er wirklich fest. Wer aber die Gabe hat, sich wandeln zu können und zu wollen, sieht den Stress als Durchgangsphänomen, erkennt dann auf einmal einen Ausweg – und das macht ihn gelassener.

Und wie wird man gelassener?

Es gibt kein Antistressrezept für alle. Wie soll die Mutter von zwei kleinen Kindern nachmittags eine Stunde meditieren? Ein übergewichtiger Großstädter im Morgentau über Wiesen joggen? Ein Antistressprogramm muss individuell auf den Menschen zugeschnitten sein. Und es besteht nicht nur aus Entspannungstechniken, es bezieht meist alle Lebensbereiche mit ein, also auch Ernährung, Sport und Partnerschaft. Und bietet dafür neue Strategien an.

nur kein stress!

interview

Wenn es nicht ein Rezept für alle gibt, heißt das: Der Stress hat viele Gesichter?

Genau. Stress kann mentale Ursachen haben: etwa übertriebener Ehrgeiz, Informationsüberflutung, Perfektionsdrang, Rastlosigkeit und Zeitdruck. Aber er hat oft auch physikalische Ursachen: Lärm, Schichtdienst, Übergewicht. Oder chemische Ursachen: Alkohol, Junk-Food, Nikotin und Tabletten. Oder emotionale Ursachen wie Ärger, Angst, Frust, Trennung oder Mobbing. Aber jeder Mensch reagiert anders auf diese Stressauslöser.

Sie unterscheiden vier Stresstypen nach den Organen Leber, Herz, Magen und Lunge.

Ja, das habe ich abgeleitet aus der Traditionellen Chinesischen Medizin (TCM). Der häufigste Stresstyp ist der »Lebertyp«. Er ist nicht an der Leber krank, sondern er reagiert auf Stress mit dem Funktionskreis Leber, wie das in der TCM heißt. Also mit Anspannung. Der Lebertyp ist beherrscht, hat sich selbst voll im Griff, ist aber bis in die Fingerspitzen angespannt. Er leistet im Job enorm viel, gibt alles termingerecht ab, unterdrückt jeden Ärger. Aber abends hat er Kopfweh oder Rückenschmerzen und rastet zu Hause bei Kleinigkeiten aus. Nachts knirscht er oft mit den Zähnen, und am Wochenende hat er keine Kraft, mit Freunden etwas zu unternehmen – und vergräbt sich grübelnd.

Was verschreiben Sie ihm gegen Stress?

Nicht warten, bis sich die Anspannungen schmerzhaft äußern. Bewusst entspannen, auch tagsüber, einfach mal zwischendurch. Mit einer Kurzübung, bei der fünf Minuten lang nacheinander die Muskeln von Kopf bis Fuß angespannt und dann wieder entspannt werden. Die Ernährungslehre der TCM empfiehlt dem Lebertyp alles, was ihn innerlich abkühlt: Obst, rohes

MEHR LEICHTIGKEIT IM SEIN

Gemüse, Weißwein, Salate, Pasta, Geflügel, Fisch. Und sie rät ihm ab von scharf Gewürztem oder scharf Angebratenem, von Schnaps, Rotwein und Kaffee.

Auch Akupressur hilft?

Ja, aber bei jedem Typ sind es andere Punkte, die behandelt werden. Beim Lebertyp zum Beispiel ist es ein Punkt auf dem Fußrücken, in der Vertiefung zwischen dem ersten und zweiten Mittelfußknochen. Wenn Sie den 30 Sekunden lang sanft massieren, wird die angespannte Muskulatur entkrampft. Das hilft zum Beispiel bei Rückenschmerzen, Migräne, Tinnitus, Bluthochdruck.

Was zeichnet den Herztyp aus?

Er zeigt bei Stress Schwächereaktionen wie Angstzustände, Schwindel, Schwitzen, Herzklopfen. Sein Motto ist »Himmelhoch jauchzend, zu Tode betrübt«. Er ist überschwänglich, leicht überdreht, Lachen und Weinen liegen nah beieinander. Ihm tut gut, was wärmt, stärkt und kräftigt, keinen Druck macht, ihn nicht überfordert. Wandern statt Klettern, Tanzen statt Sprinten. Warme Suppen statt kalter Salate und Rotwein statt Weißwein.

Und den Magentypen?

Der Magentyp reagiert auf Stress mit Suchtverhalten: mit Essen, Alkohol oder Nikotin. Er versucht, den Stress und den Ärger hinunterzuschlucken, indem er isst und trinkt – und weil das nicht sehr bekömmlich ist, leidet er unter Verdauungsstörungen. Völlegefühl, Blähungen, Aufstoßen, Durchfall, Übergewicht und Gastritis. Der Magentyp sollte sich Zeit fürs Essen nehmen und nichts zwischendurch essen. Drei Mahlzeiten am Tag sind genug. Und er sollte mit allen Sinnen genießen und nicht gedankenlos konsumieren.

Nun fehlt noch der Lungentyp.
Der Lungentyp ist dünnhäutig. Sein Motto: »Verschont mich.« Er leidet leicht unter Verlustängsten – Abschied und Trennung stressen ihn besonders. Kennzeichnend für ihn sind Atemwegsbeschwerden wie Asthma und Bronchitis oder allergische Hautreaktionen. Er braucht ausreichend Atempausen, soll lieber spazieren gehen statt joggen und sein Immunsystem gezielt stärken, sei es durch Sauna oder Massagen – Berührung verbessert nachweislich die Abwehrlage. Am besten hilft es ihm, mit einer Atemübung zu entspannen.

Wie stark Stress einem schadet, hängt doch auch von der Persönlichkeit ab?
Natürlich. Das kann man messen: Menschen, die sich schnell ärgern, sich selbst an allem die Schuld geben, haben nach einer Stresssituation auch weniger Immunglobulin A im Speichel, also weniger Abwehrkraft. Wer über sich selbst lachen kann, bei dem fallen die Immunglobulin-A-Werte nicht so stark ab. Ein messbares Zeichen für Gelassenheit.

Feinde aufspüren

→ Starten Sie mit einer Das-stresst-mich-Liste: Schreiben Sie jetzt all die Dinge auf, die Ihnen in den Kopf kommen. Und notieren Sie dann daneben, wie Sie diesen Stressor künftig aus Ihrem Leben verbannen können – was in Ihrer Macht steht, wer Ihnen dabei helfen könnte. Wenn möglich: Trennen Sie sich gleich von einem Stressor. Zum Beispiel etwas, das Sie lange vor sich herschieben – ein Anruf? Ein Dosenöffner, der nicht funktioniert? Ein defekter Auspuff, ein tropfender Wasserhahn …

→ Dann führen Sie eine Woche lang ein Das-alles-stresst-mich-Tagebuch. Stellen Sie einfach mal fest, welche Tätigkeiten bei Ihnen negative Gedanken provozieren oder wer oder was in Ihnen Zorn, Ärger, Trauer, Minderwertigkeitskomplexe, Neid weckt. Bitte den ganzen Tag über notieren. Denn nur wer den Feind kennt, kann sich ihm stellen.

Pfeifmeditation

Ich bin kein Mensch, der sich still hinsetzt und OM sagt und den Geist freikriegt. Das liegt mir nicht. Aber ich meditiere auch: Ich gehe in den Wald und pfeife. Fange einfach an, dann kommt bald eine kurze selbst erfundene Melodie hoch, die zu meiner Stimmung passt. Und die pfeife ich im Gehrhythmus. Immer wieder. 20 bis 30 Minuten lang. Auch laut. Das macht im Kopf frei und im Bauch fröhlich. Pfeift den Stress einfach weg. Warum pfeifen Menschen? Weil sie gute Laune haben, ausgeglichen und zufrieden sind. Probieren Sie es einfach mal aus.

Übrigens: Trommeln ist die Meditation der Indianer, Gospelsänger meditieren auch, mein Freund Stephan meditiert mit seiner Bassgitarre, Techno ist letzten Endes auch Meditation …

Vergebung

Verzeihen, so ein altes Wort. Bibelstaubig? Mitnichten, ganz modern. So dass sich Wissenschaftler damit beschäftigen und feststellen: Vergeben macht schlank und gesund. Es gibt viele Gründe, zu verzeihen. Die Mama ist beleidigt, weil die Tochter mal wieder zwei Wochen nicht anruft. Die Freundin verzeiht nicht, dass die Kollegin ihr den Freund ausgespannt hat. Der Nachbar nimmt das Laub krumm (nichts beschäftigt unsere Gerichte mehr als Nachbarschaftszoff). Der Friseur ... oh, da könnte ich Geschichten erzählen ...

Aber warum sollte man seinem Nachbarn, seinem Exmann, seiner Mutter, seinem Friseur vergeben? Damit man in den Himmel kommt? Nein. Damit man sich besser fühlt – jetzt gleich.

Vergebung heißt nicht, allen Übeltätern, die das Leben kreuzten, Amnestie zu gewähren. Heißt nicht, den Peinigern Gutes zu tun, sondern sich selbst. Heißt Ballast loswerden: die offenen Rechnungen und jede Menge Hass. Hass ist Gift für Körper und Geist, denn Hass macht krank. Oder dick. Wie die 44 Italienerinnen, die sich mit Pasta und Tiramisu mästeten. Aus lauter Frust wegen der vielen Kränkungen durch ihre Ehemänner. Als sie unter Forscheranleitung lernten, den Gatten zu verzeihen, wurden sie schnell wieder dünner.

Vergeben macht gesund

Spürbar. Es senkt den Blutdruck, lindert chronischen Rückenschmerz und Depression, beugt sogar Verbrechen vor. Das alles haben Studien bewiesen. Gesponsert wurden sie von einer »Kampagne für Vergebensforschung«, die Ex-US-Präsident Jimmy Carter und der Friedensnobelpreisträger Desmond Tutu ins Leben gerufen haben. Denn mittlerweile beschäftigen sich in den USA neben Geistlichen auch Ärzte, Psychiater und Psychologen mit der heilenden Wirkung der Vergebung.

Die Vergebensübung

→ Setzen Sie sich für 10 bis 30 Minuten (je nachdem, wie viel Sie zu verzeihen haben) mit einem Blatt Papier an einen Tisch.

Gehen Sie in Ihr Gehirn-Archiv und klicken Sie auf die Datei: »Dinge, die ich nie verzeihen werde.« Schreiben Sie die Ereignisse auf ein Blatt Papier.

→ Versuchen Sie, sich in Ihren Widersacher hineinzuversetzen. War er wirklich so fies und gemein? Haben Sie nicht auch ein wenig zu der Sache beigetragen? Stellen Sie sich vor, Ihre Ärgernisse werden vor Gericht verhandelt, und Sie sind der Verteidiger der anderen Partei. Welche Argumente bringen Sie vor? Aufschreiben.

→ Dann zerknüllen Sie das Papier und werfen es weg. Am besten in die Sondermülltonne – da kommt auch alter Groll rein. Und wie wäre es, wenn Sie jetzt gleich zum Telefon greifen ...? Nicht lange nachdenken. Tun!

Power-Nap

In Asien gibt es ihn immer noch: den guten alten Mittagsschlaf. Bei uns gilt er als antiquiertes Weichei-Ritual für Alte, Kranke und Schwache. Völlig zu Unrecht. Denn längst haben die Erfolgreichen den Mittagsschlaf wiederentdeckt. Als kleines Wunder gegen Stress, Müdigkeit und die sinkende Leistungskurve am Arbeitsplatz. Power-Nap nennen amerikanische Manager diese kurzen Boxenstopps um die Mittagszeit. Und es funktioniert – solange man alles richtig macht.

→ Setzen Sie sich am besten auf einen Stuhl, auf dem Sie den Kopf anlehnen können, oder legen Sie sich auf den Boden, etwas Weiches unter dem Kopf. Schließen Sie die Augen und versuchen Sie, sich bewusst zu entspannen. Nach zwei bis drei Minuten nicken Sie weg. Keine Bange – Sie brauchen keinen Wecker. Nach spätestens 20 Minuten wachen Sie automatisch wieder auf. Und wenn Sie erst gar nicht einschlafen können? Kein Problem. Auch die wache Entspannung erholt.

Was Sie nicht tun sollten: sich richtig ins Bett legen, in einen ruhigen, abgedunkelten Raum. Dann besteht die Gefahr, dass Sie zu tief und zu lange schlafen. Der Kreislauf sackt ab, der Körper schüttet Tiefschlafhormone aus. Und Sie werden ganz schwer wieder wach.

Meister Tampais Meditation

Master Tampai Rinpoche ist ein kleiner, dicker, glatzköpfiger Mann. Er ist sehr freundlich und wirkt äußerst entspannt. Was offenbar mit seinem Beruf zu tun hat. Tampai ist buddhistischer Geistlicher. Er lebt in Kathmandu (Nepal) in einem Kloster, das er selbst gegründet hat, und unterrichtet Menschen aus aller Welt in der Kunst des Meditierens. Wie kann dieser Mann uns helfen, mit Stress fertigzuwerden? Indem er ein weit verbreitetes Missverständnis aufklärt: »Meditation«, sagt er, »ist keine Entspannungsdroge. Meditation bedeutet, dem Ursprung allen Leids auf den Grund zu gehen. Wir müssen Liebe und Mitgefühl entwickeln, um unsere Selbstsucht zu überwinden. Und Weisheit, um die Wahrheit hinter den Dingen zu erkennen.«

Und wie lernt man zu meditieren? Am besten in einer Stresssituation, findet Tampai: »Wenn du aufgeregt bist, weil dich jemand anschreit, dann solltest du lächeln und Liebe für diesen Menschen empfinden. Du solltest ihm helfen, sein Problem zu lösen, und ihm vergeben. Auch das ist Meditation.« Wie gesagt, Tampai Rinpoche ist ein entspannter Mann. Wenn Sie mehr von ihm lernen wollen – in Kathmandu oder in einem Seminar hier, auf Seite 388 finden Sie eine Kontaktadresse.

Schulternzuck-Trick

Passiert irgendetwas, das Sie ärgert, das Sie aber nicht ändern können, dann zucken Sie mit den Schultern. Tun Sie das so lange, bis der Ärger verschwindet. Wetten, dass Sie dann lächeln müssen ...

Basilikum

Stellen Sie sich ein Töpfchen Basilikum auf den Schreibtisch. Schon das Schnuppern an den Blättern entstresst. Erst recht das Knabbern eines Blattes. Übrigens eine liebe Aufmerksamkeit, wenn Sie einem gestressten Kollegen solch ein Töpfchen schenken.

Türschild

Ein Türschild mit »Bitte nicht stören« verschafft eine Ruheinsel, die Aufgabenberge stressfreier schrumpfen lässt.

Es gibt so Tage

Der Sturm hat die Gartenmauer des Nachbarn über meinen fünfzig Jahre alten Rosenstock geweht. Kurz über dem Boden ist er abgebrochen. Wird nie wieder blühen. Seine lachsfarbenen Blüten waren einzigartig. Ab ins Auto. Zum Pferd. Der Traktor vor mir fährt 25 km/h. Ständig Gegenverkehr. Der Wind weht den Jeep immer wieder über den Mittelstreifen. Ankunft im Stall, die Adern voller Adrenalin, völlig genervt. Ich will nur eines: reiten. Den Alltag vergessen. Glück tanken. Das Tier sieht aus wie ein Nilpferd, so hat es im Schlamm gebadet. Es guckt nicht mal her. Der Wind bläst alles, was weniger als 60 Kilo wiegt, von Osten nach Westen. Den Gaul kriegt man nicht vom Acker. Zurück ins Auto. Zwei Stunden für nix.

Computer anschalten. Ein bisschen kreativ sein. Muss diese Woche ein Konzept für ein neues Buch abliefern – und hab keine einzige Idee. Drücke auf den Tasten rum. Trinke Kaffee. Dehne die Nerven bis zum letzten Grad Anspannung. Um irgendwann festzustellen: drei Stunden umsonst. Datei in den Papierkorb. Einfach abschalten. Ablenken. Video rein, Krimi gucken. Nach 110 Minuten stell ich fest: Der Schluss fehlt. Wolf hat die letzten fünf Minuten nicht aufgenommen. Es gibt so Tage …

Erste Hilfe am Telefon

Es gibt so Tage. Und dann greif ich zum Telefon. Ich rufe Paul an und sag: Ich bin nur noch genervt – und erzähle … Irgendwann lacht Paul am anderen Ende. Und das ganze Unglück wird plötzlich lustig und ganz klein. Da lacht jemand drüber. Plötzlich sieht man das Unglück in einem ganz anderen Licht.

Wenn alles schiefgeht, ruf einen Freund an – erzähl ihm davon. Übertreib ruhig. Er hilft dabei, den Alltagsmist in Schokolade zu verwandeln. Das nächste Mal anrufen, um von einem schönen Tag zu erzählen – sonst wird die Freundschaft zum Mülleimer.

Samstag

Nach dem letzten Samstag, an dem Sie sich stundenlang mit sperrigen Regalen durch das Elch-Wohnparadies kämpften, fragten Sie sich nicht: »Lebst du schon?« Eher: »Lebst du noch?« Wer stressfrei einkaufen gehen will, schwimmt besser gegen den Strom. Wenn samstags – dann solange die anderen noch ausschlafen. Vielleicht versuchen Sie es auch mal ganz gemütlich mit einer Tasse grünem Tee bei eBay. Oder donnerstags – Überstundenabgleiten oder Resturlaub machen's möglich.

Lachen

Wer lächelt, statt zu toben, ist immer der Stärkere. Behauptet Laotse. Wenn alles in die Hose geht, egal was Sie anpacken, und Ihnen überhaupt nicht zum Lachen zumute ist, dann tun Sie es trotzdem. Tief Luft holen – und wenigstens lächeln. Erstens schauen Sie auf Dauer besser aus – tauschen Sorgenfalten gegen Lachfältchen. Und zweitens schlagen Sie dem Stress ein Schnippchen. Das wusste schon Wilhelm Busch: »Humor zu haben ist die List, zu lachen, wenn's zum Weinen ist.« Denn Lachen ist der beste Stresskiller der Welt. Sie spannen Ihre 13 Lachmuskeln an und tauschen Stress-Adrenalin gegen Wohlfühl-

Endorphin. Die übrige Muskulatur entspannt sich, Blutdruck und Herzfrequenz sinken. Und das fühlen Sie. Die Nervosität, die innere Anspannung fallen von Ihnen ab, und alles wird viel leichter. Sie können sich wieder konzentrieren, finden eine Lösung für Ihr Problem oder denken sich: »Das ist doch den Ärger nicht wert.« Ein echter Gewinner sind Sie, wenn Sie sich vor Lachen den Bauch halten müssen. Denn ein herzhaftes Lachen entspannt Ihre gesamte Skelettmuskulatur. Das wirkt wie eine Minimassage für Ihre Muskeln und inneren Organe. Sauerstoff durchflutet Ihre Lungen, Lachen verbessert die Durchblutung. Und wer viel lacht, stärkt sein Immunsystem. Mein Tipp: Sparen Sie sich teure Entspannungskurse und treffen Sie Freunde mit viel Humor.

Locker, Mama!

Der Muttertag ist ein Relikt aus einer Zeit, in der fleißig Gebärende das Verdienstkreuz bekamen. Später kamen Alice Schwarzer und die Emanzipationsbewegung. Die Frauen begannen, sich selbst zu verwirklichen, kriegen heute statt fünf Kindern keins oder zwei – und fühlen sich gestresst wie nie zuvor. Mütter sind die Menschen mit dem höchsten Stresspegel. Warum das so ist? Sie sind zu perfektionistisch, sagt Jeanne Rubner, Autorin der »Süddeutschen Zeitung«. Titel ihrer Geschichte: »Mach dich locker, Mama.« Wer für sein Kind nur das Beste will – die beste Windel, den besten Vater, die beste Milchflasche, den besten Laufstall, die beste Klavierlehrerin –, reibt sich schon auf der Suche nach dem Besten auf. Dann in der Diskussion mit anderen Müttern um den Platz auf der Besten-Hitliste. Wie will man dann noch die »beste Mama« sein – völlig genervt? Und natürlich unglücklich, weil die »beste Mama« sich nur um die Windeln kümmert, nicht um ihr persönliches Glück. Nicht unbedingt charmant schreibt Rubner: »Wir sind zu behäbig und zu bequem und zu ängstlich für Kinder geworden.« Leider hat sie Recht. Der

Mutter-Stress kommt nicht von außen. Er entsteht in unseren Köpfen. Da würde in der Tat »eine gewisse Wurstigkeit« helfen, »die vielen Deutschen abgeht«. Und das Vertrauen, dass Kinder das Abitur auch schaffen, »wenn Mama nicht jeden Nachmittag neben ihnen sitzt«. Liebe Mamis: Sie müssen nicht perfekt sein. Genauso wenig wie die Windeln.

Kleiner Abendspaziergang

Machen Sie 30 Minuten, bevor Sie ins Bett gehen, einen kleinen Abendspaziergang. Einfach 10 Minuten rausgehen, um den Block. Schritt für Schritt zur Ruhe kommen, den Tag verarbeiten, alle negativen Gedanken ablegen. Das ist eines der wirksamsten Schlafmittel. Eigentlich müssten wir Herden von Nachtwanderern begegnen – 10 Millionen Deutsche leiden unter Schlafstörungen.

Schlafen Sie aus

Vom wirkungsvollsten Antistress-Elixier tankt jedes Lebewesen, das Faultier, die Biene, die Rose. Nur der Mensch ist so verrückt und stellt sich einen Wecker hin. Wenn Sie das Folterinstrument nicht gänzlich abschaffen können, stellen Sie ihn wenigstens klug: Nicht aus dem Tiefschlaf wecken lassen (dann ist man ganz schön gerädert), sondern aus der Traumschlafphase (REM). Die erste REM-Phase haben Sie 60 Minuten nach dem Einschlafen. Dann im 90-Minuten-Takt. Wecker also nach fünfeinhalb, sieben oder achteinhalb Stunden stellen und 15 Minuten Einschlafzeit dazuaddieren. Im Schlaf regeneriert jede Zelle, der Körper baut Muskeln auf und Fett ab. Das Gehirn räumt auf – und lernt. Acht Stunden Schlaf halten schlank und verlängern das Leben. Wer nicht einschlafen kann, liest: »Die kleine Schlafschule« von Jürgen Zulley und Barbara Knab (Herder Verlag).

Lektion 6:

Vereinfachen Sie das Leben

Die Yanomamis leben tief im Amazonasgebiet. Fernab von der Zivilisation gehen sie – wie ihre Ahnen vor Tausenden von Jahren – fischen oder jagen, machen dösend Siesta in der Hängematte, feiern gerne Feste, lachen unglaublich viel. Sie kleiden sich in Licht und Luft, sind glücklich und frei (wenn man sie in Frieden lässt). Als man versuchte, die Indianer zu missionieren, sagten sie: »Warum sollen wir an euren Gott glauben? Ihr erzählt immer nur dieselbe Geschichte. Bei uns hat alles eine Seele, jeder Baum, jeder Fisch, der Fluss – wir haben viele Geschichten. Warum sollen wir bei dieser Hitze Kleider tragen?

Warum sollen wir uns mit all diesen materiellen Dingen belasten? Die können wir ohnehin nicht mitnehmen, wenn wir sterben.« Sehr klug – oder?

Ballast raubt Energie

Zugegeben: Im Amazonasgebiet gibt es keine Einkaufszentren, die mit bunten Deko-Welten Begehrlichkeiten wecken. Die gibt es nur bei uns. Sie sind vor allem unter Frauen beliebt – als Lieblingsdroge gegen den Frust. (Deswegen hat die Pharmaindustrie sogar eine Pille gegen den Kaufrausch erfunden.) Meist sind es Schuhe. So ein Schuhtick kann ziemliche Ausmaße annehmen, wenn zum Kaufen das Sammeln kommt. Als 1986 philippinische Rebellen in den Palast des Präsidenten Marcos eindrangen und die Gemächer seiner Gattin durchstöberten, fanden sie einen begehbaren Schuhschrank, so groß wie ein Flugzeughangar, mit 3000 Paar Schuhen – im Grunde ein Alptraum. Allein die Vorstellung, jeden Tag vor endlosen Regalen zu stehen und sich fragen zu müssen: Welche ziehe ich heute an – die gelb gepunkteten, die rot gestreiften mit Pfennigabsätzen, die …?

Jeder hat so seine Ticks

Wir kaufen die High-Tech-Orangenpresse, obwohl sie nur die Küche voll stellt. Wir sammeln die Tageszeitung wochenlang in der unsinnigen Annahme, nochmal dringend reinschauen zu müssen – obwohl sich die Welt im Minutentempo ändert. Wir haben einmal in der Woche »nichts anzuziehen«! Wir lesen die Stauraumtipps in Wohnzeitschriften. Jammern darüber, keinen Platz zu haben. Und wissen schon gar nicht mehr, welche Konsumleichen eigentlich in unserem Keller liegen. Verträge, die wir irgendwann in unserem Leben eingegangen sind, stapeln sich in alten Ordnern – und vom Bankkonto fließen Gelder … wir wissen gar nicht mehr, wohin.

Wir sind Schnäppchen-Opfer. Wir sind Opfer der Werbung. »Werbung«, hat Dennis Hopper, der Filmbösewicht und Intellektuelle, mal gesagt, »ist die Kunst, Menschen Dinge zu verkaufen, die sie nicht brauchen.« Weil wir lieber sammeln, shoppen, anhäufen, als zu entsorgen, werden all diese Dinge irgendwann zur Belastung. Sie rauben uns Freiheit – und wahres Glück. Viele Studien zeigen: Ballast belastet Körper und Seele, gibt das Gefühl von Ohnmacht, schmälert Energien und Konzentration – und kann sogar dickmachen. Wollen Sie das? Nein? Dann machen Sie sich auf den Weg zum Simplifyer.

SO WERDEN SIE ZUM SIMPLIFYER

ZEITPLAN

Rechnen Sie für diese Lektion mit zwei Stunden.

**Machen Sie den Test auf der nächsten Seite.
Sie brauchen 10 Minuten.**

**Erholen Sie sich 20 Minuten lang mit dem
Simplify-Know-how ab Seite 302.**

**Dann spüren Sie mit dem Saltino vitale auf
Seite 312, wie gut es tut, Ballast loszuwerden.
Sie investieren 60 bis 90 Minuten.**

**Lesen Sie das Interview mit Simplify-Experte
Werner Tiki Küstenmacher auf Seite 314.**

**Werfen Sie einen kurzen Blick auf die Joker,
die Ihnen dabei helfen, dass Ihr neues Leben
leichter wird. Sie finden sie ab Seite 321 –
und können diesen Teil auch erst in den nächsten
Tagen lesen.**

vereinfachen sie das leben

test

Macht Ballast Ihr Leben schwer?

Genießen Sie die Leichtigkeit des Seins – oder ersticken Sie langsam am Überfluss? Beantworten Sie die folgenden Fragen ehrlich.

Als Tier wären Sie ein ...
... Tiger – wenn ich was brauche, gehe ich auf die Pirsch. 2
... Hund – ab und zu vergrabe ich einen Knochen im Garten. 1
... Hamster – ich horte, was geht; die Zeiten könnten schlechter werden. 0

Wo gehen Sie meistens einkaufen?
Im Discount-Laden – wie 40 Prozent der Deutschen. 0
Im Supermarkt mit guter Frischobstabteilung. 1
Im Gemüseladen, auf dem Markt, beim Bäcker, der das Brot noch selbst backt. 2

Stellen Sie sich in Ihr Wohnzimmer und nehmen Sie Boden, Tische und die Oberflächen von Schränken und Regalen ins Visier. Wie viele Gegenstände zählen Sie, die dort eigentlich nicht hingehören?
0 bis 5 Gegenstände 2
6 bis 30 Gegenstände 1
31 und mehr Gegenstände 0

Wie oft entrümpeln Sie Wohnräume, Speicher, Keller und Garage?
Wieso entrümpeln? Ich liebe mein kreatives Chaos um mich herum. 0
Mindestens einmal im Jahr. 2
Alle drei Jahre. 1

MEHR LEICHTIGKEIT IM SEIN

Wie gehen Sie mit überflüssigen Gegenständen in Ihrer Wohnung um, die Ihnen auf die Nerven gehen?

Nach dem dritten Mal Drüberstolpern werfe ich sie weg.	2
Ich zögere – vielleicht kann man die Sachen ja noch brauchen.	1
An jedem Stück in meinem Zuhause hängt mein Herz.	0

Wie gehen Sie mit Geld um?

Ich gebe es aus. Was nützt mir das Geld, wenn es auf der Bank liegt?	0
Ich versuche, möglichst viel gewinnbringend anzulegen.	2
Ich leiste mir manchmal was – leider bleibt nicht viel zum Sparen übrig.	1

Sie kaufen einen Stuhl, er muss …

… sehr bequem sein, lange halten und mein Auge freuen.	2
… von einem bekannten Designer sein.	1
… trendig sein – und billig.	0

Wie sind Sie versichert?

Ich habe das Nötigste: eine Haftpflicht-, Kranken- und Hausratversicherung.	2
Ich habe 5 bis 6 Versicherungen.	1
Ich habe einen ganzen Ordner voller Verträge.	0

Bequem mit Karte zahlen – für Sie ein Segen oder eine Gefahr?

Eher eine Gefahr. Ich versuche daher, fast alles bar zu zahlen.	2
Ein Segen. Ich überziehe deshalb manchmal meinen Dispokredit.	1
Ein Problem von vielen, das mich immer wieder in die Schuldenfalle treibt.	0

vereinfachen sie das leben

test

Für Sie ist Luxus ...

... ein Sonntag in der Badewanne, ein schöner Abend mit Freunden. — 2

... Schmuck, Champagner, Parfüm – wer hart arbeitet, muss sich was gönnen. — 1

... mein Auto: Jeder soll sehen, dass ich es zu etwas gebracht habe. — 0

Welche Rolle spielen materielle Träume in Ihrem Leben?

Keine. Habe alles, was ich brauche. — 2

Es keimen schon ständig neue Wünsche in mir auf. — 1

Ich arbeite wie ein Tier – und habe kaum Zeit, den Luxus, den ich mir leiste, zu genießen. — 0

Wie viel Zeit verbringen Sie am Tag mit dem Lesen von Zeitungen, Zeitschriften und Internetseiten?

30 bis 60 Minuten. — 2

Mehr als eine Stunde. — 1

Ich bin ein News-Junkie. — 0

Was machen Sie mit gelesenen Zeitungen und Magazinen?

Ich reiße mir wichtige Artikel raus – den Rest werfe ich weg. — 2

Die meisten hebe ich auf – und entsorge sie nach einem Jahr. — 1

Meine Zeitschriften sind mein Archiv – schließlich hab ich sie gekauft. — 0

Wie oft gehen Sie Kleidung shoppen?

Zwei- bis fünfmal im Jahr. — 2

Einmal im Monat. — 1

Wäre ich Victoria Beckham, würde ich täglich shoppen gehen. — 0

MEHR LEICHTIGKEIT IM SEIN

Wie lautet Ihre Lifestyle-Philosophie?

Alles, was ich habe, muss solide und nützlich sein. Und mir gefällt schlichte Schönheit.	2
Ich guck mir schon die neuesten Trends an, was mir gefällt, kaufe ich.	1
Ich muss immer das Neueste und Hippste haben, aber billig sollte es sein.	0

Welche Rolle spielt Qualität für Sie?

Ich gebe lieber mehr aus für wenige gute Dinge	2
Ein paar Schuhe darf nicht mehr als 60 Euro kosten.	1
Ich liebe Schnäppchen.	0

Was ist Gaumenglück für Sie?

Ein guter Käse, Oliven, Brot, ein Glas Wein.	2
Eine Pizza vom Bring-Service.	0
Ein Fünf-Gänge-Menü vom Sternekoch.	1

Was tun Sie, wenn Sie sehr im Stress sind?

Ich ziehe mich für eine halbe Stunde zum Auftanken in ein Café zurück.	2
Ich schnaufe kurz durch und esse Schokolade.	1
Ich erzähle allen, wie viel ich zu tun habe und dass mir ständig die Arbeit über den Kopf wächst.	0

Auswertung

0–14 Punkte: Das Konsumopfer

Bekommen Sie eigentlich noch Besuch? Fühlen Sie sich in Ihrem Privat-Trödelladen überhaupt noch wohl? Ein Schnäppchen steht neben dem anderen. Nichts funktioniert, wie es soll, aber es war billig. Der Kleiderschrank quillt über von Dingen, die Ihnen gar nicht stehen. Nur: Jetzt lastet es auf Ihrer Seele. Auch

Ihrem Körper muten Sie Billigware zu. Mit Zeit haben Sie ein Problem; meist hetzen Sie durchs Leben. Nun: Sie haben ja bei einem Ihrer Konsum-Raubzüge dieses Buch erbeutet. Lesen Sie das Simplify-Know-how auf der nächsten Seite, und werfen Sie auf Seite 312 mit dem Saltino vitale ersten Ballast ab.

15–28 Punkte: Der Luxus-Hamster
Sie können den Verlockungen der Konsumwelt nicht immer widerstehen. Kaufen um des Kaufens willen macht Ihnen großen Spaß. Nur wissen Sie manchmal zu Hause nicht, wohin mit den vielen neuen Sachen. Sie haben einen Hang zum Luxus und geben viel darauf, was andere von Ihnen denken. Ihrer Ansicht nach ist Lebensglück auch eine Sache des Geldes. Sie finden, dass mehr mehr ist, und schrauben lieber Ihre Qualitätsansprüche runter, bevor Sie verzichten. Noch sind Sie kein Fall für den Simplify-Notdienst. Aber Abspecken als Vorsorge würde Ihnen sicher nicht schaden. Sie gewinnen: Freiheit und ein großes Stück mehr Leichtigkeit des Seins. Starten Sie auf der nächsten Seite.

29–36 Punkte: Der Simplifyer
Wunderbar! Sie genießen Ihr Leben in vollen Zügen. Sie haben keine Zeitprobleme, stolpern nicht ständig über Unwichtigkeiten und Nutzloses und lassen sich nicht von der Werbung terrorisieren. Mit Sicherheit haben Sie Ihre Finanzen voll im Griff – und auf dem Konto Ihrer Träume wächst so einiges heran. Sie haben schon einen Beruf, in dem Sie vollends aufgehen. In Ihrer Freizeit genießen Sie die kleinen Freuden des Lebens. Sie ziehen Qualität Quantität vor. Ihr Ästhetikprinzip lautet: Weniger ist mehr. Und das wenige muss funktionieren und darf ruhig etwas mehr kosten. Wenn Sie Lust haben, schnuppern Sie mal auf den Know-how-Seiten – dort erfahren Sie: Sie sind voll im Trend. Sie können aber auch ein Päuschen einlegen – und später treffen wir uns bei der nächsten Lektion.

Wachsen Sie zum Simplifyer

Der Simplifyer lässt sich nicht vom Wecker wecken. Er schläft gut – er hat keine Schulden. Das Geld wächst auf dem Konto seiner Träume. Er wacht frisch auf. Und er braucht morgens nicht so lang. Im Schrank hängen nur die Lieblingssachen – und eines passt zum anderen. Zum Frühstück greift er nicht zur schnellen Cornflakespackung, sondern presst sich seinen frischen Fruchtsaft, isst ein Müsli mit Joghurt dazu. Die frischen Früchte stehen vor der Tür: Er nutzt den Lieferservice des Bioladens. Sein Kühlschrank ist ein Schlaraffenland. Dort findet man Frisches, selten Verpacktes in Bechern, Tuben, Gläsern, Plastikfolien, Tetrapacks … In der Zeitung überfliegt er die Schlagzeilen. Und liest – nicht länger als 30 Minuten – nur, was ihn wirklich interessiert. Er fährt mit einem guten Rad in den Job (die Kette springt nie raus).

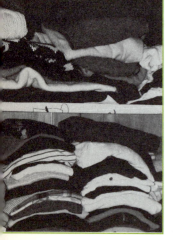

Simplifyer misten ein Ding aus, wenn sie ein neues kaufen, und zahlen gerne etwas mehr für Qualität.

Wenn alle dringend etwas von ihm wollen … zieht er sich erst einmal zum Batterieauftanken auf ein halbes Stündchen in ein Café zurück. Überstunden kennt er nicht. Er muss nicht dauernd zwischen Papierstapeln suchen – und ist auch sonst schlicht und einfach organisiert.

Zu Hause wächst ihm die Arbeit nicht über den Kopf. Er muss keinen Nippes abstauben – und der Markenstaubsauger funktioniert. Dafür hat er Zeit für ein schönes Buch. Abends kommen Freunde. Die freuen sich mehr über Käse, Oliven und Wein als über ein Fix-&-Hopp-Drei-Gänge-Menü. Gemeinsam plant man die Radtour fürs nächste Wochenende – statt sich langweilige Fotos zu zeigen vom letzten Pauschalurlaub. Fotos? Auch die hat der Simplifyer nur wenige: Er sieht mit dem Herzen.

Im Trend: Die neue Einfachheit

Es ändert sich etwas in unserem Land. Nach schnell und gierig und satt kommt: langsam und bescheiden und zufrieden. Diesen Trend hat der Hamburger Zukunftsforscher Matthias Horx ausgemacht: die neue Einfachheit, die »Lebensphilosophie des Essenziellen«. Es geht um den Simplifyer, den Menschen, der zufrieden ist, weil er mehr Freiheit genießt. Zu so einem Menschen kann jeder werden. Der erste Schritt: Konsumflut drosseln – und Sammlergene auf Loslassen programmieren. Die neue Lebensweisheit stellt sich dann fast wie von selbst ein.

Die Revolte gegen das Zuviel

An was denken Sie, wenn Sie den bekannten Werbeslogan »Geiz ist geil« lesen? Auch an Rezession? Die Menschen haben weniger Geld, wollen aber weiter im Schlaraffenland leben – ergo muss alles billiger werden. Und wie macht die Industrie dann ihr Geld? Sie impft die Menschen mit dem Lust-Virus auf mehr und mehr und mehr … Den 56. Fernsehkanal, die siebte Frauenzeitschrift, die dritte Digitalkamera, das Montagsgeschirr zum Sonntagsgeschirr, den XXXL-Burger, das elfte Paar Sandalen …

Welch Balsam für die Seele, wenn einem dann die Studie von Matthias Horx »Die Revolte gegen das Zuviel« verkündet. Man könnte auch sagen: Der Aufstand gegen das Zuwenig. Das Zuwenig an Glück, das wir als Preis für all den Überfluss bezahlen. Für den Überdruss, der auf den Überfluss folgt.

Der Simplify-Trend

Neun von zehn Deutschen spüren, dass es einen Trend zur neuen Einfachheit gibt. Nicht nur krisenbedingt. Wir stecken mitten in einem Wertewandel – und wer will, kann sofort auf diesen Zug aufspringen. Es gibt sie zwar noch, die vielbeschäftigten Konsumjäger, Markenzeichen: Handyknopf im Ohr und keine Zeit. Doch eine neue Spezies, die Simplifyer, beobachtet von der Parkbank aus amüsiert die trendy gekleidete Temposzene und denkt fröhlich: »Wer weniger Geld verbraucht, muss weniger verdienen.« Sperrt der Einkaufstaschen schleppende Konsumjäger seinen schuldenschweren Luxusschlitten auf, denkt der Simplifyer beim Spaziergang:

»Wer zu viel mit sich rumschleppt, spürt niemals die Leichtigkeit des Seins.«

Simplifyer wissen: Lieber wenige Dinge – aber gute

Auch in meinem Leben gab es eine Zeit, in der ich die neueste Designer-Orangenpresse gekauft habe. Die stand dann sperrig auf ihren drei Beinen in meiner kleinen Küche. Und sabberte alles mit Orangensaft voll. Irgendwann kam mit der Klugheit der Jahre Wolf. Mein pragmatisch veranlagter Mann mit angeborenem Talent zum Designkiller stand im Möbelladen von meinem jüngsten Stuhltraum auf: »Du magst ihn ja schön finden. Man kann aber nicht drauf sitzen.« Was mir zwar die Schamesröte vor dem Verkäufer ins Gesicht trieb – aber viele unbequeme Stunden ersparte. Mit Wolf kam auch die Zeit der Besinnung auf »Es gibt sie noch, die guten alten Dinge.« Und ein gutes altes Ding steht jetzt in meiner Küche. Presst seit sieben Jahren Morgen für Morgen meine Orangen aus. Raubt mir keine Putzzeit – und belastet nicht das Konto meiner Träume, weil ich nicht jedes Jahr eine neue Orangenpresse kaufen muss. Freilich, Qualität kostet – aber nur einmal, oder zweimal …

Konsumopfer: Mustermann

Wer kennt ihn nicht: Konsumopfer Mustermann. Immer geschuftet, immer Überstunden gemacht. Alles nur für materiellen Luxus: das dicke Auto, die Hi-Fi-Anlage, die Ledercouch, das Sternehotel. Und dann hatte Herr Mustermann diesen Herzinfarkt mit 45. Natürlich gibt es auch die Musterfrau. Mit Burn-out, Panikattacken oder chronischer Müdigkeit. Simplifyer, sagt Horx, sind Menschen, die sich diesem Teufelskreis entziehen. Sie sind keine Asketen. Sie wollen nicht verzichten, sondern gewinnen. Sie sagen: Lieber ein bisschen weniger Gehalt, ein kleineres Auto, in der Pension statt im Hotel absteigen, und dafür mehr Freiheit, mehr Freizeit, mehr Gesundheit, weniger Abhängigkeit und deutlich weniger Stress. Lieber den Konsum auf das Wesentliche reduzieren – und dafür die Lebensqualität steigern.

Ein Zauber gegen den Konsumrausch

Unter den typisch weiblichen »Ich-hab-nichts-anzuziehen-Räuschen« litt auch ich. Und mein Mann – weil ich in einem bunten, trendigen Frustkauf mit 99-prozentiger Wahrscheinlichkeit frustrierend dämlich aussehe. Irgendwann bin ich auf

> ### DAS KONTO MEINER TRÄUME?
>
> Da fließt das Geld hin, das ich nicht in Überdruss investiere. In Dinge, die mich zwar anlachen, die ich aber nicht kaufe, weil ich erst einmal darüber schlafe. Und da tut sich wirklich was auf dem Konto meiner Träume. Da galoppierte ein Westernpferd heraus ... Das größte Stück Glück in meinem Leben. Jeden Tag. Haben Sie ein Konto Ihrer Träume? Extra eingerichtet bei einer Bank, bei der Sie natürlich keine Kontoführungsgebühren bezahlen? Lohnt sich. Zweimal: Hält einen davon ab, Überdruss zu kaufen, und darauf wächst Ihr Traum zur Realität.

einen Simplify-Zauber gekommen: Für jedes Teil, das neu reinkommt, muss eines raus. Ich stehe dann im Laden mit einem wundervollen Blazer in der Hand und überlege mir, von was ich mich trennen möchte. Hokuspokus landet der Blazer in 96 Prozent der Fälle wieder auf der Stange. Für »Blazer« können Sie allerlei einsetzen: die neue Schüssel, die Gartenbank, den Mega-Tech-Bohrer, den Multi-Kulti-Mixer ... Warum Geld ausgeben? Das gute alte Ding tut es doch meistens noch. Und Ansehen bei den Nachbarn kauft man sich mit »neu« auch nicht mehr.

Neu ist out

Wer »neu« will, ist eh nicht mehr im Trend. Simplify heißt: eine klare Absage gegen den alten Glauben, dass alles, was neu ist, auch unbedingt besser sein muss. Die Jüngeren unter uns huldigen bereits bewährten Retro-Produkten und üben sich in der Kennerschaft von Marken, die sie mit Tradition, Gediegenheit und Stabilität verbinden.

Warum Liposomdingsbumscreme ins Gesicht schmieren, wenn mir Nivea genauso guttut – sichtbar an meiner Mutter und meiner 98-jährigen Oma. Das Schöne daran: Viel Geld bleibt übrig fürs Konto meiner Träume.

Sammler oder Simplifyer?

Sie und ich, wir sind Nachfahren von Jägern und Sammlern. Unsere Vorfahren streiften tagelang durch Wälder, um Nahrung zu finden. Die mussten horten, um zu überleben. Hätte es vor Jahrmillionen schon vor jeder Höhlensiedlung einen Supermarkt gegeben, dann hätten wir jetzt wahrscheinlich neben den Jäger- und Sammlergenen auch Müllabfuhr-Gene. Haben Sie nicht, habe ich nicht.

Eines meiner Sammlergene heißt Papier. Ich sammle alles, was Buchstaben drauf hat. Das sieht um mich herum nicht schön aus. Und macht mir ständig ein schlechtes Gewissen. Die Fachzeitschriften, die ich noch lesen muss. Die Zeitung von vorletztem Monat, in die ich noch nicht geguckt habe, der Reiter-Prospekt mit dem Halfter drin, das ich mir vielleicht irgendwann bestellen könnte, die Tausende von Seiten aus dem Internet, die ich ausgedruckt habe, um sie auszuwerten …

Um nicht zu ersticken, packt mich alle paar Monate der

> ### *KAUFANLEITUNG FÜR SIMPLIFYER*
>
> ◎ Simplifyer kaufen ein Markenprodukt mit Garantie – und das darf ruhig seinen Preis kosten. Kein Schnäppchen mit absehbarem Haltbarkeitsdatum.
> ◎ Simplifyer kaufen Funktion. Der Dosenöffner kann ruhig gut aussehen – aber nicht auf Kosten der Zeit und des Wohls der Hände.
> ◎ Simplifyer kaufen nach Maß. Individuell wohldosiert. Das dritte Paar Laufschuhe erst, wenn das zweite kaputt ist. Das Fahrrad hat drei statt 35 Gänge, weil man damit nur zur Arbeit fährt – ohne Berg weit und breit.
> ◎ Simplifyer kaufen Qualität. Das Schnitzel vom Bioschwein schrumpft nicht um die Hälfte in der Pfanne – es kostet halt doppelt so viel. Das Regal vom Schreiner begleitet einen ein Leben.
> ◎ Simplifyer kaufen Originale. Sie kennen den Winzer, sie kennen den Wein.
> ◎ Simplifyer kaufen klassisch. Sie werden sich nie in vergänglichen Moden blamieren.
> ◎ Simplifyer kaufen informiert. Weder das Auslaufmodell noch das mit technisch überflüssigem Schnickschnack.
> ◎ Simplifyer werfen einen Blick auf die Gebrauchsanleitung. Ist sie klein und verständlich, taugt auch das Gerät.

Rappel – ich entsorge Papierberge. Augen zu und weg. 90 Prozent Ungelesenes.

Irgendwann hat die Stadt München den Papiercontainer aus meiner Straße entfernt. Mir den Papierentsorgungskanal vor der Nase weggenommen. Wochenlang war das eine Katastrophe. Eine Papiergebirgekatastrophe. Lawinen stürzten ständig über mich ein. Im Wohnzimmer, im Flur, im Schreibzimmer, im Schlafzimmer … Mir blieb nichts anderes übrig, als die Flut zu dämmen. Merkwürdig, wie einfach das ist. Nix mehr ausdrucken, was man nicht vorher liest. Ein »Bitte keine Werbung«-Schildchen an den Briefkasten. Ein paar Zeitschriften abbestellen. Nein, ich bin auch nicht dümmer als vorher. Im Gegenteil: Die Papierentschlackungskur hat ein ziemliches Stück mehr Leichtigkeit in mein Leben gebracht. Genauso wie der Umzug.

Ein Umzug macht zum Simplifyer

Wolf und unser Golden Retriever Timmi und unser Kater Moritz und ich träumten von unseren eigenen vier Wänden. Nächtelang saßen wir rechnend da und überlegten, wie wir uns diesen Traum finanzieren – ohne uns mit mehr Geld als den Münchner Horrormieten zu belasten. Das Fazit war simpel. Wolf sagte: »Entweder wir ziehen weiter raus, da ist es billiger. Oder wir halbieren die Wohnfläche.« Da ich eines nicht gut kann: Autofahren, war mir die Lösung klar: halbieren. Und dafür gingen ich und meine Sammlergene durch ein Fegefeuer. Wenn Sie nicht wissen, was ich meine, dann trennen Sie sich mal buchstäblich von der Hälfte Ihrer Dinge. All die Tassen, Regale, Lampen, Klamotten … und mit jedem einzelnen Teil fühlte ich mich leichter. Vermissen tu ich keines. Im Gegenteil. Ich hab Funktion und Ästhetik und Wärme behalten. All die Dinge, die mir wichtig sind, die ich brauche, die mich plötzlich unbeschattet von Kruscht & Krempel fröhlich stimmen.

vereinfachen sie das leben
know-how

Mitnehmen können wir letztlich nichts.
Loslassen schenkt Freiheit

Warum es sich lohnt, sein Leben gründlich zu entrümpeln:

◎ **Konsummüll um uns herum kostet Zeit.** Man muss ihn abstauben, ihm ausweichen, ihn verstauen, verwalten, dazwischen nach dem Wichtigen wühlen, darüber nachdenken ... Sascha, ein Freund von mir, hat fünf Anzüge. Fünf Jeans. 20 Poloshirts. Fünf Paar Schuhe. Alles ist in Stil und Farben aufeinander abgestimmt. Er muss sich nie, aber auch wirklich nie Gedanken darüber machen: »Was ziehe ich an?« Er sieht immer gut aus.

◎ **Viele kleine Anschaffungen verbauen den großen Traum.** Der Beitrag für den Fitnessclub, in den man doch nie geht, das dritte Paar Sandalen, das neue Handy, mit dem man eh nur

> ### SIMPLIFYER LASSEN LOS
>
> ◎ Simplifyer halten weniger für mehr. Sie trennen sich von allem, was sie nicht wirklich brauchen. Verträge, Infomaterial, Möbel, Klamotten, zuweilen Partner.
>
> ◎ Simplifyer sind Ästheten. Sie lassen den wenigen schönen Dingen den Raum, den sie zur Entfaltung brauchen.
>
> ◎ Simplifyer sind nicht sentimental. Sie trennen sich von Erinnerungsstücken, die eh nur belasten. Auch von angeblichen Freunden, die keine Freude bringen.
>
> ◎ Simplifyer schwimmen gegen den Strom. Sie lesen nicht alles, was alle lesen. Sie glänzen vielmehr mit dem, was sie wirklich interessiert.
>
> ◎ Simplifyer lieben das Risiko. Zumindest was das Entmüllen des Lebens betrifft. Das gilt für den Haushalt wie für den Job.
>
> ◎ Und der Simplifyer hat Zeit. Denn er hat den Teufelskreis Besorgen und Entsorgen auf ein Minimum reduziert.

MEHR LEICHTIGKEIT IM SEIN

dreimal ein Foto verschickt … Und die Euros verschwinden in Nutzlosigkeit … Statt auf einem Konto zum Traum zu wachsen. Zum Westernpferd. Zum Segelschein. Oder zu den eigenen vier Wänden. Zur Ausbildung im Traumberuf. Zu einem Saxophon. Zu einer Reise um die Welt. Oder zum Sabbatical – zu diesem einen ganz besonderen Jahr, in dem man tut, was man will (Seite 365).

◎ **Große Anschaffungen sind selten das große Glück.** Auf vielen Schulden schläft man nicht gut. Ein Börsenmakler aus München nahm einen dicken Kredit auf, um eine Luxus-Finca auf Mallorca zu kaufen. Dann nahm er einen zweiten auf, um das Dach nach dem Sturm 2002 zu reparieren. Dann gingen die Börsenkurse in den Keller, und der Mann konnte seine Raten nicht mehr zahlen. Seine Frau verließ ihn. Schließlich verkaufte er das Haus.

◎ **Materielles »Glück« macht Angst und Ärger.** Reiche Menschen bauen sich schicke Häuser und stellen sich schnelle Flitzer vor die Tür. Von da an haben sie Angst. Vor Kratzern im Kotflügel. Vor Einbrechern. Vor Scherereien mit Verwaltern,

> **TIPP**
>
> *EIN GLÜCKLICHER SIMPLIFYER ZU WERDEN, IST SO EINFACH:*
>
> → Erstens: Man fragt sich bei jedem Ding, das einen anlacht, bei jedem Vertrag, den man unterzeichnen soll, bei jeder Verpflichtung, die man eingeht: Was würde eigentlich passieren, wenn ich das jetzt sein lasse? Wäre mein Leben dann unvollkommener?
>
> → Zweitens: Man trennt sich von Dingen, die nicht wesentlich sind, die man nicht braucht. Ihren ersten Schritt machen Sie auf Seite 312. Die Joker ab Seite 321 zücken Sie – einen nach dem anderen – in den nächsten vier Wochen.

Beratern, Bankiers. Auch das zeigen Studien: Die meisten unglücklichen Menschen trifft man unter den Villen- und Yachtbesitzern.

Der Dollarmilliardär und Kunstmäzen Alberto Vilar wurde mal von Journalisten gefragt, warum er sein Geld an Opernhäuser verschenke, anstatt sich Ferraris dafür zu kaufen. Weil er nicht viel zum Leben brauche, antwortete Vilar, jeder Mensch könne pro Tag nur dreimal Steak essen.

Lassen Sie los. Befreien Sie sich von allem, was Sie nicht brauchen – und ernten Sie Leichtigkeit, Freiheit, Unabhängigkeit.

Asterix & Obelix – ganz einfach genießen

Uns alle treibt die Sehnsucht nach einem einfachen und überschaubaren Leben. Darum lieben wir Asterix & Obelix. Wer wünscht sich nicht die Einbürgerung in das berühmte gallische Dorf? Mit Obelix Wildschweine jagen, mit Asterix eine Ziegenmilch trinken, ein kleiner Plausch mit Methusalix, ein bisschen Zoff mit Automatix, zwischendrin mit Miraculix über die Römer lästern, und am Abend gibt's ein krosses Wildschwein mit Zwiebelsößchen von Gutemine – ist das nicht die Idylle, von der wir träumen?

Es ist so einfach, Gast im gallischen Dorf zu sein: Trinken Sie ein Glas frische Milch in einer Almhütte – statt den Riesling im Drei-Sterne-Hotelrestaurant. Plauschen Sie mit der alten Nachbarin, statt Bockmist aus der Flimmerkiste zu ertragen. Tischen Sie Oliven mit Käse auf, statt das Fertigmenü in die Mikrowelle zu schieben. Oder gönnen Sie sich warmen Ziegenkäse mit Rucola und Brot (mmh!) – statt Tiefkühlpizza. Und schalten Sie das Handy ab, während ein Freund auf der Gitarre zupft. Das sind kleine Schritte in Richtung Lebenskunst. Sie zeigen: Weniger ist oft mehr.

Die schnelle Ent-Sorgungs-Kur

STECKBRIEF

→ **Sie brauchen:** eine große Umzugskiste, einen Block mit Selbstklebezetteln (oder Zettel und Klebeband), einen Stift. Und dazu 60 bis 90 Minuten Zeit.

→ **Der Ort des Geschehens:** Ihr Kleiderschrank und das Wohnzimmer.

→ **Sie ernten:** mehr Platz, mehr Ästhetik, mehr Qualität, weniger Arbeit, weniger Stress und Stück für Stück mehr Leichtigkeit des Seins.

Die goldenste Entmüllungsregel lautet: klein anfangen und sich überschaubare Ziele setzen. Genau das werden Sie jetzt tun, Sie machen den ersten Schritt Ihres Ballast-weg-Programms. Keine Angst – ein Schongang. Sie können wählen zwischen Kleiderschrank und Wohnzimmer (Frauen und anderen Menschen, die oft »nichts anzuziehen«, aber mehr als 30 Klamotten haben, empfehle ich dringend den Kleiderschrank). Am besten: Sie machen beides.

Ent-Sorgungs-Kur für den Kleiderschrank

1 Nehmen Sie die große Umzugskiste mit zum Kleiderschrank. Und nun gehen Sie jedes einzelne Teil durch. Überlegen kurz, wann Sie es zuletzt anhatten und ob Sie sich in diesem Stück wirklich rundum wohlfühlen. Wenn Ihr Herz kein lautes »Ja« sagt, dann legen Sie es in die Kiste. Übrig bleiben sollen nur die Kleidungsstücke, in denen Sie sich attraktiv oder richtig gut aufgehoben fühlen. Und nur diese werden Sie in den nächsten vier Wochen tragen. Schieben Sie die Kiste in eine Ecke.

2 Und werfen Sie jetzt einen Blick in Ihren Kleiderschrank, in dem nur noch Lieblingsklamotten hängen. Wie fühlen Sie sich? Wenn das Ganze schnell ging, können Sie gleich weitermachen mit …

Erleichternder Spaziergang durch die Wohnung

1 Setzten Sie sich an den Tisch, malen Sie auf 10 Zettel ein großes »M«, auf zehn weitere ein großes »?« und auf zehn weitere ein großes »S«.

M steht für Müll.
? steht für »Weiß nicht, ob ich das noch brauche.«
S steht für Spende an Kinderhilfswerk, Rotes Kreuz …

2 Nun gehen Sie durchs Wohnzimmer und verteilen alle 30 Zettel. Auf groß und klein. Auf das Sofa, das Sie nicht leiden können, wie auf den Porzellanhund, den Sie nicht brauchen. Hören Sie nicht auf, bis Sie alle Zettel verteilt haben – wenn Sie nach 25 Minuten noch 20 Zettel in der Hand halten, dann sputen Sie sich, kleben ohne viel nachzudenken schnell durch …

3 Fertig? Nun stellen Sie sich kurz vor, wie angenehm es ohne diesen ganzen Kruscht wäre – und wie es sein wird, wenn Sie Ihren Partner davon überzeugen …

4 Dann nehmen Sie sich Ihren Kalender und reservieren in den nächsten Tagen einen fixen Termin, an dem Sie sperrige Gegenstände entsorgen sowie Ihre Spende weitergeben. Rufen Sie gleich noch einen Helfer an.

Misten Sie Ihr Leben aus

Bis in die USA und nach Japan verkaufen sich die Simplify–Bücher, die der evangelische Pfarrer, Buchautor und Karikaturist Werner Tiki Küstenmacher schreibt. Der kreative Bestsellerautor litt selbst unter massiven Zeitproblemen. Bis er erkannte, wie alles zusammenhängt: Zeitmangel, Stress, Überfluss, Geldprobleme.

Ist der Kleiderschrank ein guter Anfang, sein Leben zu entrümpeln?
Für die einen ja, für die anderen ist es der Schreibtisch. Man sollte immer dort anfangen, wo der Leidensdruck besonders hoch ist. In der Tat leiden Frauen vor allem unter überfüllten Kleiderschränken. In den meisten Kleiderschränken steckt siebzig Prozent Inhalt, der nicht mehr benutzt wird. Man glaubt, eines Tages wieder in die Sachen reinzupassen. Man hofft, dass dieses schrecklich gemusterte Kleid mal wieder modern wird.

Viele Frauen behalten diese engen Sachen, um sich zum Abnehmen zu zwingen.
Trotzdem kenne ich keinen Menschen, der abgenommen hat, nur damit er wieder in seine Sachen passt. Es geht genau andersherum. Man gibt alles weg, was einem zu eng ist. Dann beschließt man, abzunehmen. Dann kauft man ganz begeistert neue Kleider in einer kleineren Konfektionsgröße, in die man dann passt.

Warum klappt der Ich-will-so-werden-wie-ich-war-Trick nicht?
Weil wir uns nicht zurückentwickeln können, sondern immer nur nach vorn. Wir werden nicht mehr jünger. Aber wir können im

Alter schlanker werden. Deshalb ist es psychologisch unklug, wenn wir Sachen, die wir nicht mehr brauchen, aufbewahren. Sie halten uns in der Vergangenheit fest.

Abschied von der Vergangenheit – das Geheimnis des Simplifyens?

Ja, weil man die Zeit nicht überlisten kann. Deshalb rate ich dringend, alte Zeitschriftenstapel wegzuschmeißen. Weil man damit eine unlösbare Aufgabe von früher loswird. Zwar sagt man sich: »Ich will diese alten Zeitungen noch lesen.« Aber das Unterbewusstsein, viel stärker als das Bewusstsein, setzt dagegen: »Du kannst nicht die Zeit zurückdrehen.«

In Ihrem Buch raten Sie, Dinge im Zweifelsfall ein Jahr zwischenzulagern.

Das ist ein sehr sicherer Tipp. Weil einem beim Aufräumen oft Sachen auffallen, die man schon vergessen hat. Wenn man dann alles sklavisch wegwirft, fällt einem eine Woche drauf ein: »Oh, genau das könnte ich jetzt brauchen.« Viele Leute stilisieren so eine Geschichte zu einer Legende hoch. Und die Moral von der Legende ist dann: »Ich werfe nie mehr wieder etwas weg.«

Zu welchem Ausmistsystem raten Sie?

Generell gilt: Sich kleine Ziele stecken, sich einen begrenzten Raum, ein begrenztes Objekt vornehmen. Das bringt einen viel höheren Effekt, als wenn man den ganzen Keller ausräumen will und es dann doch nicht schafft. Das frustriert.

Sie sagen: Erst wegwerfen, was am meisten nervt. Wie geht es dann weiter?

Das stellt sich automatisch ein. Wer einmal mit Ausmisten angefangen hat, kommt auf den Geschmack und macht von alleine weiter.

**Oft überkommt einen der Aufräumfimmel,
wenn man im größten Stress ist. Absurd?**
Nein, der klügste Zeitpunkt. Weil man danach wirklich mit doppelt so großem Schwung weitermachen kann.

**Wie sind Sie eigentlich dazu gekommen,
sich mit dem Thema Überfluss zu beschäftigen?**
Aus Zeitmangel heraus. Ich hab immer so viel vorgehabt, dass ich es nicht im Tagesablauf untergebracht habe. Dann habe ich gemerkt, dass das mit den Dingen zu tun hat. Zu viele Dinge rauben einem die Zeit, weil man sich mit ihnen beschäftigen muss. Und darunter leiden Partnerschaft, Kinder, persönliche Motivation und die Gesundheit.

Wie lebt der Vorbild-Simplifyer – asketisch wie ein Mönch?
Nein. Loslassen heißt ja nicht, dass man am Schluss gar nichts mehr hat. Und weil Sie den Mönch ansprechen – eine Regel der Benediktinermönche lautet: »Liebe kümmert sich auch um Dinge.« Es gibt durchaus sehr schöne Dinge, die einem das Leben versüßen können. Sie sollten sich nur nicht so in den Vordergrund drängen, dass man sich nur noch mit ihnen beschäftigt. Deshalb geht Qualität vor Quantität. Ein paar gute Stücke im Kleiderschrank machen viel mehr Spaß als ein ganzer Schrank voller Sonderangebote.

**Sind es nur materielle Dinge, die uns das Gefühl geben,
das Leben sei so kompliziert?**
Ich denke, dahinter steckt das Gefühl, nicht zu leben, sondern gelebt zu werden. Man sieht sich als Opfer, das nicht genügend Spielraum zum eigenen Handeln hat. Das kann das Handy sein, das nicht funktioniert. Oder der Job. Oft sagen die Leute: »Mit Hightech komme ich einfach nicht klar.« Oder: »Was kann ich armes Würstchen schon gegen die große Firma ausrichten?« Sagt man sich dann aber: »Jetzt lese ich dieses blöde Handy-

Handbuch« oder: »Ich sage meinem Chef die Meinung!«, wird man vom Opfer zum aktiv Handelnden. Es gibt in jeder Situation die Möglichkeit, diesen Wandel vorzunehmen.

Man muss nur einmal damit anfangen?
Man muss nicht erst ein besserer Mensch werden, um seinen Kleiderschrank aufräumen zu können. Man wird dadurch ein besserer Mensch, dass man seinen Schrank aufräumt. Das ist die Simplify-Botschaft.

Das mit dem Kleiderschrank kriegt wohl jeder hin. Aber dem Chef die Meinung sagen?
Ich bin überzeugt, dass Männer, die sich bis zum Herzinfarkt totschuften, oft unbewusst das Opfer spielen – ähnlich wie manche Frauen, die sich für die Familie aufopfern. Der Herzinfarkt zeigt dem Chef: »Guck mal, wie ich mich für dich aufopfere.« Bockmist! Weil keiner was davon hat.

Ist Simplifyen eine moderne Bewegung – oder gab es das Bedürfnis früher auch?
Denken Sie nur an die Hippies und die Romantiker. Neu ist nur: Wir haben hundert-, bestimmt fünfzigmal so viele Sachen wie unsere Urgroßeltern. Was mittlerweile zur Folge hat, dass junge Leute sich ihre Wohnung bewusst leer halten, weil es sie bei ihren Eltern nervt, dass alles voller Sachen ist. Simplifyen ist aber keine Bewegung, die sich dem Konsum total verweigert. Fast möchte ich zum Konsumieren ermuntern.

Der Wirtschaftsminister wird das gerne hören.
Es gibt diesen schönen Begriff: luxuriöse Askese. Man befreit sich einerseits von den unnützen Dingen und leistet sich andererseits etwas Luxuriöses. Dieser sogenannte widersprüchliche Verbraucher ist ja heute typisch. Er kauft im Discounter sein Klo-

papier, weil es dort 20 Cent billiger ist. Aber dann geht er ins Reisebüro und bucht eine exquisite Reise in ein vornehmes Hotel.

Qualität ersetzt Quantität?
Genau. Oscar Wilde hat mal gesagt: »Man umgebe mich mit Luxus, auf alles Notwendige kann ich verzichten.« Was uns wirklich erfreut, sind die Dinge, die wir scheinbar gar nicht brauchen: den Sonnenuntergang oder das Sonnenbad am Nachmittag.

Viele Menschen versuchen, mit Luxus den Stress im Job zu kompensieren.
Leute, die ein schreckliches Betriebsklima ertragen müssen, sagen sich: »Ich kriege kein Gehalt, sondern Schmerzensgeld.«

Kommen solche Deals aus der Mode?
Manche jungen Menschen sagen: »Ich gebe diesen Job auf und mache etwas, mit dem ich halb so viel verdiene, aber ich bin wieder Mensch.« Unter den Älteren grassiert gerade heute die Angst vor der Veränderung im Job.

Können Sie diese Angst verstehen?
Man muss gerade jetzt gegensteuern. Neulich stand in der Zeitung, dass Wechseln in der Wirtschaft positiv gesehen wird. Stellen Sie sich diese allgemeine Lähmung vor wie ein Aquarium, in dem die Fische immer langsamer schwimmen. Da fallen die, die immer noch schnell schwimmen, besonders positiv auf.

Warum fällt uns das Vereinfachen so schwer – weil wir früher als Jäger und Sammler alles aufhoben, was wir fanden?
Man sagt immer: Jäger und Sammler. Aber das sind zwei ganz unterschiedliche Lebensweisen. Ich glaube, der alte Archetyp ist der Sammler und der neue im Internetzeitalter der Jäger. Der Jäger braucht keine Vorräte. Wenn er Hunger hat, zieht er los und erlegt

was. Ich denke, jeder sollte sich vom Sammler zum Jäger wandeln. Er sollte die Bequemlichkeit und die Sicherheit aufgeben und gleichzeitig den Mut aufbringen, zu sagen: »Ich lebe in einem leeren Wigwam, und wenn ich etwas brauche, dann hole ich es.«

Fehlt den Menschen die Abenteuerlust?
Ja, die Lust, sich mal vom Leben überraschen zu lassen. Ich habe keine Angst vor einer Wirtschaftskrise, sondern sorge geistig dafür vor. Ich möchte mich darin üben, dass ich im Alter weniger brauche als jetzt. Ich will als alter Mensch materiell schrumpfen und dafür geistig wachsen.

Gerade alte Leute horten oft riesige Vorräte und sagen: »Wer weiß, ob ich das morgen noch bekomme?«
Eine alte Angewohnheit aus der Inflationsgesellschaft. Man unterschätzt übrigens auch die Kurzlebigkeit der Dinge. Man glaubt, die Zeitschrift gewinnt – wie ein Wein – nach Jahren an Wert. Stimmt ja gar nicht. Genauso ist das mit Marmeladengläsern und Angora-Pullovern.

Steckt nicht in jedem von uns ein Simplify-Instinkt, den wir aktivieren können?
Nein. Aber wir können uns an Krisen anpassen. Ich bin davon überzeugt, dass der Mensch ein hochadaptives Wesen ist. Mein Vater wurde 1904 geboren. Der hat zwei Weltkriege erlebt, zwei Wirtschaftsbooms, zwei Wirtschaftszusammenbrüche – und hat sich immer angepasst. Er hat die Fähigkeit entwickelt, zu überleben. Ein anderes Beispiel: Vor etwa zehn Jahren hatten die Amerikaner massive Jobprobleme. Da gab es Leute, die mussten plötzlich aus einem Haus mit acht Zimmern in eines mit vier Zimmern umziehen. Das war für viele schmerzlich, aber einige sagten auch: »Super, dann muss ich nur noch vier Zimmer putzen – und hab mehr Zeit für die anderen Dinge des Lebens.« Davon können

wir hier nur lernen. »Simplify your life« begrüßt die Krise und sagt: »Hurra, es springt auch Gutes für unsere Seele dabei raus.«

Gibt es eigentlich mehr oder weniger begabte Simplifyer?

Es gibt einige ganz begabte Simplifyer, die brauchen unser Simplify-Buch nicht zu kaufen. Die meisten anderen aber, denke ich, sind Typen wie ich selbst. Die wollen gern ihr Leben vereinfachen, wissen aber nicht, wie und wo anfangen. Sie brauchen praktische Tipps, und die geben wir ihnen. So vereinfachen sie ihr Leben, indem sie sich phasenweise disziplinieren.

Simplify heißt auch Ordnung schaffen. Menschen, die chronisch in großer Unordnung leben, bezeichnet man oft als Messies. Sind solche Leute psychisch krank?

Einzelfälle ausgenommen, glaube ich nicht daran. Viele Leute sagen: »Ich bin Messie, ich steh dazu, Punkt.« Die gehen dann in Selbsthilfegruppen und bestärken sich darin, dass sie Messies sind. Ich halte das oft für eine Ausrede dafür, dass man sich nicht ändern will. Es gibt auch Raucher, die von einem Tag auf den anderen aufhören. Warum sollen das Messies nicht schaffen?

Oft kokettieren kreative Menschen mit dem Chaos ihrer Umgebung.

Jeder kreative Vorgang bedeutet Ordnen. Es gibt bei einem kreativen Vorgang eine Phase des Chaotischen. Aber zum Schluss muss ein Kunstwerk oder ein Filmdrehbuch herauskommen, und das ist geordnet.

Wie schafft man es, nicht wieder ins Chaos zurückzufallen?

Die größte Falle ist die Perfektion. Man denkt: »Jetzt hab ich den Kleiderschrank aufgeräumt, aber sonst nichts.« Es ist wichtig, sich zu freuen, auch nur ein bisschen geschafft zu haben.

Downshifting-Trend

Das Regal ist voll, die Wohnung, der Tag, der Kopf ... Materielle Dinge treten in Konkurrenz zu unseren Kräften, zu unserer Muße, zu unserem Leben. Wie der Computer, den wir mit immer mehr Software bestücken, werden wir selbst immer langsamer. Weil wir uns in Nebensächlichkeiten verzetteln. Wie kommen wir da wieder raus? Durch Weisheit, rät Zukunftsforscher Horx. Weisheit passt zu einer Kultur, die statt auf Statussymbole auf Wissen aufbaut. Es zählt nicht mehr die Dicke des Autos, die Größe des Vorgartens, sondern der gelassene, zufriedene Blick auf das eigene Leben. Leere, Stille, Weglassen gehören zum neuen Luxus. Genannt: Reduktionskonsum. Auf Deutsch: die Nummer kleiner. Das macht sich auch in der Arbeit bemerkbar. Immer weniger Menschen haben Lust, die Karriereleiter nach oben zu hasten und mit 40 den Burn-out zu kassieren. Der neue Trend heißt: Downshifting. Mit allem einen Gang runterzuschalten, weniger stressen, weniger verdienen, weniger konsumieren, dann hat man mehr Zeit fürs Glück. Warum springen Sie nicht sofort auf diesen Zug auf – bevor er davoneilt?

Listen-Freiheit

Wolf ist (m)ein Meister der Listen, er sagt: »Das macht mir den Kopf frei.« Also: Listen sind die praktischste Form der Verdichtung geistiger Aktivität – und vereinfachen das tägliche Leben. Wir haben für einfach alles eine. Es gibt eine Reise-Uhrzeiten-Liste vom Aufstehen über die Busabfahrt zum Flughafen bis zum Abflug. Eine Reise-Packliste – für Kurzausflüge und längere Urlaube. Eine Impfliste für alle Hausbewohner einschließlich Tiere. Eine Vorsorgeliste. Eine Was-fällt-diese-Woche-an-Liste. Eine Liste aller Geburtstage. Eine Die-CDs-wünscht-sich-Wolf-Liste. Wir haben eine Einkaufsliste, die wird mehrfach kopiert und aktuell angekreuzt, was fehlt. Auf Neudeutsch: ein Pattern. Und noch einige andere Listen. Die neuerdings zum Großteil im iPhone geführt werden. Ich muss sagen, erst hab ich drüber gelacht. Dann erkannt, dass das kleine Autopiloten für unser gemeinsames vereinfachtes Leben sind.

Füllfederhalter

Ich habe von meinem Verlag einen Montblanc-Füllfederhalter zum Geburtstag gekriegt. Ein Retro-Produkt. Eine Ode an die Langsamkeit. Ein Rückschritt, der ein Fortschritt ist. Übrigens lässt die Herstellerfirma ihre Mitarbeiter so lange und so oft Pausen machen, wie sie wollen. Und bei Besprechungen auch über private Dinge reden. Weil Menschen dann kreativer sind, weniger Fehler machen. Zeit vergeuden, um Zeit zu gewinnen. Eine wunderbare Betriebsphilosophie. Sollten Sie bei Gelegenheit weitertragen.

Wo das Glück wohnt

Der bayerische Märchenkönig Ludwig II. musste drei Prunkschlösser bauen, um zu der Erkenntnis zu gelangen: Das Glück wohnt ganz woanders. Nicht im Prunk, nicht in Neuschwanstein, Herrenchiemsee, Linderhof – sondern in der Natur. Nicht selten entfloh der sonderliche Monarch seinem exzessiven Luxusleben in die Einsamkeit der oberbayerischen Wälder, wo er sich mit Holzfällern unterhielt. Wenige Jahre vor seinem Tod traf er einen Freund in einer Berghütte und verriet ihm, diese Hütte sei ihm lieber als jedes seiner Schlösser. Wer das Glück sucht, findet es in den Wäldern, auf den Bergen, an den Seen. Warum sonst heißt ein Bestseller »Das Glück im Sandkorn«?

Haben Sie Ihren Wanderrucksack schon gepackt? Zücken Sie diesen Joker für ein nächstes gemeinsames Wochenende mit Freunden.

Tanz mit Meister Proper ◎

Sie haben Sammlergene? Schreiben Sie einen Termin für eine Entmüllungsrunde in Ihren Terminkalender. Und fangen Sie an diesem Tag, zu dieser Stunde, einfach an. Sie brauchen: einen großen Müllsack und zwei große Kisten. Und ein freigebiges Herz. Wenn Sie sich einmal an das befreiende Gefühl einer entschlackten Wohnung gewöhnt haben, entmüllen Sie ganz von selbst – einfach öfter mal zwischendurch.

→ **Starten Sie mit der Oberflächentour:** Gucken Sie auf den Boden, auf die Couch, die Stühle, Tische, Fensterbretter, die Schränke und Treppenabsätze. Dort liegt der Müll, der am schlimmsten auf das Gemüt schlägt. Wegwerfen. Und die erste Meister-Proper-Regel einprägen: Die Oberflächen der Wohnung bleiben frei.

→ **Dann entrümpeln Sie die Innenwelten:** Schubladen, Schränke, Abstellkammern, Regale. Versuchen Sie, beim Entmüllen generell von innen nach außen vorzugehen. Erst die Wohnräume, in denen Sie sich besonders oft aufhalten: das Wohnzimmer, das Esszimmer, die Küche, das Schlafzimmer. Dann den Hobbyraum, den Keller, den Speicher, die Garage. Ja, auch das ist irgendwann mal dran – später.

→ **Stecken Sie sich kleine, überschaubare Ziele:** Nehmen Sie sich nicht gleich den Raum vor, in dem sich alte Autoreifen türmen. Beschränken Sie sich lieber für heute auf ein Küchenregal und ziehen Sie dafür die Sache komplett durch. Andernfalls verlieren Sie zu schnell die Lust.

Wohin mit dem Krempel?

Ganz einfach: auf den Müll – oder verschenken – oder auf den Flohmarkt? Leicht gesagt, aber schwer getan. Jetzt kommen nämlich Ihre Sammlergene ins Spiel. Machen Sie es einfach, fangen Sie an, dann läuft alles wie von selbst.

Fall 1: Das kommt in die Tüte

Die einfachste Variante. Sie stoßen auf alte Zeitungen, leere Kartons und Tüten, verdorrte Zimmerpflanzen, ausgelatschte Schuhe et cetera. Das ist eindeutig Müll. Den werfen Sie in die Tonne.

Fall 2: Das kommt in die Kiste

Schon etwas schwieriger: ein Paar Hanteln, das seit Jahren ungenutzt in Ihrem Schlafzimmer einstaubt. Bücher, die Sie jahrelang nicht gelesen haben, aber vielleicht noch lesen wollen. Solche Dinge stecken Sie in einen Karton, auf den Sie ein großes Fragezeichen malen und das Datum. In den Keller stellen. Vergessen. Wegwerfen können Sie ihn dann nach einem Jahr. Denn: Sollten Sie den Inhalt in der Zwischenzeit nicht vermissen, hat sich die Frage »Weg oder nicht weg?« erledigt.

Fall 3: Das macht anderen eine Freude

Sie stoßen mit Sicherheit auf viele ideelle Wertsachen, zum Beispiel einen großen Teddybären aus Ihrer Kindheit. Erwägen Sie bei solchen Gegenständen, ob Sie sie spenden können, zum Beispiel an ein Kinderhilfswerk oder ein Waisenhaus.

Fall 4: Erinnerungsmagneten

Jeder Mensch hat Kultgegenstände, die eine Geschichte erzählen. Der erste Fußball. Das erste Halfter des eigenen Pferdes.

Diesen Dingen räumt man einen Ehrenplatz ein. Bestimmt aber nicht dem Jahrmarktsbär vom Ex. Besonders, wenn Sie hoffen, er/sie kehrt noch einmal zurück. In solchen Fällen: Immer weg damit! Dann tun Sie gleichzeitig einen wichtigen Schritt, um loszulassen.

Sex statt Geld

Warum jammern Einkommensmillionäre gerne über Geldsorgen, während viele »kleine Leute« glücklich und gelassen ihr Leben mit 20 000 Euro im Jahr meistern? Besitz mag sinnliches Vermögen sein, das man sehen und fühlen kann. Aber Besitz frisst auch jede Menge Geld. Der Klassiker: ein Neuwagen. Der verliert, kaum steigt man ein, die Hälfte seines Wertes. In Ferienhäuser wird eingebrochen, und die Dächer gehen kaputt. Aktien rauben einem fallend den Schlaf. Warum eigentlich so viel verdienen? Forscher fanden heraus, wer viermal die Woche Sex hat, fühlt sich genauso glücklich und wohl wie jemand, der 40 000 Euro mehr im Jahr hat.

Luxus-Frage

Es gibt Prestigeluxus und Kompensationsluxus und echten Luxus. Prestigeluxus, das ist das Superteuer-Label auf der Handtasche, die Ich-bin-wichtig-Trophäe auf der Kühlerhaube, die Golfschlägerausrüstung im Büro. Diese ganzen High-Style-Accessoires, die Nachbarn, Freunde und Kollegen neidisch machen sollen. Es gibt Menschen, die schneiden in der Umkleidekabine das Label aus dem Pullover und nähen es an den Selbstgestrickten. Haben Sie das nötig? Hinter Protzmarken verschwinden die inneren Werte. Genauso wenig braucht man Kompensationsluxus: den Champagner jeden Abend, das zehnte Parfüm, die Luxussuite am Wochenende. Die kleinen, aber sündteuren Zuckerln, mit denen Sie sich selber für den »grauenhaften Alltag« belohnen. Wechseln Sie lieber in einen Job, in dem Sie sich wohlfühlen. Dann küsst

Ihnen nach Feierabend Ihr Partner das bisschen Stress weg. Und der echte Luxus? Dinge, die man eigentlich nicht braucht. Wie Sonnenuntergänge – und das fröhlich lachende, mit angekokeltem Korken schwarz gefärbte Kindergesicht meiner Nichte Lina, das sie in mein weißes Sofa schmiert.

Beitragsfrei

Ja, wo fließt das Geld denn hin? Haben Sie seit Jahren schon keine Ahnung mehr. Wetten, dass …? Gehen Sie doch mal Ihre Bankunterlagen durch und halten Sie Ausschau nach Zahlungen, die regelmäßig per Einzugsermächtigung weggehen an Versicherungen, Vereine, Freizeitclubs. Schreiben Sie die Empfänger auf eine Liste, und dann fragen Sie sich: Wozu brauche ich eine Fahrraddiebstahlversicherung, wenn ich seit 17 Jahren kein Fahrrad mehr besitze? Warum zahle ich dem Fitnessstudio jährlich 1000 Euro, wenn ich da schon seit Monaten nicht mehr hingehe? Wieso kriegen die Goldhamster-Freunde e. V., immer noch regelmäßig Geld von mir? Sofort schriftlich kündigen.

Info-Sklaven

Wissen Sie, was ein Checker ist? Auf Deutsch: einer, der sich auskennt. Mit allem und überall. Checker sind Leute, die den ganzen Tag vor dem Bildschirm sitzen und im Internet surfen. Gleichzeitig durchforsten sie zehn Zeitschriften, gucken fern und hören Radio. Mit anderen Worten: Sie sind lebendige Datenspeicherplatten. Auf die Bemerkung »Jeder zweite Deutsche hat ein Handy« antworten sie: »Der Branchenverband VATM spricht von 64 Millionen.« Sie lieben Fakten, weil sie Wissen für Macht halten. Fragt sich nur, was diese Menschen mit dem ganzen Datenüberfluss anfangen – weil ihnen zum Nachdenken kaum Zeit bleibt.

Natürlich müssen wir unsere Hausaufgaben machen. Der Banker muss die Börsenkurse kennen, der Arzt den aktuellen

vereinfachen sie das leben

joker

Stand der medizinischen Forschung, der Bauer die Politik des Landwirtschaftsministeriums. Aber müssen wir uns deshalb zu Sklaven machen lassen – getrieben vom Zwang, jeden Tag die Infoflut der Medien aufzuarbeiten? Müssen wir wirklich wissen, warum der Bürgermeister von Oberursel seinen Job schmeißt?

Glauben Sie, Picasso wäre Picasso geworden, wenn er das Feuilleton gelesen hätte, statt zu malen? Auch Sie werden in erster Linie bezahlt für Kreativität, gute Leistung und Zuverlässigkeit. Information soll Ihre Arbeit unterstützen, aber ihr nicht im Weg stehen. So eignen Sie sich Wissen an – und halten den Kopf frei:

→ **Setzen Sie sich Zeitlimits.** Reservieren Sie eine halbe Stunde am Tag für die Zeitungslektüre, eine weitere fürs Internetsurfen. Entscheiden Sie sich für eine Nachrichtensendung am Tag. Konzentrieren Sie sich auf die wichtigsten Informationen, solange Sie »im Dienst« sind. Und heben Sie sich das Schmökern für den Feierabend auf.

→ **Werden Sie Magazinfan.** Lesen Sie »Spiegel«, »Stern« oder »Focus« oder eine Wochenzeitung wie »Die Zeit«, die »Frankfurter Allgemeine Sonntagszeitung«. In den Redaktionen dieser Blätter sitzen Journalisten, die für Sie die unzähligen Fakten der Woche in dichten Storys zusammenfassen.

→ **Entsorgen Sie alte Zeitungen und Magazine.** Und verplempern Sie keine Zeit mit dem Anlegen von Privatarchiven. Sollten Sie den gerade gelesenen Artikel tatsächlich noch einmal in drei Jahren brauchen – Sie werden ihn sowieso nicht mehr finden. Klicken Sie lieber gleich im Netz auf »Google« – geht viel schneller.

→ **Schwimmen Sie gegen den Strom.** Lesen Sie eine ausgefallene Zeitschrift oder ein skurriles Buch – überlassen Sie den Inhalt der Regenbogenpresse dem Mainstream. Lassen Sie sich ruhig dabei erwischen, dass Sie nicht alles wissen, was alle wissen. Glänzen Sie lieber mit Spezialwissen – das macht Sie interessanter.

MEHR LEICHTIGKEIT IM SEIN

Lektion 7:

Vom Träumen zum Tun

Als ich noch studierte und in einer Kneipe jobbte – ich nenne das meine Marmeladenbrotzeiten, weil ich jeden Pfennig auf die Seite legte, um nach Indonesien oder Guatemala zu reisen –, habe ich meinen Freunden immer geantwortet, wenn sie mich nach meinen Lebenszielen gefragt haben: »Ich schreibe mal einen Bestseller.« Die Reaktion war ein freundliches Nicken, aus dem man eindeutig lesen konnte: »Ja, ja, spinn ruhig weiter.«

Ich habe Marmeladenbrot essend von einem roten Jeep geträumt, der vor einem kleinen Häuschen steht, und von einem eigenen Pferd. Meine Träume haben sich erfüllt. Ich nehme an, weil ich Glück habe, mich anstrenge und nicht unter CMM leide, dem Chronischen Motivationsmangel – und weil ich meine innere Kammer gefunden habe, in der ein Feuer brennt.

Ich esse gesund, bewege mich gern, liebe meinen Beruf. Ich kann zwölf Stunden am Stück schreiben – und meine Batterie ist trotzdem (fast) immer voll. Sicher habe ich traurige Tage, bin auch mal schlecht gelaunt. Aber ich bin zufrieden mit meinem Leben, versuche viele Augenblicke zu genießen – und ich habe keine Angst vor der Zukunft. Ich scheue keine Veränderung, auch keine große.

Wenn mir mal die Worte ausgehen, wenn ich mein Schreibfeuer verlieren sollte, wenn Sie meine Bücher nicht mehr lesen wollen, dann jobbe ich wieder in einer Kneipe. Und reise mit Rucksack und kleinem Geldbeutel durch die Welt. Hätte ja auch was – ich müsste dann nicht mehr so viel am Computer sitzen.

Ihr Lebensdrehbuch schreiben Sie selbst

Wie sehen Ihre Wünsche aus? Wovon haben Sie schon immer geträumt und es immer noch nicht verwirklicht? Oder was wollen Sie, ganz pragmatisch, in Ihrem Leben ändern? Mehr Zeit, mehr Gesundheit, weniger Kilos? Nur die Trägheit bremst Sie aus.

Sie brauchen einfach mehr Schwung im Leben? Kein Problem. Sie müssen Ihrem Unterbewusstsein – Sie können es auch Ihren »Bauch« nennen – nur ein wenig Vergnügen bereiten. Motivationsprofi Marco von Münchhausen drückt das folgendermaßen aus: Einen Lustpfad beschreiten, statt den Weg der Entbehrung zu gehen.

Sie sind der Chef Ihres eigenen Lebens. Sie schreiben am Drehbuch mit. Es gibt keinen Mist, aus dem man nicht irgendwie rauskommt. Sogar eingesperrt in Alcatraz kann man an seinen Fluchtplänen schmieden – immerhin besser, als aufzugeben. Wer die Opferhaltung einnimmt (»ich kann das nicht, ich schaff das nicht«), der hat schon verloren.

Es gibt nichts, was Sie nicht verändern können. Sie müssen nur wollen. Mit dem Kopf und mit dem Bauch. Das ist nicht immer einfach, aber machbar:

➜ Lassen Sie Dinge los, die Sie nur belasten.

➜ Erkennen Sie das Leiden namens: Chronischer Motivationsmangel (Seite 339).

➜ Fragen Sie nach dem *Warum* – warum Ihnen eine Veränderung guttut.

➜ Nehmen Sie Ihre Emotionen, positive wie negative, mit auf den Weg.

➜ Überlegen Sie kurz, *wie* – wie Sie die Veränderung einleiten.

➜ Tun Sie sofort zumindest einen Schritt – dann folgen die anderen automatisch.

ZEITPLAN

SO ERREICHEN SIE IHRE ZIELE

Rechnen Sie für diese Lektion mit zwei Stunden.

Machen Sie den Test auf der nächsten Seite. Sie brauchen 10 Minuten.

Für das Motivations-Know-how rechnen Sie mit 30 Minuten.

Der Saltino vitale auf Seite 347 schenkt Ihnen kindliche Begeisterung und erfüllt Wünsche. Sie investieren 60 bis 90 Minuten.

Auf Seite 352 lesen Sie das Interview mit dem Motivationsexperten Marco von Münchhausen.

Die Joker, die Sie träumen und wünschen lassen und bei der Stange halten, finden Sie ab Seite 359.

vom träumen zum tun

test

Stehen Sie sich selbst im Weg?

Faulsein ist eine Kunst, die das Leben leichtmacht – solange sie der Entspannung dient. Nur darf man sie nicht verwechseln mit dem Stolperstein Motivationsmangel. Der macht chronisch träge, erstickt Neugierde und Tatendrang. Fliegen oder stolpern Sie durchs Leben?

Sie probieren die neue Pizzeria aus, und der Kellner reicht Ihnen die Speisekarte. Wie entscheiden Sie sich?
Ich bin neugierig. Nehme die Pizza mit Roastbeef und Minzsauce. 2
Ich überlege ewig und entscheide mich dann doch wieder für einen Klassiker. 1
Wozu erst in die Karte gucken? Ich nehme die Thunfischpizza – wie immer. 0

Sie bekommen einen tollen Job angeboten, mit hervorragender Bezahlung. Aber leider in Moskau. Was tun Sie?
In Moskau ist es kalt. Und es soll dort viele Kriminelle geben. Was soll ich da? 0
Ich sage sofort zu – so eine Chance kommt nicht wieder. 2
Ich besichtige Moskau und den Arbeitsplatz, berate mich mit Freunden. 1

Sie wollen Ihr Leben ändern. Weniger rauchen, mehr Sport treiben. Wann setzen Sie Ihre guten Vorsätze um?
Sofort, sonst wird das nichts. 2
Ich fange am Wochenende damit an, ganz bestimmt. 1
Nach Silvester. Gute Vorsätze sind was für das neue Jahr. 0

MEHR LEICHTIGKEIT IM SEIN

Sie spielen ein Tennismatch gegen einen starken Gegner und verlieren knapp. Wie reagieren Sie?

Ich fühle mich als Versager. 0

Ich ärgere mich schon etwas. 1

Ich bin stolz auf mich. Hab mich wacker geschlagen – und dabei gelernt. 2

Sie haben eine wichtige und unangenehme Aufgabe zu erledigen. Zeit: drei Tage. Wie gehen Sie vor?

Ich gehe sie zügig an und habe den Job am ersten Tag erledigt. 2

Unter Zeitdruck lasse ich mich erst einmal ablenken, mit Hausarbeit, Lesen ... 1

Ich kriege es erst am dritten Tag auf den letzten Drücker hin – weil ich vorher so viel anderes zu erledigen hatte. 0

Wie läuft das, wenn Sie Ihr Leben besser in den Griff bekommen wollen?

Ich nehme mir oft zu viel vor, erreiche natürlich nicht alles. 1

Ich stecke mir immer überschaubare Ziele. 2

Ich lebe gerne in den Tag hinein. Ab und zu packt mich der Rappel, dann will ich alles ändern. 0

Sie helfen Freunden beim Umziehen. Im Flur steht ein schwerer Schrank, der muss als Erstes aus der Wohnung. Was tun Sie?

Ich gehe aufs Klo. Wenn ich zurückkomme, wird das Ding schon weg sein. 0

Ich bin schon hilfsbereit, dränge mich aber ganz bestimmt nicht vor. 1

Ich packe das Teil sofort an. 2

vom träumen zum tun

test

Sie müssen einen Vortrag vorbereiten oder für eine Prüfung lernen. Die Sonne scheint. Sie haben partout keine Lust mehr und klappen für den Rest des Tages die Bücher zu. Wie rechtfertigen Sie diese Pause?

Ich habe in den letzten Tagen viel getan, mein Kopf braucht diese Pause.	2
Ich nehme das Buch mit ins Schwimmbad und guck vielleicht einmal rein.	1
Ich hab den Rest des Tages ein schlechtes Gewissen.	0

Sie haben ein neues Hightech-Handy und wollen es programmieren. Schon nach zehn Minuten scheitern Sie. Was tun Sie?

Ich schmeiße das Ding in die Ecke – das schafft doch kein Mensch.	0
Ich fange wieder von vorn an, das wäre doch gelacht.	2
Ich rufe einen Freund an.	1

Sie bekommen einen lukrativen Auftrag – vom Feind Ihres besten Freundes. Wie handeln Sie?

Ich lehne den Auftrag ab. Freund bleibt Freund.	2
Ich versuche erst, meinen Freund davon zu überzeugen, dass unsere Freundschaft nicht darunter leiden wird.	1
Ich nehme an. Schnaps ist Schnaps, und Geschäft ist Geschäft.	0

Auswertung

0–7 Punkte: Lauter Stolpersteine

Sie legen sich selbst lauter Stolpersteine auf den Lebensweg. Sie brauchen Druck von außen, leiden unter mangelndem Durchhaltevermögen, fühlen sich oft als Versager, haben häufig ein schlechtes Gewissen, agieren oft kopfgesteuert und hören

MEHR LEICHTIGKEIT IM SEIN

nicht auf Ihren Bauch. Könnte es sein, dass Neugierde für Sie ein Fremdwort ist? Dass Sie alles Neue bedrohlich finden? Sie könnten Bill Gates werden, wenn Sie Ihre Energie nicht mehr in Ausreden verschwenden. Auf den folgenden Seiten tun Sie etwas gegen Ihren chronischen Mangel an Motivation.

8–14 Punkte: Vorsicht, Sackgasse!
Für Sie ist »Disziplin« kein Fremdwort. Sie bemühen sich redlich, gegen die Trägheit anzukämpfen. Sie fassen gute Vorsätze: »Ich will mehr Zeit mit den Kinder verbringen« oder »Ich will mich gesünder ernähren.« Sie geben viel auf die Meinung anderer, holen sich ständig Rat. Und stellen Regeln für sich auf: »Keine Zigarette vor 14 Uhr« oder »Nach den Nachrichten Fernseher aus.« Doch Sie landen immer wieder in einer Sackgasse. Brechen die Regeln. Sie sind zwar motiviert, sich zu motivieren – nur irgendwie haut es halt nicht hin. Zur Motivation fehlt Ihnen nicht der Wille, sondern das Know-how. Sie finden es auf den nächsten Seiten.

15–20 Punkte: Auf Erfolgskurs
Sie sind ein Mensch, der sich wie ein Klippenspringer, aber wohlorganisiert in die Arbeit stürzt. Der auch mal »Hier!« schreit, wenn's notwendig ist, und weiß, wann er »Nein« sagen muss. Der immer offen ist für neue Wege und Abenteuer – und den Bauch mitreden lässt. Hoffentlich geben Sie nicht zu viel Gas. Ein bisschen Faulheit kann durchaus nicht schaden.

vom träumen zum tun

know-how

Der Lustpfad zum Erfolg

Der Traum vom Reisen, vom Bildersammeln

Ich hatte mit dreißig einen wunderbaren Job in einer wunderbaren Redaktion. Nette Kollegen, eine Arbeit, die mich erfüllte. Ich hatte aber auch einen Traum: endlich mal ohne ein Zeitkorsett in die Welt zu reisen. Diesen Traum schleppte ich sechs Jahre mit mir rum – legte dafür auch immer etwas zur Seite, auf das Konto meiner Träume.

Es war so weit. Ich wollte nicht mehr nur träumen. Ich wollte los. Darum bat ich meine Chefredakteurin um sechs Monate unbezahlten Urlaub. Davon war sie gar nicht begeistert – damals war ein Sabbatical (Seite 365) noch nicht »in«: »Kommt nicht infrage, dann will das hier jeder haben.«

Ich kündigte. Einfach war das nicht. Ich kündigte ja auch meinen liebgewonnenen Kollegen, meinem monatlichen Gehalt, meinem Sicherheitsbedürfnis, vielleicht sogar meiner Karriere. Ich bezahlte anfangs mit ständigem Würgereiz und schlaflosen Nächten. Aber das, was ich erntete, wog alles auf.

Unpraktischerweise lernte ich kurz vor meiner Abreise Wolf kennen, meinen jetzigen Mann. Das Schicksal wirft einem gerne ein paar kleine Hürden in den Weg. Ich flog trotzdem los. Seine grünen Augen guckten traurig beim Abschied. Aber sie lächeln mich heute noch an.

Jede Veränderung zieht andere nach sich

Ich erntete ein halbes Jahr pures Glück – und dann ein anderes Leben. Ich reiste alleine mit meinem Rucksack und nicht umwerfend viel Geld durch Mexiko, Belize, Guatemala, Costa Rica, durch Texas und Louisiana. Ich sprach mit der Voodoo-Queen, dem Cowboy, der sich das Wort »Texas« als Goldintarsien in die Schneidezähne legen ließ, mit dem Trapper, der

MEHR LEICHTIGKEIT IM SEIN

Wer einen neuen Pfad einschlägt, muss loslassen, aber gewinnt fürs ganze Leben.

Indio-Ärztin, dem Hummer fischenden Kreolen, dem Mennoniten, dem Aussteigerfarmer mit 12 Kindern … Ich robbte durch den Dschungel mit einer bitteren Wurzel gegen Schlangenbisse in der Tasche, segelte zwischen den karibischen Cayes, eroberte Mayatempel, fuhr durch die Swamps, schwamm mit Piranhas, molk meine erste Kuh, ritt ein Rodeopferd, hörte Jazz im French Quarter, aß Krokodilfleisch. Ich lebte jeden Augenblick. Wuchs jeden Augenblick.

Diese Entscheidung gegen die Sicherheit und für meinen Traum wurde zum Meilenstein in meinem Leben. Ich erntete so viel Erfahrung, so viel Sicherheit und Selbstbewusstsein, dass ich künftig als selbstständige Journalistin und Autorin arbeiten wollte. Ohne das sichere Netz einer festen Anstellung. Dafür frei.

Nie, nicht einmal anflugsweise, habe ich diese Entscheidung bereut. Obwohl ich anfangs oft nicht wusste, ob es für die Miete reicht.

Mit Gewohnheiten brechen

Mit Gewohnheiten zu brechen kann etwas ganz Wundervolles nach sich ziehen. Beginnen Sie mit den kleinen Gewohnheiten, die Sie davon abhalten, zu leben, sich frei zu fühlen, mit allen Sinnen zu genießen. Und irgendwann werden Sie dann einen Klotz am Bein los, den hinter sich zu lassen Sie sich lange nicht trauten. Denn plötzlich fühlen Sie: Ich bin es mir wert.

> ### *LASSEN SIE LOS*
>
> ◎ ... von Menschen, die gehen wollen.
> ◎ ... von einem Weg, auf dem Sie mut- und lustlos entlangtappen, der Sie aber keinen Schritt weiterbringt.
> ◎ ... von einer Arbeit, von Menschen, die Sie nur unglücklich machen.
> ◎ ... von Essgewohnheiten, die Sie auf Dauer krank machen.
> ◎ ... von einem bewegungslosen Dasein.
> ◎ ... von zu hochgesteckten Zielen, die sowieso nie in Erfüllung gehen.
> ◎ ... von Zukunftsträumen, die Sie jetzt viel zu viel Kraft kosten.
>
> Leben ist stetiges Verändern. Und dazu gehören Abschiednehmen und Ängste und manchmal auch Schmerzen. Dazu gehören auch mal Rückschläge. Aber diese sind die Ratenzahlungen für den Erfolg.

Der Mensch ist ein Klammeraffe

Halten auch Sie Beharrlichkeit und Ausdauer für wunderbare Werte? Ja, tun Sie. Der Mensch ist in erster Linie ein Klammeraffe. Er hält sich fest an Gewohntem, auch wenn er längst weiß, dass es ihm mehr schadet als guttut. An dem Partner, der nur noch nervt. An der Wohnung, die zu teuer und zu laut ist. An dem Job, der nur noch langweilt. Sogar an dem Aktienpaket, das nichts mehr abwirft. Wir halten selbst unser zu hohes Gewicht, weil wir die Gewohnheit nicht aufgeben wollen, das Falsche zu essen. Wir kleben an der einmal getroffenen Entscheidung »No sports« auch dann, wenn es schon zwickt und zwackt – wie die Fliege an der Patsche. Abwarten. Weitermachen. Geht schon schief. Nur nicht von etwas Gewohntem trennen. Das hieße ja, sich in unbekannte Gebiete vorzuwagen – und das beschert Unsicherheit und das Gefühl, verlassen zu sein.

Uns leitet die Furcht vor Neuem statt der Mut zur Veränderung. Immer nagt die Angst, es könnte ja, wenn ich mich jetzt verändere, noch schlimmer kommen. Oder: Ich schaff das sowieso nicht. Das halte ich nicht durch. Haben wir damit vielleicht Erfolg? Nein.

Die Crux am Festhalten: Wenn wir zurückblicken, bereuen wir nicht die Fehler und die Dummheiten, die wir gemacht haben, wir bereuen vielmehr, etwas nicht getan zu haben. Die verpasste Chance schlägt uns viel mehr aufs Gemüt als die Folgen einer falschen Entscheidung. Das gilt für die großen Dinge im Leben genauso wie für die vielen kleinen Gewohnheiten.

Lust auf Veränderung

In diesem Buch geht es in erster Linie darum, dass Sie mehr Schwung in Ihr Leben bringen – endlich die vielen kleinen Vorsätze verwirklichen, die Sie schon lange mit sich herumtragen: gesünder essen, mehr bewegen, etwas abspecken, auch mal entspannen. Im Grunde ist das ganz einfach. Nur, warum hat das bislang nicht geklappt? Weil Sie Ihr Unterbewusstsein nicht mitgenommen haben auf den neuen Weg. Sie haben ihm nicht die Lust vermittelt, die es braucht, um Sie bei der Stange zu halten. Und Lust heißt: Gefühle, Emotionen.

CMM – das träge Leiden

Viele Menschen leiden unter CMM. Dieses Leiden äußert sich so: Man will gesund, fit, schlank werden, den Job kündigen oder etwas anderes im Leben ändern – und schiebt es auf morgen. Ausgesprochen hilfreich dabei ist das Wörtchen »weil«:

… weil ich nicht genug Zeit habe.
… weil das Fitnessstudio zu weit weg liegt.
… weil das Knie zwickt, weil es regnet.
… weil mir das wahrscheinlich heute nicht so guttut.
… weil die Nachbarn darüber lachen.
… weil mir das zu risikoreich ist.
… weil ich dann weniger Geld habe.
… weil ich das eh nicht schaffe.

CMM ist die Abkürzung für »Chronischer Mangel an Motivation«, der einen ständig daran hindert, etwas im Leben zu ändern, aus der Routine auszubrechen, von alten Gewohnheiten zu lassen. Etwas Neues zu tun. Gesund zu essen, sich zu bewegen. Den Job zu kündigen, der unzufrieden macht.

Man hat zwar gute Vorsätze, aber noch mehr Ausreden parat, warum man gerade jetzt das nicht tut, was man sich eigentlich schon längst vorgenommen hat. Und die Ausreden lässt man sich mit dem Blick in die Welt gerne bestätigen – Menschen mit CMM machen die Augen schnell zu, wenn in der Zeitung steht: »Jedes Jahr sterben 300 000 Deutsche aufgrund mangelnder Bewegung.« Und sie schauen ganz genau hin, wenn dasteht: »Jogger fiel tot um.« Menschen mit CMM hören gerne zu, wenn andere sagen: »Ich hab gelesen, Diäten machen dick.« Und ignorieren den Wink mit dem Zaunpfahl vom Partner –

in Buchform: »Die XXL-Diät«. Menschen mit CMM jammern über die Wirtschaftskrise. Statt sie als Herausforderung zu sehen, stagniert man in lähmender Angst um den Job.

CMM – von unangenehm bis tödlich

CMM ist erst nur unangenehm. Weil man ja nicht so recht zufrieden mit sich ist. Und dauernd darüber grübelt, dass man etwas tun sollte, weniger Schokolade essen, dem Chef mal die Meinung sagen.

Dann tut es weh. Menschen, die unter CMM leiden, ungesund essen, sich nicht bewegen, vielleicht auch einen stressigen, ungeliebten Job haben und dann noch einen Partner, der nervt – die können sich darauf gefasst machen, dass sie ab 30 oder 40 ständig an vielen unnötigen Zipperlein leiden. Menschen mit CMM sollten früh ihr Testament schreiben, weil ein Schlaganfall, ein Herzinfarkt oder Krebs ihr Leben verkürzt. Hart, gell? Leider aber wahr. Und ganz leicht zu verhindern.

Wissen, warum und wie!

Im Grunde ist es einfach, sein Leben zu ändern: Man muss nur das Unterbewusstsein überzeugen, die Emotionen, den Bauch mitnehmen. Wenn ich etwas verändern will im Leben, tanke ich erst einmal Informationen.

Ich stelle erst die Frage nach dem »Warum?«. Dann nach dem »Warum nicht?«. Und dann beziehe ich das Unterbewusstsein mit ein. Lasse dem Ganzen ein bisschen Zeit, zu wirken (Inkubation, siehe Seite 212) – und mache dem Bauch ein kleines Geschenk. Lassen Sie uns das mal durchspielen.

Die Veränderung:
Weißmehl und Zucker künftig meiden

Warum? Die Informationen lauten: Weißmehl und Zucker lösen im Körper eine Kaskade an Reaktionen aus – sie schicken

Fett in die Fettzellen, sperren es dort ein, sorgen für Konzentrationsschwäche, Heißhunger und noch mehr Kohlenhydrate. Am Schluss stehen: Diabetes, verklebte Adern, Herzinfarkt.

Warum nicht? Weil ich morgens so gerne Marmeladentoast esse. Weil das Wurstbrot so schnell gemacht ist, weil mir der Schokoriegel so gut schmeckt … Aha. Ist es das wert?

Den Bauch überzeugen: Nun muss ich meinem Unterbewusstsein ein kleines Geschenk machen: den Ersatz für die Weißmehlsemmel, den Riegel, das Wurstbrot. Ich mache ihm den Lustpfad schmackhaft. Und das tue ich, indem ich mich mit ihm unterhalte: Was hättest du stattdessen gerne? Gut wäre ein Früchteshake. Welche Früchte magst du denn? Lieber gemixt mit Sojamilch oder mit Kefir? Statt Schokoriegel könnten wir ja mal Erdbeeren mit Schokohäubchen probieren. Und das Wurstbrot? Du bist doch immer ganz glücklich über einen Nizzasalat. Und irgendwann sind sich Kopf und Bauch einig – und die Veränderung macht Spaß.

Fazit: Nach dem »Warum?« fragen. Das »Warum nicht?« in Form von geliebten Gewohnheiten aufspüren. Dem Bauch ein Angebot machen. Gleich nochmal durchspielen.

Die Veränderung:
Ab morgen gehört das Walken zu meinem Leben

Warum? Der Körper reagiert sofort, wenn man anfängt, ihn mit Bewegung zu verwöhnen: Er streift alte Zipperlein ab. Rückenschmerzen verschwinden, die Blutfettwerte verbessern sich. Sind die Adern schon arteriosklerotisch verstopft, kriegt man sie durch Bewegung wieder frei. Sind die Fettzellen voll, leert nur eines sie aus: Bewegung. Bewegung entspannt die Rückenmuskeln, ernährt die Bandscheiben, kräftigt Knochen und Gelenke. Auch gegen Arthrose hilft nur eines wirklich: Bewegung. Bewegung macht kreativ, zufrieden und selbstbewusst. Und sie hält jung.

Warum nicht? Weil ich dann eine halbe Stunde früher aufstehen müsste. Weil ich das sowieso nicht schaffe.

Den Bauch überzeugen: Stell dir vor, diese lächerliche halbe Stunde erspart uns wochenlange Diäten, jede Menge Schmerzpillen ... und schenkt uns Fröhlichkeit für den ganzen Tag, Kreativität, ein Gefühl der Leichtigkeit, Lebenslust ... Moment mal, ich könnte auch mit dem Chef reden, ob ich eine halbe Stunde später anfangen kann – und dafür abends länger bleibe!

Warum sollen wir das nicht schaffen? Andere können das doch auch. Wir fangen mit ein paar Minuten an. Und steigern uns langsam. Natürlich schaffen wir das.

Die Veränderung:
Der alte Job muss weg

Warum? Er macht mir schon morgens Magenschmerzen. Meine Stärken liegen doch ganz woanders. Ich langweile mich dort. Ich habe keine Zukunftsaussichten.

Warum nicht? Weil mir das die Sicherheit raubt, das monatliche Gehalt. Weil man in diesen schweren Zeiten nicht kündigen darf.

Den Bauch überzeugen: Sollen wir das ganze Leben lang auf bessere Zeiten warten? Dann läuft uns das Leben davon. Könnte es nicht viel besser sein, wenn wir weniger Geld hätten – aber den Job los wären, der über kurz oder lang krank macht? Wenn wir etwas machten, mit dem wir zwar nur halb so viel verdienen, dafür aber wieder Mensch sein könnten?

Warum etwas ändern? Und warum nicht? Und wie den Bauch überzeugen ... Diese Liste könnte man unendlich fortführen. Weil es unendlich viele Menschen gibt, die alle ihre eigenen Warums und Warum-nicht's haben. Zum Partner, zum Wohnort, zur Schwiegermutter, zum Hundewunsch, zum Urlaubsziel, zur Freundschaft ... Machen Sie Ihre eigene Liste. Warum? Warum nicht.

Nach dem Warum klärt man das Wie

Wie setzt man nun sein Vorhaben um? Indem man ein konkretes Ziel formuliert. Und dazu nimmt man ein Blatt Papier zur Hand. Bleiben wir beim Beispiel Sport: Wie gehe ich das an, wirklich mehr Bewegung in mein Leben zu integrieren? Ich formuliere das konkrete Ziel: »Ich will 5 Kilo abnehmen und täglich 30 Minuten Ausdauersport betreiben.«

Die ersten Schritte könnten so aussehen:
- Ich surfe erst einmal im Internet – und schaue, was mir Spaß machen könnte.
- Ich mache einen Gesundheits-Check-up beim Arzt.
- Ich kaufe mir Laufschuhe und Nordic-Walking-Stöcke oder ein Trampolin.
- Ich frage einen Freund oder einen Nachbarn, ob er mitmacht.

Das Wie könnte auch so aussehen

Jetzt sofort. Ich schlüpfe jetzt sofort in bequeme Klamotten und gehe spazieren. Zwischendurch tripple ich immer ein bisschen, nicht länger als zwei Minuten. Und das Gleiche tue ich morgen auch, jeden Tag. Inzwischen kann ich mir ein gutes Fitnessstudio suchen, mich anmelden. Kann mir Laufschuhe besorgen, einen Fitnesscheck beim Arzt machen …

Das ist das Geheimnis der Erfolgreichen. Sie sind flexibel. Schieben ihr Vorhaben nicht auf die lange Bank, sondern nehmen es sofort in Angriff. Machen einen Salto vitale. Das ist der Grund, warum Sie dieses Wochenende einen Zellschutz-Cocktail trinken – und morgen und übermorgen auch. Warum Sie in zwei Tagen Ihr Leben umkrempeln.

Eine Weisheit von Franz von Assisi: »Tu erst das Notwendige, dann das Mögliche, und plötzlich schaffst du das Unmögliche.«
- Wenn Sie den ersten Schritt tun, dann folgen alle anderen automatisch!

Das einzige Geheimnis: Sofort TUN

Fangen Sie sofort an. Und wenn Sie nur den Wecker auf eine halbe Stunde früher stellen.

Tun Sie immer, aber auch wirklich immer sofort den ersten Schritt. TUN Sie. Darf ich mich auf einen Namensvetter beziehen? Der österreichische Dichter Franz Grillparzer sagte schon im 19. Jahrhundert: »Die Klugheit gibt nur Rat, die Tat entscheidet.«

Wissen, warum – und dann einfach tun. Das ist das Geheimnis, warum man im Grunde keine Motivationsbücher lesen muss. Sich nicht auseinandersetzen muss mit Paradigmenwechsel, intrinsischer und extrinsischer Motivation, sich mit Blumensträußen, Champagnerflaschen von einem Teilziel zum nächsten hoch belohnen muss. Denn die Belohnung liegt in der Sache selbst: Weil Sie TUN, sind Sie stolz auf sich. Und weil Ihnen das TUN guttut, machen Sie weiter.

Das TUN weckt nämlich ein Gefühl. Eines, das Sie irgendwann nicht mehr missen wollen. Es dauert nicht lange, dann spüren Sie, wie gut Ihnen Bewegung tut oder das Essen nach dem GLYX-Prinzip, das Glas Wasser, das Ausmisten, das Stress-Wegatmen ... Ihrem Körper, Ihrer Seele, Ihrem Geist. Und dann machen die ganzen kleinen neuen Veränderungen Spaß. Gehören wie das Atmen zu Ihrem viel glücklicheren Leben.

> **TIPP**
>
> *EINFACH DRANBLEIBEN*
>
> Machen Sie den ersten Schritt. Dann tun Sie es vier bis acht Wochen lang am besten zur gleichen Zeit – schon ist die neue Veränderung Gewohnheit geworden. In dieser Zeit sollte es keine Ausreden geben. Denn wenn Sie es schleifenlassen, dann siegt das träge Leiden namens CMM.

Das weckt die Lust auf Veränderung

Setzen Sie sich Ziele 1

Wenn Sie etwas ändern wollen, dann schenken Sie Ihrem Unterbewusstsein einen Wegweiser. Ein konkretes, realistisches Ziel.

Wie lautet Ihr persönliches Ziel? Abnehmen, sich fit fühlen, Blutfettwerte runterkriegen, Depressionen loswerden? Und wie lautet das Ziel konkret? 5 Kilo? Cholesterin 180? Ein neues Kleid, drei Nummern kleiner?

→ Schreiben Sie Ihr konkretes, nicht zu hoch gegriffenes Ziel ganz groß auf einen Zettel – hängen Sie den an den Spiegel. Ja: Jetzt sofort, das kostet Sie nur wenige Minuten. Und kontrollieren Sie jeden Morgen, wie weit Sie auf dem Weg dorthin schon sind.

Fragen Sie nach dem Warum 2

→ Informieren Sie sich. Bei Fachleuten, in Büchern, im Internet – oder in Ihnen selbst. Warum tut Ihnen diese Veränderung gut? Warum sollten Sie täglich einen Teelöffel Leinöl nehmen, warum mit Ihrem individuellen Puls trainieren, warum eine Entspannungstechnik lernen, warum zum Simplifyer werden?

→ Machen Sie eine lange Warum-Liste. Und dann schreiben Sie daneben: Warum nicht?

Tun Sie den ersten Schritt 3

Sie kennen den alten Spruch: Was du heute kannst besorgen, das verschiebe nicht auf morgen. Nehmen Sie die Weisheit ernst. Psychologen haben herausgefunden, dass die meisten Menschen nur aktiv werden, wenn sie ihren Entschluss binnen 72 Stunden in die Tat umsetzen. Aber übertreiben Sie nicht.

→ Machen Sie anfangs kleine Schritte. Ist Pasta Ihr Lieblingsgericht? Dann mixen Sie ein paar Vollkornspaghetti darunter – und gewöhnen sich langsam daran. Essen Sie gerne Schweinefleisch? Dann streichen Sie es nicht aus Ihrem Leben, sondern gönnen sich das einmal in der Woche. Sie brennen für eine andere Lebensrolle, wollen Tierheilpraktiker oder Schriftsteller werden? Dann bilden Sie sich abends weiter. Sie haben noch nie Sport gemacht? Dann fangen Sie mit ein paar Minuten an. Sonst geht der Schuss nach hinten los, Sie verlieren die Lust.

Machen Sie ein Ritual daraus 4

Heute versteht man unter einem Ritual das Zelebrieren des Wesentlichen. Sie genießen diesen Augenblick mit allen Sinnen. Sie sind im Hier und Jetzt – mit Ihren Gefühlen, mit Ihren Emotionen, mit Ihrem Unterbewusstsein, mit Ihrem Bauch. Was ist Ihnen wesentlich? Ihr Körper, Ihre Gesundheit, Ihr Glück. Rituale verankern Sinnvolles in den Tag, vermitteln Freude, Schutz und Sicherheit, entspannen, laden unsere Batterie auf. Ein Ritual ruft eine Verwandlung hervor – macht Sie zum Beispiel zum schlankeren, gesünderen, bewussteren Menschen. Rituale haben die Kraft, Gewohnheiten zu brechen.

→ Hängen Sie das Ritual einfach an eine Gewohnheit an. Wenn Sie jeden Morgen Kaffee kochen, dann mixen Sie sich den Zellschutz-Cocktail, sobald Sie die Maschine anschalten. Brechen Sie mit der Bewegungslosigkeit. Schlüpfen Sie gleich morgens nach dem Aufstehen in die Laufschuhe. Oder gehen Sie aufs Trampolin, während Sie gewohnheitsmäßig Frühstücksfernsehen gucken. Tun Sie das vier Wochen lang – immer zur gleichen Zeit. Das verankert das Ritual in Ihrem Leben.

Dokumentieren Sie Erfolge 5

→ Führen Sie ein Salto-vitale-Tagebuch, mit dem Sie täglich festhalten, was Sie für sich getan haben, für Ihre Zellen, für Ihre Fitness, für Ihre Lebenslust. So sehen Sie schwarz auf weiß: Es hat sich etwas geändert – und das motiviert zum Weitermachen. Sie können den Tagebuchvordruck auf Seite 384 kopieren.

vom träumen zum tun

saltino vitale

Schreiben Sie Ihr Lebensdrehbuch

STECKBRIEF

→ **Sie brauchen:**
etwa zwei Stunden Zeit, etwas zum Schreiben.
Einen Aquarell- oder Wasserfarbkasten oder Buntstifte
und einen Zeichenblock.

→ **Der Ort des Geschehens:**
ein ruhiger Raum, in dem Sie sich gerne aufhalten.
Oder gehen Sie raus in die Natur.

→ **Sie ernten:**
die Begeisterung eines Kindes, die Erfüllung
eines Wunsches – und entdecken eine Sehnsucht.
Ihre Vision.

Und nun machen Sie Ihren letzten Saltino vitale. Schreiben Sie Ihr Lebensdrehbuch – und malen Sie sich Ihre Vision. Viel Spaß!

Nichts motiviert so sehr zu einer Veränderung, wie wenn man innerlich für etwas brennt. Für was brennen Sie?
◎ Entdecken Sie das Feuer kindlicher Begeisterung wieder.
◎ Lernen Sie wieder, zu wünschen.
◎ Räumen Sie eine Hürde im Leben weg.
◎ Malen Sie Ihre Lebensvision.
Nun setzen Sie sich mit Schreibzeug und Ihrem Glas Wasser an einen Tisch – oder raus auf die Terrasse. Führen Sie ein Gespräch mit Ihrem Kopf und Ihrem Bauch. Und schreiben Sie Ihr Lebensdrehbuch.

MEHR LEICHTIGKEIT IM SEIN

Das freie Kind, das Sie waren — 1. Akt

→ Versetzen Sie sich zurück in Ihre Kindheit. Was haben Sie gerne gemacht? Was wollten Sie werden? Waren Sie im Fasching der Clown oder die Prinzessin? Wie waren Sie – eher scheu oder mutig, lebenslustig und bewegt, vorwitzig oder besinnlich und Leseratte?

→ Zeichnen Sie in Worten ein kleines Porträt von sich. Beschreiben Sie die Rolle, die Sie einst spielten.

Ihre Jugendträume — 2. Akt

→ Versetzen Sie sich gedanklich in diese Zeit und schreiben Sie all die Wünsche auf, die Sie damals hatten.

Welcher Beruf schwebte Ihnen vor? Was haben Sie sich für Ihr späteres Leben vorgenommen? Wünschten Sie sich eher ein Motorrad – oder eine Weltreise? Wollten Sie ganz unabhängig von den Wünschen Ihrer Eltern Schauspieler werden – oder Arzt?

Suchen Sie das Kind in sich: Waren Sie die Prinzessin oder eher die Leseratte?

Wer sind Sie jetzt? — 3. Akt

→ Wie würden Sie sich heute beschreiben, Ihren Charakter, Ihre Fehler, Ihre Schwächen, Ihre Stärken. Was haben Sie an kindlichen Eigenschaften in Ihr jetziges Leben mitgenommen? Und welche jugendlichen Wünsche haben Sie sich bis heute erfüllt? Bitte schreiben Sie alles auf.

Wer wollen Sie sein? — 4. Akt

Erschreiben Sie sich eine kleine Rolle, die Sie in Ihrem Leben gerne spielen wollen. Malen Sie aber keine unrealistische

Super(wo)man-Rolle – sondern spüren Sie in sich hinein, wo eine echte Sehnsucht steckt. Was wollen Sie wirklich sein? Vielleicht brennen Sie ja noch für genau das Gleiche wie bereits als Kind, als Jugendlicher.

→ Beschreiben Sie diese Rolle sehr genau, lassen Sie einen Film in sich ablaufen, in etwa so: Ich möchte in einem Jahr 20 Kilo leichter sein und Tango tanzen mit einem Mann, der zu mir passt. Oder: In zwei Jahren sitze ich in einer Buchhandlung am Marienplatz und signiere den Krimi, den ich geschrieben habe … Wie werden Sie sich dann fühlen? Stellen Sie sich alles genau vor und spüren Sie Ihren Gefühlen nach.

Die Verwandlung 5. Akt

Und nun stellen Sie fest: Was hindert Sie daran, diese Rolle zu spielen? Was müssten Sie ändern, damit Ihr Lebensfilm gut ausgeht?

→ Schreiben Sie alles auf, was Ihnen in zehn Minuten einfällt.

Und nun TUN Sie

Einfach Kind sein 1

→ Wecken Sie das Kind in sich. Tun Sie irgendetwas, das Sie als Kind gerne getan haben – lassen Sie Ihren kindlichen Übermut, den Schalk raus. Sie können einfach wild herumspringen, beim Nachbarn klingeln und weglaufen, ganz laut »Eine kleine Dick-Madame« singen – und morgen können Sie auch das Einkaufsspiel spielen (Joker Seite 361).

Ab heute: Wecken Sie jeden Tag einmal das Kind in sich. So fühlt sich Begeisterung an …

Wünschen und Erfüllen 2

→ Gucken Sie auf die Wunschliste im zweiten Akt: Welchen haben Sie sich noch nicht erfüllt und was davon wünschen Sie sich heute noch? Sofort tun Sie einen Schritt in Richtung Erfüllung. Im Internet? Am Telefon? Oder im Terminkalender den nächsten Schritt zur Realisation eintragen. Steht auf dieser Liste kein Wunsch, den Sie noch wahrmachen wollen? Dann schließen Sie die Augen, wünschen sich gleich etwas und tun sofort den ersten Schritt zur Erfüllung.

Ab heute: Wünschen Sie sich jeden Tag etwas. Ein Pfund weniger, mehr Fitness, eine Rose, eine Sternschnuppe, ein Gespräch mit einem Ihnen wichtigen Menschen. Denken Sie beim Zähneputzen über den Wunsch des Tages nach – und erfüllen Sie ihn sich. Von großen Wünschen können Sie sich einen Teil erfüllen. Sei es der Euro im Sparschwein oder 200 g auf der Waage. Sie müssen nur wünschen. Und wollen.

Eine Hürde darf fallen 3

Und nun räumen Sie in Gedanken noch eine Hürde weg, die Ihnen im Weg steht – vor der Rolle, die Sie im Leben spielen wollen.

➔ Gucken Sie sich Ihre Liste von Hürden an, entscheiden Sie sich für die einfachste. Stellen Sie sich vor, wie es Ihr Leben verändern würde, wenn diese einzelne Hürde verschwände. Vielleicht wollen Sie ja jetzt gleich einen Schritt tun …

TIPP

SCHICHT FÜR SCHICHT ZUM LEBENSZIEL

Heute, in diesen zwei Stunden, kratzen Sie nur an der Oberfläche Ihres Unterbewusstseins. Sie können da noch tiefer ran. Nehmen Sie sich irgendwann in den nächsten Wochen einen Tag, an dem Sie in die Natur gehen – und sich wandernd den ganzen Tag mit Ihrem Lebensdrehbuch beschäftigen. Siehe Joker Seite 365.

Ende gut, alles gut. In den Märchen ist das doch so. In den Hollywoodschinken meist auch. Und im Leben? Sie schreiben Ihr Drehbuch selbst.

Kurze Unterbrechung

So, nun lesen Sie das Interview mit Marco von Münchhausen auf Seite 352. Und werfen einen kurzen Überblick auf die Joker auf Seite 359. Und danach …

Malen Sie eine Vision

Nun malen Sie ein Bild von Ihrer Rolle in Ihrem Lebensdrehbuch. Nehmen Sie den Farbkasten und den Block und lassen Sie sich viel, viel Zeit. Malen Sie Ihre Vision – machen Sie ein kleines Kunstwerk aus dem, was Sie sich für Ihre Zukunft wünschen.

Und diese Vision hängen Sie auf. Um diesen Traum zu erreichen, werden künftig Ihr Unterbewusstsein, Ihr Bauch, Ihre Emotionen mit Ihnen arbeiten.

Auf zum Endspurt

Falls Sie jetzt noch Zeit und Lust haben: Lesen Sie die kleine Abendlektion des Zeitexperten Prof. Dr. Lothar Seiwert ab Seite 372. Dann schlüpfen Sie in eines Ihrer Lieblingsoutfits, die den Simplify-Nachmittag überstanden haben. Lächeln Sie im Spiegel den neuen Menschen an. »Wer an den Spiegel tritt, um sich zu ändern, der hat sich schon geändert«, sagte der römische Denker Seneca. Nehmen Sie das Buch mit, oder machen Sie sich eine Kopie von der Liste auf Seite 370 – mit deren Hilfe Sie sich auf dem Lustpfad durch das Restaurantangebot bewegen.

Genießen Sie Ihr leichtes Drei-Gänge-Menü – GLYX niedrig. Und wenn Sie Lust haben, dann sprechen Sie mit Ihrer Begleitung über Ihre Vision.

Sind Sie sabotagesicher?

Dr. Marco Freiherr von Münchhausen hat Jura studiert – doch sein Feuer brannte nicht für das Wühlen in Paragrafen. Er wollte lieber Menschen begeistern, ihnen zeigen, wie sie mit effektiven Strategien ihre inneren Ressourcen nutzen, zum Beispiel sich selbst motivieren. Er wurde zu einem renommierten Referenten und Trainer, schrieb den Bestseller »So zähmen Sie Ihren inneren Schweinehund.« Und hier erzählt er, wie man sich motiviert – und nicht in Rückfallfallen tappt.

Verändern wir uns mit Hilfe des Kopfes oder aus dem Bauch heraus?
Der Kopf setzt die Ziele. Ohne den Kopf, den Willen, können wir bestimmte Ziele nicht erreichen. Aber wenn der Bauch, die Emotion, nicht mitspielt, dann hat der Kopf auf Dauer keine Chance.

Sie haben den Begriff »Schweinehund« populär gemacht – den muss man zähmen?
Der Schweinehund wohnt im Bauch. Und wenn der ständig gegen unseren Kopf sabotiert, kommen wir nicht weiter. Das ist so, als würden wir gegen den Strom schwimmen. Vorübergehend schaffen wir das mit Willenskraft, aber auf Dauer lassen die Kräfte nach. Entsprechend wäre die Lösung, sich Ziele im Kopf zu setzen und den Bauch als Verbündeten mitzunehmen.

Wie macht man das praktisch?
Indem vorher ein Dialog mit dem Bauch oder dem Schweinehund oder den eigenen Emotionen stattfindet. Ich frage mich: Ist die

Veränderung etwas, wonach ich mich sehne, was zu mir passt, was ich wirklich will? Oder habe ich nur von anderen gehört oder irgendwo gelesen, dass man das jetzt machen soll?

»Soll!« Eigentlich müsste Ihr Schweinehund jetzt vorsorglich laut knurren.
Wenn man eine Veränderung vornimmt, soll – halt! – darf man als Allererstes seine Sprache verändern. Worte lösen Gefühle aus. Es geht nämlich nicht um ein »soll«, sondern um Möglichkeiten. Ich brauche mich nicht über die Sprache des »ich muss« und »ich soll« anzutreiben. Ich habe ein ganz anderes Empfindungsecho, wenn ich statt »Ich muss die nächsten vier Wochen fasten und verzichten« sage: »Ich habe die Möglichkeit, in den nächsten vier Wochen meine Energien neu zu entfalten, indem ich bestimmte Dinge einfach weglasse.« Die Begriffe Verzicht, Entbehrung, Askese, Disziplin, Entsagung lösen in der Regel automatisch, in dem Moment, wo wir sie hören, in unserem Nervensystem ein negatives Gefühl aus. Genauso wie die kleinen Wörtchen »soll« und »muss«. Ganz anders, wenn ich das ersetze durch »ich will ...«

Beschummelt man sich da nicht selbst?
Das ist keine Selbsttäuschung, sondern eine sinnvolle Weise, mit sich umzugehen. Es kann sehr hilfreich sein, das Gleiche mit anderen Worten auszudrücken, so dass es nicht mehr ein Muss und eine Entbehrung ist, sondern eine Möglichkeit und ein Lustgewinn.

Nur der Anfang ist schwer. Sagt der Kopf zum Beispiel: »Ich will gesünder essen, etwas für meine Fitness tun.« Dann sagt der Bauch doch meist: »Oh, bloß nicht!« ...
Das glaube ich nicht. Das Ziel ist für den gesamten Organismus gut – es geht nur um den Weg dorthin. Wenn ich eine Diät mache

und mir versage, was mir Spaß macht, dann sagt der Bauch zu Recht: »Nein!« Aber es gibt Wege, die Ernährung so umzustellen, dass es dem Bauch trotzdem noch schmeckt. Ich darf also zur Gesundheit den Lustpfad einschlagen und nicht den Entbehrungspfad.

Und wie mache ich das?
Wenn man ein Ziel hat, ist es sinnvoll herauszufinden, wie man das mit Spaß erreicht. Beispiel Ernährung. Mein Kopf sagt: »Ich möchte weniger Schweinswürstel essen und dafür mehr Fisch, weil der mich mit Eiweiß und Omega-3-Fettsäuren versorgt.« Dann mache ich mir eine Art innere Das-kann-ich-essen-Hierarchie – von gesund bis ungesund, aber lustvoll. An erster Stelle steht Fisch, dann Huhn, dann Pute, dann kommen Wild, Kalb, Rind, am Schluss steht Schwein. Nun nehme ich mir vor, meinen Schweinekonsum langsam auf den Fischkonsum zu verlagern. Wenn ich im Restaurant bin, eine Speisekarte durchsehe, gehe ich nach meiner Hierarchie vor und frage mich als Erstes: Hätte ich heute Lust auf Fisch? Wenn ja, dann gibt's Fisch. Wenn nicht, schaue ich, wo ich ansonsten mit meiner Lust hängenbleibe, vielleicht bei Kalb. Und manchmal komm' ich ganz unten an – dann bestelle ich mir halt die Schweinswürstel. Aber es ist ein Riesenunterschied, ob ich jeden Tag Schweinswürstel esse oder einmal im Monat. So erhalte ich mir die größtmögliche Lust und lebe trotzdem gesund.

Das Lustprinzip hilft, mit Gewohnheiten zu brechen?
Natürlich. Indem ich etwas finde, das mir genauso viel Lust und ähnlich angenehme Gefühle verschafft. Nehmen wir einmal an, ich esse jeden Morgen ein Marmeladenbrötchen – möchte aber abnehmen und etwas für meine Gesundheit tun. Dann ist es gut, an diese Stelle ein neues Ritual zu setzen mit einem vergleichbar hohen Genussfaktor. Ein Vollkornbrötchen mit Frischkäse.

Oder Ihren Zellschutz-Cocktail. Ich mache aus der Zubereitung eine Zeremonie. Nehme das Obst, das mir schmeckt. Und trinke den Cocktail ganz bewusst aus einem schönen Glas. Schmeckt mir der Cocktail, kann er die alte Gewohnheit des Marmeladenbrötchen-Essens ersetzen.

Jede Veränderung sollte man erst einmal hinterfragen – mit Warum und mit Wie?

Genau: Warum ist es sinnvoll, auf das Weißbrot zu verzichten? Dazu muss ich wissen, was weißes Mehl in meinem Körper anrichtet. Und ich muss gleichzeitig wissen, warum Vollkorn zehnmal besser ist. Man muss sich genau informieren – und es auch verstehen. Man muss wissen, wie viel Positives diese Veränderung bewirkt. Im zweiten Schritt kann ich dann sagen: »Wie kriege ich es auf die Reihe?« Das ist dann der Schweinehund. Wie stelle ich, ohne gegen mich anzukämpfen, ohne mich zu zwingen, auf behutsame Weise, mit Ersatzlustfaktoren, die Ernährung um?

Was halten Sie von der Belohnung, wenn man ein Etappenziel erreicht hat?

Sie ist ein kleines Zusatzzuckerl. Die kann ich einbauen. Ich kann feiern, wenn ich die Diät eine Woche durchgestanden habe. Aber letztlich kommt die Belohnung ja aus der Sache selbst. Wenn ich es schaffe, laufen zu gehen, zwei Wochen lang meine Ernährung umzustellen – belohnen mich ja schon zwei Faktoren: Erstens geht es mir körperlich besser, und zweitens habe ich die Belohnung aus der Zufriedenheit, dass ich es geschafft habe.

Manche Veränderung braucht Zeit.

Um ein Verhalten zu verändern, muss man in Kauf nehmen, dass es die ersten sechs bis acht Wochen schwierig sein kann. Darum muss ich mir den Anfang so leicht wie möglich machen. Klein anfangen. Erst einmal fünf Minuten am Tag laufen. Das bringt für die Fitness noch nicht viel, aber ich gewöhne mein Nervensystem behutsam daran. Und dann steigere ich mich langsam auf sieben, dann auf zehn, dann auf zwölf Minuten. Es ist besser, ich bin erst in drei Monaten auf meiner halben Stunde, die man empfiehlt, als wenn ich mit ihr anfange, mich überfordere und nach drei Tagen die Flinte wieder ins Korn werfe.

Und in welche Rückfallfalle sollte man tunlichst nicht tappen?
Man sollte in der Anfangsphase keine Ausnahmen zulassen. Die sind verhängnisvoll. Der Schweinehund-Dreisatz lautet: »Ausfallen lassen, schleifenlassen, sein lassen.« Die erste Ausnahme bringt die zweite mit im Schlepptau, und dann lasse ich es schleifen, und dann lasse ich es halt sein, weil es dann ja eh keinen Sinn mehr hat. Das heißt, um keine Ausnahmen zuzulassen, sollte man es jeden Tag, möglichst zur gleichen Zeit, möglichst in der gleichen Weise wiederholen. Und für die Tage, an denen ich wirklich glaube, dass ich mein Vorhaben nicht ausführen kann, schaffe ich ein Minimumprogramm. Also mindestens die Joggingschuhe anziehen und zwei Minuten um den Häuserblock laufen – meist wird dann von selbst mehr daraus.

Warum sagt der Bauch eigentlich so oft:
»Oh, jetzt habe ich keine Lust«?
Weil Emotionen wie das Meer abhängig sind vom Wind und dem Mondeinfluss und sonstigen Dingen. Der Kopf setzt gerade Ziele, der Bauch geht krumme Wege. Und die Lust kommt halt aus dem Bauch.

Wie kann man Kopf und Bauch zu einer
besseren Zusammenarbeit bewegen?
Indem man trainiert, wirklich zu spüren: Woher kommt dieses innere »Nein« zu einem Ziel aus dem Kopf? Warum möchte ich jetzt

die Tafel Schokolade essen – obwohl mein Ziel »abnehmen« ist? Weil ich Trost brauche? Mich verwöhnen will? Geht das nicht vielleicht auch anders? So dass Kopf und Bauch zufrieden sind. Ich bin leidenschaftlicher Läufer. Aber es gibt Tage, an denen ich aufwache und merke: »Nein.« Und dann spüre ich nochmal hin. Ist es echt so eine Unlust, so eine Trägheit, und täte es also gut, rauszugehen, mich zu überwinden und loszulaufen. Oder ist es im Grunde ein ganz sinnvolles Signal von innen: »Bleib liegen, du brauchst heute Schlaf, ein Infekt bahnt sich an.« Je mehr man sich traut, auf das Gefühl zu hören, das von ganz tief innen kommt, es zu spüren, desto sicherer wird man. Und Bauch und Kopf arbeiten dann zusammen – im Sinne des Lustprinzips.

Nun zu den großen Zielen, zu den Lebensvisionen. Es heißt immer: Alle Erfolgreichen haben ein Ziel, das sie unbeirrt verfolgen ...
Nein. Ja. Jein. Es gibt Menschen, die haben ein unbewusstes Bauchziel. Die folgen den Dingen mit einer instinktiven Sicherheit. Als würden sie blind durchs Leben gehen, aber sie folgen diesem inneren Ziel und erreichen es und werden sehr erfolgreich. Und es gibt andere, die haben ein Kopfziel, mit 17 schon die große Vision von dem Unternehmen, was sie aufbauen wollen, und das verfolgen sie und das schaffen sie.

Aber bei jedem brennt irgendwo ein kleines Feuer, das einen antreibt?
Jeder hat irgendwo seine Kammer, wo eine Glut brennt, aber manchmal ist diese Kammer zugenagelt. Weil einem beigebracht wurde, dass das Feuer in einem anderen Zimmer brennen soll. In einem Beruf, den die Eltern vorgeschrieben haben, bei einem Partner, der gut in den Freundeskreis passt. Vorm Fernseher mit Chipstüten. Nur, da brennt es nun mal nicht.

Wie finde ich diesen Raum?

Entweder spüre ich schon, wo mein Feuer brennt, oder ich suche es aus einem gewissen gesunden Leidensdruck – ich merke, ich bin leer. Dafür kann man einen Tag zum Wandern gehen und sich fragen: Was würde ich eigentlich am liebsten in meinem Leben tun? Und dann kann es sein, dass so eine wahnsinnig tiefe Sehnsucht kommt. Das möchte ich eigentlich.

Aber man kann nicht einfach den Job aufgeben, den Partner verlassen – für eine Sehnsucht ...

Es geht meist gar nicht darum, das Lebensschiff schlagartig um 180 Grad herumzureißen. Aber man kann zunächst kleine Nischen einbauen, wo man seinem Feuer Raum gibt. Und vielleicht stürzt das alte Gebäude ein – und es entsteht ein neues. Eine Frau, die Sekretärin ist, entdeckt, dass ihre Leidenschaft wäre, als Schauspielerin auf der Bühne zu stehen. Der Weg vom Schreibtisch zum Theater ist nun nicht der nächstliegende. Aber sie könnte erst mal einen Theaterkurs belegen. So lebt sie ihre Leidenschaft aus, tritt vielleicht auch mal irgendwo auf. Weil sie gut ist, bekommt sie mehr Anfragen. Weil sie Erfolg hat – arbeitet sie nur noch halbtags als Sekretärin. Das kann eine schrittweise Entwicklung sein. Aber sie ist in ihrem Raum, wo das Feuer brennt – und das Interessante ist: In diesem Raum ist es völlig egal, wie viel man verdient. Nur in den kalten Räumen, wo kein Feuer brennt, braucht man als Ersatz dafür, dass man selbst nicht brennt, viel Kohle – viel Luxus und viel Anerkennung.

Kennen Sie Ihre innere Kammer, wo das Feuer brennt, das Sie antreibt?

Die gute Tat

Studien zeigen: Wer Gutes tut, lebt länger – und ist viel glücklicher. Wann haben Sie das letzte Mal was Gutes getan?

→ In Ihrem neuen Leben zücken Sie diesen Joker, wenn Sie Lust haben, jeden Tag – und tun eine kleine Pfadfindertat, am Nachbarn, am Postboten, am Bäcker, einem Kollegen – und jeden Tag werden Sie glücklicher. Damit Sie das auch tun: Schreiben Sie vier Wochen lang die gute Tat des Tages auf einen Zettel. Den schicken Sie mir, wenn Sie Lust haben. Dann machen wir ein Buch der guten Taten draus ... Meine gute Tat heute? Ich habe meine Hausspinne Anton vor Fido gerettet, Wolfs neue Liste gelobt, dem Postboten eine Flasche Wein geschenkt. Außer bei Anton und Fido erntete ich lauter fröhliche Gesichter.

Das freie Kind

Meine Freundin Marion weint in letzter Zeit oft. Sie hat einen Stressjob. Und fährt jedes Wochenende zu ihren 80-jährigen Eltern – macht eine Reise zurück in ihre Kindheit. Wo die vier Söhne alles waren ... »Ich bin nur Putzfrau. Meine Brüder legen die Füße auf den Tisch.« Wenn ihr Lebensgefährte rät: »Es reicht, wenn du einmal im Monat hinfährst!«, sagt sie: »Ich muss hinfahren. Das kann ich ihnen doch nicht antun.«

Wie sieht das Drehbuch Ihres Lebens aus? Halten Sie sich an viele Spielregeln, die lauten: Ich soll, ich kann nicht, ich darf nicht? An solche, die Ihre Eltern irgendwann vorgegeben haben: Sei doch so, wie wir uns das von dir wünschen? Oder halten Sie sich oft an Spielregeln, die der Alltag fordert, der Partner, der Chef, das Finanzamt, die Nachbarn ...? Ein Leben mit starren Regeln und wenig Spielraum für Neues macht mürbe. Wer in der Routine erstickt, verliert Lebenslust und Lebensfreude. Wird unzufrieden. Ein Leben, das von »Ich soll«- und »Ich darf nicht«-Regeln bestimmt wird, ist kein Leben. Wer sich abends müde fühlt,

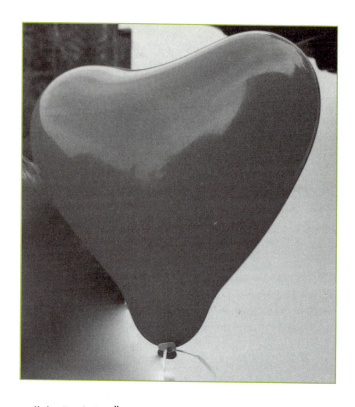

weil der Tag keine Überraschungen mehr parat hat – der ist reif dafür, das freie Kind in sich zu suchen.

Die Psychotherapeutin Ang Lee Seifert rät: »Was will ich? Das ist die Frage des freien Kindes. Dieses Kind ist das ursprüngliche Sein, es verkörpert Kreativität, Spontanität, Intuition. An dieses freie Kind, den freien Teil in einem selbst, heranzukommen, das ist das Wichtigste.«

Auch Sie waren irgendwann in Ihrem Leben frei. Hatten eigene Wünsche. Nur hat irgendetwas sie erstickt. Wer den Zugang zu seinem inneren Kind und dessen frühen Visionen gefunden hat, der erlebt sich als viel freier.

→ Holen Sie sich ein Foto, auf dem Sie nicht älter als zwei Jahre sind. Und lassen Sie Ihr Unterbewusstsein etwas von diesem Kind erzählen.

Einkaufsspiel

Wecken Sie jeden Tag einmal das Kind in sich. Das lehrt Sie Begeisterung, Spontanität, pure Lebensfreude. Johann Wolfgang von Goethe hat gesagt: »Wenn man seine Kindheit bei sich hat, wird man nie älter.« Rutschen Sie die Rutsche am Spielplatz runter, nehmen Sie einen Menschen auf die Schippe. Oder spielen Sie mein Lieblingsspiel. Meine Schwester und ich haben anderen Einkäufern im Supermarkt komische Dinge in den Wagen gelegt: Hundeschokolade, Windeln, Lockenwickler, Haarfarbe … am liebsten haben wir uns Pärchen ausgesucht, weil die dann an der Kasse immer so herrlich zu diskutieren anfingen: »Du weißt doch genau, dass Waldi keine Schokolade essen darf. Robert, für wen sind um Himmels willen die Windeln? Erna, du bist 82, du willst dir doch nicht im Ernst die Haare rot färben?« … Ein herrliches Spiel. Bringt mich heute noch zum Lachen.

Glücksformel

»Besser alleine als in schlechter Gesellschaft«, hat George Washington gesagt. Der Psychologe und Autor Stefan Klein hat in seinem wunderbaren Buch »Die Glücks-Formel« unter anderem erklärt: »Weil menschliche Nähe so wichtig ist, kann falsche Gesellschaft mehr Stress bedeuten als das Leben alleine.« Studien zeigen: Partner, die sich schlecht vertragen, zerstören sich gegenseitig die Gesundheit. Oder: Wer den Mitbewohner in der Wohngemeinschaft nicht mag, ist häufiger beim Arzt. Fehlt die Sympathie zum anderen Menschen, kann es besser sein, die Beziehung zu beenden. Und wie soll man mit seiner Einsamkeit dann umgehen? Klein rät: »Eine der großen Gefahren der Einsamkeit ist der Verlust der Selbstachtung; wer sich verwöhnt, steuert dem entgegen. Also heiße Bäder, Massagen, Düfte, Musik, gutes Essen gegen die Qualen des Alleinseins. All diese Genüsse führen zur Freisetzung von Opioiden, die unangenehme Spannungen abbauen und den Trübsinn der Stunden, in denen man sich von der Welt verlassen glaubt, wirkungsvoll mildern.« Wunderbarer Nebeneffekt: Diese körpereigenen Glückssubstanzen machen Lust auf soziale Aktivität.

Auftrieb

Sie suchen die Leichtigkeit des Seins? Dann vergessen Sie nie: Es sind Menschen, die einen durchs Leben tragen. Und wer wird getragen? Menschen, die beliebt sind. Viele denken, beliebt sein sei ein Privileg, das nur den Schönen, Reichen, Erfolgreichen vorbehalten ist. Unsinn. Beliebt sein kann jeder. Nur etwas tun muss man dafür schon. Das heißt, man muss geben. Beliebt ist, wer Menschen mehr geben kann, als sie erwarten.

◎ **Ein Lächeln.** Ein arabisches Sprichwort sagt: Ein freundliches Gesicht ist besser als Kisten voller Gold. Natürlich ist die Kollegin, die morgens schon mit Muffelgesicht im Zimmer steht, nicht die beliebteste. Wer ein Lächeln schenkt, bekommt auch eines zurück. So einfach ist das.

◎ **Ein Ohr.** Menschen, die sich in ihren Monologen sonnen, mag man nicht. Nehmen Sie sich selbst zurück. Spielen Sie im Gespräch den Interviewer und lassen Sie den anderen reden. Zeigen Sie Interesse. Hören Sie zu, stellen Sie Fragen. Überzeugen Sie nicht, sondern lassen Sie sich überzeugen. All das macht sympathisch.

◎ **Aufmerksamkeit.** Keine großen Präsente. Beliebt machen die kleinen Aufmerksamkeiten: das Blümchen, die selbst gemachte Marmelade, an den Geburtstag zu denken, die kleine Hilfeleistung, das Kompliment, der Anruf, das Dankeschön nach einer netten Einladung.

◎ **Freiheit.** Nehmen Sie niemanden in Beschlag. Denken Sie immer an das schöne Sprichwort: Was du loslässt, kommt zurück. Und zum Abschluss noch eines: »Das Gute an einer Freundschaft ist, dass man weiß, wem man ein Geheimnis anvertrauen kann.« (Alessandro Manzoni)

Das Kompliment

Ich war mal wieder beim Friseur. Das hasse ich. Und tu's nur einmal im Jahr. Diesmal hat mir die Friseuse den Kopf massiert. Ich hätte brummen können vor lauter Wonne. Obwohl ich eigentlich lieber still genießen wollte, hab ich sie gefragt: »Wie viele Menschen haben eigentlich schon gebrummt?« Sie hat gelacht – und mir weitere sieben Minuten den Kopf und die Stirn und den Nacken massiert.

Komplimente mache ich übrigens besonders gerne im Lokal. Ich sag dem Kellner, sobald er das erste Getränk serviert: »Sie sind der schnellste, zuvorkommendste, netteste Kellner ...« Was ist er an diesem Abend lieb zu mir!

Wenn Sie ein Kompliment im Kopf haben, behalten Sie es nicht für sich. Diesen Joker sollten Sie so oft wie möglich ausspielen. Denn (ehrliche) Komplimente sind der Schlüssel zur Seele. Und man kriegt ganz viel zurück.

Seien Sie frech

Gehören Sie zu den Menschen, die jeder »ganz nett« findet? Und das nervt Sie? Dann sollten Sie herausfinden, warum man Sie »nett« findet. Wegen Ihrer offenen, bescheidenen Art? Oder weil Sie nie widersprechen und weil Sie's jedem recht machen? Oft ist Nettigkeit nichts anderes als der Ausdruck von Ängstlichkeit. Nur ja nicht anecken, nur ja nichts Falsches sagen, bloß keine Fehler machen. Immer lieb und nett sein. Menschen, die sich so verhalten, mag man. Irgendwie. Aber man nimmt sie nicht ernst. Ich war in meiner Jugend auch so eine Liebe, Nette. Die gute Freundin, mit der die Jungs Kaffee trinken wollten. Aber nie mehr. Und dann? Bin ich irgendwann frech geworden. Hab meine Meinung gesagt, mir erlaubt, Konventionen zu brechen. Anders zu sein. Dadurch auch auffälliger. Und fühlte mich plötzlich wie ein neuer Mensch.

Verstehen Sie mich nicht falsch: Ich will Sie nicht dazu animieren, zum Enfant terrible zu mutieren. Sondern einfach ab und zu ein bisschen unkonventionell zu sein. Sagen Sie ruhig mal, was alle denken und keiner zu sagen wagt. Hüpfen Sie über den Zaun, wo andere brav am Tor läuten. Lernen Sie die Kunst, die Regeln zu brechen, ohne wirklichen Schaden anzurichten. Tun Sie mehr, als man von Ihnen erwartet, aber nicht immer, was erwartet wird. Und falls Sie mal ein bisschen über das Ziel hinausschießen, zu frech waren: Halten Sie die Hand vor den Mund, wenn Sie böse Blicke ernten. Wie ein Kind. Dann wird kein Mensch etwas übelnehmen.

Neugierde

Als Weltbürger wird man nicht geboren, zum Weltbürger muss man reifen, sagt ein Bonmot. Sir Peter Ustinov war ein Weltbürger. Nicht deswegen, weil er viele Sprachen beherrschte und ständig reiste – das tun andere Schauspieler auch. Sondern weil er sich überall auf der Welt zu Hause fühlte. Weil er nie aufhörte, Land und Leute zu entdecken. Weil er immer neugierig blieb, bis ans Ende seines 82 Jahre langen Lebens.

Genau ein Jahr vor seinem Tod erschien Ustinovs letztes Buch. Titel: »Achtung! Vorurteile« (Hoffmann und Campe). Ein höchst amüsantes, mit unzähligen Anekdoten gespicktes Pamphlet gegen Starrsinn und Fremdenfeindlichkeit. Prompt haben daraufhin die Universitäten in Budapest und Wien ein Institut für Vorurteilsforschung eingerichtet und nach Ustinov benannt. Auch Sie können Vorurteilsforscher werden. Indem Sie nie aufhören zu lernen. Immer neugierig bleiben. Was Sie davon haben? Ein erfülltes, heiteres Leben. Wie Peter Ustinov es hatte.

Wüsten-Visionssuche

Wissen Sie, was voll im Trend liegt? Visionssuche in Wüste und Dschungel. Wird von Motivationstrainern angeboten. Inklusive Fastenkur. Man kann aber auch ganz einfach zu Hause wandern gehen. Wenn Sie nicht wissen, wo Ihr Feuer brennt, dann wandern Sie. Nehmen Sie sich ein bis vier Tage Zeit – und fragen Sie sich: Was würde ich eigentlich am liebsten tun? Irgendwann wird sie sich schon zeigen, die Sehnsucht, für die es sich lohnt, etwas in Ihrem Leben zu ändern.

Tapetenwechsel

Schon mal was von einem Sabbatical gehört? Das Wort, das dem hebräischen »Sabbat« (Ruhen) entlehnt ist, heißt in Amerika so viel wie »eine längere, kreative Pause einlegen«. Und die haben sich früher nur Hochschullehrer gegönnt. Vom Freisemester spricht man bei uns, wenn der Herr Professor pausiert, um sich selbst weiterzubilden. Mittlerweile hat das Modell auch außerhalb des Campus Schule gemacht. Heute unterbrechen Manager, Architekten, Polizisten und Krankenschwestern für mehrere Monate ihren Job. Wenn auch nur ganz wenige. Die meisten träumen nur davon – nach einer Umfrage des Meinungsforschungsinstituts GEWIS drei Viertel aller Deutschen.

Gehören Sie auch dazu? Dann machen Sie Ihre Träume wahr. Ein Sabbatical kann Wunder wirken, wenn Sie sich ausgebrannt fühlen, sich weiterbilden wollen, nach neuen Perspektiven suchen, mehr Zeit mit Ihrer Familie verbringen wollen, die Welt bereisen oder endlich Zeit für sich selbst haben möchten.

Natürlich organisiert sich ein Sabbatical nicht so leicht wie ein zweiwöchiger Pauschalurlaub auf den Malediven. Man braucht einen kulanten Chef.

Genügend Geld auf der hohen Kante und ein wenig Know-how. Letztlich zählt der Wille.

Mein Tipp: Informieren Sie sich durch einschlägige Literatur oder im Netz z.B. unter www.ratgeber-aussteigen.de.

Sechs Übungen, die Ihre Seele stärken

Machen Sie jetzt gleich einmal die folgenden Übungen, die Psychologin Monika Matschnig, Expertin für Körpersprache aus Freising, empfiehlt. Sie lösen damit eine Kettenreaktion aus, an deren Ende Sie als Gewinner dastehen.

◎ **Schütteln Sie die Angst weg:** Stellen Sie sich kurz vor, Sie müssten eine Rede vor hundert Leuten halten – oder irgendeine andere Situation, die Ihnen Angst einflößt. Das entspannt sofort: Spannen Sie sämtliche 640 Muskeln Ihres Körpers an. Halten Sie die Spannung kurz an. Und dann loslassen und kräftig ausatmen. Wiederholen Sie die Übung zwei- bis dreimal. Bis Sie richtig spüren: Die Angst schwindet.

◎ **Erden Sie sich mutig:** Stellen Sie sich mit beiden Beinen auf den Boden. Wie eine Statue. Stellen Sie sich vor, Ihre Beine seien beide im Boden festbetoniert. So stehen Sie selten. Normalerweise belasten Sie einseitig ein rechtes oder linkes Standbein. Die gleichmäßige Belastung beider Beine macht Sie selbstbewusster, mutiger.

◎ **Schwanken Sie sich ruhig:** Hilft auch sehr gut gegen Angst: Sie stellen sich wieder mit beiden Beinen fest auf den Boden und schwanken mit dem Körper leicht nach vorn und zurück. Wie ein Pendel. Das beruhigt. Der Puls geht runter, der Atem wird ruhiger. Denken Sie bei dieser Übung an die Babys, die besser einschlafen, wenn sie in den Schlaf geschaukelt oder gewiegt werden.

◎ **Krönen Sie sich selbstbewusst:** Stellen Sie sich vor: Sie sind König Ludwig XIV. und tragen eine Krone auf dem Kopf. Sie werden sehen: Allein diese Vorstellung lässt Sie automatisch gerade stehen. Und zwingt Sie, Ihre Haltung zu kontrollieren. Neigen Sie nämlich den Oberkörper zu weit vor – was unsicher wirkt –, würde die Krone nach vorn runterfallen. Nehmen Sie dagegen den Kopf zu hoch – was Sie arrogant erscheinen lässt –, würde die Krone nach hinten runterrutschen. Um Selbstsicherheit auszustrahlen, sollte man aber zusätzlich auch flexibel in den Knien bleiben. Wer die Knie durchstreckt, ist nicht nur körperlich unflexibel, sondern auch gedanklich. Und natürlich die Mundwinkel leicht anheben, ein leichtes Lächeln aufsetzen, die Augenwinkel sollten mitlachen.

◎ **Per Erbse zur Energie:** Die Muskeln anzuspannen ist immer ein guter Kniff, um sich selber zu motivieren, um Energie im Körper zu erzeugen. Gucken Sie sich mal ältere Männer in einem Freibad an, wenn sie einem jungen Mädchen begegnen: Die ziehen den Bauch ein, bringen den Körper unter Spannung, ganz automatisch. Mein Tipp: Klemmen Sie sich eine kleine imaginäre Erbse zwischen die Pobacken. Damit erreichen Sie denselben Effekt. Sie strahlen Stärke und Energie aus.

◎ **Per Kugelschreiber zur Fröhlichkeit:** Klemmen Sie sich einen Stift oder Kugelschreiber zwischen die Zähne – und zwar so, dass die Lippen den Stift nicht berühren. Und schon lächeln Sie. Eine Minute halten, bis der Körper Ihr Gehirn mit Glücksendorphinen verwöhnt.

Das rechte Maß

Die Benediktinermönche im oberbayerischen Kloster Andechs sind fromme Leute. Sie beten viel. Und schmeißen nebenher einen Gaststättenbetrieb samt eigener Bierbrauerei mit 200 Mitarbeitern und 20 Millionen Euro Umsatz im Jahr. Ganz im Sinne der berühmten Ordensregel ihres Klostergründers Benedikt: »Bete und arbeite.« Wie die das hinkriegen? Pater Anselm Bilgri, Ordensbruder und Exchef des klösterlichen Unternehmens, verrät das Erfolgsgeheimnis in Seminaren, die er für Manager veranstaltet. Sein Buch darüber »Finde das rechte Maß« – sollten Sie unbedingt lesen.

Eine der vielen Weisheiten daraus lege ich Ihnen besonders ans Herz. Nämlich die von der »discretio«, der »maßvollen Unterscheidung«. Für den heiligen Benedikt war sie die »Mutter aller Tugenden«. Bei allen Entscheidungen, schreibt Pater Anselm, müsse man sich die Frage nach den persönlichen Werten stellen. »Was will ich wirklich? Einen 8-bis-22-Uhr-Stressjob und einen Porsche vor der Türe? Oder acht Stunden arbeiten und ein glückliches Familienleben? Will ich materielles Glück oder ideelles?« Nur der goldene Mittelweg führe zum Erfolg. Andernfalls gehe es einem wie dem armen Bauern in einer Erzählung von Leo Tolstoi. Dem machte ein reicher Grundbesitzer ein Angebot: Er erhalte so viel Land, wie er an einem Tag zu Fuß umschreiten könne. Da freute sich der Bauer. Marschierte am nächsten Morgen los. Immer schneller und schneller, denn er wollte die Chance nutzen. Abends angekommen, hatte er sich ein riesiges Stück Land erkämpft – brach vor Erschöpfung zusammen und starb.

Spielen Sie

Ich habe Glück: Einer meiner Freunde ist Spieleerfinder. So haben Spiele mein Leben nie verlassen. Und Spielen ist Muße pur. Albrecht Werstein (Zoch Verlag) sagt: »Spiele zu spielen gibt Werte zurück: Gemeinsam lachen, sprechen, sich in die Augen sehen, in der Gruppe sein: Kommunikation pur. Spielen ist auch Konfliktmanagement, man lernt zu verlieren – und das Spiel lockt archetypische Emotionen: Freude, Schadenfreude, Ärger ... Und jedes Spiel ist eine kleine Lebensschule, die die Erkenntnis bringt, dass auch das Leben nichts anderes ist als ein großes Spiel.« Wann haben Sie das letzte Mal gespielt? Rufen Sie gleich Freunde an für einen fröhlichen Spieleabend.

Lustpfad

Mal wollen Sie etwas für Ihre Gesundheit tun, mal wollen Sie nicht. Mal können Sie etwas für Ihre Gesundheit tun, mal können Sie nicht. Gucken Sie einfach auf die Hitlisten – und wenn die beste Alternative nicht greifbar ist, dann hangeln Sie sich weiter nach unten. Wenn Sie etwas von den schlechteren Plätzen wählen, machen Sie das bei der nächsten Mahlzeit wett.

→ *Am zweiten Salto-vitale-Abend wandeln Sie zum ersten Mal auf diesem Lustpfad im Restaurant – und nehmen dazu am besten das Buch mit.*

Frühstück

1. Zellschutz-Cocktail (Seite 121)
2. Obstsalat mit Milchprodukt (und, wer will: zwei Esslöffel Müsli ohne Zucker)
3. ein großes Glas frisch gepresster Fruchtsaft mit einem Naturjoghurt
4. Vollkornbrot mit Hüttenkäse und Tomaten
5. Lachstoast mit Tomatensaft
6. zwei Rühreier mit einem Vollkornbrötchen
7. Käse- oder Schinkenbrötchen
8. Croissant oder Butterbrezel
9. Marmeladenbrötchen
10. eine Schüssel Cornflakes

Sie können die unteren Plätze aufwerten mit einem Glas frisch gepresstem Saft (auch Gemüse).

Snacks

1. Gemüsestreifen mit Dip
2. Nüsse, Samen, Kerne
3. frisches Obst der Saison
4. getrocknete Apfel- oder Aprikosenringe
5. Fruchtschnitte, ungesüßt
6. Schokolade mit mind. 70 % Kakaoanteil
7. Vollkornreiscracker
8. Müsliriegel mit Honig
9. Schoko- und Karamellriegel
10. Chips, Flips & Co.

Vorspeisen

1. Lachscarpaccio
2. frischer Salat mit Essig und Öl
3. italienische Antipasti, Oliventeller
4. Mozzarella mit Tomaten
5. klare Gemüsesuppe
6. Parmaschinken mit Melone
7. Bruschetta (Weißbrot mit Tomate, Knoblauch und Olivenöl)
8. gebundene Suppen
9. frittiertes Gemüse
10. Käse- & Wurstplatte mit Brot

Kleine Mahlzeit

1. gedämpftes Gemüse mit Tofu
2. gemischter Salat mit Putenbruststreifen
3. Gemüsesuppe
4. Rührei mit Räucherlachs
5. Pellkartoffeln mit Quark
6. Backkartoffel mit Salat und Thunfisch
7. Toast Hawaii
8. Bratwurst mit Brötchen und Senf
9. Tütensuppen
10. Pizzabaguette aus der Tiefkühltruhe

Fisch & Fleisch

1. Fisch
2. Meeresfrüchte
3. Wild
4. Geflügel
5. Lamm
6. Kalb
7. Rind
8. Schwein
9. Innereien (außer Bio!)
10. Wurst

Beilagen

1. frischer Salat
2. gedämpftes Gemüse, Hülsenfrüchte
3. Wildreis
4. Naturreis, Vollkornnudeln »al dente«, Roggenschrotbrot
5. zwei kleine Kartöffelchen
6. Ofenkartoffeln, Nudeln
7. Gnocchi
8. Weißbrot
9. Spätzle oder Knödel
10. Pommes frites

vom träumen zum tun

joker

Desserts

1. Joghurt mit frischen Früchten
2. frisches Obst, Apfelmus
3. Kompott, Apfelmus (ohne Zucker)
4. Fruchtsorbet
5. Rote Grütze
6. Obstkuchen
7. Eiscreme mit frischen Früchten
8. Eiscreme pur mit Sahne
9. Pudding & Mehlspeisen
10. Tiramisu & Törtchen

Süßungsmittel

1. Trockenfrüchte/frische Früchte
2. Honig
3. Ahornsirup
4. Birnen-, Apfel-, Agavendicksaft
5. Fruktose
6. brauner Rohrzucker, unraffiniert
7. brauner Rohrzucker, raffiniert
8. Haushaltszucker
9. Süßstoff
10. Traubenzucker

Getränke

1. Wasser
2. Gemüsesaft
3. Kräuter- und Früchtetees
4. Buttermilch mit frischen Früchten
5. Fruchtsaftschorlen
6. frisch gepresster Fruchtsaft pur
7. Direktsaft
8. Fruchtsaftgetränke, -nektar
9. Light-Getränke, Energy-Drinks
10. Cola, Limonaden

Alkoholika

1. Weinschorle
2. Sekt mit Fruchtsaft
3. Cidre
4. trockener Wein
5. Gläschen Champagner
6. Prosecco
7. Radler
8. Bier
9. Cocktails
10. Hochprozentiges und Alkopops

MEHR LEICHTIGKEIT IM SEIN

Kleine Abendlektion:
Mehr Zeit fürs Glück

Sie wollen sich mehr bewegen, zum Simplifyer werden, sich jeden Morgen frisches Obst auspressen – aber es fehlt Ihnen dazu die Zeit? Dann lassen Sie sich von Europas führendem Zeitmanagementexperten Prof. Dr. Lothar Seiwert mit einem Schnellkurs helfen.

Entmachten Sie die Zeit

Die Zeit scheint einer der schlimmsten Feinde in unserem Leben zu sein. Immer wieder gucken wir ängstlich auf die Uhr und erschrecken: »Was, schon wieder so spät? Und ich muss doch noch so viel erledigen.« Der Sekundenzeiger kennt keine Gnade, er bewegt sich einfach weiter. Stur und unbeirrt, tak, tak, tak ... Viele Menschen reagieren panisch auf diesen Druck. Sie verlieren die Nerven, erhöhen das Tempo, machen Überstunden. Und am Abend wird gejammert: »Ich hinke schon seit Wochen mit allem hinterher, kriege nichts auf die Reihe. Wann soll ich da noch Sport einschieben?«

Zeitmanagement heißt: der Rushhour, die den ganzen Tag dauert, ein Ende zu machen. Das ist gar nicht so schwer. Denn unser Problem ist nicht die mangelnde Zeit, sondern die Planlosigkeit, mit der wir durch den Alltag irren. Wir brauchen nicht mehr Zeit, sondern klare Ziele, Prioritäten und Übersichten.

Und ein bisschen Know-how, wie man den Alltag mit Köpfchen gestaltet. Zeitmanagement lohnt sich, denn:

◎ Es steigert Ihre Leistung, Ihre Produktivität und damit Ihre Zufriedenheit mit sich selbst. Zeit ist nicht nur Geld. Zeit ist Freiheit und weniger Ballast auf Ihrer Seele, weniger Stress und mehr Ruhe.

◎ Es verschafft dem Leben mehr Platz für Dinge, die wichtiger sind als der Job: Freizeit, Familie, Freunde, Fitness. Zeit ist Leben!

Investieren Sie einige wenige Minuten, um die folgenden Anregungen zu lesen. Langfristig werden Sie dadurch Zeit sparen: erst Stunden, dann Tage, später Wochen und Monate.

Planen Sie Ihren Tag

Auf dem Weg, die kleinen und die großen Ziele zu erreichen, ist die Tagesplanung der erste Schritt. Der Tag ist immer überschaubar, er ist die kleinste Planungseinheit.

Die Erfahrung lehrt: Wer seinen Tag nicht im Griff hat, der erreicht auch nicht die langfristigen Ziele.

Planen Sie mit Stift und Papier

Sie kennen doch den Spruch »Aus den Augen – aus dem Sinn«? Da ist wirklich was dran. Zeitpläne, die man nur im Kopf hat, werden leicht vergessen und am Ende umgeworfen. Schriftliche Pläne entlasten das Gehirn, stützen die Erinnerung und haben einen positiven psychologischen Effekt: Sie motivieren, wirklich zu tun, was man sich vorgenommen hat. Sie dokumentieren, was man geleistet hat.

TIPP

DIE ZEHN ZEITSÜNDEN

Warum fühlen sich die meisten Menschen im Alltag überlastet? Warum sind sie mit ihren Leistungen unzufrieden, obwohl sie kräftig auf die Tube drücken und sich wenig Freizeit gönnen?

Eine Untersuchung, in der typische Arbeitstage analysiert wurden, brachte die Antwort: Weil die Menschen immer wieder die gleichen Fehler machen – die meisten übrigens schon kurz nach dem Frühstück. Wer morgens alles richtig macht, kommt gut über den Tag, vermeidet Hektik und Stress. Befolgen Sie also künftig die 10 goldenen Regeln gegen Zeitfraß:

1. Versuchen Sie, nicht zu viel oder alles auf einmal zu machen.
2. Setzen Sie sich Ziele, Prioritäten – und machen Sie sich Tagespläne.
3. Lassen Sie sich nicht ablenken oder vom Telefon terrorisieren.
4. Gehen Sie langwierigen, überflüssigen Besprechungen aus dem Weg.
5. Befreien Sie Ihren Schreibtisch von überflüssigem Papierkram und Lesestoff. Der beste Freund der Sanduhr ist der Papierkorb.
6. Lassen Sie sich nicht von unangemeldeten Besuchern aufhalten.
7. Schieben Sie unangenehme Aufgaben nicht auf. Vor allem das, was wir nicht erledigt haben, lähmt uns.
8. Lernen Sie, »Nein« zu sagen. Sie sagen trotzdem Ja? Dann geben Sie eine Aufgabe ab, wenn Sie eine zusätzliche annehmen.
9. Versuchen Sie, nicht perfekt zu sein. Sie müssen nicht alles wissen.
10. Seien Sie konsequent und disziplinieren Sie sich selbst.

Die Kontrolle am Abend sichert, dass nichts verlorengeht. Ungetanes wandert zum nächsten Tag. Man sinkt zufrieden ins Bett, wenn hinter vielen Stichworten ein Häkchen ist.

Ein Tipp: Hängen Sie an die abendliche Kontrolle ein paar Minuten dran und planen Sie gleich den nächsten Tag. So aktivieren Sie Ihr Unterbewusstsein und bereiten sich bereits über Nacht auf den kommenden Tag vor (siehe auch Inkubation, Seite 212).

Halten Sie sich an die 50:50-Regel

Das heißt: Verplanen Sie Ihren Tag immer nur zu 50 Prozent, dann schaffen Sie auch 100 Prozent. In einem realistischen Tagesplan sollte grundsätzlich nur stehen, was Sie an diesem Tag erledigen wollen – und können.

So strukturieren Sie Ihren Tag

Am besten nach der ALPEN-Methode.

Planen Sie nicht wild drauflos, sondern gehen Sie sich nach den folgenden bewährten fünf Schritten vor:

- **A** Alle Aufgaben, Aktivitäten und Termine aufschreiben.
- **L** Länge der Tätigkeiten schätzen.
- **P** Pufferzeit für unvorhergesehene Ereignisse einplanen (etwa 50 Prozent der Zeit, die Sie für die Aufgabe brauchen).
- **E** Entscheidungen über Prioritäten und Delegationsmöglichkeiten treffen.
- **N** Nachkontrolle – Unerledigtes vom Vortag übertragen.

Setzen Sie Prioritäten

Weniger ist manchmal mehr – die alte Weisheit gilt auch, wenn Sie Ihre Zeit effektiver nutzen wollen. Konzentrieren Sie Ihre Kräfte und Energien nur auf das, was wirklich wichtig ist. Stellen Sie sich vor, Sie sind ein Neandertaler, der täglich ums Überleben kämpfen muss. Was wird der wohl morgens als Erstes tun – das Mammutfell waschen oder Holz fürs Feuer besorgen?

Das Pareto-Prinzip

Es ist besser, die richtige Arbeit zu tun, als eine Arbeit richtig zu tun. Auch ein Fußboden lässt sich gewissenhaft putzen. Vilfredo Pareto war ein italienischer Ökonom, der ein Prinzip entdeckte, das auch als »80/20-Regel« bekannt ist. Also zum Beispiel: 20 Prozent der Kunden eines Geschäfts bringen oft bereits 80 Prozent des Umsatzes. Das lässt sich auch auf das Zeitmanagement übertragen: Mit nur 20 Prozent, die Sie tagsüber zur Verfügung haben, schaffen Sie 80 Prozent Ihres gesamten Pensums. Genial. Sie müssen nur wissen, wie das geht.

Gehen Sie nach der ABC-Methode vor

Das ist der Trick, mit dem Sie den Pareto-Effekt optimal für sich nutzen: Unterscheiden Sie bei Ihren Vorhaben nicht vage zwischen »wichtig« und »unwichtig«, sondern treffen Sie klare Prioritätsentscheidungen. Am besten, Sie unterteilen die Aufgaben in Ihrem Zeitplaner nach einer Rangordnung in A-, B- und C-Kategorien.

◎ **A-Aufgaben** sind Ihre wichtigsten Aufgaben, die Sie auf keinen Fall delegieren können. Die von größtem Wert. Die zum Beispiel Ihren langfristigen Zielen dienen.

> **TIPP**
>
> ### IHR TAGESPLANER
>
> Machen Sie sich die Tagesplanung zur Gewohnheit und bleiben Sie konsequent dabei. Verwenden Sie dafür keine losen Zettel, sondern führen Sie ein eigenes Tagesplan-Buch.
> Tipp: Eine Blankoseite für Ihre Tagesplanung können Sie kostenlos downloaden unter www.seiwert.de.

◎ **B-Aufgaben** sind durchschnittlich wichtige Aufgaben, die teilweise delegierbar sind.

◎ **C-Aufgaben** sind meistens die größten Zeitfresser und haben den geringsten Wert: zum Beispiel Schreibtisch aufräumen, Akten ablegen, Korrespondenz, Verwaltungsaufgaben.

Machen Sie jetzt aber nicht den Fehler und tragen in Ihren Tagesplaner ausschließlich A-Aufgaben ein. Vergessen Sie nicht die 50:50-Regel. Ein bis zwei A-Aufgaben pro Tag reichen. Wie gesagt: Weniger ist mehr.

Verwechseln Sie Priorität nicht mit Dringlichkeit

Und lassen Sie sich nicht von Freunden, Partnern und Kollegen tyrannisieren, die Gefälligkeiten von Ihnen fordern – und zwar »gleich bitte, am besten gestern«. Dringlich sind so viele Dinge: die Geburtstagskarte für Tante Erna, die Mappe, die Herr Mayer »umgehend« geschickt haben will, das Eis, das die Kinder »gleich« haben wollen. Aber sind diese Dinge wirklich so wichtig, dass Herr Mayer und die Kinder nicht warten können?

Das Dringende ist selten wichtig, und das Wichtige ist selten dringend. Kriterien für die Wichtigkeit einer Aufgabe können sein:

Prof. Lothar Seiwert, Deutschlands führender Zeitexperte, sagt: »Zeit ist unser kostbarstes Luxusgut.« Und rät in seinem Bestseller, sich »Mehr Zeit fürs Glück« zu nehmen.

◎ **Wertorientierung:** Bei welcher Aufgabe steht das meiste Geld auf dem Spiel?

◎ **Zielorientierung:** Welche Aufgabe bringt mich jetzt meinen langfristigen Zielen einen Schritt näher?

Machen Sie es sich zu einer neuen Gewohnheit, jede Aktivität, jeden Termin, jedes Telefonat, jeden Vorgang, jeden Brief, jeden Kontakt mit einer Priorität zu versehen.

Lassen Sie sich nicht stören

Versuchen Sie mal, mit Herrn Schrempp oder Herrn Mayer-Vorfelder zu telefonieren. Gar nicht so leicht, weil in den Vorzimmern dieser Herren strenge Damen sitzen, die dafür bezahlt werden, dass sie Anrufer abwimmeln. Davon können Sie nur lernen. Sich Störenfriede vom Leib zu halten, ist ein wesentliches Erfolgsgeheimnis der großen Karrieristen.

Telefonterroristen sind die schlimmsten Zeiträuber. Kaum weniger ärgerlich: unangemeldete Besucher, Leute, die spontan mal »Hallo« sagen wollten, und Dauerkonferierer. Bekannte oder Kollegen, die nur »kurz mal was besprechen wollen« – und Ihnen dann den halben Tag rauben. Nicht immer sind die anderen schuld, sondern oft auch nur wir selbst. Indem wir unangenehme Aufgaben aufschieben, indem wir manchmal zu gewissen Dingen »keine Lust« haben oder uns nicht trauen, »Nein« zu sagen.

Das alles summiert sich und macht den Tag so unerquicklich wie einen TV-Blockbuster mit ständigen Werbeunterbrechungen. Und dazu kommt noch ein Problem, der »Sägeblatt-Effekt«: Durch jede Störung wird der Arbeitsfluss unterbrochen, und die Leistungsfähigkeit nimmt ab. Zeitverluste entstehen durch immer längere Anlaufzeiten und geringere Konzentrationen.

Ein Tipp: Führen Sie über jede Unterbrechung am Tag Buch. Es ist gut, wenn man definitiv weiß, wer und was einem die Zeit stiehlt. Oder wie man sie selbst verschwendet hat.

Reservieren Sie sich eine stille Stunde

Und lassen Sie sich nicht einreden, Sie müssten »rund um die Uhr« für jeden erreichbar sein. Richten Sie sich jeden Tag eine »stille Stunde« ein, in der Sie niemand stören darf. Am besten in der Zeit zwischen 8 und 10 Uhr morgens, da sind Sie noch fit. Widmen Sie die »stille Stunde« einer A-Aufgabe und legen Sie die C-Aufgaben auf den Nachmittag. Das ist die Zeit, in der Sie sich am wenigsten gegen Störungen wehren können.

Schaffen Sie sich Arbeitsblöcke

Das ist die beste Methode, selbst verursachte Unterbrechungen zu vermeiden. Verteilen Sie Dinge wie die Beantwortung von Post und Anrufen nicht auf den Tag. Das bringt Sie immer wieder aus dem Konzept. Bringen Sie die sogenannten kleinen Pflichten in Zeitblöcken unter. Am besten dann, wenn Sie eh ein Leistungstief haben – so um 15 Uhr.

Dann vermeiden Sie auch ständige ärgerliche Anlauf- und Einarbeitungszeiten.

Und lernen Sie, »Nein« zu sagen

Was nicht gleich bedeutet, dass Sie rüde und unhöflich mit Ihren Mitmenschen umgehen müssen. Sagen Sie nicht einfach nur »Nein«, sondern: »Jetzt passt es mir nicht. Aber wir können morgen gegen 9 Uhr telefonieren.«

Behalten Sie die großen Ziele im Auge

Sie kennen das Gefühl am Morgen eines anstrengenden Tages: »Oh lieber Gott, lass mich über den Tag kommen.« Und so geht es Ihnen am nächsten Morgen und den Morgen darauf. Und wenn Sie dann gefragt werden: »Was machen deine großen Pläne, deine Weltreise, das alte Motorrad, das du wieder herrichten wolltest?«, dann antworten Sie: »Dazu fehlt mir einfach die Zeit.«

Machen Sie nicht den Fehler, sich im Tagesgeschäft zu verrennen. Behalten Sie die großen Ziele im Auge – und zwar jeden Tag. Reservieren Sie sich regelmäßig Auszeiten, in denen Sie über die großen Pläne nachdenken. Vergessen Sie nicht:

Zeit ist Leben. Verplanen Sie Ihren Tag nicht ausschließlich mit Aufgaben und Pflichten. Schaffen Sie in Ihrem Tagesplan auch Platz für Freunde, Partner, Familie und Hobbys.

Erfolge muss man managen

Erfolgreiches Zeitmanagement ist weniger kurzfristige Terminbuchhaltung und Abwicklung des Tagesgeschäfts, sondern mittel- und langfristiges Ziel- und Erfolgsmanagement. Erfolgreiche Persönlichkeiten haben konkrete Zielvorstellungen und schaffen es, über das Tagesgeschäft hinaus auch an der Verwirklichung ihrer längerfristigen Ziele zu arbeiten und jeden Tag einen kleinen Schritt zum Erfolg weiterzukommen.

Viele Mini-Ziele führen zum großen Ziel

Das Geheimnis erfolgreicher Ziel- und Zeitplanung hat schon der berühmte Universalwissenschaftler René Descartes erkannt und 1637 formuliert: »Zerlege die Gesamtaufgabe in einzelne kleine Teile.« Das Prinzip ist auch als »Salami-Taktik« bekannt: Alle größeren Ziele, Projekte und Vorhaben werden in kleine »Scheibchen« zergliedert. Und schon wird aus dem vagen Vorhaben ein konkreter Plan.

Angenommen, Sie wollen ein Gartenhaus bauen. Dann ergeben sich durch die Salami-Taktik folgende Fragen: »Wie viel Zeit muss ich für den Bau einplanen? Welche Materialien brauche ich? Wie viel Geld brauche ich? Was muss ich selber machen, was kann ich delegieren?« Die Fragen verschaffen Ihnen einen Überblick über Ihr Ziel, und Sie müssen nur noch die einzelnen Stichpunkte auf eine Aktivitäten-Checkliste schreiben und in die Tagesplanung integrieren. Also: »Morgen Rudi anrufen, ob er mir beim Bau helfen kann.« Oder: »Im Baumarkt nachfragen, was das Material kostet.«

mehr zeit fürs glück

Wovon träumen Sie?

Planen Sie wenigstens einmal im Monat eine spezielle »stille Stunde« ein, in der Sie über Ihr Leben, Ihre Träume, Ihre Wünsche, Ihre Visionen nachdenken. Ganz wichtig: Schreiben Sie sie auf. Denn dann machen Sie aus Ihren Träumen konkrete Ziele und unternehmen den ersten Schritt, sie zu realisieren.

(Bücher von Prof. Dr. Lothar Seiwert siehe Seite 389. Internet: www.bumerangprinzip.de oder www.seiwert.de.)

Und nun wünsche ich Ihnen viel Spaß heute Abend, beim Essen im Restaurant. Nehmen Sie sich viel Zeit und genießen Sie mit allen Sinnen. Das sollten Sie künftig mit allem tun, was Ihnen wichtig ist im Leben.

DAS ZIEL IMMER IM VISIER

→ Machen Sie sich jeden Tag Ihre aktuellen Ziele bewusst.

→ Schreiben Sie alle Ihre Ziele unbedingt auf.

→ Überprüfen Sie, ob Ihr Tun Sie Ihren Zielen näher bringt.

MEHR LEICHTIGKEIT IM SEIN

Die Landung im Alltag ...

Heute Abend genießen Sie noch ein leichtes Drei-Gänge-Menü in einem Lokal, das Sie sich aussuchen mit dem Joker auf Seite 370. Und morgen früh starten Sie in den Alltag. Damit nicht wieder alles zum Alten führt, empfehle ich Ihnen Folgendes:

→ **Führen Sie vier bis 12 Wochen lang Tagebuch.** Jede Änderung, die Sie in den nächsten vier bis zwölf Wochen begleitet, gehört bald wie das Zähneputzen zu Ihrem Leben, wird zur liebgewonnenen neuen Gewohnheit. Experten sagen: Wer seine Erfolge notiert, ist motiviert. Darum: Führen Sie ein Salto-vitale-Tagebuch. Wenigstens vier Wochen lang. Wenn Sie Lust haben, länger. Das Tagebuchführen hält Sie dazu an, bei der Stange zu bleiben. Auf der nächsten Seite finden Sie die Vorlage dazu. Bitte kopieren. **Kostet: 5 Minuten.**

→ **Entgiften Sie täglich.** Mit stündlich einem Glas Wasser; wenn Sie Lust haben, mit der Ölziehkur, der Ölmassage – und minimieren Sie die Giftaufnahme. **Kostet: 5 Minuten.**

→ **Kümmern Sie sich um Ihre Zelle:** mit dem Zellschutz-Cocktail morgens – und einem großen Glas Gemüsesaft tagsüber. Wenn Sie keine Zeit haben, pressen Sie sich eine Orange und eine Grapefruit aus und rühren den Löffel Leinöl darunter. Gönnen Sie sich das kompakte Zellschutzprogramm von Seite 128. Schenken Sie Ihrem Körper 70 Prozent qualitativ hochwertige Produkte der Natur – dann nimmt er Ihnen die Jetzt-muss-es-schnell-gehen- oder die Darauf-hab-ich-jetzt-aber-Lust-Genüsse nicht übel. Kostet Sie im Zeitspargang: **30 Minuten.**

→ **Bewegen Sie sich.** Versuchen Sie es in nächster Zeit wirklich täglich zu tun. Am besten zur gleichen Zeit. Halten Sie durch, nicht schleifenlassen. Ich wette mit Ihnen, dass Sie nach vier Wochen die Bewegung nicht mehr missen möchten. Kostet: **30 Minuten.**

→ **Nutzen Sie Ihre Sinne.** Schenken Sie ihnen einfach wieder bewusst mehr Aufmerksamkeit. Täglich. Sie führen Sie zum Glück des Augenblicks. **Kostet Sie keine Extrazeit.**

→ **Bauen Sie Stress ab.** Nutzen Sie die kleine Atemübung von Seite 278 immer dann, wenn Sie unter Angst oder Druck geraten. Spüren Sie Ihre persönlichen Stressfeinde auf – im Tagebuch notieren. Suchen Sie sich eine Entspannungsmethode, bei der Sie bleiben wollen. Bis dahin machen Sie täglich die Energie-Atemreise. Kostet Sie: **15 Minuten.**

→ **Werden Sie zum Simplifyer.** Trennen Sie sich täglich von etwas, das Sie belastet. **Investieren Sie: 5 Minuten.**

So investieren Sie täglich 90 Minuten in Entgiften, gesundes Essen, Bewegen, Entstressen, Entsorgen. Und haben immer noch 4 Stunden Freizeit – in der **leben Sie:** Wecken Sie täglich einmal das Kind in sich, träumen Sie und erfüllen Sie sich Wünsche, seien Sie neugierig und lernen Sie Neues … Suchen Sie sich immer wieder einen Joker aus, den Sie in Ihr neues Leben einbauen. Sei es der Gesundheitscheck beim Arzt oder der Kochkurs oder die gute Tat. Picken Sie heraus, was Ihnen Spaß macht – und hören Sie nicht auf, sich zu verändern. Denn Veränderung heißt Leben.

Salto-vitale-Tagebuch

Einfach kopieren und täglich ausfüllen

Woche		SA	SO	MO	DI	MI	DO	FR
ZELLSCHUTZ Stand das heute auf Ihrem Tagesplan? Geben Sie sich einen dicken roten Bonus-Punkt für alles Erreiche ...								
3 Liter Wasser								
Zellschutz-Cocktail								
Weißmehl und Zucker minimiert								
auf gesunde Fette geachtet								
Fertigprodukte – nicht mehr als 30 %								
viel Obst und Gemüse								
FITNESS Wie steht es heute um Ihre Vitalität? Bitte ausfüllen ...								
Ruhepuls								
Belastungspuls								
Trainingsdauer								
Gewicht oder Körperfettanteil								
Skala: 1 = gut 2 = mittel 3 = schlecht	Laune							
	Vitalität							
LEBENSLUST Waren Sie heute freundlich zu sich selbst? Malen Sie einen großen roten Bonus-Punkt, wenn Sie Folgendes getan haben ...								
das Kind in sich gelockt								
sich den Wunsch des Tages erfüllt								
einen lieben Menschen gesprochen								
eine gute Tat vollbracht								
bewusst mit allen Sinnen einen Augenblick genossen								
auch mal »Nein« gesagt								
eine persönliche Auszeit genommen								
mindestens einmal herzhaft gelacht								
etwas Neues getan								
etwas ausgemistet oder ent-sorgt								

Bücher, Adressen und mehr ...

Den ersten Schritt in Ihr neues Leben haben Sie getan. Und dabei erfahren und gespürt, wo Sie noch ein bisschen an sich arbeiten möchten. Hier finden Sie zu jedem Kapitel hilfreiche Bücher, Adressen und Internetseiten, die Ihnen weiterhelfen.

Werden Sie die Gifte los

- Bauhofer, Dr. med. Ulrich: Souverän und gelassen durch Ayurveda, Südwest Verlag, München
- Elmadfa, Prof. Dr. Ibrahim u. a.: GU Kompass E-Nummern. Gräfe und Unzer, München
- Grillparzer, Marion: Die magische Kohlsuppe. Gräfe und Unzer, München
- Grimm, Hans-Ulrich: Die Ernährungslüge. Droemer/Knaur, München
- Jentschura, Peter/Lohkämper, Josef: Gesundheit durch Entschlackung. Verlag Peter Jentschura, Münster
- Kraske, Dr. med. Eva-Maria: Säure-Basen-Balance. Gräfe und Unzer, München
- Lützner, Dr. med. Hellmut: Wie neugeboren durch Fasten. Gräfe und Unzer, München

Infos online

- Das Glyx-Forum: www.die-glyx-diaet.de
- Etikettenkunde: www.was-wir-essen.de
- Gentechnik in Lebensmitteln: www.transgen.de
- Alles über E-Nummern: www.zusatzstoffe-online.de
- Entgiftungskuren:
www.fastenfuergesunde.de
www.aryuveda-akademie.org
www.ayurveda.de

Machen Sie die Zelle fit

- Emoto, Masaru: Die Botschaft des Wassers. Koha, Burgrain
- Grillparzer, Marion: Die neue GLYX-Diät. – GLYX-Kochbuch. – GLYX-Kompass, KörperWissen. Alle vier Titel: Gräfe und Unzer, München
- Grönemeyer, Dietrich W.: Mensch bleiben. Herder, Freiburg
- Lutz, Wolfgang: Leben ohne Brot. Informed, Gräfelfing
- Seelig, Prof. Dr. med. Hans Peter/Meiners, Marion: Laborwerte – klar und verständlich. Gräfe und Unzer, München
- Strunz, Dr. med. Ulrich: Frohmedizin. Heyne, München
- Worm, Nicolai: Syndrom X oder Ein Mammut auf den Teller! Systemed, Lünen

Infos online

- Rund um die Gesundheit:
www.netdoktor.de, www.netdoktor.at
www.lifeline.de, www.patienten-information.de
www.kompetenznetze-medizin.de
www.focus.de/gesundheit
www.spiegel.de/wissenschaft
www.stern.de/wissen
www.igel-aktiv.de, www.bio-siegel.de

Redox-Differenzanalyse

- Hier bekommen Sie eine Liste mit Ärzten, die diesen Service anbieten:
Deutsche Gesellschaft für
Orthomolekulare Medizin e. V.
Friedrich-Hinsen-Str. 11
41542 Dormagen
Tel.: 02 11/58 00 26 46
www.dgom.de

bücher, adressen und mehr …

Fitness
- Despeghel-Schöne, Dr. Michael: Fitness für faule Säcke. Vgs, Köln
- Grillparzer, Marion: Mini-Trampolin. Gräfe und Unzer, München
- Kieser, Werner: Die Seele der Muskeln. Walter, Düsseldorf und Zürich
- Strunz, Dr. med. Ulrich: Forever young. Das Leicht-Lauf-Programm. Rowohlt, Reinbek
- Strunz, Dr. med. Ulrich: Nordic Fitness, Die neue Diät, das Fitnessbuch. Heyne, München

Infos online
- Das nächste Kieser-Studio in Ihrer Nähe finden Sie unter: www.kieser-training.de
- Läufer informieren sich bei www.strunz.com
- Mini-Trampoline und andere Dinge, die das Leben leichter machen, unter: www.fidolino.com

Mehr Sinnlichkeit und Intuition
- Gawain, Shakti/Görden, Thomas: Entwickle deine Intuition. Ullstein, Berlin
- Gesierich, Jürgen: Intuition. Wesspoly, Nürnberg
- Grillparzer, Marion: KörperWissen, Entdecke deine innere Welt, Gräfe und Unzer, München
- Röthlein, Brigitte/Liebermann, Erik: Anleitung zur Langsamkeit. Ruhiger und glücklicher leben. Piper, München

Infos online
- Informationen zu Intuitionsseminaren mit Elvira Recke unter: www.elvirarecke.de
- Hier werden Sie zum Feinschmecker: www.slowfood.de

Nur kein Stress

◎ Kolitzus, Helmut: Das Anti-Burnout-Erfolgsprogramm. dtv, München

◎ Schmid-Bode, Dr. med. Wilhelm: Vier Stresstypen und vier Wege zur Gelassenheit. Droemer/Knaur, München

◎ Zulley, Jürgen/Knab, Barbara: Die kleine Schlafschule. Herder, Freiburg

◎ Seminare mit Master Tampai Rinpoche: Informationen und Anfragen unter hroudasilvia@web.de

Werden Sie zum Simplifyer

◎ Küstenmacher, Werner Tiki/Seiwert, Lothar: Simplify your life. Droemer/Knaur, München

◎ Seiwert, Lothar: Simplify your time. Campus, Frankfurt

Infos online

www.simplify.de

◎ Trendstudie der Zukunftsinstitut GmbH: Giger, Dr. Andreas/Horx, Matthias/Küstenmacher, Werner Tiki: Der Simplify-Trend – Die Revolte gegen das Zuviel. Erhältlich unter www.zukunftsinstitut.de

Vom Träumen zum Tun

◎ Bilgri, Pater Anselm: Finde das rechte Maß. Piper, München

◎ Corssen, Jens: Der Selbst-Entwickler. Marixverlag, Wiesbaden

◎ Dalai Lama XIV: So einfach ist das Glück. Herder, Freiburg

◎ Damasio, Antonio R.: Der Spinoza-Effekt. Wie Gefühle unser Leben bestimmen. Marion von Schroeder Verlag, Berlin

◎ Fröhlich, Susanne: Moppel-Ich. Der Kampf mit den Pfunden. Fischer, Frankfurt

◎ Hess, Barbara: Sabbaticals. Auszeit vom Job – wie Sie erfolgreich gehen und motiviert zurückkommen. Frankfurter Allgemeine Buch, Frankfurt

bücher, adressen und mehr …

◎ Huhn, Gerhard/Backerra, Hendrik: Selbst-Motivation. Sich selbst gewinnen lassen. Hanser, München
◎ Klein, Stefan: Die Glücks-Formel. Rowohlt, Reinbek
◎ Knoblauch, Jörg W./Hüger, Johannes/Mockler, Marcus: Dem Leben Richtung geben. Campus, Frankfurt
◎ Münchhausen, Marco von: So zähmen Sie Ihren inneren Schweinehund! Campus, Frankfurt
◎ Münchhausen, Marco von/Heining, Michael: Zwerge versetzen Berge. Mit kleinen Schritten Großes erreichen. Knaur, München
◎ Seifert, Ang Lee: Jetzt pack ich's an! Wie Sie Ihr Lebens-Skript entdecken, umschreiben und glücklich werden. dtv, München.
◎ Shervington, Martin: Denk nicht an Orangen mit lila Punkten. Junfermann, Paderborn
◎ Tracy, Brian: Eat that frog. Gabal, Offenbach

Infos online
◎ Infos zu Seminaren und Vorträgen von Marco von Münchhausen unter www.vonmuenchhausen.de

Abendlektion Zeit
◎ Seiwert, Lothar: Das Bumerang-Prinzip: Mehr Zeit fürs Glück. dtv, München
◎ Seiwert, Lothar: Die Bären-Strategie: In der Ruhe liegt die Kraft. Heyne, München
Dieser Mann muss Zeit haben:
Bei Amazon finden Sie weitere ca. 200 Publikationen.

Infos online
www.seiwert.de, www.zeitzuleben.de

Twitter
www.twitter.com/Seiwert und www.twitter.com/TimeTip

Sachregister

ABC-Methode 376f.
Abend 10, 242, 382
Abendessen 242–251
Abendspaziergang 293
Abnehmen 67, 168
Acrylamid 55, 68f.
AGE 114
Alkohol 68, 371
Alltag, Umsetzung im 382f.
Alpen-Methode 375
Ama 58, 78–82, 84f.
Amalgam 88
Ängste 337, 366
Anleitung fürs Wochenende 10f.
Anspannung 22f., 283
Antioxidanzien 79, 108, 131, 137
Arbeit 276, 374
Ärger 290f.
Aromastoffe 75, 221f., 237
Atem 267f., 272, 278–281
Ätherische Öle 220
Aufräumen 312f.
Augen 215f.
Augenübung 236
Ausdauertraining 150–157, 168ff.
Ausmisten 312f., 324f.
Avocadosalat 246f.
Ayurveda 60, 62, 76–82

Ballast 295–301
Ballaststoffe (Tabelle) 115, 137f.
Basilikum 289f.
Bauhofer, Ulrich 76–82
Beilagen 370
Belastungspuls 154, 157
Beliebtheit 362
Berührung 216f., 235f. 238
Beschwerden 56ff., 63, 69f., 78ff., 94, 107, 167, 270
Besorgungsplan 34ff.
Bessing, Wolf-Dieter 117, 130
Beweg-dich-Gene 166f.
Bewegung 41, 150ff., 167, 272
Beziehungen 272, 361
Bioenergie 103, 130, 136f.
Biomedizin 122–127
Bioprodukte 135, 223, 238f.
Biostoffe 93–99
Blattsalate mit Räucherfisch 39
Bloody Harry 244
Blutzucker 89, 114, 144
Brot 234

Checklisten 322
Chemie im Essen 54ff., 90f.
CMM (Chronischer Mangel an Motivation) 328ff., 339f.

Darm 86
Dehnübungen 195ff.
Desserts 371
Detox-Programm 59–63
Diabetes 63f., 89
Diät 67
Dinner für zwei 242–251
Doshas 77f.
Downshifting-Trend 321
Dringlichkeit 377
Düfte 220, 237f.

sachregister

Eicosanoide 111f.
Einfachheit 294–311
Einkaufskorb,
  Salto-vitale- 146–149
Einkaufsplan 34ff.
Einkaufsspiel 361
Einkaufstipps 135, 291
Einsamkeit 361f.
Eintönigkeit 231
Eiweiß (Tabelle) 93, 95, 112f., 142f.
Energie 22ff., 93, 95, 367
  --Atemreise 278–281
  --level 22f., 272f.
  --Übung 190, 278–281
Entgiftung 54–58, 78–82
Entgiftungskur 84f.
Entgiftungsorgane 64
Entrümpeln 312f., 323ff.
Entscheidungen 212ff., 273
Ent-Sorgungs-Kur 312f.
Entspannt-energiegeladen 22f.
Entspannung 22, 259–266, 270–273
E-Nummern 55, 59, 69, 90f.
Erdbeertraum mit
Schokospänen 245f.
Erfahrungen 42, 47
Erfolg 335, 346, 380f.
Ernährung 20f., 82, 92–117
  –, Empfehlungen 103–107
  –, Hitliste 369ff.
  –, Steinzeit- 103–106
Ernährungspyramide 104
Ernährungsregeln 106–116, 128
Essgewohnheiten 92f.
Etikett, Fertigprodukt- 71–75

Falsche-Hoffnung-Syndrom 28f.
Fasten 60
Feinschmecker 221ff.
Fertigprodukte 68ff., 74f., 102f., 221f., 238f.
Fest der Sinne 242–251
Fett, Körper- 67, 110, 168
fettarme Produkte 109
Fette 74, 109ff., 139f.
Fettformel 139f.
Fettgehalt (Tabelle) 140f.
Fettsäuren 110
Fettverbrennung 155, 168f., 176
Fisch 136, 139, 233f., 370
Fitness 150–177
  --Check 153–159, 171, 191
  --formel, persönliche 178f.
  --studio 176
Fleisch 112, 370
Flüssigkeitsmangel 62f.
frech sein 363f.
Free radical diseases 107, 131
Freie Radikale 79, 107f., 131, 137
Freizeit 276f.
Froböse, Ingo 153, 169
Fruchtsäfte 118f.
Frühstück 37, 80f., 106, 369
Füllfederhalter 322

Ganzkörper-Scan 91
Gärtnern 202, 236f.
Gebrauchsanleitung 10
Gedanken lesen 240
Gedanken, negative 268ff.
Geld sparen 305f., 326
Gemüsebedarf, täglicher 108f.
Gemüsestreifen mit
  Ingwer-Dip 37f.

Geruchssinn 220f., 237f.
Geschmackssinn 222
Geschmacksverstärker 75, 90, 222
Gesellschaftsspiele 368
Gesundheits-Checks 89f., 132ff.
Getränke 371
Gewinn 25
Gewohnheiten verändern 17ff., 31, 41f., 337, 341–346
Gifte im Körper 54–62, 78f.
Glaubenssätze 268–275
Glück 19f., 202, 208
Glutamat 75, 90, 222
GLYX (Glykämischer Index) 113ff., 144f.
Grapefruit 119, 121, 130
Grenzpuls 170, 192
Grübeln 269f.
Gute Laune 21ff., 258
Gute Tat 359

Handeln 328f., 344
Heißhunger 67
Herrenköche 239f.
Homocystein 90, 125
Hörbuch 237
Hören 217ff.
Hundefutter 101
Hungergefühl 107

IGeL 133f.
Immunsystem stärken 65
Infoflut 326f.
Ingwerwasser 81
Inkubation 212
Insulin 67, 89, 106f., 114f.
Intuition 203–214, 229–232, 240

Jogging 172f.
Junk-Food 103

Kauftipps für Simplifyer 307
Kaufrausch 295
Kieser, Werner 182–190
Kieser-Training 177, 182–190
Kind, freies 43, 348, 359ff.
Kiste »Altes Leben« 74f.
Kochen 224ff., 241
Kohlenhydrate 67f., 113f.
Kompliment 363
Konsum 295–301
Koordinationstest 162ff.
Krafttraining 151–162, 174–177
Kräuter, frische 87f.
Kreativität 210, 229
Kristallsalz 86f.
Küstenmacher, Werner Tiki 314–320

Lächeln 362, 366f.
Lachen 291f.
Laktattest 170, 192
Langsamkeit 321
Lärm 217ff.
Laufen 172ff.
Laune, gute 21–24, 258
Lebensdrehbuch 329f., 347
Lebensenergie 137, 279f.
Lebensfreude 359
Lebensmittelqualität 134f.
Lebensqualität 302–311
Lebensziel 350
Leichtigkeit 20ff., 310f.
Logi-Pyramide 104
Loslassen 31, 271ff., 309, 337

sachregister

Low Carb 113
Low Fat 67
Lustpfad 369ff.
Lustprinzip 354
Luxus 303ff., 325f.

Magnesium 131, 259, 272
Mahlzeit, kleine 370
Mahlzeiten 106
maßvolle Unterscheidung 367f.
Meditation 289
Mikronährstoffe 130–133
Mineralstoffe 130f.
Mini-Trampolin 173, 193ff., 396
Mittagessen 38f.
Mittagsschlaf 288f.
Motivation 46, 328–339, 352–358
Mr-Bean-Therapie 233
MRT (Magnetresonanztomograph) 91
Münchhausen, Marco Freiherr von 352–358
Musik 217ff., 237
Muskeltraining 151–164, 174–179
Mütterstress 292f.

Nähe 44, 236
Nährstoffangaben 73
Nährstoffe 93–100
Nahrungsergänzung 116f.
Nahrungsmittel, industrielle 102f.
Natur 105f., 228ff., 236f., 322f.
Naturkost 134f., 222f., 238f.
Negative Gedanken 270f.
Nein sagen 379
Nettsein 274f., 362f.

Neugierde 16f., 364f.
Nordic Walking 172f., 195
Nuss-Nugat-Creme 72ff.

Obstbedarf, täglicher 108f.
Obstsalat 37
Öl zur Entgiftung 61
Öle 111f., 139
Ölmassage 80, 84ff.
Ölziehkur 61, 79f., 84
Omega-3-Fettsäuren 139

Pareto-Prinzip 27f., 376
Parfüm 237f.
Pause 273, 288f.
Pfeifmeditation 286
Pflanzenöle 111f., 139
Planung, Tages- 373–377
Power 20f.
Power-Nap 288f.
Prioritäten setzen 375f.
Puls 153ff., 170, 267f.
– -kontrolle 172, 192f.
– -uhr 153f., 172
Pyramide, Ess- 103–106

Qualität 316ff.
Qualität der Lebensmittel 134f.

Rauchen 70
Recke, Elvira 228–232
Redoxpotential 136
Redox-Test 133
Reduzieren 321
Reizüberflutung 211f.
Restaurantbesuch 369
Rezepte 37ff., 121, 240f., 244–249

Riechen 220f., 237
Ritual 9, 346
Routine 43f., 211, 233, 359
Ruhepuls 153f.

Sabbatical 47, 273, 310, 365
Säfte 118f.
Saltino vitale 25ff.
Salz 86f.
Sammeln 302–308
Säure-Basen-Haushalt 63
Schlaf 293
Schmid-Bode, Wilhelm 282–285
Schrittzähler 192
Schulternzuck-Trick 289
Schweinehund, innerer 352f.
Sechster Sinn 203, 209, 212f., 228, 240
Seele stärken, Übung 366f.
Seelenreise, Augenübung 236
Sehen 215f.
Sehnsucht 365
Seifert, Ang Lee 40–47, 360
Seiwert, Lothar 372–381
Selbstliebe 43
Selbstvertrauen 45, 366f.
Sesam-Lachsfilet mit Gemüse 248f.
Sesamöl 60f., 80
–, gereiftes 60
Sex statt Geld 325
Sieben Schritte 32f.
Simplify your life 294–327
Sinnliche Wahrnehmung 202–212, 228–232, 273
Slow Food 223, 235
Snack 37f., 369
Spaziergang 179, 226, 293

Spiel 8f., 30, 368
Sport 171
Sportarten 172ff., 200f.
Spurenelemente 130
Stärke 68, 75
Steinzeit-Ernährung 103f.
Stille 217ff.
stille Stunde 378f.
Stimmungen 21f.
Stoffwechsel 62, 77, 93, 100
Stolpersteine 331–334
Störungen 290, 378
Stress 23, 82, 231, 258–277
– -auslöser/Stressoren 282–285
– -kurve 271
– -reaktion des Körpers 270
– -typen 282–285
Strunz, Ulrich 122–127
Stuhlprobe 86
Süßigkeiten 115
Süßungsmittel 371

Tage, unglückliche 290
Tagebuch, Salto-vitale- 346, 382, 384
Tagesplanung 373, 376
Tampai Rinpoche 289
Tastsinn 216f., 238
TCM (Trad. Chines. Medizin) 283
Termin 32
Thai-Suppe mit Tofu 38
Thrifty-Gene 107
Tomatensuppe 240f.
Tomatentest 227
Trägheit 46, 55
Trainingspuls 154f., 172, 192f., 267f.

sachregister

Trainingstipps 174–177
Trampolin, Mini- 173, 193f., 396
Transfettsäure 75, 110
Transtheoretisches Modell 29f.
Träume verwirklichen 328–344, 381
Treppenphilosophie 191f.
Trinken 62f.
TUN 328–344

Übergewicht 55, 67, 111, 168
Übersäuerung 63
Umarmen 238
Umweltgifte 54–70, 78
Umweltmedizin 88f.
Umzug 308
Unterbewusstsein 339, 350
Unzufriedenheit 14, 43
Ustinov, Sir Peter 364
Utensilien 34

Veränderung 9, 14–19, 24–31, 40–47, 335–339, 382f.
–, sechs Stufen 29f.
–, Strategie 345f.
Verbrauchermacht 134f.
Vergebung 286ff.
Verstopfung 62, 86
Verzeihen 286ff.
Verzicht 233
Vision 26, 46, 329–334, 347ff., 381
– malen 351
Visionssuche, Wüsten- 365
Vitalstoffe 75, 82, 87f., 93–100, 115ff., 133, 279
Vitaminmangel 116f., 122ff., 130–133

Vorbereitungen 10
Vorsätze, gute 24, 28, 46, 339
Vorsorgeuntersuchungen 89f., 133f.
Vorspeisen 370
Vorurteile 364

Wandern, Visionssuche 365
Wasser 62f., 273
–, heißes 62, 81
– mit Kristallen 84
–, morgendliches Glas 62, 251
– -qualität 83f.
Wein 234f.
Weißmehl 66, 68, 75, 102, 340f.
Weizengrassaft 87
Werte, persönliche 367f.
Wissen, aktuelles 326f.
Wünsche 26, 329, 347–351, 381
Wüsten-Visionssuche 365

Zeit 151f., 225, 326f.
– fürs Glück 372–381
– -korsett 276f.
– -management 373–380
– -punkt, richtiger 31f.
– -sünden 374
Zellschutz-Cocktail 118–121
Zellschutzprogramm 92–100, 128
Ziele 27, 330–334, 345f., 379f.
Zitrone 62
Zucker 66f., 74, 93, 102, 340f.
Zufriedenheit 203f.
Zunge schaben 81f.
Zusatzstoffe 55–60, 90f.
Zutaten, Rezepte 34ff.
Zutatenliste, Fertigprodukte 68ff., 74f.

Zu bestellen:
Alles für einen Salto vitale

Fatburner-Trampolin & Co.

Die deutsche Firma Heymans (25 Jahre Erfahrung in der Trampolin-Herstellung) hat für die Autorin ein Trampolin entwickelt: das Fatburner-Trimilin. Und das gibt es jetzt für vier Gewichtsklassen. Es passt mit 1,02 Meter Durchmesser und 20-Zentimeter-Beinen in jedes Wohnzimmer. Der fröhliche orange Randbezug erinnert an das tägliche Workout. Die schwarze Sprungmatte mit höchster Elastizität und Lebensdauer garantiert optimalen Trainingseffekt. Die weiche Spezialfederung ist so ausgelegt, dass man auch mit vielen Kilos hüpfen kann. Selbstverständlich ist das Fatburner-Trimilin TÜV- und GS-geprüft, hat zwei Jahre Garantie und ist für vier Gewichtsklassen erhältlich. Ab 179 Euro.

Galileo

Vibrationstraining für Zeitlose: Mit seitenalternierender Muskelstimulation trainiert man in wenigen Minuten, stärkt die Knochen, baut Muskeln auf und Fett ab. In vier Ausführungen, mit professioneller Einweisung, ab 3600 Euro.

Auch im Sortiment

Eiweißpulver (GLYX niedrig!) Mixer, GLYX-Mühle, GLYX-Flocken-Quetsche, Dörrapparat, Pulsuhr, Flexi-Bar, Körperfettwaage, Schrittzähler und das echte Glücksrad!

Fürs Trampolin: Haltegriff für Senioren, Tragetasche, Sonderausstattung mit Klappbeinen, Fidis zum Unterlegen. Flexbänder.

Bestellen und/oder informieren unter

www.fidolino.com
Fidolino berät Sie auch am Telefon und liefert alles zu Ihnen nach Hause.
Telefon: 089/40 26 81 35 (9 bis 13 Uhr)
Fax: 089/ 40 26 81 34
e-mail: info@fidolino.com
Lieferung auch nach Österreich und in die Schweiz.

Dank

Allen, die mir allein dadurch, dass es sie gibt, die kleinen Geschichten für dieses Buch geliefert haben, danke ich – von meiner Oma über meine Freunde bis zu meinem Mann Wolf!

Für die liebe Hilfe danke ich Nina Basovic, Stephan Sepp und all den Experten, die mit ihrem Wissen beitrugen.

In der Ruhe liegt die Kraft

Bücher für ein entspanntes und schönes Leben

978-3-453-60126-0

Jörg W. Knoblauch / Johannes Hüger / Marcus Mockler
Dem Leben Richtung geben
In drei Schritten zu einer selbstbestimmten Zukunft
978-3-453-60126-0

Tom Hodgkinson
Die Kunst, frei zu sein
Handbuch für ein schönes Leben
978-3-453-63004-8

Paul R. Wilson
Das kleine Buch der Ruhe
978-3-453-14920-5

Jörg W. Knoblauch / Johannes Hüger / Marcus Mockler
Ein Meer an Zeit
Die neue Dimension des Zeitmanagements. In vier Wochen zu mehr Gelassenheit
978-3-453-60127-7

Helmut Fuchs / Dirk Gratzel
Mit neuem Schwung durchs Leben
Wie man mit Launologie richtig durchstartet
978-3-453-67020-4

Lothar Seiwert
Die Bären-Strategie
In der Ruhe liegt die Kraft
978-3-453-61000-2

Leseproben unter: **www.heyne.de**

Dr. Ulrich Strunz

Gesund und glücklich mit dem Erfolgsprogramm des Bestsellerautors

978-3-453-60091-1

Die neue Diät
978-3-453-60091-1

Die neue Diät – Das Fitnessbuch
978-3-453-17064-3

Die Diät – Praxisbuch
978-3-453-86229-6

Die forever young-Diät
978-3-453-66021-2

Das Mentalprogramm
978-3-453-87267-7

Praxisbuch Mentalprogramm
978-3-453-60067-6

Frohmedizin
978-3-453-66026-7

Dr. Ulrich Strunz
**Mineralien –
Das Erfolgsprogramm**
978-3-453-86928-8

Dr. Ulrich Strunz / Andreas Jopp
Fit mit Fett
978-3-453-86154-1

Dr. Ulrich Strunz / Andreas Jopp
**Forever Young
Geheimnis Eiweiß**
978-3-453-12002-0

Leseproben unter: **www.heyne.de**